성도의 영원한 안식

KB192201

세계
기독교
고전

37

THE SAINT'S EVERLASTING REST

성도의 영원한 안식

리처드 백스터 | 김기찬 옮김

CH북스
크리스천
다이제스트

세계 기독교 고전을 발행하면서

한국에 기독교가 전해진 지 벌써 100년이 넘었습니다. 그동안 수많은 기독교 서적들이 간행되어 한국의 교회와 성도들에게 많은 공헌을 해 왔습니다. 그러나 기독교 역사 100년을 넘어선 우리의 교회와 성도들에게 더 큰 영적 성숙과 진정한 신앙을 심어주기 위해서는 가치있는 기독교 서적들이 많이 나와야 한다고 생각합니다. 그리하여 영혼의 양식이 될 수 있는 훌륭한 기독교 서적들이 모든 성도들의 가정뿐만 아니라 믿지 아니하는 가정에도 흘러 넘쳐야만 합니다.

믿는 성도들은 신앙의 성장과 영적 유익을 위해서 끊임없이 좋은 신앙 서적들을 읽고 명상해야 하며, 친구와 이웃 사람들의 구원을 위하여 신앙 서적 선물하기를 즐기고 읽도록 권해야 할 것입니다. 이것은 하나님의 백성으로서 살기 원하는 사람은 누구나 마땅히 해야 할 의무라고도 하겠습니다.

존 웨슬리는 "성도들이 책을 읽지 않는다면 은총의 사업은 한 세대도 못 가서 사라져 버릴 것이다. 책을 읽는 그리스도인만이 진리를 아는 그리스도인이다"라고 말했습니다. 우리는 이제 한국에서 최초로 세계의 기독교 고전들을 총망라하여 한국의 교회와 성도들에게 소개하고자 합니다. 전세계의 기독교 고전은 모든 기독교인들에게 영원한 보물이며, 신앙의 성숙과 영혼의 구

원을 위

하여 이보다 더 귀한 것은 없을 것입니다.

이러한 취지로 어언 2천여 년의 세월이 지나는 동안 세계 각국에서 저술된 가장 뛰어난 신앙의 글과 영속적 가치가 있는 위대한 신앙의 글만을 모아서 세계 기독교 고전 전집으로 편찬하고자 합니다.

우리는 이 세계 기독교 고전 전집을 알차고, 품위있게 제작하여 오늘날 한국의 교회와 성도들에게 제공하고 후손들에게도 물려줄 기획을 하고 있습니다. 우리는 다시 한번 다니엘 웹스터가 한 말을 깊이 생각해 보아야 할 것입니다.

"만약 신앙 서적들이 우리 나라 대중들에게 광범위하게 유포되지 않고, 사람들이 신앙적으로 되지 않는다면, 우리나라가 어떤 나라가 될지 걱정스럽다 … 만약 진리가 확산되지 않는다면, 오류가 지배할 것이요, 하나님과 그의 말씀이 전파되고 인정받지 못한다면, 마귀와 그의 궤계가 우세할 것이요, 복음의 서적들이 모든 집에 들어가지 못한다면, 타락하고 음란한 서적들이 거기에 있을 것이요, 우리나라에서 복음의 능력이 나타나지 못한다면, 혼란과 무질서와 부패와 어둠이 끝없이 지배할 것이다."

독자들의 성원과 지도 편달을 바라마지 않습니다.

CH북스
발행인 박명곤

차례

편집자 서문 / 9

제1장 서론 — 성도의 안식의 본질에 관한 몇 가지 설명 / 21

제2장 성도의 안식을 위한 준비들 / 44

제3장 성도의 안식의 탁월함 / 56

제4장 이 안식을 받을 자들의 성품 / 78

제5장 성도의 안식을 잃는 자들의 큰 불행 / 99

제6장 성도의 안식을 잃을 뿐만 아니라 시간의 즐거움을 잃고
　　　　 지옥의 고통을 당하는 자들의 비참 / 116

제7장 성도의 안식을 부지런히 찾을 필요 / 134

제8장 성도의 안식을 얻을 수 있는 우리의 권리를 분별하는 법 / 159

제9장 이 안식을 구하도록 다른 사람들을 고무해야 할 하나님 백성의 의무 / 184

제10장 성도의 안식은 이 땅에서 기대할 수 없다 / 211

제11장 이 땅에서 천상적 생활을 영위하는 것의 중요성 / 237

제12장 이 땅에서 천상적 생활을 영위하는 방법에 대한 지침 / 263

제13장 천상적 묵상의 본질, 천상적 묵상을 위한
　　　　 가장 적합한 시간과 장소와 마음의 상태 / 289

제14장 천상적 묵상은 고찰과 감정과 독백과 기도를 어떻게 이용하는가 / 306

제15장 감각적 대상이 천상적 묵상에 도움을 주며
　　　　 거역하는 마음이 천상적 묵상을 방해하지 못하도록 함 / 327

제16장 천상적 묵상의 예와 이 책의 결론 / 349

결론 / 377

편집자 서문 /

「성도의 영원한 안식」의 저자 리처드 백스터(Richard Baxter)는 이 책은 물론이고 탁월하고 유익한 다른 많은 저술로 아주 잘 알려져 있는 사람으로서, 지난 시대의 학식 깊고 근면하고 돋보일 정도로 거룩한 성직자였다. 그는 1615년 슈루즈버리(Shrewsbury) 근처에서 태어나 1691년 런던에서 죽었다.

그는 안정되지 못한 상태였지만 오랫동안 사역을 벌여 런던을 비롯하여 영국의 서너 지역에서 크고 광범위한 성공을 거두었다. 그러나 그가 키더민스터(Kidderminster)만큼 오랫동안 붙박혀 있으면서 스스로 아주 만족스럽고 다른 사람들에게 큰 유익을 주던 곳은 없었다. 키더민스터에서도 부분적으로는 건강이 나빠서 그랬지만 대개는 내전의 참화로 계속 머무르지 못했다. 하지만 대체로 보아 이곳에서는 16년 동안 머물렀다. 1660년에 거기서 나온 후로 다시 그곳에 머물러 지내지 않았던 것은 스스로 내린 결정이나 키더민스터 주민들의 결정 때문이 결코 아니다.

그가 그곳에 가기 전에 그곳은 무지와 불경스러운 태도로 가득 차 있었다. 그러나 백스터의 지혜롭고 충실한 교육에 하나님이 복을 내리셔서 의의 열매가 풍성하게 맺혔다. 처음에 백스터는 온 마을에서 매일 가정 기도회를 갖

는 경우를 한두 번밖에 보지 못했지만, 그가 떠났을 때는 매일 가정 기도회
를 계속해서 갖지 않는 가정이 한둘밖에 없었다. 그리고 주일에는 공공 예배
를 드리는 중에 마을을 지나가노라면 주민들이 오랫동안 젖어 있던 노골적
인 참람한 행동이 보이는 것이 아니라, 수백 가정이 시편을 노래하는 소리가
들리고 성경이나 다른 좋은 책을 낭독하거나 설교하는 것을 그들이 적어 내
려가는 것이 보였다. 자신이 맡은 영혼들을 돌보는 백스터의 노력이라든지
그가 그들 가운데서 활동하며 거둔 성공은 참으로 주목할 만한 것이었다. 왜
냐하면 그는 교제를 나누는 사람의 수가 육백 명에 이르렀다고 분명하게 말
하기 때문이다. 백스터는 자신이 꼼꼼히 따져보니 경건한 신앙이 없어서 선
한 소망을 누리지 못할 사람은 열둘이 안 된다고 공언했다. 하나님을 찬송하
리로다. 그처럼 복되게 인도를 받은 사람이 마을과 이웃에 여전히 많으니,
사실상 더 많아지니 그 영혼이 남아 있는 만큼 백스터의 이름은 존경과 애정
을 받으면서 사람들의 기억 속에 계속 살아 있을 것이다.

　저술가로서 백스터는 그 시대의 아주 위대한 몇몇 인물로부터 인정을 받
는다. 이들은 백스터를 아주 잘 알고 있었고 특별히 편파적으로 그를 좋아할
만한 이유가 없었다. 배로우(Barrow) 박사는 이렇게 말했다. "그의 실무적
저술은 전혀 손댈 데가 없었으며 그의 논쟁적인 저술도 반박하는 이가 거의
없었다." 존경하는 로버트 보일(Robert Boyle)은 백스터의 결의론적 저술에
관하여 이렇게 천명했다. "그는 우리 시대에 결의론을 담당할 가장 적임자였
다. 왜냐하면 그는 사람의 불쾌히 여김을 두려워하지 아니하고 누구에게 좋
게 보이기를 바라지 않았기 때문이다." 윌킨스(Wilkins) 주교는 백스터에 관
하여 이렇게 논평했다. "그는 다루는 주제마다 갈고 닦았다. 그러니 그가 초
기 시절에 살았더라면 교부가 되었을 것이다. 그리고 우리 시대는 백스터와
같은 인물을 배출한 것으로 충분하다."

　어셔(Usher) 대주교는 그를 높이 보고서 열심히 그리고 끈질기게 재촉하
여 백스터더러 그의 실천적인 설교 가운데 몇 편을 저술하도록 했는데, 특별

히 저 유명한 작품 「회개하지 않은 자들을 향한 부르심」(*Call to the Unconverted*)을 저술하게 했다. 맨턴(Manton) 박사는 솔직하게 표현했듯이 "백스터가 이 시대의 누구보다 사도의 저술에 근접했다"고 생각했다. 그리고 베이츠(Bates) 박사는 백스터를 설교자와 저술가로 보고서, 백스터의 장례식 설교에서 이렇게 말한다.

"그의 설교에는 주장과 자극이 희한하게 결합되어 지성에게 확신을 주고 마음을 사로잡는 것이 있었습니다. 그의 꿰뚫는 눈은 이성과 설득의 모든 원천을 훤히 들여다보았습니다. 그의 힘찬 설교를 거역할라치면 이성과 하나님의 계시를 부인하지 않을 수 없었습니다. 그는 설교할 때 놀라울 정도로 쉽게 그리고 많이 말했습니다. 그의 문체에는 고상한 자유 분방함이 있었습니다. 그의 위대한 지성은 감동을 주려고 말을 꾸미는 태도로 전락할 수 없었습니다. 그는 번지르르한 웅변술을 무시했습니다. 그의 표현은 분명하고 강력했습니다. 어찌나 지성에 확신을 불어넣고 영혼을 파고 들고 성정에 호소하던지, 아주 지혜로운 마법사에게 홀리지 않는 자들은 독사와 같이 아예 들으려 하질 않았습니다. 그는 성령에 감동되고 천상의 불을 내뿜어 죽은 죄인에게 열기와 생명을 불어넣고 얼어 붙은 무덤에 갇힌 완고한 자들을 녹였습니다. 그의 책은 너무 많고(120권이 넘습니다) 다양한 주제를 다루므로 도서관을 이룹니다. 이 책에는 논쟁적 신학과 결의론적 신학과 실천 신학의 보화가 담겨 있습니다. 그의 실천 신학 서책은 우리 시대의 그 어떤 인쇄물보다 많은 죄인을 하나님께로 돌아오게 하는 데 효과가 있었습니다. 그리고 교회가 땅에 있는 동안 그 책은 끊임없이 효과를 내어 길 잃은 죄인을 회복하게 할 것입니다. 그 책에는 독자로 하여금 깨어 있고 주목하게 만드는 힘찬 맥박이 있습니다."

이런 증언 외에도 2절지로 만든 그의 실천적 서책 4권을 편집한 사람들의 증언을 보태더라도 외람되지 않을 것이다. 그 서문에서 편집자들은 이렇게 말한다. "아마 이처럼 참된 기독교 정신을 갖고 있고 판단과 애정이 멋지게 섞여 있고 순수하고 더러워지지 않은 종교를 부흥시키는 경향이 많은 저술은 우리에게 없을 것이다. 이 책은 태평스럽게 지내는 사람을 일깨우고, 무지한 자를 교훈하고, 갈팡질팡하는 자들을 굳세게 하고, 비참한 자에게 위로를 주고, 참람한 자를 회복시키고, 참으로 진지한 자들을 진보시킨 점에서 이 저자의 다른 실천적 작품보다 해외에서 인정받고 국내에서 찬사를 받아 왔다." 백스터와 그의 저술을 잘 알았던 저명한 사람들은 그처럼 이해했다. 그러므로 애디슨(Addison)이 어쩌다가 아주 불완전하게 알았지만 다음의 사건을 언제나 그렇듯이 유쾌한 마음과 솔직한 심정으로 언급했던 것은 그다지 주목할 만한 일이 아니다. "한번은 백스터 씨의 글을 접하게 되었다. 그 글을 숙독하면서 저자의 경건한 생각이 너무 마음에 들어 그 책을 구입했다."

백스터가 왕정 복고 직후에 찰스 2세의 상임 기관 목사로 임명되고, 한번은 그런 지위에서 설교했고, 또한 국왕 종교법 고문 클래런던(Clarendon)에 의하여 헤리퍼드(Hereford) 주교직을 맡아달라는 제안을 받았던 것은 주로 백스터가 설교자와 저술가로서 명성이 높았기 때문인 것으로 보아야 한다. 물론 백스터는 국왕에게 정중한 편지로 그 제안을 거절하는 것이 적합하다고 보았다.

「성도의 영원한 안식」이 그의 설교 작품 가운데 가장 값진 것에 속한다고 보아도 합당하다. 그는 집에서 멀리 떨어져 있을 때 성경말고 참조할 책이 전혀 없고, 여러 달 동안 계속 죽음을 예상할 정도로 건강이 심히 나쁜 상황에서 이 책을 썼다. 그러므로 그는 단지 자신이 활용할 목적으로 이 천상적 주제에 생각을 집중했다. 그는 이 책이 "내 생애의 모든 연구보다 나에게 더 유익을 주었다"고 말한다. 이때 그의 나이는 30세를 많이 넘지 않았을 것이다. 그후 백스터는 키더민스터에서 이 주제에 관하여 매주 설교했고 1650년에 그 책을 출판했다. 사실 이 책은 그의 모든 실천적 저술 가운데 첫 권이었던 것으로 보인다. 이 책에 관하여 베이츠 박사는 이렇게 말한다.

"그는 삶과 죽음에 대한 걱정으로 고뇌하면서 이 책을 썼지만, 이 책에는 그의 거룩하고 활기찬 마음에 대한 표시가 담겨 있다. 그는 우리의 욕구를 불러일으키기 위하여 위의 성소를 열어 보이고 하나님의 앞에 있는 영광과 즐거움을 발견하되, 어찌나 강렬하고 생생한 빛으로 발견하든지 이 세상의 모든 반짝이는 허영이 그에 비할 때 사라지게 하고, 나이든 사람이 어린이의 장난감과 물건을 무시하듯 진실한 신자가 그 허영을 무시하게 할 정도이다. 그는 우리로 두렵게 하려고 칸막이를 없애고 지옥의 영원한 불을 아주 생생하게 만들고, 그처럼 두려운 색채로 정죄받은 자들의 고통스런 수난을 표현하므로, 제대로 그것을 살피면 아무리 육적이고 비참한 사람의 고삐 풀린 듯 방탕한 욕구라도 억제되고 통제될 것이다."

천상적 안식은 그 성격상 누구에게나 중요하고 재미있는 주제이며 동시에 참으로 흥미를 끄는 즐거운 주제이다. 많은 사람이 이 책을 받아들이고, 또한 부분적으로 백스터가 강단에서나 서책으로 이 주제를 다룰 때 흔치 않은 복이 동반되었던 이유를 충분히 설명할 정도이다. 가장 적절한 방법으로 하나님의 은혜의 역사가 일어나는 때보다 하나님의 은혜의 역사를 더 합당하게 기대할 데가 없고 사실 더욱 자주 드러나는 곳이 없기 때문이다. 그리고 탁월한 판단력과 경건을 가진 사람들이 이 책에 담겨 있는 중요한 취지를 듣거나 읽었기 때문에 처음으로 종교적으로 감동을 받았다고 분명하게 말했던 것으로 보이지 않는가? 혹은 오랜 세월이 지나서 이 책의 내용이 자신의 거룩한 생활과 비슷하다거나 그 생활을 진보시킨 것으로 보지 않았는가? 그러니 이런 것들은 이 책의 상당한 장점으로 생각되지 않겠는가?

백스터가 성도의 안식에 관한 설교를 맨 처음 전했을 때 그 설교를 듣고 참으로 회개했다고 한 사람으로 키더민스터 태생인 토머스 둘리틀(Thomas Doolittle, M.A.) 목사가 있다. 백스터는 17세의 학생이던 둘리틀을 케임브리지 대학교 펨브로크 홀 칼리지(Pembroke Hall)로 보냈고, 거기서 둘리틀은 학위를 받았다. 둘리틀은 대학에 가기 전에 변호사의 서기로 시보중이었

으며 그 일을 할 때 변호사가 주일에 무엇을 써 놓을 것을 명령하자 아주 주
저하며 그대로 했고, 그 다음 날 집으로 돌아와서 앞으로 다른 직업에 종사
하지 않고 복음의 사역으로 그리스도를 섬기겠다고 참으로 진지하게 소망했
다. 사역자와 선생과 저술가로서 그의 경건하고 유익한 활동은 아직도 교회
에서 칭송을 받는다.

1657년에 죽은 케임브리지 킹스 칼리지의 특별 연구원 존 제인웨이
(Janeway)의 생애를 들여다보면, 그가 회개하게 된 주요 원인이 바로 「성도
의 영원한 안식」을 읽었기 때문이라고 한다. 그리고 그가 후에 가까운 친척
에게 쓴 편지에는 이 책에서 천상적 명상을 다루는 부분을 좀 더 직접적으로
언급하면서 이렇게 말한다. "우리에게는 실천하기만 하면 우울증의 모든 원
인을 없어지게 할 의무가 하나 있습니다. 말인즉은 참으로 기독교가 지향하
는 일들에 대한 천상적 묵상과 명상이라는 의무입니다. 우리가 하루에 한 시
간, 이 의무를 행하며 하나님과 친밀하게 행하기만 하면, 이 일은 하루 종일
큰 영향을 미칠 뿐만 아니라 제대로 행하면 평생에 큰 영향을 미칠 것입니
다. 이 의무의 유익함과 방법과 지침에 관하여 전에도 어느 정도 알고 있었
습니다만, 백스터의 「성도의 영원한 안식」은 제가 그 의무를 행하지 않으면
안 되게끔 밀어붙입니다. 이 책은 아무리 높이 평가해도 부족하며 그래서 저
는 하나님을 영원히 찬양할 이유를 얻습니다." 이 탁월한 젊은 사역자가 「성
도의 영원한 안식」에 나오는 지침에 따라 천상적 명상을 얼마나 즐겁게 행하
는지 그 점만 보더라도, 그의 생애는 읽을 만한 가치가 있다.

조셉 앨린(Alleine) 목사는 이 책의 말미에 있는 천상적 명상의 예를 대화
중에 자주 인용했는데, 그럴 때마다 이런 엄숙한 말로 허두를 꺼냈다. "그 하
나님의 사람 거룩한 백스터는 다음과 같이 지극히 거룩하게 말합니다."

베이츠 박사는 헨리 애셔스트(Henry Ashurst)에게 헌정한 장례식 설교에
서 신앙 깊은 신사이며 백스터의 가장 유명한 친구이자 유언 집행자에게 이
렇게 말한다. "그는 당신의 가장 큰 존경과 사랑을 가장 많이 받을 자격이 있

었습니다. 왜냐하면 「성도의 영원한 안식」이라는 그의 지극히 값진 책을 읽고 당신의 영혼이 하늘에 대하여 처음으로 감동을 받았기 때문입니다."

매튜 헨리(Matthew Henry)의 생애를 살펴보면, 매우 경건한 워버턴(Warburton) 판사의 아들이며, 매튜 헨리의 두 번째 아내의 아버지인 그랜지(Grange)의 로버트 워버턴 각하에 대한 다음과 같은 평판을 발견하게 된다. "그는 특별히 생애 후반에 은둔하여 홀로 지내는 생활을 아주 좋아한 신사였습니다. 그는 성경과 백스터의 「성도의 영원한 안식」을 그의 거실 탁자에 두고 읽었습니다. 그는 독서와 기도에 대부분의 시간을 보냈습니다."

저 존경할 만하고 아주 경건한 기사였던 나다니엘 바나디스턴(Nathaniel Barnadiston) 경의 생애에는 이런 이야기가 있다. "그는 늘 은밀히 기도하고 성경을 읽었다. 그런 후에 좋아하는 다른 저자의 글을 읽었다. 하지만 그는 죽기 얼마 전에 백스터의 「성도의 영원한 안식」을 읽고 그 안식에 들어갈 준비를 하는 데에서만 기쁨을 얻었다. 이 책은 하나님이 그를 저 안식으로 좀 더 빨리 그리고 곧장 인도하기 위하여 보낸 안내자이며, 하나님의 섭리가 드러낸 한 은혜로운 사건으로 평가되었다."

이 책을 고귀하고 유익하게 여겼던 저명한 인물들 외에도, 우리는 제임스 제인웨이 목사의 「어린이를 위한 증거」(Token for Children)에서 한 어린 소년의 사건을 본다. 이 소년은 백스터의 책을 성경 다음으로 가장 즐거운 책으로 읽고서 경건이 무엇인지 알고 더욱 경건하게 되었다. 그래서 그 소년은 건강할 때에도 여전히 영원한 안식에 대한 생각에 빠져 다른 생각에는 전혀 사로잡히지 않았던 것처럼 보인다. 그리고 이 소년은 늘 안식을 준비하며 살았고, 이 낮은 세상에 사는 사람이라기보다 영광을 위하여 무르익은 자처럼 보였다. 그리고 그 소년은 12살이 되기 전에 병에 걸려 죽었는데, 그는 병에 걸렸을 때 이렇게 말했다. "기도하건대 백스터 목사님의 책을 주셔서 영원에 들어가기 전에 좀 더 영원에 대하여 생각할 수 있게 해 주세요."

백스터 목사가 죽은 다음 서재에서 발견된 한 글에서 백스터 목사 자신이 얼마나 많은 사람이 자신의 책 「회심하지 않은 자에 대한 부르심」을 읽고 회심했는지를 매주 편지로 그 이야기를 알게 되었음을 지적하면서 다음과 같이 분명하게 말한 점도 역시 주목할 만하다. "하나님이 복 주셔서 이 작은 책 「회심하지 않은 자에 대한 부르심」은 예기치 않은 성공을 거두었다. 「성도의 영원한 안식」을 제외하고 내가 쓴 책에서 가장 큰 성공을 거두었다." 경건한 플래벨(Flavel) 목사는 저자가 살아 있는 바로 그 때에 이 책을 분명히 언급하면서 이렇게 말한다. "백스터 목사는 하늘에 있는 것과 진배없다. 그는 성도가 영원히 하나님과 거하는 안식을 매일 보며 즐겁게 기대하며 산다. 그리고 그는 우리 가운데 잠시 있다가 믿음의 생활에 대한 위대한 모범으로 남을 것이다."

그리고 백스터는 「자기 부인론」(Treatise of Self-Denial)에서 친히 이렇게 말한다. "분명히 말하지만, 나는 매일 활동하는 영혼의 유익을 위해서 내가 쓴 모든 책 가운데서 「신앙 생활」(Life of Faith)과 이 「자기 부인론」과 「성도의 영원한 안식」의 마지막 부분처럼 자주 숙독하는 책이 없다." 컬래미(Calamy) 박사가 그 책에 관하여 "이는 많은 사람이 영원히 하나님을 마땅히 찬양하도록 할 책이다"라고 언급한 것에는 합당한 이유가 있다.

이제 이 탁월하고 유익한 책이 축약판으로 나왔다. 그러므로 하나님의 복 주심을 받아 사람들에게 유익한 영향을 끼칠 것이 틀림없을 것이다. 다른 이유가 아니라면 이 사람들은 좀 더 긴 책을 읽을 수 있는 기회나 마음을 갖고자 했을 것이다. 나는 좀 더 작은 분량으로 이 책을 축소하면서 저자를 공정하게 대하고 동시에 진지한 독자의 즐거움과 유익을 도모하기를 아주 바랐다. 그리고 이 목적이 다음과 같은 방법을 통하여 어느 정도 이루어졌기를 바란다. 대체로 곁가지를 쳤거나 논쟁적이거나 형이상학적인 성격을 가진 것은 빼버리고, 아울러 서문과 헌정과 마지막 시대의 어떤 특정한 상황에 대하여 암시하는 다양한 내용들도 빼버렸으며, 특별히 여러 장을 한 장으로 뭉뚱그려서 장수가 책의 분량에 좀 더 어울리도록 했다. 그리고 때때로 내용을 간략하게 만들기 위하여 마침표의 형식을 바꾸었지만 그 의미는 바뀌지 않도록 했다. 그리고 더 이상 쓰이지 않는 표현이 나올 때는 좀 더 일반적이고 알아들을 수 있는 말로 바꾸었다.

만일 학식 있고 판단력 있고 경건한 아주 존경하는 분들이 제안하고 격려해 주지 않았더라면 나는 이 일을 하려는 마음을 절대로 품지 않았을 것이다. 이 일이 아무리 흠이 많아 보여도, 이 작업은 — 이것을 작업이라고 부를 수 있다면 — 내 생애의 가장 즐거운 작업 가운데 하나였다. 하나님을 찬송할지라.

확실히 영원한 안식에 대한 생각은 지난 세대의 사람들에게만큼 오늘날 사람들에게 즐거운 일일 것이다. 나는 그런 생각이 지금도 절대적으로 필요하다고 확신한다. 이 생각을 무시하려는 유혹이 이전보다 더 적거나 약하지 않다. 사람들은 영원한 안식의 가치를 절실하게 느끼지 않는다. 왜냐하면 그보다는 천 가지 사소한 일을 더 좋아하기 때문이다. 그러나 이 책의 거룩한 추론을 정당하게 따르면 — 그리고 성령님과 구주의 은혜가 그렇게 되도록 하셨으면 — 허영된 시대가 진지해질 것이다. 육적인 것으로 연약해진 마음이 곧 이성의 힘을 회복할 것이며 기독교의 탁월함을 드러낼 것이다. 쾌락의 속이는 이름들이 이 땅에 임하는 천상적 기쁨의 찬란한 현실에 의하여 지워질 것이다. 삶의 모든 지위와 관계는 진지한 종교의 타당성과 위엄으로 가득 찰 것이다. 그러면 사회의 모든 구성원이 전체의 아름다움과 행복에 효과적으로 기여할 것이다. 그리고 모든 영혼이 하나님의 백성에게 남아 있는 저 안식에 대한 권리를 얻었다는, 근거가 확실하고 유쾌한 확신을 갖고서 삶이나 죽음에 대하여, 이 세상이나 저 세상에 대하여 준비를 갖출 것이다.

벤저민 포세트
키더민스터,
1758년 12월 25일

성도의 영원한 안식

"그런즉 안식할 때가
하나님의 백성에게 남아 있도다"

히 4:9

제1장

서론 ─ 성도의 안식의 본질에 관한 몇 가지 설명

저자는 독자들이 이 본문에 나타난 사도의 중요한 구상에 주목하도록 진지하게 부탁하고 있다. 본 저작의 전반적인 계획과 함께 성도의 안식을 정의한다. 이 안식이 전제하고 있는 것은 무엇인가? 이 안식이 포함하고 있는 내용을 충분하게 보여 줄 능력이 없다는 저자의 겸손한 생각이 나타나 있다. 성도의 안식은 다음을 포함하고 있다.

1. 은혜의 수단들이 필요없음
2. 모든 죄악으로부터 완전한 자유
3. 몸과 영혼 양쪽에서 성도가 개인적으로 최고도로 완성됨
4. 최고의 선(善)이신 하나님을 가장 가까이에서 즐김
5. 이렇게 하나님을 즐기는 가운데 몸과 영혼의 모든 능력들을 달콤하게 끊임없이 발휘함.

아담의 타락 안에서 우리는 하나님에 대한 관심과 실제로 하나님을 즐기는 일을 잃어버렸을 뿐만 아니라, 하나님에 관한 모든 영적인 지식과 또 그런 복락을 향한 참된 성향까지도 상실하였습니다. 하나님의 아들이, 회복하시는 은혜와 영원하고 영적인 행복과 영광을 밝혀 주는 것들을 가지고 오실

때에도, 그것을 믿는 믿음을 사람에게서 발견하지 못합니다. 가난한 사람이 자신은 생각할 수도 없는 100파운드라는 엄청난 돈을 다른 사람이 가지고 있다고 해도 쉽게 믿으려 하지 않는 것처럼, 이제 사람들은 자신이 과거에 한때 맛본 것과 같은 커다란 행복이 있다는 것을 믿으려 하지 않습니다. 그들이 맛보았던 행복은 그리스도께서 지금 그 수중에 가지고 계신 행복보다 훨씬 적은 것인데도 말입니다.

하나님께서 안식의 땅에서 이스라엘 백성들에게 안식일을 주시려고 하셨을 때, 그 대적들을 물리치고 이스라엘 백성에게 안식을 손에 쥐어 주는 일보다 더 어려웠던 일은 이스라엘 백성들로 하여금 그 안식을 믿게 하는 일이었습니다. 그리스도를 통하여 제공되는 비교할 수 없을 정도로 영광스러운 안식에 대한 작은 상징이자 암시에 불과한 그 안식을 얻었을 때에도, 이스라엘 백성은 단지 자신이 소유한 것만을 믿었으며, 잔칫상에 앉은 쾌락주의자들처럼 "참으로 이것 말고 다른 천국이 어디 있으랴!" 하고 말하였습니다. 혹 메시아에 의한 좀 더 큰 안식을 기대한다고 하더라도, 그것은 단지 그들이 누리는 세상의 복락이 늘어나는 것이라고 생각하였을 뿐이었습니다.

사도는 이 서신의 대부분에서 이런 완고함에 반대하고 있으며, 모든 의식과 그림자들의 목적은 이스라엘 백성들을 실체이신 예수 그리스도에게로 향하게 하는 것이라는 사실을 명백하고 폭넓게 입증합니다. 또한 안식일과 가나안의 안식은 그들에게 '더 나은 안식'을 고대하도록 가르치는데, 그 안식이 참으로 그들의 행복이라는 사실을 증명합니다. 내가 인용한 본문은 다양한 논의를 거친 후에 내린 사도의 결론으로서, 신자들의 모든 위로의 근거와, 모든 의무와 수난들의 목적과, 복음의 모든 약속들과 그리스도인의 특권들의 생명과 총합을 생각하고 있습니다.

재난을 겪고 과중한 책임을 지고 낙담스런 일이나 고난을 당하는 사람들에게 안식보다 더 환영받을 것이 무엇입니까? 안식은 우리의 위안일 뿐 아니라 안정입니다. 활발하게 우리의 모든 책임을 이행하는 것과 시험에서 견디는 것과, 하나님에게 영광을 돌리는 것과, 생생한 사랑과 넘치는 감사와, 우리가 받은 모든 은혜, 그뿐 아니라 우리의 신앙과 기독교의 존재 자체가 안식에 대한 우리의 믿음과 진지한 생각에 달려 있습니다. 젊은이든지 늙은이든지, 부자이든지 가난한 자이든지간에 이 책을 읽는 모든 독자들은 이 내용을 한번 쓱 읽어 보고는 그렇다고 대충 수긍하고 그냥 잊어버리지 말고, 이 책에 마음을 기울여서 그리스도 안에 계신 하나님을 당신의 유일한 안식으로 삼고 또 마음을 무엇보다도 그분에게 고정시키기를 간절히 바라는 바입니다. 머지않아 당신을 부르셔서 결산(決算)하시고 당신의 영원하고 변하지 않는 상태를 결정하실 주님의 이름으로 간청하고 요구합니다. 성도들의 분깃이자 안식이신 살아 계신 하나님께서 우리의 이러한 육욕적인 정신을 영적인 정신으로, 세속적인 마음을 천상적인 마음으로 바꾸셔서 하나님을 사랑하고 그 안에서 즐거워하는 것이 우리 생활의 일이 되게 해 주시고, 또한 이 글을 쓰는 나와 이 책을 읽는 여러분들이 이 생명의 길에서 다시는 떠나지 않도록 지켜 주시기를 기원합니다. 왜냐하면 "안식에 들어갈 약속이 남아 있을지라도" 우리 자신의 불신앙과 나태함 때문에 "너희 중에 혹 이르지 못할 자가 있을까"(히 4:1) 염려되기 때문입니다.

　성도의 안식은 그리스도인의 가장 행복한 상태입니다. 달리 표현하자면, **성도의 안식은 완성된 성도가 죽을 때에 그들의 영혼이 도달한 만큼의, 그리고 부활과 최후의 심판 다음에 몸과 영혼이 가장 충만하게 도달한 만큼의 능력에 따라 하나님을 끝없이 완전하게 즐기는 것입니다.** 성도의 안식에 대한 이런 정의에 따라, 이 장에서는 그 본질에 관한 포괄적인 설명을 제시할 것입니다. 성도의 안식의 예비적인 사항들은 2장에서, 그 탁월함에 대해서는 3장에서 제시되며, 4장에서는 그 안식을 받기로 예정된 사람들에 대하여 다룹니다. 그 주제를 한층 더 깊게 설명하기 위하여 5장에서는 이 안식을 잃은 사람들의 비참함에 관한 묘사가 제시될 것이며, 6장에서는 현세의 쾌락들을 잃어버리고 지옥의 고통을 겪는 사람들의 비참함이 묘사될 것입니다. 그 다음에 7장에서는

부지런히 이 안식을 구해야 할 필요성을, 그리고 8장에서는 이 안식에 대한
우리의 정당한 소유권을 어떻게 분별할 수 있는가를 보여 주며, 9장에서는
안식을 소유할 자신의 정당한 권리를 인식한 사람들은 그렇지 못한 사람들
을 도와야 한다는 점을, 10장에서는 이 안식은 이 땅에서 기대할 수 없다는
사실을 보여 줍니다. 그런 다음에는 다음과 같은 내용들을 다루는 것이 적절
할 것입니다. 즉 11장에서는 이 땅에서 천상적인 생활의 중요성을, 12장에서
는 이 땅에서 어떻게 천상적인 삶을 살 수 있는가 하는 문제를, 그리고 13장
에서는 천상적인 명상을 위하여 가장 좋은 시간과 장소와 성향과 함께 천상
적인 명상의 본질을 다루고, 14장에서는 천상적인 명상이 사려, 감정, 독백,
기도에 어떻게 이용되는지에 관하여, 그리고 또 15장에서는 천상적인 명상
이 어떻게 감각적인 대상들에 의하여 도움을 받을 수 있으며, 또한 반역적인
마음으로부터 지켜질 수 있는가를 살펴봅니다. 16장에서는 천상적 명상의
실례를 들고, 이 책 전체의 결론을 내릴 것입니다.

이 안식의 본질에 필수적으로 **전제되어** 있는 것들이 있는데, 그것은 다음과
같은 것들입니다:

그 안식을 찾는 자들은 죽어야 하는 **인간들**입니다. 왜냐하면 천사들이나
영화롭게 된 영혼들은 이미 그 안식을 가지고 있으며, 악한 영들과 저주받은
자들은 그 안식을 얻을 가망이 없기 때문입니다.

그들은 오직 **하나님만을** 자신의 목적이자 행복으로 선택합니다. 하나님 외
에 다른 무엇을 자신의 행복으로 삼는 사람은 첫걸음부터 안식을 찾는 그 길
에서 벗어나 있습니다.

그들은 이런 목적으로부터 **멀어져** 있습니다. 타락 이래로 이것은 모든 인
류의 비참한 실정입니다. 그리스도께서 구속의 은혜를 가지고 오실 때, 가만
히 앉아 있는 사람은 하나도 없을 것입니다. 모두가 서둘러 영원한 파멸로
달려가고 있으며, 지옥을 향해 바삐 달려가고 있습니다. 그리스도께서 우선
확신에 의하여 그들의 걸음을 멈추시고, 그 다음에는 회심에 의하여 그들의

마음을 돌려 진실하게 그리스도를 향해 살게 하실 때까지 계속됩니다. 이런 목적과 그 탁월함은 필경 알려지며, 그대로 실행하도록 의도된 것입니다. 알려지지 않은 선(善)은 소망이나 노력으로 이어지지 않습니다. 그리고 이 인식으로부터 떨어져 있는 거리와 또 이 거리에 대한 참된 지식도 역시 전제되어 있습니다. 자신이 하나님 없이 살고 있으며 지옥으로 가는 길에 있다는 사실을 전혀 알지 못한 사람들은 하늘나라로 가는 길을 결코 알지 못하였습니다. 하나님과 자신의 영혼을 잃어버린 것을 알고도 "나는 망했구나"라고 외치지 않을 사람이 있겠습니까? 이 안식을 얻는 사람이 그토록 적은 이유는 자신이 안식을 얻을 자격에서 얼마나 멀리 떨어져 있으며, 또 그 안식과 반대되는 일을 자행하고 있는지 깨닫지 못하기 때문입니다. 잃어버렸다고 생각하지도 않는 것을 찾으려는 사람이 어디 있겠습니까? "건강한 자에게는 의사가 쓸데없고 병든 자에게라야 쓸데있나니."

고차원적인 **동인**(動因)의 영향도 역시 전제되어 있습니다. 그렇지 않으면 우리는 모두 가만히 서서 안식을 향하여 가지 않을 것입니다. 만일 하나님이 우리를 움직이지 않으시면, 우리는 움직일 수 없습니다. 하나님에게 복속되어 계속 그분을 의지하는 것은 우리의 기독교적 지혜에서 아주 필수적인 부분입니다. "우리가 무슨 일이든지 우리에게서 난 것같이 생각하여 스스로 만족할 것이 아니니 우리의 만족은 오직 하나님께로서 났느니라"(고후 3:5). "내가 없으면 너희들은 아무것도 할 수 없느니라"고 그리스도는 말씀하십니다.

그 다음으로 전제되어 있는 것은, 이 안식을 구하는 사람들은 **영적인 생활의 내적 원리**를 가지고 있다는 점입니다. 하나님은 돌을 움직이듯이 사람을 움직이지 않습니다. 하나님은 사람들에게 생명을 부여하는데, 그것은 사람들이 하나님 없이 움직일 수 있게 하는 것이 아니라 제1의 동인(動因)인 하나님 자신에 종속되어 움직일 수 있게 하기 위한 것입니다.

한걸음 더 나아가, 안식을 향한 영혼의 실제적 경향, 예를 들어 규칙적이고 성실한 **진지함과 부지런함**과 같은 경향이 전제되어 있습니다. 자신의 달란 트를 묻어 두는 사람은 게으른 종이 받는 보응을 받게 될 것입니다. 그리스 도는 이 안식에 이르는 유일한 길이며 문입니다. 그러나 "생명으로 인도하는 문은 좁고 길이 협착하며" 따라서 우리가 그리로 들어가려고 한다면 노력하 여야 합니다. 왜냐하면 "많은 이들이 들어가려고 구하나 들어가지 못할 것이 기" 때문입니다. 그것은 "천국은 침노함을 당한다"는 의미입니다. 우리가 영 으로 시작하여 육으로 끝맺는다면, 역시 성도의 목적에 이를 수 없습니다. "끝까지 견디는 자는 구원을 얻을 것입니다." 이 땅의 다른 무엇보다도 하나 님에게 자신의 소망을 걸어 두지 않는 사람은 결코 하나님과 함께 하는 안식 을 얻지 못합니다. "네 보물이 있는 곳에 네 마음도 있느니라." 우리의 옛 본 성의 잔재가 이런 소망들을 크게 약화시키고 방해할 것이지만, 결코 이 소망 들을 이기지는 못합니다. 우리가 그 목적에서 계속 멀리 떨어져 있다는 사실 과 또 우리의 본성 속에 있는 상반되는 원리들과 우리의 은혜의 미약함에서 나오는 우리의 소망들에 대한 반대를 고려한다면, 그 목적을 향한 우리의 태 도는 부지런하고 온 힘을 다해야 하는 것임에 틀림없습니다. 이런 모든 것들 이 그리스도인들이 하늘로부터 오는 안식에 대한 관심을 갖도록 하기 위하 여 전제된 것들입니다.

　이제 우리는 이런 계단들을 올라와서 바깥 뜰로 들어왔는데, 과연 휘장 안 쪽을 볼 수 있을까요? 과연 우리는 이 안식이 전제하고 있는 것뿐 아니라 그 것이 담고 있는 것을 보여 줄 수 있을까요? 아, 나는 그 영광을 아주 일부밖 에 알지 못합니다. 바울이 어렴풋이 보았던 그 영광에도 말로는 표현할 수 없거나 혹은 표현해서는 안 될 것이 포함되어 있었습니다. 바울이 하늘의 것 들을 하늘의 언어로 이야기하였고 아무도 그 말을 이해하지 못하였다면, 더 나을 것이 무엇입니까? 내가 여러분에게 알려 주려고 하는 것을 주님은 나에 게 알려 주셨습니다. 주님은 어느 정도 빛을 밝혀 주시어 나와 여러분에게 우리가 물려받은 유산을 보여 주셨습니다. 눈이 열려 야곱의 장막과 이스라엘의 거처의 선함을 볼 수 있었으나 자신은 거기에 아무런 몫을 갖지 못하고 오히려 그것 때문에 파멸하게 된 발람이나, 안식의 땅을 소유하는 대신 단지 발견하였을 뿐 결코 들어가지 못할 그 땅을 바라본 모세에게 비쳤던 빛이 아니라, 복음서에서 자신이 가진 모든 소유를 팔아 진주를 살 때까지는 안식을 얻지 못하였던 상인에게 진주가 계시되었던 것처럼, 그리고 축복받은 스데반에게 그가 곧 들어가게 될 천국이 열렸던 것처럼, 그리고 그의 소유가 될 영광이 나타났던 것처럼, 우리에게도 그렇게 보여 주셨습니다.

천상적인 안식에서는 다음과 같은 것들이 있게 됩니다: 은혜의 수단들이 필요 없음. 모든 죄악들로부터 완전한 자유. 몸과 영혼 양쪽에서 성도들이 개인적으로 최고도로 완성됨. 최고의 선(善)이신 하나님을 가장 친밀하게 즐김. 이렇게 하나님을 즐기는 가운데 몸과 영혼의 모든 능력을 달콤하게 끊임없이 발휘함.

1. 천상적인 안식에서는 **은혜의 수단들이 필요없습니다.** 우리가 항구를 찾아 들어오면 항해는 끝이 납니다. 일꾼이 자기 품삯을 받는다는 것은 자신의 할 일을 마쳤다는 뜻을 내포하고 있습니다. 여행을 끝낼 때가 이르면 우리가 이제껏 걸어온 길과 관계를 끊는 것입니다. 어떤 예언이라도, 어떤 방언이라도 그칠 것이며, 어떤 지식이라도 그것이 수단이라는 성격을 가지고 있는 한, 마찬가지로 사라져 버릴 것입니다. 기도는 더 이상 없을 것입니다. 왜냐하면 더 이상 기도할 필요가 없고, 반대로 우리가 기도로 구한 것을 충만하게 누릴 것이기 때문입니다. 죄와 유혹들이 미치는 곳에서 벗어났기 때문에 더 이상 금식하거나 울거나 혹은 주의할 필요가 없을 것입니다. 설교도 그치고, 인간의 사역도 그치고, 예식들도 필요없게 되며, 일꾼들을 불러들일 것입니다. 왜냐하면 추수할 곡식은 거두어 들이고, 가라지는 불태우고, 일은 끝나기 때문입니다. 중생하지 않은 사람은 희망을 잃고, 성도들은 영원히 두려움을 당하지 않을 것입니다.

2. 천상적인 안식에는 **모든 죄로부터 완전한 자유**가 있습니다. 그것은 일생

동안 우리를 쫓아다녔던 모든 죄악들, 우리에게 최고의 선이 없었던 까닭에 불가피하게 따라오는 모든 죄악들로부터 해방되는 완전한 자유이며, 또한 그리스도와 은혜를 등한히 생각하는 자들이 영원히 감당해야 할 영원한 불꽃과 가차 없는 참상들로부터 벗어나는 자유입니다. 그런 불꽃과 참상은 그들뿐만 아니라 우리도 출생에 따라, 또 실제적인 공과에 따라 마땅히 받아야 할 두려운 결과였습니다. 천국에는 더럽히는 불결한 것이 전혀 없습니다. 그런 모든 것은 천국 밖에 있습니다. 또한 의심할 여지 없이 천국에는 슬픔이나 고통과 같은 것이 없습니다. 창백한 얼굴이나 기력이 없는 몸, 허약한 관절, 의지할 데 없는 아기, 노쇠한 나이, 쓸데없는 농담, 고통스러운 질병, 쥐어뜯는 듯한 두려움, 기력을 소진하게 하는 걱정들, 그 밖에 죄악이라는 이름을 붙일 수 있는 모든 것들을 천국에서는 찾아볼 수 없습니다. 세상이 즐거워할 때에 우리는 울고 탄식하였지만, 그때에는 우리의 슬픔은 기쁨으로 변하고, 아무도 우리에게서 그 기쁨을 빼앗아 가지 못할 것입니다.

3. 이 안식의 또 다른 요소는 **몸과 영혼 양쪽에서 성도가 개인적으로 최고도로 완성되는 것입니다**. 그 영광이 그토록 크지만, 성도들 자신이 개인적인 완성에 의하여 그 영광에 적합하게 되지 못한다면 별로 도움이 되지 않을 것입니다. "하나님께서 자기를 사랑하는 자들을 위하여 예비하신 모든 것은 눈으로 보지 못하고 귀로 듣지 못하고 사람의 마음으로도 생각하지도 못하였습니다"(고전 2:9). 육신의 눈은 그것들을 볼 수 없으며, 육신의 귀는 그것들을 들을 수 없고, 또 육신의 마음은 그것들을 이해할 수 없기 때문입니다. 그러나 천국에서는 그 눈과 귀와 마음이 그것들을 이해할 수 있게 됩니다. 그렇지 않다면 어떻게 성도들이 그것들을 누릴 수 있겠습니까? 안목(眼目)이 완전해질수록 아름다운 대상들은 더욱 기쁘게 보일 것입니다. 식욕(食慾)이 완전해질수록 음식은 더욱 달콤해질 것입니다. 음악을 듣는 귀가 발달할수록 선율은 더욱 즐겁게 들려올 것입니다. 영혼이 완전하게 될수록 그런 즐거움들은 점점 더 기쁜 것이 될 것입니다. 그리고 우리에게 점점 더 영화로운 것은 바로

그 영광입니다.

4. 이 안식의 주요한 부분은 **최고의 선(善)이신 하나님을 가장 가까이에서 즐기는 것입니다.** 그리고 여기에서 혹 내가 당황하더라도, 또 내가 표현한 내용들 가운데 지극히 작은 부분만을 내가 이해한다고 하더라도, 독자들은 놀라지 마십시오. 우리가 어떻게 될 것인가에 관하여 주님의 사랑하시는 제자에게도 나타나지 않았고 오직 개괄적으로 "그가 나타나심이 되면 우리가 그와 같을 줄을 아는 것은"(요일 3:2)이라고만 알려졌기 때문에, 내가 아는 것이 거의 없다고 하더라도 전혀 놀랄 일이 아닙니다. 하나님에 관하여 아는 것이 별로 없다면, 하나님을 즐긴다는 것이 무엇인지 많이 알 수가 없습니다. 만일 내가 영혼들에 관하여 아는 것이 거의 없다면, 그 영혼들의 아버지이신 분에 관하여나 혹은 하나님을 즐기도록 나아갔을 때 내 영혼의 상태에 관하여는 얼마나 아는 것이 없겠습니까. 나는 일어서서 개미떼를 내려다봅니다. 개미떼를 한눈에 모두 봅니다. 그러나 개미들은 나를 알지 못하며, 나의 존재나 본질 또는 나의 생각들을 알지 못합니다. 나도 개미들과 똑같은 피조물인데도 말입니다. 그러므로 위대하신 창조주는 한번 보시는 것만으로도 우리 모두를 명백하게 보시지만, 우리는 그분에 관하여 지극히 일부만을 알고 있을 뿐입니다. 성도가 거울로 본 것처럼 희미하게 보았던 것은 우리가 영광 중에 볼 것을 희미하고 부족하게나마 이해할 수 있게 해 줍니다. 만일 내가 속물(俗物) 같은 사람에게 성도들이 지상에서 누리는 거룩과 영적인 기쁨들에 관하여 이야기한다고 하더라도 그는 그것을 알 수 없습니다. 왜냐하면 은혜 없이는 은혜가 명백하게 알려질 수 없기 때문입니다. 내가 이 영광에 관하여 그에게 말한다고 하더라도 속물인 그가 과연 얼마만큼이나 그것을 상상할 수 있겠습니까? 그러나 성도들에게는 어느 정도 용기를 가지고 이야기할 수 있는데, 왜냐하면 그 영광에 대한 어렴풋한 지식과 약간의 경험을 맛볼 수 있도록 성도들에게 은혜가 주어졌기 때문입니다.

만일 사람들과 천사들이 그 상태에서 누릴 축복을 연구하여 한마디로 이야기하여야 한다면, 그것은 하나님을 가장 가까이에서 즐기는 것이라는 대답 이외에 달리 어떻게 말할 수 있겠습니까? 오, 그리스도의 다음과 같은 말씀 속에서 신자에게 충만한 기쁨이 주어졌습니다. "아버지여 내게 주신 자도 나 있는 곳에 나와 함께 있어 아버지께서 창세 전부터 나를 사랑하시므로 내게 주신 나의 영광을 그들로 보게 하시기를 원하옵나이다"(요 17:24). 말씀 하나하나에 생명과 기쁨이 가득합니다. 스바의 여왕이 솔로몬의 영광에 대하여 "복되도다 당신의 사람들이여 복되도다 당신의 이 신하들이여 항상 당신의 앞에 서서 당신의 지혜를 들음이로다"(대하 9:7)라고 한 말이 타당한 근거가 있었다면, 항상 하나님 앞에 서서 그 영광과 어린 양의 영광을 보는 사람들은 참으로 그보다 훨씬 더 행복합니다. 그리스도는 그들에게 생명나무의 열매를 주실 것이며 감추어진 만나를 양식으로 주실 것입니다. 참으로 그리스도는 그들을 하나님의 전의 기둥으로 삼으실 것이며, 그들은 더 이상 하나님의 전을 떠나지 않을 것입니다. 또한 그리스도는 그들에게 하나님의 이름을 기록하실 것이며, 하나님의 도성의 이름을 기록하실 것인데, 그 도성은 새 예루살렘으로서 하늘로부터 하나님에게서 내려오는 것입니다. 그리스도는 그들에게 자신의 새 이름을 기록하실 뿐만 아니라, 더 나아가 자신의 보좌에 함께 앉는 권세를 부여하실 것입니다. "이는 큰 환난에서 나오는 자들인데 어린 양의 피에 그 옷을 씻어 희게 하였느니라. 그러므로 그들이 하나님의 보좌 앞에 있고 또 그의 성전에서 밤낮 하나님을 섬기매 보좌에 앉으신 이가 그들 위에 장막을 치시리니 그들이 다시 주리지도 아니하며 목마르지도 아니하고 해나 아무 뜨거운 기운에 상하지 아니하리니 이는 보좌 가운데 계신 어린 양이 그들의 목자가 되사 생명수 샘으로 인도하시고 하나님께서 그들의 눈에서 모든 눈물을 씻어 주실 것임이라"(계 7:14-17).

오, 눈이 멀고 사람을 속이는 세상이여! 이러한 영광을 우리에게 보여 줄 수 있겠습니까? 이곳은 우리 하나님의 도성인데, 여기서는 하나님의 장막이 사람들과 함께 있으며 하나님이 그들과 함께 거하실 것입니다. 그들은 하나님의 백성이 되고 하나님이 친히 그들과 함께 계시며 그들의 하나님이 되실 것입니다. 하나님의 영광이 그곳을 비출 것이며, 어린 양이 그곳의 빛이 되십니다. 더 이상 저주는 없을 것이며, 하나님과 어린 양의 보좌가 그 속에 있을 것입니다. 그리고 그의 종들이 그를 섬길 것이며, 직접 그 얼굴을 볼 것인데, 그들의 이마에는 어린 양의 이름이 있을 것입니다. 이런 말들은 참되고 신실하며, 또 그 일들은 곧 이루어질 것입니다. 이제 우리는, 므비보셋처럼 세상이 모든 것을 다 가지도록 내버려 두라고 말합니다. 왜냐하면 주께서 평강 가운데 오실 것이기 때문입니다. 그러므로 의로운 자들은 주 안에서 기뻐하고, 주의 종 다윗과 같이 이렇게 말하십시오. "여호와는 나의 산업과 나의 잔의 소득이시니 나의 분깃을 지키시나이다. 내게 줄로 재어 준 구역은 아름다운 곳에 있음이여 나의 기업이 실로 아름답도다. 나를 훈계하신 여호와를 송축할지라. 밤마다 내 심장이 나를 교훈하도다. 내가 여호와를 항상 내 앞에 모심이여 그가 나의 오른쪽에 계시므로 내가 흔들리지 아니하리로다. 이러므로 나의 마음이 기쁘고 나의 영도 즐거워하며 내 육체도 안전히 살리니, 이는 주께서 내 영혼을 스올에 버리지 아니하시며, 주의 거룩한 자를 멸망시키지 않으실 것임이니이다. 주께서 생명의 길을 내게 보이시리니 주의 앞에는 충만한 기쁨이 있고 주의 우편에는 영원한 즐거움이 있나이다"(시 16:5-11).

만일 하나님께서 우리보다 먼저 그것을 말씀하지 않았다면, 그런 일을 생각하거나 말하는 것은 과연 얼마나 근거 있는 것입니까? 그것이 하나님의 명백한 진리가 아니었다면, 나는 성경에서 제시하고 있는 대로 현세에서 성도들이 높아지는 것을 감히 생각하지도 못하였을 것입니다. 하나님이 친히 하신 말씀이 아니었다면, 하나님의 아들들이 되는 것에 관하여 말하는 것과, 하나님에게 말씀을 드리고 그와 교제를 나누고, 그 안에 우리가 거하고 그가 우리 안에 거한다고 말하는 것은 얼마나 온당치 못한 일입니까? 만일 하나님의 입에서 그리고 그 손으로부터 받은 것이 아니라면, 해와 같이 빛나리라는 것과 그리스도와 함께 공동 상속자가 된다는 것과, 세상을 심판할 것과 그리스도의 보좌에 앉을 것과, 그리스도와 하나님 안에 거하는 사람이 될 것이라는 이 모든 것들을 우리는 감히 생각할 수 없었을 것입니다. 그러나 하나님이 말씀하셨으니, 또한 그것을 이루실 것입니다. 하나님이 친히 말씀하신 것을 과연 성취하지 않으실 것입니까? 주 하나님은 참으로 진실하시기 때문에, 그리스도께서 영광을 주기를 기뻐하시는 사람에게 그 일이 이루어질 것입니다.

　그리스도인이여, 하나님과 당신이 가까이 거하게 될 때가, 당신이 원하는 만큼 하나님께 가까이 다가갈 때가 멀지 않았으니 기운을 내십시오. 당신은 하나님의 가족으로 거할 것입니다. 그것으로 충분하지 않습니까? 악인의 장막에 거하는 것보다도 하나님 집의 문지기가 되는 것이 더욱 좋지 않습니까? 당신은 항상 하나님 앞에, 그분의 보좌 곁에, 그분과 같은 방에, 그분을 만나는 알현실(謁見室)에 서 있을 것입니다. 더 가까이 가고 싶습니까? 당신은 하나님의 자녀가 되고 하나님은 당신의 아버지가 될 것입니다. 당신은 그의 나라의 상속자가 될 것입니다. 한층 더 가까이, 당신은 하나님의 아들의 배우자가 될 것입니다. 그 이상 무엇을 더 바랄 수 있겠습니까? 당신은 그 아들의 몸의 한 지체가 될 것입니다. 그는 당신의 머리가 될 것입니다. 당신은 아버지와 한 분이신 그 아들과 더불어 하나가 될 것인데, 그것은 그 아들께서 친히 당신을 위하여 아버지에게 다음과 같이 바랐던 것입니다. "아버지여, 아버지께서 내 안에, 내가 아버지 안에 있는 것 같이 그들도 다 하나가 되어 우리 안에 있게 하사 세상으로 아버지께서 나를 보내신 것을 믿게 하옵소서. 내게 주신 영광을 내가 그들에게 주었사오니 이는 우리가 하나가 된 것 같이 그들도 하나가 되게 하려 함이니입니다. 곧 내가 그들 안에 있고 아버지께서 내 안에 계시어 그들로 온전함을 이루어 하나가 되게 하려 함은 아버지께서 나를 보내신 것과 또 나를 사랑하심 같이 그들도 사랑하신 것을 세상으로 알게 하려 함이로소입니다"(요 17:21-23).

 5. 우리는 이렇게 하나님을 즐기는 가운데 몸과 영혼의 모든 능력들을 달콤하게 **끊임없이 발휘하는 것을 천상적인 안식 속에 포함된 것으로 덧붙여야 합니다.** 그 안식은 핵심에 도달하면 모든 동작을 그치고 가만히 있는 돌과 같은 안식이 아닙니다. 우리의 이 몸은 크게 변화되어서, 더 이상 하나님 나라를 상속할 수 없는 혈과 육으로 남아 있지 않고 신령한 몸이 될 것입니다. 우리가 장래에 나타날 신령한 육체를 심는 것이 아니라, 이 몸이 하나님을 즐겁게 하였기 때문에 하나님이 그 몸에 신령한 육체를 주시며, 또한 모든 씨에게 각각의 몸을 주십니다. 은혜가 한 사람의 그리스도인을 크게 변화시켜서 과거의 그가 아닌 다른 사람이라고 말하게 할 정도라면, 영광은 우리를 얼마나 더 다른 사람으로 만들겠습니까! 태양보다도 더 영광스러운 신령한 몸이 이런 연약하고 해롭고 불건전한 육신의 몸을 능가하는 것만큼, 우리의 감각들도 지금 우리가 소유하고 있는 것을 훨씬 능가할 것입니다. 하나님이 우리의 감각들을 향상시키시고 우리의 능력을 확대하시는 것처럼, 그런 감각들의 행복을 증진시키시고 그 모든 능력들을 하나님 자신으로 채우실 것이라는 사실도 의심할 여지가 없습니다. 만일 몸이 그 영광에 참여하지 못한다면, 틀림없이 그 몸은 자라나고 유지되지 못할 것입니다. 몸이 순종과 고난에 참여한 것처럼 축복받는 일에도 역시 참여할 것입니다.

 그리스도는 전인(全人)을 구속하신 것처럼, 전인이 그 구속의 영원한 유익들에 참여할 것입니다. 오 하나님과 어린 양의 보좌 앞에 서서 영원토록 "우리 주 하나님이여 영광과 존귀와 능력을 받으시는 것이 합당하옵나이다. 죽임을 당하신 어린 양이 능력과 부와 지혜와 힘과 존귀와 영광과 찬송을 받으시기에 합당하도다. 각 족속과 방언과 백성과 나라 가운데에서 사람들을 피로 사서 하나님께 드리시고 그들로 우리 하나님 앞에서 나라와 제사장을 삼으셨도다. 할렐루야! 구원과 영광과 능력이 우리 하나님께 있도다. 할렐루야! 주 우리 하나님 곧 전능하신 이가 통치하시도다"(계 4:11; 5:9-10, 12) 하고 외칠 영화로운 몸을 누릴 축복이여! 오, 그리스도인들이여! 이것이 축복된 안식입니다. 말하자면 이것은 끝없는 안식입니다. 왜냐하면 "그들이 밤낮 쉬지 않고 이르기를 거룩하다 거룩하다 거룩하다 주 하나님 곧 전능하신 이여 전에도 계셨고 이제도 계시고 장차 오실 이시라"(계 4:8) 하고 외칠 것이기 때문입니다. 몸이 그렇게 사용될 것이라면, 과연 영혼은 얼마나 고양될 것입니까! 영혼의 힘과 능력이 가장 커지는 것처럼 그 활동도 가장 강력해지고 그 영혼이 누리는 즐거움도 가장 달콤할 것입니다. 육체의 감각들이 그 적절한 활동들을 가져서 그 활동에 의하여 대상물들을 받아들이고 즐기는 것처럼, 영혼도 그 고유의 활동을 통하여 아는 것과 기억하는 것과 사랑하는 것과 즐겁게 누리는 것으로 그 자신의 대상물들을 즐깁니다. 이것이 영혼의 즐거움입니다. 영혼은 이 눈을 통하여 볼 것이며, 이 팔로 포옹할 것입니다.

지식은 그 자체로서 바람직한 것입니다. 이성적인 영혼이 감각을 초월하는 한, 자연의 비밀들을 발견하고 과학의 신비를 아는 철학자의 즐거움은 술주정뱅이와 방탕한 자들과 호색가들의 즐거움보다 뛰어날 것입니다. 모든 진리는 그토록 뛰어납니다. 그렇다면 진리의 하나님을 아는 사람들의 기쁨은 얼마나 크겠습니까! 이해력이란 얼마나 고귀한 영혼의 기능인지요! 그것은 땅을 측량할 수 있으며, 해와 달과 별들과 하늘을 잴 수 있고, 일식이나 월식이 몇 분에 일어나리라는 것까지 여러 해 전에 알 수 있습니다. 그러나 하나님, 곧 무한하시며, 현세에 있는 것뿐 아니라 내세의 훨씬 더 많은 모든 것들을 만드신 분을 알 수 있다는 사실이 이해력의 탁월한 점들 가운데 으뜸 되는 것입니다. 오, 복되신 우리 주님의 지혜와 선하심이여! 그분은 이해력을 창조하실 때에 진리에 대한 선호와 경향을 목적으로, 최고의 진리를 최고의 목적으로 갖도록 창조하셨습니다. 그리스도인이여, 당신이 오랫동안 간절히 천국을 바라본 다음에 그리스도를 얼른 보면, 몸 안에서든지 혹은 몸 밖으로 나가서든지간에 마치 바울과 함께 셋째 하늘에 있었던 것 같지 않겠습니까? 혹은 말로는 표현할 수 없는 무엇을 보았던 것 같지 않겠습니까? 베드로처럼 당신도 기꺼이 "주여, 여기가 좋사오니", "오 이 산에서 거하기를, 오 이제 내가 본 것을 항상 보기를!" 하고 말하지 않겠습니까? 당신은 그 놀랄 만한 영광으로 눈이 어질어질하게 될 때까지 의의 태양이신 그분을 쳐다본 일이 없었습니까? 그리고 그 광채 때문에 그 아래 있는 모든 것이 어둡고 황량하게 보이지 않았습니까? 특히 그리스도를 위하여 수난을 당할 때에, 즉 일반적으로 그분이 자기 백성에게 가장 명백하게 모습을 보이시는 때에, 당신은 맹렬하게 타오르는 풀무 한가운데에서 당신과 함께 걸어가시는, 하나님의 아들처럼 생긴 분을 보지 못하였습니까?

그리스도인들이여, 내 말을 믿으십시오. 참으로 하나님을 믿으십시오. 이 땅에서 그리스도 안에서 하나님에 대하여 많은 것을 알고 있는 여러분이여, 앞으로 알게 될 것에 비하면 그것은 아무것도 아닙니다. 앞으로 알게 될 것에 비교한다면, 지금 알고 있는 것은 지식이라고 부를 만한 것도 못됩니다. 왜냐하면 지금 우리의 이 몸과 마찬가지로 지식도 그치고 더 완전한 지식이 올 것이기 때문입니다. "지식도 폐하리라. 우리가 부분적으로 알고 부분적으로 예언하니 온전한 것이 올 때에는 부분적으로 하던 것이 폐하리라. 내가 어렸을 때에는 말하는 것이 어린 아이와 같고 생각하는 것이 어린 아이와 같다가 장성한 사람이 되어서는 어린 아이의 일을 버렸노라. 우리가 이제는 거울로 보는 것 같이 희미하나 그때에는 얼굴과 얼굴을 대하여 볼 것이요 이제는 내가 부분적으로 아나 그때에는 내가 온전히 알리라"(고전 13:8-12).

그러므로 그리스도인들이여, 하나님과 예수 그리스도를 아는 것이 어떻게 영원한 생명이 될 수 있는지 놀랍게 생각하지 마십시오. 하나님과 그리스도를 즐기는 것이 영원한 생명입니다. 그리고 영혼의 즐김은 앎에 있습니다. 오직 세상만을 맛보며 육체만을 염두에 두는 사람은 하나님을 아는 것이 변변치 못한 행복이라고 생각합니다. "또 아는 것은 우리는 하나님께 속하고 온 세상은 악한 자 안에 처한 것이며 또 아는 것은 하나님의 아들이 이르러 우리에게 지각을 주사 우리로 참된 자를 알게 하신 것과 또한 우리가 참된 자 곧 그의 아들 예수 그리스도 안에 있는 것이니 그는 참 하나님이시요 영생이시라"(요일 5:19-20).

기억 또한 이 복된 일에서 할 일이 없거나 소용없지는 않을 것입니다. 저 높은 곳에서 성도는 자신의 앞과 뒤를 바라볼 수 있습니다. 그리고 축복받은 영혼은 과거의 일들을 현재의 일들과 비교함으로써 현재의 상태에 대한 상상할 수 없는 경의와 인식을 얻을 것이 틀림없습니다. 가나안과 광야를 한눈에 바라볼 수 있는 그 산 위에 서서, 즉 하늘에 서서 땅을 내려다보고 하늘과 땅을 분별과 판단의 저울에 함께 달아보면, 틀림없이 영혼은 대단히 황홀해져서 이렇게 부르짖을 것입니다. "이것은 그리스도의 피와 같은 값비싼 대가를 치르고 산 것이 아닙니까? 당연합니다. 오, 축복받은 값이여! 몸을 굽혀 겸손하게 낮춘 매우 축복받은 사랑이여! 이것이 믿음의 목적이 아닙니까? 이것이 성령의 사역들의 목적이 아닙니까? 은혜의 강한 바람이 불어 나를 그 항구로 들어가게 하지 않았습니까? 그리스도께서 나의 영혼을 이끌어 여기까지 온 것이 아닙니까? 오 축복된 길이여, 크게 축복받은 목적이여! 이것이 성경이 말씀하신 축복이며, 목사들이 그토록 많이 가르쳤던 축복이 아닙니까? 복음은 참으로 좋은 소식이며, 평화의 소식이며, 만민에게 큰 기쁨을 전하는 좋은 소식이라는 사실을 깨닫습니다. 나의 애곡과 금식과 쓰라린 겸손과 무거운 걸음이 이곳으로 이르지 않았습니까? 기도와 묵상과 범죄를 두려워하는 마음이 나를 여기에 이르게 하지 않았습니까? 내가 당한 모든 재난과 사탄의 유혹과 세상의 조롱과 야유가 나를 이곳에 이르게 하지 않았습니까? 너무나 오랫동안 그토록 심하게 그 축복에 저항한 타락한 본성이여! 무가치한 영혼이여, 그토록 원하지 않으면서 도착한 장소가 이곳입니까? 해야 할 일이 지루하였습니까? 놓치기가 아까울 정도로 세상이 좋았습니까? 이 축복을 위하여 모든 것을 떠나고 모든 것을 부인하고 어떤 일이라도 감수할 수 없었습니까? 이 축복에 이르기 위하여 죽는 것이 그렇게 싫었습니까? 오, 거짓된 마음이여! 너는 나를 배반하여 하마터면 영원한 불꽃에 떨어져서 이 영광을 잃어버리게 할 뻔하였다! 내 영혼아, 여기까지 너를 데려다 주신 그 사랑에 대하여 항상 의문을 품었던 것이 이제 부끄럽지 않은가? 주님의 신실하심을 질투하였던 일과, 네 자신에 대하여 의심스러웠을 때에 주님의 사랑을 의심하였던 일과, 주의 성령의 역사를 항상 억제하려고 하였던 일과, 그런 섭리들을 오해하고 그러한 목적을 가진 방법들에 대하여 불평을 늘어놓았던 일이 이제 부끄럽지 않은가? 복 되신 구세주께서 당신에게 욕망들을 주셨을 때뿐만 아니라 그 욕망들을 십자가에 못 박았을 때에도, 그리고 그분이 당신의 마음을 결박하였을 때뿐만 아니라 그 마음을 깨뜨리셨을 때에도, 그분이 당신을 구원하고 계셨다는 사실을 이제 당신은 충분히 납득할 것입니다. 이렇게 받은 왕관을 놓고 당신 자신에게 감사하지 마십시오. 당신은 그것을 받을 가치가 없는 존재입니다. 오직 여호와와 어린양에게 영원토록 영광을 돌려야 합니다."

오, 그러나 충만하고 친밀하고 달콤한 즐김은 **사랑**의 즐김입니다. "하나님은 사랑이시라. 사랑 안에 거하는 자는 하나님 안에 거하고 하나님도 그의 안에 거하시느니라"(요일 4:16). 그런데 불쌍한 영혼은 "오, 나는 그리스도를 좀 더 사랑할 수 없었다!" 하고 불평합니다. 그때에 당신은 그분을 사랑할 수밖에 없습니다. 지금은 그분의 상냥하심을 거의 모르고 있기 때문에 당신은 그분을 별로 사랑하지 않습니다. 그러나 그때에는 당신의 눈이 당신의 마음에 영향을 줄 것이며, 그 완전한 아름다움을 계속 바라보는 것이 당신을 지속적인 사랑의 황홀경에 머무르게 할 것입니다. 그리스도인들이여, 그분의 사랑에 대한 모든 체험들을 기억하는 것이 이제 당신의 사랑을 북돋아 주지 않을까요? 그 친절하심이 당신을 녹이고, 하나님의 선하신 햇살이 당신의 얼어 붙은 마음을 따뜻하게 하지 않을까요? 당신이 사랑 안에 거하며 만유이신 그분 안에서 모든 것을 가지게 될 때, 그때 사랑은 무엇을 할 것입니까? 참으로 사랑은 해야 할 일이면서 동시에 그 보답이기도 합니다. 하나님이 우리에게 그분을 사랑할 수 있는 여지를 주실 것이라는 사실, 하나님보다 탐욕과 죄를 포옹하였던 자들로 하여금 하나님을 포옹하게 하실 것이라는 사실은

얼마나 큰 호의인가요. 그뿐 아니라 하나님은 사랑에 대하여 사랑으로 보답
하시는데, 천 배나 더 큰 사랑으로 갚아 주십니다. 그리스도인이여, 그때에
당신은 사랑으로 넘칠 것입니다. 참으로 당신이 베풀 수 있는 가장 큰 사랑
보다도 천 배나 더 큰 사랑을 받을 것입니다. 십자가 위에서 하나님의 아들
이 팔을 벌리고 그 옆구리를 창에 찔려 가슴까지 열렸던 것처럼, 영광 중에
서도 그 팔과 가슴을 당신에게 벌리지 않겠습니까? 당신이 그분을 사랑하기
이전에 그분이 먼저 당신을 사랑하지 않았습니까? 이제도 그분은 그렇게 하
지 않겠습니까? 그분은 죄인이며 원수였던 당신을, 심지어는 자신을 싫어하
였던 당신을 사랑하지 않았습니까? 당신 자신조차 자신을 포기하였을 때에
도 그분은 그런 당신을 사랑하지 않았습니까? 이제 완전한 성도로서 사랑에
대하여 어느 정도 사랑으로 보답하는 아들이 된 당신을 그분은 측량할 수 없
는 사랑으로 사랑하지 않겠습니까? 옛 예루살렘이 무너질 때가 가까웠을 때
사랑으로 인하여 눈물을 흘리신 그분이 영광된 새 예루살렘에 대해서는 얼
마나 크신 사랑으로 기뻐하실 것입니까!

　그리스도인이여, 이것을 믿으십시오. 그리고 묵상하십시오. 당신은 영원
전부터 시작하여 영원토록 계속될 그 사랑의 팔에 공공연히 안길 것입니다.
그 사랑은 하나님의 사랑의 아들을 하늘에서 땅으로, 땅에서 십자가로, 십자
가에서 무덤으로, 무덤에서 영광으로 이끌어 온 사랑이며, 지치고 굶주리고
시험을 당하고 조롱과 매질을 당하고 손으로 침을 당하고 침 뱉음을 당하고
십자가에 달리고 창으로 찔린 사랑이며, 금식하고 기도하고 가르치고 병을
고치고 울고 땀 흘리고 피 흘리고 죽으신 사랑입니다. 그 사랑이 영원토록
당신을 품에 안을 것입니다. 창조된 완전한 사랑과 창조되지 않은 완전한 사
랑이 서로 만날 때에, 그 사랑은 서로 상대방의 목을 얼싸안고 우는 요셉과
그의 형제들의 사랑과 같지 않을 것입니다. 그것은 사랑하고 슬퍼하는 것이
아니라, 사랑하고 기뻐하는 것일 것입니다. 요셉의 형제들이 왔다는 소식과
더불어 성도들이 영원히 지옥의 세력에서 벗어나서 그리스도의 품안에 무사

히 도착하였다는 사실은 참으로 사탄의 궁전을 울리게 될 것입니다. 다윗과 요나단의 사랑과 견줄 만한 것은 아무것도 없지만, 그 사랑은 결국에는 강요된 이별을 슬프게 탄식하는 것으로 끝났습니다.

신자여, 영원한 위로를 주는 이 사실을 아십시오. 주님의 팔이 한번 당신을 품었다면, 죄도 지옥도 영원히 그 품에 있는 당신에게 미치지 못합니다. 당신은 변덕스러운 피조물을 다루는 것이 아니라, 변함이 없으시고 회전하는 그림자도 없으신 주님을 대하고 있습니다. 주님의 사랑은 이 땅에서 당신이 주님을 이따금씩 그리고 냉담하고 변덕스럽게 사랑하였던 것과는 같지 않을 것입니다. 당신의 모든 적대감과 불친절한 무시와 막돼먹은 저항에도 불구하고 자신의 사랑을 중단하시거나 감하지 않으셨던 그분이, 당신을 참으로 사랑스럽게 만들어 놓고는 이제 그만 사랑하실 수 있겠습니까? 그분에 대한 사랑 안에 변함없이 굳게 당신을 지키사, 환난과 고통과 박해와 재난과 벌거벗음과 위험과 혹은 칼과 같은, 당신의 사랑을 그리스도에게서 떨어지게 만들려는 것들에 도전할 수 있게 해주신 그분이 얼마나 더 변함없이 당신을 지키시겠습니까. 정말로 당신은 "사망이나 생명이나 천사들이나 권세자들이나 현재 일이나 장래 일이나 능력이나 높음이나 깊음이나 다른 어떤 피조물이라도 우리를 우리 주 그리스도 예수 안에 있는 하나님의 사랑에서 끊을 수 없으리라"(롬 8:38-39)고 확신하게 될 것입니다. 그리고 이제 우리는 "이 일에 대하여 우리가 무슨 말 하리요"라는 사도의 감탄에 공감하지 않습니까? 무한한 사랑은 유한한 능력으로 볼 때에 신비일 수밖에 없습니다. 천사들조차 이 신비를 알아보려고 소망하는 것도 놀랄 일이 아닙니다. 그리고 "지식에 넘치는 그리스도의 사랑을 알고 그 너비와 길이와 높이와 깊이가 어떠함을 깨닫는"(엡 3:18-19) 것이 이 땅에서 성도들의 연구 과제라면, 성도들의 영원한 안식은 사랑으로 하나님을 즐기는 데 있는 것이 틀림없습니다.

이런 성취에는 **기쁨**도 적지 않은 부분을 차지합니다. 우리가 언급하였던 모든 것이 도달하며 완결되는 곳이 바로 기쁨입니다. 기쁨은 축복받은 자들이 하나님을 보며 알며 사랑하며 사랑받을 때에 느끼는 상상할 수도 없는 만족감입니다. 이것은 "그것을 받은 자 외에는 아무도 알지 못하는 흰 돌"입니다. 이것은 참으로 이방인이 간섭할 수 없는 기쁨입니다. 그리스도의 자비의 모든 방법들은 성도들의 기쁨에 이바지하며 기쁨으로 귀결됩니다. 성도들이 기쁨을 누리도록 그리스도는 눈물을 흘리시고 슬퍼하시고 수난을 당하셨습니다. 그리스도는 성령님을 그들의 위로자로 보내십니다. 그리스도는 더욱 많은 약속들을 주시며, 그들의 기쁨이 넘치도록 장래의 행복을 보여 주십니다. 그리스도는 그들이 더 이상 목마르지 않도록 생명수의 샘을 열어 주시고 그 샘물이 그들 속에서 솟아나 영원한 생명으로 이끌게 하셨습니다. 그리스도는 그들에게 안식을 주기 위하여 그들을 단련시키십니다. 그들이 항상 그리스도 안에서 기뻐할 것을 의무로 정하시고, 다시금 그들에게 기뻐할 것을 명하십니다. 그리스도는 기뻐하기보다는 슬퍼할 이유가 더 많이 남겨져 있을 정도로 열악한 조건으로 성도들을 인도하시는 일이 결코 없습니다. 그러면 주님은 이 땅에서 우리가 받을 위로를 그렇게 보살펴 주시지 않습니까? 기쁨을 위하여 영혼이 완벽하게 예비된 곳에서, 영혼을 위하여 그리스도께서 기쁨을 예비하신 곳에서, 영원히 기뻐하는 것이 우리의 일이자 기업이 될 그곳에서, 오, 그 기쁨은 과연 어떠할 것인지요! 성도들의 기쁨은 저주받은 자들의 고통보다 더 클 것입니다. 왜냐하면 그들이 당할 고통은 마귀와 그의 사자들에 의하여 예비된 피조물들의 고통이기 때문입니다. 반면에 우리가 누릴 기쁨은 우리 주님의 기쁨입니다. 아버지께서 성자에게 주신 영광과 동일한 영광을 성자께서 성도들에게 주셨으며, 심지어 성자께서 아버지와 함께 그 보좌에 앉으시는 것처럼 성도들을 자신의 보좌에 함께 앉게 하셨습니다.

　기쁨을 얻기 위하여 기도하고 그것을 기다리면서, 기쁨이 부족하다고 불평하며 그것을 갈망하는 가엾은 영혼이여, 당신이 붙잡을 수 있는 만큼의, 당신이 생각할 수 있는 최대한을 넘어서서, 아니 당신의 마음이 소원하였던 이상으로 충만한 기쁨을 갖게 될 것입니다. 그런 동안에는 조심스럽게 걸어가면서 끊임없이 주의하고, 하나님께서 당신에게 당신의 시간과 기쁨의 정도를 측량하여 주시도록 맡기십시요. 당신이 좀 더 위급한 때에 이를 때까지 그것들을 지키시는 분은 하나님일 것입니다. 안전을 잃어버리는 것보다는 안락을 잃어버리는 것이 낫습니다. 만일 당신이 두려움과 슬픔으로 가득 차서 죽게 된다고 하더라도 그것은 순간에 불과할 것이며, 그 두려움과 고통은 모두 사라지고 상상할 수 없는 기쁨으로 끝날 것입니다. 위선자들의 기쁨과 마찬가지로 정직한 자들의 두려움도 일순간에 불과합니다. 하나님의 "노염은 잠깐이요 그 은총은 평생이로다. 저녁에는 울음이 깃들일지라도 아침에는 기쁨이 오리로다"(시 30:5).

오 축복된 아침이여! 가련하고 비천하고 쇠약해지는 영혼이여, 하늘로부터 소리가 있어 하나님의 사랑과 당신의 죄에 대한 용서와 이런 기쁨들에 당신이 참여할 것을 말해 준다면, 지금 당신을 얼마나 큰 기쁨으로 채워 주겠습니까! 그렇다면 실제로 그것들을 소유하게 되어서 당신의 신분을 확신시키게 될 때, 당신이 잘 알기도 전에 하늘나라에 있게 된다면 당신의 기쁨은 어떠하겠습니까?

그것은 당신의 기쁨만이 아닙니다. 그것은 상호간의 사랑일 뿐만 아니라 **상호간의 기쁨**입니다. 당신이 회개할 때에도 천국에 기쁨이 있는데, 당신이 영화롭게 될 때 천국에 아무런 기쁨이 없겠습니까? 천사들이 그곳에서 당신을 환영하며, 무사히 도착한 것을 축하하지 않을까요? 참으로, 그 기쁨은 예수 그리스도의 기쁨입니다. 왜냐하면 우리가 기쁨을 누릴 때에 그분은 자신의 맡으신 일과 수고와 수난과 죽으신 일의 목적을 이루시기 때문입니다. 그때는 그분이 "그의 성도들 가운데 영화롭게 되고 모든 믿는 자들 속에서 칭송받을" 때이며, 또한 그분이 "그 영혼의 수고를 보고 만족하시는" 때입니다. 이것이 그리스도의 추수입니다. 그 추수 때에 그는 자신이 수고한 열매를 거두실 것입니다. 그리고 그 추수는 그리스도께서 수난을 당한 것을 후회하게 만들지 않을 것입니다. 오히려 그분은 자신이 대가를 지불하고 상속한 자들에 대하여 즐거워하시며, 그의 백성은 그분을 기뻐할 것입니다. 참으로, 성부 하나님도 친히 우리의 기쁨에서 기쁨을 얻으실 것입니다. 우리가 성령님을 근심하게 하고 사악한 행위들로 그분을 애타게 하는 것처럼, 그분은 우리의 선함을 기뻐하십니다. 오, 그분은 지금 방탕한 아들이 돌아오는 것을 아주 멀리서부터 얼마나 신속하게 알아보려고 하시는지요! 얼마나 부리나케 달려가 그 방탕한 아들을 맞이하시는지요! 그리고 그분은 그 아들에게 얼마나 큰 동정심을 베풀어 그에게 입맞추며 가장 좋은 옷을 입히고 손에 반지를 끼우고 발에 신발을 신게 하고 가장 살진 송아지를 잡아 즐기게 하시는지요! 참으로 이것은 행복한 만남입니다. 그 최후의 위대한 만남에서의 포옹과 기쁨에 비교할 것은 아무것도 없습니다.

한 걸음 더 나아가, 삼위 하나님께서 서로 사랑하고 기뻐하시는 것처럼 하나님은 이 안식을 자신의 안식으로 여기십니다. 구속과 성화와 견인과 영화의 사역이 모두 끝나고 영원히 완성될 때의 그 영원한 안식은 어떠할 것인지요! "너의 하나님 여호와가 너의 가운데에 계시니 그는 구원을 베푸실 전능자이시라 그가 너로 말미암아 기쁨을 이기지 못하시며 너를 잠잠히 사랑하시며 너로 말미암아 즐거이 부르며 기뻐하시리라 하리라"(습 3:17). 그때 우리도 당연히 기쁨으로 우리 하나님 안에서 즐거워할 것이며, 사랑 안에서 안식하고, 노래하면서 하나님 안에서 기뻐할 것입니다.

아, 두려움으로 가득 찬 나의 마음은 담대하게 나아간 일이 거의 없습니다. 나는 "무지한 말로 생각을 어둡게 하는 자가 누구냐?"라고 하시는 전능하신 분의 목소리를 듣는 듯합니다. 오 주님, 당신의 종을 용서하소서. 나는 계시되지 않은 것들에 천착하지 않았습니다. 나는 이해력이 그렇게 둔하고 생각들이 그토록 천하며 감정이 그렇게 어리석으며 표현들의 수준이 낮으며 그런 영광에 어울리지 않는다는 사실에 탄식합니다. 나는 오직 내 귀에 들리는 이런 소리를 들었을 뿐입니다: 오 당신의 종에게 모습을 보이시고 이런 기쁨들을 소유하게 하소서. 그러면 좀 더 적합한 개념들을 갖게 될 것이며, 당신에게 더 충만한 영광을 돌릴 것입니다. 나는 현재의 내 모습을 혐오할 것이며, 이 모든 불완전한 것들을 버리고 철회할 것입니다. "나는 이해하지 못한 것들, 나에게는 너무나 놀라운 것이어서 내가 알지 못하는 일들을 말하였습니다." 그러나 "나는 그것들을 믿으며, 따라서 그것들에 관하여 이야기하였습니다." 주님, 당신은 먼지로부터 가벼움 외에 무엇을 기대하실 수 있으며, 부패로부터 불결함 외에 다른 무엇을 기대하실 수 있습니까? 연약함과 불손함은 나의 부패가 낳은 결과들이지만, 그러나 불이 당신의 제단에서, 그리고 당신이 명하신 일에서 나옵니다. 나는 당신의 언약궤를 들여다보지 않았으며, 하나님이 없이 내 손을 언약궤 위에 내밀지도 않았습니다. 이런 얼룩들 역시 어린양의 피로 씻어 주소서. 불완전한 사람들, 아니 모든 사람들은 이곳에서 당신을 섬길 수 없나이다. 오, "마음에는 원이로되 육신이 약하도다"라고 한 당신의 아들의 변명을 받아 주소서.

제 2 장

성도의 안식을 위한 준비들

성도의 안식에 들어가는 길을 주로 예비하는 네 가지 일이 있다:
　1. 그리스도의 영광스러운 나타나심
　2. 모든 사람의 부활
　3. 최후의 심판
　4. 성도의 대관식

　이제 천국으로 통하는 길은 율법과 저주가 지배하던 때와는 달리 가로막혀 있지 않습니다. 그러므로 사랑하는 그리스도인들이여, 담대하게 성소로 들어갈 수 있도록 우리를 위하여 휘장 곧 그리스도의 육체 가운데로 열어 놓으신 새로운 살 길을 발견하였으니, 나는 더 충만한 확신을 가지고 가까이 나아갈 것이며, 또한 불 칼이 치워졌다는 사실을 알기 때문에 우리 하나님의 낙원을 다시 들여다볼 것입니다. 그리고 나는 이것이 금지된 실과가 아니며, 게다가 먹기에 좋으며 영적인 눈으로 보암직도 하고 참으로 사람을 지혜롭고 행복하게 만들어 줄 것이라는 기대를 주는 나무라는 사실을 알기 때문에, 성령님의 도움을 힘입어 그것을 직접 따먹고 또 당신이 그것을 먹을 수 있도록 내 능력껏 당신에게 줄 것입니다. 이 성전의 현관은 대단히 영광스러우며, 그 정문은 미문(Beautiful)이라고 불립니다. 이 현관의 네 귀퉁이에 있는 것은 다음의 네 가지입니다.

1. **하나님의 아들의 가장 영광스러운 오심과 나타나심**이 그의 백성들의 영광 안에 있다고 여겨지는 것이 당연합니다. 그들을 위하여 그분은 이 세상에 오셨고 고난을 당하시고 죽으셨다가 다시 살아나셔서 하늘로 올라가셨습니다. 그분이 다시 오시는 것 또한 그들을 위한 것입니다. 이런 목적으로 그리스도께서는 다시 오셔서 자기 백성들을 자신에게로 받아들이사, 자신이 거하시는 곳에 그들도 거하게 하실 것입니다. 신랑이 떠난 것은 이혼하여 떠난 것이 아니었습니다. 그분은 다시 오시리라는 약속도 없이 떠나신 것이 아니었습니다. 그와는 정반대로 그분은 충분한 확신을 주는 약속들을 우리에게 남기셨습니다. 우리는 그분의 말씀과 많은 약속들과 명령들을 가지고 있는데, 그것들은 그분이 다시 오실 때까지 그분의 죽음을 가르칩니다. 또한 우리는 그분이 돌아올 때까지 갈 길을 지도하시고 거룩하게 하시고 위로하실 성령님을 소유하고 있습니다. 우리는 그분이 자신의 약속이나 우리를 잊지 않으신다는 사실을 보여 주는 사랑의 표시들을 자주 얻습니다. 날마다 우리는 그분이 예언하신 재림의 징조들을 목도합니다. 무화과나무의 잎이 무성한 것을 보고 우리는 여름이 다가오는 것을 압니다. 패역한 세상은 말하기를 우리 주께서 재림을 연기하신다고 하지만, 성도들은 머리를 들어야 합니다. 왜냐하면 구원이 가까이 있기 때문입니다.

아, 그리스도인 형제들이여! 우리 주님이 돌아오시지 않는다면 우리는 어떻게 할 것입니까? 이 땅에서 우리는 어떤 처지에 놓여 있습니까! 우리를 늑대들의 한가운데, 사자들 속에, 독사들의 우리를 버려두고는, 여기 있는 우리를 잊어버린다는 것이 무슨 말입니까! 그리스도께서 그토록 비싼 값을 치르고 우리를 사신 후에 우리가 죄를 짓고 고통을 당하고 신음하며 날마다 죽어가도록 버려두십니까? 그분이 더 이상 우리에게 오시지 않을 것입니까? 그럴 리가 없습니다. 이것은 마치 그리스도에 대한 우리의 불친절한 대접과 같습니다. 세상에서 안온하게 지낼 때에 우리는 그분에게 가기를 바라지 않습니다. 그러나 그리스도께서 우리를 대하시는 것은 이와 같지 않습니다. 수난을 위하여 오셨던 그분은 승리를 누리기 위하여 틀림없이 오실 것입니다. 우리를 속량하기 위하여 오셨던 그분은 우리를 자기 것으로 소유하시기 위하여 확실히 오실 것입니다. 그 밖에 다른 무슨 희망이 우리에게 있었습니까? 우리의 믿음과 기도와 눈물과 기다림은 어떻게 되었습니까? 성도들의 모든 인내는 그들에게 얼마만한 가치가 있겠습니까? 우리들이 모든 사람들 중에서 가장 비참한 자들로 남겨지지 않았습니까?

그리스도인들이여, 그리스도께서는 우리가 세상을 모두 버리도록 하셨으며 또한 모든 세상으로부터 버림받도록, 다시 말해 세상을 모두 증오하고 세상으로부터 증오를 받도록 만드시지 않았습니까? 그리고 우리가 세상의 모든 것 대신에 그리스도를 소유할 수 있도록 그를 위하여 이 모든 것들을 하게 하시지 않았습니까? 그런데 이런 사실에도 불구하고 그분이 우리를 잊어버리고 저버리실 것이라고 생각합니까? 우리는 그런 생각을 버려야 합니다.

그러나 그분이 이 땅에 계시는 동안 자기 백성과 함께 머물지 않은 이유는 무엇입니까? 왜? 지상 사역을 다 이루지 않았습니까? 그분은 우리를 대표하여 영광을 소유하지 않으셨습니까? 그분은 성부 하나님께 탄원하시며 자신의 수난들을 호소하시며, 성령이 충만하사 우리에게 내려주시며, 권위를 받으시고 대적들을 정복하지 않으셨습니까? 우리가 이 땅에 거하는 기간은 짧습니다. 만일 그리스도께서 이 땅에 머물러 계셨다면, 며칠 동안 그분을 즐기고는 죽어야 하는 우리에게 무슨 기쁨이 되겠습니까? 그분은 하늘에 있는 수많은 세대에 속한 영혼들 속에서 더 많이 거하셔야 합니다. 그분은 우리를 눈으로 보는 것에 의해서가 아니라 믿음으로 살게 하실 것입니다.

오, 동료 그리스도인들이여, 죄와 죄인들과 무덤에 갇혀 감옥 속에서 지내던 우리가 주님에 의하여 풀려날 그날은 과연 어떠할까요! 그날은 주님이 가난과 멸시 속에서 태어나 침 뱉음과 조롱을 당하시고 십자가에 못 박혔던 초림 때와는 다를 것입니다. 오, 태평스러운 세상이여! 주님은 더 이상 너희들

로부터 무시당하고 멸시받으려고 오시지 않을 것이다. 그러나 그 초림 때에
도 영광이 부족하지는 않았습니다. 그때에 천군 천사들이 주님의 태어나심
을 축하하기 위하여 하나님을 찬양하였는데, 과연 주님이 다시 오실 그날에
는 천사들과 성도들이 어떤 외침으로 하나님께 영광을, 그리고 사람들에게
평화와 호의를 선포할 것입니까? 한 별이 먼 곳으로부터 사람들을 인도하여
구유에 누운 아기에게 경배하게 하였는데, 그분이 다시 나타나실 때의 영광
은 과연 얼마나 모든 세상으로 하여금 그분의 주권을 인정하도록 만들 것입
니까? 주님은 나귀를 타시고 호산나 찬송을 들으면서 예루살렘으로 들어가
셨는데, 새로운 예루살렘으로 들어가실 때에는 얼마나 큰 영광과 평안을 가
지고 들어가실 것입니까. 주님이 종의 모습으로 계실 때에 사람들이 외치기
를 "이 어떠한 사람이기에 바람과 바다도 순종하는가?" 하고 말하였는데, 주
님이 영광 중에 오시고, 하늘과 땅이 그분에게 순종하는 것을 볼 때에는 그
들이 무엇이라고 말할 것입니까?

　　"그 때에 땅의 모든 족속들이 통곡할 것입니다"(마 24:30). 그날에 관하여
공포심을 가지고 생각하고 이야기하는 것은 완고한 죄인에게는 당연한 일이
겠지만, 믿는 성도에게는 맞지 않는 일입니다. 사악한 자가 주님을 보고는
"저기 저 건너편에 우리가 그 피를 무시하고 그 은혜에 저항하고 그 충고를
거절하고 그 다스리는 것을 벗어 버린 그분이 있다"라고 외칠 것입니다. 그
러나 상상할 수 없는 기쁨 가운데 있는 성도는 이렇게 외치지 않겠습니까?
"그 피로 우리를 구원하시고 그의 성령으로 우리를 깨끗하게 하시고, 그의
법은 우리를 다스리고, 우리가 신뢰하였고 또 우리의 신뢰를 저버리지 않으
신 분, 우리가 오랫동안 기다려왔던, 그리고 이제 우리가 헛되이 기다리지
않았다는 사실을 깨닫게 하시는 그분이 저편에 있지 않습니까? 오, 우리를
세상과 현세적인 것들로 돌아가게 만들고, '더 이상 주님을 기다려야 할 이
유가 무엇인가?' 하고 외치게 만들었던 저주받을 부패함이여, 이제 우리는
그분을 기다리는 모든 이들이 복되다는 사실을 압니다." 그리스도인들이여,

이제 우리는 진심으로 "주의 나라가 언제 임하나이까? 성령과 신부가 말씀하시기를 오라 하는도다. 듣는 자도 오라 할 것이요" 하는 간구를 그치지 말아야 하지 않습니까? 우리 주께서 친히 "진실로 내가 속히 오리라"고 말씀하십니다. 아멘 주 예수여, 속히 오시옵소서!

2. 천국으로 이르는 또 하나는 **먼지로부터 몸을 일으켜서 그것을 다시 영혼과 연합시키는 예수 그리스도의 위대한 사역입니다.** 그것은 무한한 능력과 사랑의 놀라운 결과입니다. "만일 그것이 진실이라면, 참으로 놀라운 일입니다. 그러나 사방에 흩어져 있는 이 모든 뼈와 먼지들이 어떻게 한 사람이 되겠습니까?" 하고 불신자는 말합니다. 나는 공손하게 하나님께 탄원합니다. 왜냐하면 그 능력에 의하여 나는 다시 일어나기를 소망하기 때문입니다. 육중한 땅덩어리를 지탱하는 것은 무엇입니까? 광대한 대양의 경계를 짓고 있는 것은 무엇입니까? 끊임없이 밀려드는 파도는 어디에서 나오는 것입니까? 영광스럽게 빛나는 천체인 태양은 지구보다 몇 배나 더 큽니까? 죽은 자를 일으키는 것은 아무것도 없는 가운데서 천지를 창조하는 것보다 쉬운 일이 아닙니까?

죽어 있는 뼈들과 먼지와 곤경을 보지 말고 약속을 바라보십시요. 이런 육체들을 오랫동안 억누르지 못할 감옥에 기꺼이 맡기십시오. 평화롭게 누워서 안식을 취하십시오. 왜냐하면 그것은 영원히 계속되는 밤이 아니며 끝이 없는 잠도 아닐 것이기 때문입니다. 만일 당신이 두려워하는 것이 발가벗는 것이라면, 그 안식은 당신이 더 좋은 옷을 가지게 되는 것입니다. 만일 당신이 두려워하는 것이 집 밖으로 쫓겨나는 것이라면, "만일 땅에 있는 우리의 장막 집이 무너지면 하나님께서 지으신 집 곧 손으로 지은 것이 아니요 하늘에 있는 영원한 집이 우리에게 있다"(고후 5:1)는 사실을 기억하십시요. 썩어 버릴 이 몸뚱이를 즐겁게 내던지십시요. 그러면 당신은 틀림없이 썩지 않을 몸으로 다시 받을 것입니다. 이 세상의 자연적인 몸을 자유롭게 희생하십시오. 그러면 당신은 하늘의 영적인 몸으로 다시 받을 것입니다. 비록 당신은 커다란 불명예를 겪으면서 그 몸을 희생하지만, 영광 가운데서 새 몸을 받을 것입니다. 비록 당신은 연약함으로 말미암아 그 육체에서 분리되지만, 그것은 다시 강력한 능력으로 일으켜 세워질 것입니다.

"마지막 나팔에 순식간에 홀연히 다 변화되리니 나팔 소리가 나매 죽은 자들이 썩지 아니할 것으로 다시 살아나고 우리도 변화되리라"(고전 15:51). "그리스도 안에서 죽은 자들이 먼저 일어나고 그 후에 우리 살아 남은 자도 그들과 함께 구름 속으로 끌어 올려 공중에서 주를 영접하게 하시리니"(살전 4:16-17). 오 그리스도인이여, 이런 약속들 안에서 승리하십시요. 그러면 그 약속들이 실현될 때에 진정으로 승리할 것입니다. 이날은 주님이 만드실 날입니다. 그러므로 우리는 그날에 즐거워하고 기뻐할 것입니다. 우리 주님을 가둘 수 없었던 그 무덤이 우리를 가두지 못합니다. 주님은 우리를 위하여 일어나셨으며, 바로 그런 능력으로 우리를 일어나게 하실 것입니다. "우리가 예수께서 죽으셨다가 다시 살아나심을 믿을진대 이와 같이 예수 안에서 자는 자들도 하나님이 그와 함께 데리고 오시리라"(살전 4:14). 결코 그 무덤을 보지 말고, 그것을 넘어선 부활을 보십시다. 그러므로 우리는 "견실하며 흔들리지 말고 항상 주의 일에 더욱 힘쓰는 자들이 되어야 합니다. 이는 우리 수고가 주 안에서 헛되지 않은 줄을 알기 때문입니다"(고전 15:58).

3. 성도들의 안식의 서막적인 이 사건의 일부는 **성도들의 심판에서 진행될 공적이고 엄숙한 과정**입니다. 그 심판에서 성도들은 우선 자신의 무죄함이 선언될 것이고, 그 다음에 그리스도와 함께 세상을 심판할 것입니다. 창세 때부터 이때에 이르기까지 젊은이나 늙은이 할 것 없이 모든 민족의 여러 신분의 사람들이 이곳에 와서 자신에게 내려질 판결을 받아야 합니다. 오, 두렵고 즐거운 날이여! 주님이 오심을 잊고 있었던 사람들에게는 두려운 날이지만, 이날을 보기를 바라고 기다린 성도들에게는 즐거운 날입니다. 그때에 세상은 하나님의 선하심과 엄하심을 볼 것입니다. 멸망할 자들에게는 엄하심을, 그의 선택된 백성들에게는 선하심을 보여 주실 것입니다.

모든 사람이 자신의 청지기직을 설명해야 합니다. 시간, 건강, 재능들, 자비로운 행위들, 고통거리들, 재산, 훈계 등 각각의 달란트가 계산될 것입니다. 그들이 이미 잊어버리고 있었던 젊은 시절의 범죄들과 은밀한 죄악들이 천사들과 사람들 앞에서 드러날 것입니다. 그들은 자기들이 무시하였고 그 말씀을 거역하였고 그 사역자들을 학대하였고 그 종들을 증오하였던 바 주 예수님이 이제 좌정하셔서 자신을 심판하시는 것을 보게 될 것입니다. 그들 자신의 양심이 그들을 거슬러 외칠 것이며, 자신의 모든 악행들을 기억나게 할 것입니다.

그 비참한 죄인은 어떤 길을 볼 것입니까? 누가 그 마음속에 있는 두려운 생각들을 상상할 수 있겠습니까? 이제 세상은 그를 도울 수 없습니다. 그의 옛 동료들도 그를 돕지 못합니다. 성도들은 그를 도울 수 없으며, 도우려고 하지도 않을 것입니다. 오직 주 예수만이 죄인들을 도울 수 있습니다. 그러나 불행한 일은 주님이 돕지 않으실 것이라는 사실입니다. 그리스도께서 당신을 도우려고 하신 때가 있었지만, 당신은 그것을 원하지 않았습니다. 이제는 당신이 기꺼이 도움을 받으려고 하지만, 주님은 돕지 않으실 것입니다. "산들과 바위에게 말하되 우리 위에 떨어져 보좌에 앉으신 이의 얼굴에서와 그 어린 양의 진노에서 우리를 가리라"(계 6:16) 하는 것도 전혀 소용이 없습니다. 왜냐하면 당신은 산과 바위의 주님을 대적으로 삼았기 때문입니다. 산과 바위는 그분의 목소리에 순종할 것이며, 당신의 목소리를 듣지 않을 것입니다. 그러므로 나는 하나님 앞에서, 그리고 그의 나타나실 때에 산 자와 죽은 자를 심판하실 주 예수 그리스도와 그의 나라 앞에서 당신이 이런 일들을 스스로 심각하게 생각하도록 명합니다.

그러나 오 겸손하고 자비로운 영혼이여, 당신은 왜 두려워 떠는가? 모든 것을 뒤덮은 홍수에서도 노아를 잃지 않으셨고 소돔에서도 롯을 간과하지 않으셨던 그분이, 롯이 떠날 때까지는 아무 일도 할 수 없으셨던 그분이 그날에 당신을 잊어버리겠습니까? "주께서 경건한 자는 시험에서 건지실 줄 아시고 불의한 자는 형벌 아래에 두어 심판 날까지 지키십니다"(벧후 2:9). 주님은 동일한 한 날이 자신의 대적들에게는 가장 두려운 날이 되면서 한편으로 자기 백성에게는 가장 기쁜 날이 되게 하시는 방법을 알고 계십니다. "그러므로 육신을 따라 살지 않고 성령을 따라 살아가는 그리스도 예수 안에 있는 자들에게는 결코 정죄함이 없습니다. 하나님이 택하신 자들을 누가 고발하려고 합니까"(롬 8:33). 율법이 그들을 고소할 것입니까? "그리스도 예수 안에 있는 생명의 성령의 법이 죄와 사망의 법에서 그들을 해방하였습니다"(롬 8:2). 양심이 고소할 것입니까? "성령이 친히 우리의 영과 더불어 그들이 하나님의 자녀인 것을 증언하십니다. 의롭다 하신 이는 하나님이니 누가 정죄할 것입니까"(롬 8:16, 33-34). 우리의 심판자께서 우리를 정죄하지 않으시면 누가 우리를 정죄할 것입니까? 간음한 여인에게 "너를 정죄한 자가 없느냐, 나도 너를 정죄하지 아니하노니"라고 말씀하신 그분이, "다 주를 부인할지라도 나는 버리지 않겠나이다"라고 주께 말한 베드로보다 훨씬 더 신실하게 우리에게 이렇게 말씀하실 것입니다. 사람들 앞에서 나를 인정하면, "나도 하늘에 계신 내 아버지 앞에서 너를 인정하리라."

우리의 영혼을 사랑하시며 우리 영혼도 그분을 사랑하는, 친애하는 우리 주께서 우리의 심판자가 되신다는 것은 얼마나 형언할 수 없는 기쁨입니까! 가장 친한 친구 혹은 자신의 아내나 남편에게 심판을 받는 사람이 두려워하겠습니까? 그리스도께서 이 땅에 오셔서 그리스도인을 위하여 수난을 당하시고 우시고 피를 흘리시고 죽으셨는데, 이제 그분이 당신을 정죄하시겠습니까? 당신을 대신하여 그분이 심판을 받고 정죄되고 처형당하였는데, 이제 그분 자신이 당신을 정죄하시겠습니까? 당신을 구속하시고 중생하게 하시고 거룩하게 하시고 지키시면서 이미 그 사역의 대부분을 행하신 그분이 이제 그 모든 일을 다시 무효로 하시겠습니까? 우리 주께서 모든 면에서 우리에게 나쁜 일을 전혀 의도하실 수 없다는 사실이 확실하다면, 그날에 대한 두려움은 결코 대단한 것이 아닐 것입니다. 그날은 악한 영들과 악한 자들을 떨게 만들지만, 우리들을 기쁨으로 뛰게 할 것입니다. 그날은 긍휼과 행복에 대한 느낌으로 우리에게 깊은 영향을 미칠 것입니다. 그날에 우리는 기쁨으로 승리하는 반면에 대부분의 세상은 공포로 떠는 것을 볼 것입니다. 우리가 하나님 나라의 상속자로 선포될 때에 그들은 영원한 불꽃에 떨어질 운명이라는 소식을 들을 것입니다. 우리들과 같은 도시에 살았고, 같은 회중으로 왔고, 같은 집에서 거하였고, 세상에서 우리보다 더 존경받았던 우리의 이웃들이 이제 마음을 살피시는 분에 의하여 영원히 우리와 나누어지는 것을 볼 것입니다.

커다란 위엄과 그날에 대한 두려움을 가지고 사도는 이렇게 감동적으로 표현합니다. "너희로 환난을 받게 하는 자들에게는 환난으로 갚으시고 환난을 받는 너희에게는 우리와 함께 안식으로 갚으시는 것이 하나님의 공의시니 주 예수께서 자기의 능력의 천사들과 함께 하늘로부터 불꽃 가운데에 나타나실 때에 하나님을 모르는 자들과 우리 주 예수의 복음에 복종하지 않는 자들에게 형벌을 내리시리니 이런 자들은 주의 얼굴과 그의 힘의 영광을 떠나 영원한 멸망의 형벌을 받으리로다. 그 날에 그가 강림하사 그의 성도들에게서 영광을 받으시고 모든 믿는 자들에게서 놀랍게 여김을 얻으시리라"(살후 1:6-10).

그것만이 아닙니다. 우리는 그 심판을 두려워하는 것을 훨씬 넘어서서 우리 자신이 심판자들이 될 것입니다. 말하자면, 그리스도께서는 자기 백성들과 함께 재판하실 것이며, 성도들은 자리에 앉아 그리스도의 의로운 심판을 승인할 것입니다. "성도가 세상을 판단할 것을 너희가 알지 못하느냐?" 아니, "우리가 천사를 판단할 것을 너희가 알지 못하느냐?"(고전 6:2,3). 그 사실을 이야기하시는 그리스도의 말씀이 없다면, 이런 높아짐은 믿을 수 없을 것이며, 그 말은 오만한 말이 될 것입니다.

아담의 칠대 손인 에녹도 이것을 예언하였습니다. "보라, 주께서 그 수만의 거룩한 자와 함께 임하셨나니 이는 뭇 사람을 심판하사 모든 경건하지 않은 자가 경건하지 않게 행한 모든 경건하지 않은 일과 또 경건하지 않은 죄인들이 주를 거슬러 한 모든 완악한 말로 말미암아 그들을 정죄하려 하심이라"(유 1:14-15). 그리하여 성도들은 영광을 얻을 것이며, "정직한 자들이 아침에 다스릴 것입니다." "만일 그들이 지혜가 있어 이것을 깨달았으면 자기들의 종말을 분별하였으리라"(신 32:29). 그러나 그들은 지혜가 없으므로, 하늘이 큰 소리로 떠나가고 물질이 뜨거운 불에 풀어지고 땅과 그 중에 있는 모든 것이 타버리는 것을 볼 때, 그리고 자신들 주위가 온통 불바다가 되고 땅의 모든 영광이 소멸하는 것을 볼 때에도 깨닫지 못할 것입니다! "이제 하늘과 땅은 그 동일한 말씀으로 불사르기 위하여 간수하신 바 되어 경건하지 아니한 사람들의 심판과 멸망의 날까지 보존하여 두신 것이니라. 이 모든 것이 이렇게 풀어지리니 너희가 어떠한 사람이 되어야 마땅하냐 거룩한 행실과 경건함으로 하나님의 날이 임하기를 간절히 사모하라. 그날에 하늘이 불에 타서 풀어지고 물질이 뜨거운 불에 녹아지려니와 우리는 그의 약속대로 의가 있는 곳인 새 하늘과 새 땅을 바라보도다"(벧후 3:11-13).

  4. 성도들의 안식을 위한 마지막 준비는 **성도들의 엄숙한 대관식과 하나님 나라를 상속받는 것**입니다. 성도들의 머리이신 그리스도께서 왕과 제사장으로 기름 부음을 받기 때문에, 그 아래에 있는 그의 백성들도 하나님에게 왕들과 제사장들이 되어서 영원토록 다스리고 또 찬송을 돌립니다. 그날에 의로우신 재판장인 주께서 성도들을 위하여 간직된 의의 왕관을 그들에게 주실 것입니다. 그들은 죽기까지 신실하였으므로, 주님은 그들에게 생명의 면류관을 주실 것입니다. 또한 이 땅에서 그들의 재능들을 향상시킨 만큼 그들의 통치와 위엄도 커질 것입니다. 그들은 공허한 명칭만으로 위엄을 누리는 것이 아니라 실제로 다스릴 것입니다. 그리스도께서 그들을 자신과 함께 보좌에 앉게 허락하시고, 자신이 아버지로부터 받으신 것처럼, 그들에게도 민족들을 다스릴 권세를 주실 것입니다. 그리고 그분은 "그들에게 새벽별을 주실 것입니다"(계 2:28). 주님이 친히 다음과 같은 칭찬의 말씀과 함께 그들에게

소유를 주실 것입니다. "잘 하였도다 착하고 충성된 종아 네가 적은 일에 충성하였으매 내가 많은 것을 네게 맡기리니 네 주인의 즐거움에 참여할지어다"(마 25:21).

그리고 이런 엄숙하고 복된 선포와 함께 주님은 그들을 높이실 것입니다. "내 아버지께 복받을 자들이여 나아와 창세로부터 너희를 위하여 예비된 나라를 상속받으라"(마 25:34). 말 하나하나가 생명과 기쁨으로 가득합니다. '나아와'란 말은 우리가 이 영광에 다가가는 것을 허락하시려고 황금의 규를 내민 것입니다. 이제 당신이 원하는 만큼 가까이 나아오십시요. 벧세메스의 심판을 두려워하지 마십시요. 왜냐하면 적대감이 완전히 폐지되었기 때문입니다. 이것은 우리가 보통 들었던 "나아와 자기 십자가를 지고 나를 따르라"는 말에 나오는 '나아와'와는 다른 것입니다. 그 말씀도 달콤하였지만, 그러나 이 말씀은 훨씬 더 달콤합니다. "복받을 자들이여." 그 입이 우리에게 그렇게 말씀하실 때, 참으로 복되지 않습니까! 세상은 우리를 성가신 존재라고 치부하였고, 우리들도 기꺼이 스스로 그렇게 여겼지만, 그러나 주님이 축복하신 자들은 확실히 복되며, 주님이 저주하신 자들은 저주를 받았습니다. 그리고 주님의 축복은 뒤집어질 수 없습니다.

"내 아버지께" — 아들뿐 아니라 아버지의 사랑 안에서 축복을 받습니다. 왜냐하면 그들은 한 분이시기 때문입니다. 아버지는, 성도들을 택하신 일과 그리스도에게 수여하신 일과 그리스도를 보내신 일과 그의 대속을 받으신 일에서 자신의 사랑을 증명하셨습니다. 또한 아들도 자신의 사랑을 증명하였습니다. "상속받으라" — 더 이상 종이나 하인이 아니며 또한 신분상으로만 구별되고 소유에서는 하인과 다를 바 없는 미성년의 자녀가 아니라, 이제 우리는 그 왕국의 상속자이며 그리스도와 연합한 상속자입니다. "나라" — 나라(kingdom)이지 그 이하가 아닙니다. 실제로 만왕의 왕이자 만주의 주(主)라는 칭호는 우리 주님만의 칭호입니다. 그러나 왕들이 되는 것과 주님과 함께 다스리는 것은 우리들의 칭호입니다. 이 왕국을 누리는 것은 태양의 빛을 누리는 것과 같습니다. 즉 각자가 그 햇빛을 전부 받아 누리지만, 여전히 그만큼 남아 있습니다.

"너희를 위하여 예비된" — 하나님은 우리의 축복의 알파(처음)와 오메가(끝)이십니다. 영원하신 사랑이 그 토대를 놓았습니다. 하나님은 우리를 위하여 그 나라를 예비하셨고, 그 다음에는 우리를 그 나라를 위하여 예비하셨습니다. 이것은 하나님의 결심과 법령의 예비입니다. 그것을 실행하기 위하여 그리스도께서 한 걸음 더 나아간 준비를 하셨습니다. "너희를 위하여" — 일반적인 의미로 신자들을 위한 것이 아닙니다. 일반적인 의미의 신자들은 개개인의 인격이 없다면 아무도 아닙니다. 오히려 이것은 여러분 개개인을 위한 말씀입니다. "창세로부터" — 아담의 타락 이후에 주신 약속으로부터 나온 것일 뿐 아니라 영원 전부터 나온 것입니다.

이렇게 우리는 그리스도인들이 안전하게 낙원에 도달하여 영광스럽게 자신의 안식에 이르는 것을 살펴보았습니다. 이제 다음 장에서는 조금 더 나아가, 거기서 거할 곳을 살펴보고 그들의 특권을 생각해 봄으로써, 이런 영광과 비교할 어떤 영광이 있는지 살펴보겠습니다.

제 3 장

성도의 안식의 탁월함

1. 그것은 값 주고 산 소유이다.

2. 자유로운 선물.

3. 성도들에게만 고유한 것.

4. 성도들과 천사들과의 연합.

5. 그 기쁨은 하나님에게서 직접 나온다.

6. 그것은 시의적절하며,

7. 적합하며,

8. 죄나 고난이 없이 완전하며,

9. 영원하다.

좀 더 가까이 다가가서 이 안식이 제공하는 한층 더 탁월한 것들이 무엇인지 살펴보겠습니다. 우리가 이것을 살펴보려고 가까이 다가가는 동안에 주님은 우리를 반석의 갈라진 틈 속에 감추시고 관대한 은혜의 손길로 우리를 덮어 주십니다.

1. **값 주고 사서 소유하는 것**이라고 불리는 것, 즉 하나님의 아들의 보혈의 열매가 성도들의 안식의 가장 뛰어난 영광입니다. 참으로 그것은 보혈의 가장 주된 열매, 즉 보혈의 모든 열매들과 그 효과의 목적이자 완성입니다. 사

랑하는 자의 생명을 내놓는 것보다 더 큰 사랑은 없습니다. 우리의 구세주는 이 일을 언제나 우리 눈앞에 있게 하시며, 죽기까지 피 흘리신 그 사랑이 우리의 영혼에 여전히 가장 생생하고 또렷하게 기억하게 하십니다! 우리는 이 보혈의 시냇물에서 세상의 악과 사탄의 올가미와 육체의 유혹과 율법의 저주와 하나님의 진노와 죄책을 진 양심의 고소와 불신앙의 마음을 괴롭히는 의심과 두려움들을 거슬러 헤엄쳐서 하나님의 면전에 무사히 도착하는 것입니다!

이제 그분은 우리에게 이렇게 외친다. "그 시내를 지나온 너희 모든 사람들에게 그것은 아무것도 아니지 않는가? 보라, 내 슬픔과 같은 것이 과연 있겠는가?" 그리고 우리는 가까스로 그 비탄에 잠긴 목소리를 주목하며, 그 상처를 보려고 몸을 돌립니다. 그러나 **그때에는** 우리의 완전해진 영혼은 사랑을 느낄 것이며, 사랑을 위하여 사랑 안에서 타오를 것입니다. 구속받은 성도들이 얼마나 놀라운 이해를 가지고 복되신 구세주를 영원토록 바라볼 것인지요 — 값으로 사신 분과 그 값과 그 소유에 관하여! 그분의 사랑의 상처를 보아도 우리의 슬픔의 상처들은 결코 되살아나지 않을 것입니다.

부활하신 후에 큰 죄인에게 "여자여 왜 울고 있느냐?"라는 말씀을 첫 마디로 하신 그분은 슬픔의 구름과 눈물의 폭풍이 전혀 없이 사랑의 기쁨을 높이는 방법을 알고 계십니다. 우리가 누리는 모든 것이 우리의 가장 친한 친구의 생명을 주고 산 것이라면, 우리는 그것을 얼마나 높이 평가해야 할 것입니까. 만일 죽어가는 친구가 우리에게 오직 자신의 사랑의 증표만을 남겨 준다면, 우리는 그것을 얼마나 주의 깊게 간직하며, 그것을 볼 때마다 마치 그의 이름이 증표에 기록되어 있는 것처럼 여전히 그를 기억하겠습니까. 그렇다면, 우리 주님의 죽음과 보혈은 우리가 소유한 영광을 영원히 달콤하게 만들어 주지 않겠습니까? 우리가 가진 재화(財貨)가 얼마나 가치가 있는지 기록해 두는 것처럼 우리의 의와 영광의 가치도 기록해 둘 것입니다. 그 값은 그리스도의 고귀한 피입니다. 그분의 수난은 피를 요구하는 공의를 만족시키기 위한 것이었고, 죄인들에게 돌아갈 것을 대신 지사 그들이 잃어버렸던 생명과 행복을 회복시켜 주기 위한 것이었습니다. 그리스도의 구속 사역은 성부 하나님을 매우 기쁘게 하였으며, 그 결과 성부 하나님은 그리스도에게 선택된 자들을 끌어 올려 자신에게 주어졌던 영광을 그들에게도 줄 수 있는 권한을 주셨습니다. 이 모든 일은 "뜻의 결정대로 일하시는 이의 계획을 따라"(엡 1:11) 이루어졌습니다.

2. 성도들의 왕관에는 또 하나의 진주가 있는데, 그것은 **값없는 은사**입니다. '값 주고 산 소유'라는 것과 '값없다'는 이 두 가지는 하나님의 성전에 있는 기둥들의 꼭대기를 장식하는 화관을 이루는 금사슬입니다. 그것은 그리스도에게는 귀중한 것이지만, 우리들에게는 값없이 주신 것입니다. 돈을 주고 그리스도를 사려고 한다면, 은과 금은 아무런 가치가 없고, 눈물과 기도로도 충분하지 않으며, 그분의 보혈보다 못한 어떤 것으로도 불충분할 것입니다. 그러나 우리가 사려는 것은 얻는 것입니다. 우리는 돈이나 다른 무슨 대가 없이 그것을 거저 얻습니다. 값없이 무죄로 선언해 주시는 것을 감사한 마음으로 받아들이는 것은 결코 빚을 갚는 것이 아닙니다. 여기서는 모든 것이 값없이 주시는 것입니다. 성부 하나님이 성자를 값없이 주시고 성자는 그 빚을 값없이 지불하신다면, 하나님이 중요한 방식으로 그것을 요구하실 수 있을 때에도 그런 지불 방식을 값없이 받아들이신다면, 성부와 성자께서 값 주고 사신 그 생명을 우리가 간곡한 마음으로 받아들일 수 있도록 값없이 우리에게 제공하신다면, 그리고 우리가 그 생명을 받을 수 있도록 성부와 성자께서 성령을 보내어 주신다면, 과연 여기서 우리에게 값없이 주어지지 않는 것이 무엇입니까?

이런 값없음을 생각할 때에 성도들을 틀림없이 놀라게 만들, 오 영원한 감격이여! "주께서 내 속에서 보신 것이 무엇이기에 그러한 신분에 적합하다고 판단하시는가? 병들고 업신여김을 당하는 가련하고 불쌍한 인간인 내가 이런 찬란한 영광으로 옷입게 하시는가? 기어다니는 벌레와도 같은 나를 이런 높은 위엄에 이르도록 하시는가? 얼마 전까지만 해도 신음하고 울며 죽어가던 내게 이제는 마음 가득히 기쁨이 넘치도록 하셨는가? 썩어가고 있던 무덤에서 나를 다시 이끌어 내시고, 잊혀져 가고 있었던 흑암과 먼지 속에서 나를 건져 주셔서 여기 그 보좌 앞에 세워 두셨는가? 모르드개처럼 사로잡혔다가 풀려나 다시 왕 앞에 서게 하셨으며, 다니엘처럼 사자굴에서 건짐을 받아 군주들과 열방을 다스리는 자로 세우셨는가? 누가 그 측량할 수 없는 사랑을 재어볼 수 있을까?" 만일 우리가 용납받기 위한 조건이 '가치가 있음'이라면, 성 요한처럼 우리도 주저앉아 울어야 합니다. 왜냐하면 가치가 있다고 인정될 사람은 아무도 없기 때문입니다. 그러나 '유다 지파의 사자(獅子)'는 가치 있는 분이시며 (싸움에서) 이기셨습니다. 그리고 바로 그 신분에 의하여 우리가 그 상속을 얻습니다. 우리는 그곳에서 다윗이 거절하였던 그 제안을 제공할 것이며, 우리에게 아무것도 비용으로 요구하지 않은 그것을 위하여 찬송할 것입니다. 여기에 우리가 받은 명령이 있습니다. "너희들이 거저 받았으니, 거저 주어라." 그리스도께서는 비싼 값을 주고 사셨지만, 그것을 우리에게 값없이 주십니다.

　은혜가 값없는 것이며 우리의 공로가 없는 것이기 때문에 우리의 놀라움이 컸는데, 한 걸음 더 나아가 그것은 우리의 공로에 **반대되며** 우리 자신의 파멸로 나아가는 오랜 노력에도 반대되는 것입니다. 우리의 받을 만한 자격과 실제로 받는 것 사이의 그 엄청난(측량할 수 없는) 차이점, 즉 우리가 마땅히 처하게 되었을 상태와 지금 우리가 처한 상태 사이의 차이점을 생각해 보면, 또 지옥을 한번 내려다보고 은혜가 우리와 그들 사이를 갈라놓은 엄청난 차이를 살펴보면 — 우리가 태어날 때부터 물려받게 될 유산과 우리가 양자됨으로써 받게 될 유산이 얼마나 다른가를 살펴보면 — 얼마나 경악스럽습니까!

　그것이 얼마나 큰 사랑의 고통을 우리 속에 일으켜서 다음과 같이 생각하게 만듭니까! '죄가 나를 데려갔어야 할 자리가 저쪽이었다. 그러나 그리스도께서 나를 이곳으로 데려오셨다! 내 죄의 대가는 저편에 있는 죽음이었는데, 내 주님 예수 그리스도로 말미암은 이 영생은 하나님의 선물이다. 누가 나를 이렇게 달라지게 하였는가? 내가 가고자 했던 길을 고집하였더라면, 그리고 내 마음대로 내버려 두었더라면 지금쯤 나는 저 불꽃 속에 있게 되지 않았을까? 하나님께서 자비를 베푸사 나를 밖으로 이끌어 내지 않았더라면, 나는 화염이 덮칠 때까지 소돔에서 떠나지 못하고 남아 있지 않았을까?' 그토록 값진 왕관이 그토록 비천한 죄인의 머리에 꼭 맞게 되었다는 사실과, 동일한 사람이 그토록 높은 성취의 상태와 그토록 오랫동안 열매 맺지 못하고 고약한 상태에 처할 수 있다는 사실, 그리고 그토록 비열한 반역들이 그토록 고귀한 기쁨으로 끝날 수 있다는 사실은 의심할 여지 없이 우리의 영원한 찬사가 될 것입니다.

그러나 그것은 우리의 소홀함과 게으름은 말할 것도 없고, 우리의 어떤 노력이나 의무에 의한 것이 결코 아닙니다. 우리는, 마땅히 찬양을 받으셔야 하며 또한 영원토록 찬양을 돌려드려야 할 분이 누구인지 알고 있습니다. 사실상 바로 이 목적을 위하여 무한하신 지혜는 인간 구원의 모든 전체 계획을 바로 이런 값 주고 사심과 값없이 주심의 구도로 제시하였으며, 인간의 사랑과 기쁨이 완성되게 하시고 은혜의 영광이 가장 높이 나아가게 하였고, 공로 사상이 값없이 주심을 흐리게 하거나 가로막지 못하게 하였으며, 천국의 문이 이 두 돌쩌귀에 근거하여 열리게 하셨습니다. 그러므로 "받을 자격이 있다"는 말을 지옥문 위에 써 놓게 하십시오. 그러나 천국과 생명의 문 위에는 **값없는 선물**이라고 쓰십시오.

3. 이 안식은 **성도들에게만 독특한** 것이며, 다른 모든 사람의 아들들에게는 속하지 않는 것입니다. 온 이집트에 빛이 있었을 때에도 이스라엘 사람들은 그보다 적지 않은 빛을 가지고 있었을 것입니다. 그러나 다른 이웃들이 짙은 어둠 속에 사는 동안 빛을 홀로 누렸던 이스라엘 사람들은 자신의 특권을 좀 더 민감하게 느꼈던 것이 틀림없습니다. 구별하여 베풀어지는 자비는 다른

모든 자비보다 많은 영향을 줍니다. 만일 바로가 이스라엘 백성들처럼 무사히 홍해를 건넜다면, 아마도 홍해는 그토록 잘 기억되지 못하였을 것입니다. 만일 세상의 나머지 모든 사람들이 물에 잠기지 않았다면, 그리고 소돔과 고모라의 나머지 모든 사람들이 불에 타 죽지 않았다면, 노아가 구원받은 것은 결코 놀랄 만한 일이 아니며 롯의 구원도 그렇게 많이 이야기되지 못할 것입니다. 한 사람에게 빛이 비추이고 다른 사람은 어둠 속에 있을 때, 한 사람은 개혁되고 다른 사람은 자신의 욕심에 의하여 노예가 되어 버릴 때 성도들은 이렇게 외치게 됩니다. "주님, 당신을 우리에게는 나타내시고 세상에 대해서는 감추시는 것이 어쩐 일입니까?" 선지자가 이스라엘에 있는 모든 사람들 가운데서 오직 한 과부에게 보내어졌을 때, 그리고 모든 나병환자들 가운데 오직 한 사람, 나아만을 깨끗하게 하도록 보내어졌을 때, 그 자비는 훨씬 더 돋보였습니다. 두 사람이 함께 잠을 자다가 혹은 들에 있다가, 한 사람은 데려감을 당하고 다른 한 사람은 버려둠을 당하게 될 그때에, 그날은 참으로 두 사람 모두 격렬한 감정을 느끼게 될 것입니다. 성도들은 불 붙는 연못을 내려다볼 것이며, 자신의 행복을 느끼고 하나님의 의로운 집행에 찬동하면서 "오, 주님, 당신은 예나 지금이나 앞으로도 의로우십니다. 왜냐하면 의롭게 재판하셨기 때문입니다" 하고 즐거이 노래할 것입니다.

4. 이 안식은 성도들에게만 독특한 것이지만, 한편으로는 **모든 성도들에게 공통된 것**입니다. 왜냐하면 그 안식은 복받은 영혼들, 성도들과 천사들의 연합, 즉 그리스도를 머리로 하는 완전한 성도들의 공동체(corporation)이며 완성된 성도들의 교제이기 때문입니다. 우리들은 노동과 의무와 위험과 고통을 겪어 왔기 때문에, 앞으로도 우리들은 함께 그 큰 보상과 구원을 누릴 것입니다. 우리가 함께 경멸과 조롱을 받는 것처럼, 앞으로도 함께 인정을 받고 영광을 얻을 것입니다. 슬픔의 날을 겪은 우리는 기쁨의 날도 함께 누릴 것입니다. 박해 때에 우리와 함께하고 감옥에서 우리와 더불어 있었던 사람들은 위로의 궁전에서도 우리와 함께 있을 것입니다. 예전에 우리는 얼마

나 자주 신음하였으며 눈물을 흘렸으며 기도로 소원을 구하였습니까.

그러나 이제 우리의 모든 찬송들이 하나의 곡조를 이루고, 우리의 모든 교회들이 하나의 교회를 이루고, 우리 모두가 한 몸을 이룰 것입니다. 왜냐하면 성부 하나님과 그리스도가 한 몸이신 것처럼 우리도 모두 그리스도 안에서 한 몸이 될 것이기 때문입니다. 이것이 진실이라면 우리는 그리스도 안에서 홀로 영원한 안식을 구하지 않도록 주의해야 합니다.

그러나 하늘 나라에서 아브라함과 이삭과 야곱과 더불어 앉을 것을 미리 생각하는 것이 우리의 합법적인(정당한) 기쁨이라면, 그것을 실제로 보고 소유하는 것은 얼마나 더 큰 기쁨일까요? 우리가 모세와 함께 그의 노래를 부르고, 다윗과 더불어 찬송의 시편을 드리고, 모든 구속받을 자들과 함께 영원히 어린 양의 노래를 부를 그날, 에녹이 하나님과 동행하는 것을 보고 노아가 유일하게 살아 남은 결과를 누리는 것을 보고, 요셉의 고결한 인격과 욥의 인내와 히스기야의 올곧음과 모든 성도들이 자신의 신앙의 목적을 보게 될 그날을 생각할 때, 우리는 위로를 받지 않을 수 없지 않겠습니까? 우리가 오랫동안 알고 지냈던 성도들뿐만 아니라 육신으로는 결코 본 적이 없었던 모든 시대의 성도들까지 그곳에서 알게 되고 편안하게 즐기게 될 것입니다. 실제로, 성도들뿐 아니라 천사들도 우리의 복된 친구들이 될 것입니다. 지금 기꺼이 우리를 섬기는 영혼들이 그때에는 기쁨 가운데서 기꺼이 우리 동료가 될 것입니다. 우리의 회심으로 하늘에서 그토록 기뻐하였던 사람들이 우리가 영화롭게 될 때에 즐겁게 우리와 더불어 기쁨을 누릴 것입니다. 그때 "우리가 시온 산, 곧 살아 계신 하나님의 도성인 하늘의 예루살렘에 이를 때에, 그리고 무수한 천사들의 무리와 총회와 하늘에 기록된 처음 익은 자들의 교회와 만유의 심판자이신 하나님과 및 온전하게 된 의로운 자들의 영혼과 새 언약의 중보이신 예수님에게 이를 때에"(히 12:22-24) 우리는 다윗처럼, "나는 주를 경외하는 모든 자들과 친구라"(시 119:63)라고 진심으로 말할 것입니다. 우리가 "성도들과 하나님의 가족들과 더불어 동료 시민들이 되는 것"은 하늘의 안식의 뚜렷한 탁월성입니다.

5. 우리의 안식의 또다른 성격과 마찬가지로 **안식의 기쁨은 하나님에게서 직접 나올 것입니다.** 지금 우리는 직접적으로 가지고 있는 것이 아무것도 없으며 간접적으로 혹은 여러 손을 거쳐서 누리고 있습니다. 얼마나 많은 손을 거쳐서 누리고 있는지 누가 알겠습니까? 땅으로부터, 인간으로부터, 해와 달로부터, 천사들의 사역으로부터, 성령으로부터, 그리고 그리스도로부터. 비록 천사들의 손에서 받더라도 그 흐름(stream)은 죄인들의 불완전함의 경향이 있는 것이 아니라, 천사라는 피조물의 불완전함의 경향이 있습니다. 그러나 그것이 사람에게서 나오기 때문에, 두 가지 경향이 다 있습니다. 그 말씀 자체는 얼마나 신속하며 사람의 마음을 꿰뚫는 것입니까. 그러나 많은 경우에 그 말씀은 결코 마음속으로 들어가지 못하고 연약한 팔에 맡겨져 있습니다. 복음의 복된 구절마다 얼마나 큰 무게와 가치가 있습니까! 가장 둔감한 영혼에도 들어가서 그 마음을 찌를 수 있으며, 그 생각과 감정을 전적으로 소유할 수 있을 정도로 충분한 무게와 가치가 있다고 사람들은 생각할 것입니다. 그러나 물이 바위 위에 떨어지듯, 그 말씀은 얼마나 자주 헛되이 떨어졌습니까! 우리가 다루고 있는 하나님에 속한 것들은 신성하지만, 우리의 다루는 방식은 인간적입니다. 우리가 만질 수 있는 것은 거의 없지만, 우리의 손가락 자국을 뒤에 남깁니다. 하나님께서 직접 그 말씀을 하신다면, 그것은 참으로 마음을 꿰뚫고 녹이는 말씀입니다. 이제 그리스도인은 체험을 통하여 가장 직접적인 기쁨이 가장 달콤한 기쁨이라는 사실을 알고 있습니다. 그 기쁨들은 사람에게서 나온 것은 거의 없으며 대부분 성령님에게서 직접 나오는 것입니다. 은밀한 기도와 명상에 깊이 빠져 있는 그리스도인들은 가장 큰 생명과 기쁨을 가진 사람들입니다. 왜냐하면 그들은 모든 것들을 좀 더 직접적으로 하나님에게서 얻기 때문입니다. 하나님의 모든 규례를 듣고 읽고 참조하기를 그만두거나 혹은 태만히 하는 것이 아니라, 그 규례들을 이용하면서 그것들 위에서 살아가는 것이 그리스도인의 길입니다.

이런 먼 곳에서 받는 것들에도 기쁨이 있지만, 충만한 기쁨은 하나님의 직접적인 현존에 있습니다. 그때 우리는 촛불이 없이도 빛을 누리며, 해가 없이도 영원한 낮을 누릴 것입니다. "그 성은 해나 달의 비침이 쓸데없으니 이는 하나님의 영광이 비치고 어린 양이 그 등불이 되심이라. 다시 밤이 없겠고 등불과 햇빛이 쓸데없으니 이는 주 하나님이 그들에게 비치심이라. 그들이 세세토록 왕 노릇 하리로다"(계 21:23). 그때 우리는 성경이 없이도 계온전한 이해를 가질 것이며, 기록된 율법이 없이도 다스림을 받을 것입니다. 왜냐하면 주께서 우리 마음속에 그의 율법을 완성하실 것이며, 우리는 모두 하나님에 관하여 완벽하게 가르침을 받을 것이기 때문입니다. 우리는 약속들로부터 이끌어 낸 것도 아니며 믿음이나 소망에 의하여 집으로 가져온 것도 아닌 기쁨을 누릴 것입니다. 아버지의 나라에서 그리스도께서 새로 난 열매로 우리와 더불어 마시고 직접적인 즐거움이라는 위로를 주는 포도주로 우리를 새롭게 하실 때에, 우리는 규례들이나 이런 포도나무의 실과들이 없이도 교제를 나눌 것입니다. 수요는 있으나 공급이 없는 것이 지옥에 있는 자들의 상태입니다. 피조물들을 통하여 수요를 공급받는 것이 땅 위에 있는 우리들의 상태입니다. 하나님으로부터 즉각 수요를 공급받는 것이 천국에 있는 성도들의 상태입니다. 필요로 하는 것이 전혀 없는 상태는 하나님만의 특권입니다.

6. 이 안식의 한층 더 뛰어난 점은, 그것이 **시의적절하게** 베풀어지는 것이라는 점입니다. 결실의 계절에 자신의 포도원에서 열매를 기대하시며, 자기 백성을 "철을 따라 열매를 맺는 시냇가에 심은 나무처럼"(시 1:3) 만드시는 그분은 또한 자신의 때가 되면 그 백성들에게 왕관을 씌우실 것입니다. 힘들었던 시절에 기쁨의 말씀을 주신 그분은 확실히 기쁨의 시간이 가장 적절한 시기에 나타나도록 하실 것입니다. 선행을 하는 데 지치지 않는 사람들은, 낙심하지 않는다면, 적절한 때가 오면 그 열매를 거둘 것입니다. 하나님께서 원수들에게까지 전후에 따라 계절에 맞게 비를 내려 주신다면, 그리고 추수

를 위하여 지정된 주간들을 남겨 두신다면, 또한 계절에 따라 낮과 밤이 있도록 약속하신다면, 참으로 성도들의 영광스러운 추수의 때를 결코 놓치지 않을 것입니다. 그 약속을 하루도 더 지체하지 않으시고 430년이 지난 바로 그 동일한 날에 이스라엘을 이집트에서 이끌어 내신 그분은 자기 백성들의 영광을 위한 가장 적절한 시기를 단 하루도 한 시간도 실수하지 않으실 것이 틀림없습니다. 우리가 이 세상에서 어둡고 오랜 밤을 지났을 때, 의의 태양이 솟아나 날이 밝을 그때는 과연 시의적절한 때가 아닐까요? 우리가 결코 적지 않은 위험을 통과하면서 길고 지루한 여행을 마친 후에는 집에 도착하는 것이 시의적절하지 않습니까? 우리가 오랫동안 계속된 위험한 전쟁을 치르면서 많은 상처를 입었다면, 이제 승리와 더불어 평화가 오는 것이 시의적절하지 않습니까?

사람들은 끊임없는 피로 속에서 살아갑니다. 특히 성도들은 맹목적인 지성, 완고한 마음, 일상적인 의심과 두려움, 영적인 기쁨들의 결핍, 하나님의 진노에 대한 인식과 같은, 세상이 느끼지 못하는 것들에 가장 피로를 느낍니다. 한 가련한 그리스도인이 여러 해 동안 구원을 바라고 기도하고 기다렸다면, 그때는 시의적절하지 않습니까? 우리는 광야에서 가나안을 발견하지 못하고 이방의 땅에서 시온의 노래들을 발견하지 못하는 것을 탄식합니다. 우리는 대양 가운데서 항구를 가지고 있지 않으며, 낮의 열기 아래에서 안식도 얻지 못하고 있습니다. 또한 땅을 떠나기 전에는 하늘도 갖고 있지 않다는 사실을 탄식합니다. 이 모든 것이 안식을 누리기에 시의적절하지 않습니까?

7. 이 안식이 시의적절하게 베풀어질 것이므로, 또한 그것은 **적합합니다.** 성도들의 새로운 본성은 자신의 영혼을 이 안식에 적합하게 맞출 것입니다. 실제로, 성도들의 거룩함은 이 요소에서 가져온 불꽃에 지나지 않으며, 그리스도의 성령에 의하여 그들의 마음속에서 불이 켜지는 것입니다. 그 자체의 신적인 기원을 마음에 새겨 두고 있는 그 불의 화염은 항상 그것이 유래한 곳을 향하고 있습니다. 세상의 왕들과 왕국들이 성도들에게 안식을 줄 수 없

었습니다. 성도들은 그렇게 싼 값으로 구속된 것이 아니기 때문에, 그토록 낮은 본성을 부여받지도 않습니다. 하나님께서 성도들로부터 그 자신의 영적인 존재에 적합한 예배를 받으실 때, 또한 하나님께서는 성도들에게 그들의 영적인 본성에 적합한 영적인 안식을 공급하실 것입니다. 하나님과 그리스도에 관한 지식, 그 상호간의 사랑 안에 있는 평온한 만족감, 우리 하나님의 즐거움 안에서 영원토록 즐거워하는 것, 그의 높으심을 끊임없이 찬양하는 것, 이런 것이 성도의 천국입니다. 그때에는 우리 자신의 요소 안에서 살 것입니다.

지금 우리는 마치 어항 속에 든 물고기와 같이, 어항이 물고기를 살 수 있도록 유지해 주는 만큼만 살 수 있습니다. 그러나 대양에 비하면 어항은 얼마나 작습니까? 우리는 숨쉴 수 있을 정도의 적은 공기가 있을 뿐입니다. 그러나 시온 산 위의 신선하고 향긋한 산들바람에 비하면 그것은 아무것도 아닙니다. 우리에게는 어둠을 밝혀 주는 햇빛과, 얼지 않도록 몸을 녹여 주는 햇볕이 있습니다. 그러나 그때가 되면 우리는 영원토록 그 빛 안에서 살 것이며, 그 열기에 의하여 소생하게 될 것입니다. 성도들의 욕구는 그들의 본성과 마찬가지입니다. 그것은 우리의 새로워진 본성의 욕구이며, 성도들의 이 안식은 그 본성에 어울립니다. 우리의 욕구들이 부패한 채로, 잘못 인도된 채로 있는 동안에는 그런 욕구들을 만족시키는 것보다는 그것들을 부인하고, 한 걸음 더 나아가 없애버리는 것이 훨씬 더 큰 자비입니다.

그러나 영적인 욕구들은 하나님이 직접 자라게 하신 것입니다. 참으로 하나님은 욕구들에 물을 주어 그것들이 더욱 커지게 할 것입니다. 하나님은 우리가 완전한 만족 안에서 행복을 누리게 하시려고 의(義)에 주리고 목마르게 하셨습니다. 그리스도인이여, 이것은 당신의 마음에 따른 안식입니다. 그것은 당신이 마음으로 바랄 수 있는 모든 안식을 포함하고 있으며, 당신이 고대하고 기도하고 얻기 위하여 수고한 모든 것을 포함하고 있습니다. 거기에서 당신은 그 모든 것을 발견하게 될 것입니다. 당신은 온 세상을 소유하는 것보다 그리스도 안에서 하나님을 소유하는 것이 더 나을 것입니다. 거기에서 당신은 그를 소유할 것입니다.

하나님의 사랑을 보장받기 위하여 내놓지 못할 것이 무엇입니까? 그곳에서는 아무런 의심 없이 확신을 갖게 될 것입니다. 그리스도인으로서 당신은 무엇이든지 원하는 대로 바라고, 하고자 하는 대로 요청할 수 있으며, 나라의 절반만 아니라 왕국과 왕의 기쁨까지도 당신에게 주어질 것입니다. 이 세상은 소망과 기도의 삶이지만, 저 세상은 만족과 누림의 삶입니다. 이 안식은 성도들의 본성과 욕망에 적합할 뿐만 아니라 그들의 필요에도 아주 적합합니다. 그 안식은 성도들에게 참으로 필요한 모든 것들을 포함하고 있습니다. 그것은 사울이 다윗에게 준 갑옷처럼 도움이 되기보다는 짐이 되는 거칠고 인위적인 위로를 제공하지 않습니다. 성도들에게 가장 필요한 것은 그리스도와 완전한 거룩함이며, 성도들은 바로 이런 것들을 공급받을 것입니다.

8. 한 걸음 더 나아가, 이 안식은 **절대적으로 완전한** 것이 될 것입니다. 그때에 우리는 슬픔이 없는 기쁨과 곤함이 없는 안식을 누릴 것입니다. 우리가 누릴 은혜들과 부패가 뒤섞이는 일은 전혀 없으며, 위로를 누리면서 동시에 수난을 겪는 일도 없습니다. 지금 우리를 그토록 부침(浮沈)을 거듭하게 만드는 항구의 파도와 같은 것들은 전혀 없을 것입니다. 오늘은 건강하지만 내일은 병을 앓고, 오늘은 존경을 받지만 내일은 불명예를 당하는 그런 부침은 없을 것입니다. 우리는 포도주와 식초를 같은 잔으로 마실 것입니다. 계시들이 우리를 삼층천(三層天)으로 들어올린다고 하더라도, 사탄의 사자(使者)들이 우리와 싸울 것이며 육체의 가시가 우리를 다시 아래로 이끌어 갈 것입니다. 그러나 천국에서는 이런 불일치가 전혀 없습니다. 완전한 사랑이 두려움을 던져 버린다면, 완전한 기쁨은 틀림없이 슬픔을 벗어 버릴 것이며, 완전한 행복은 남아 있는 모든 비참함을 배제할 것입니다. 그곳에서 우리는 죄와 고난의 모든 악에서 벗어나 안식을 누릴 것입니다.

본성적인 죄이든 아니면 교제의 죄이든 간에, 천국이 무엇보다도 배척하

는 것이 바로 죄입니다. "그곳에는 속된 것이나 가증한 일이나 거짓말하는
자가 결코 들어갈 수 없을 것입니다"(계 21:27). 천국이 불완전한 영혼들을
받아들일 수 있다면, 그리스도께서 죽었어야 할 필요가 어디에 있겠습니까?
"하나님의 아들이 나타나신 것은 마귀의 일을 멸하려 하심이니라"(요일
3:8).

 그의 피와 성령님은 우리를 떠나시기 위해 이 모든 것을 하신 것이 아니
며, 결국 더럽히지 않으셨습니다. "빛과 어둠이 어찌 사귀며 그리스도와 벨
리알이 어찌 조화되리요"(고후 6:14-15). 그리스도인이여, 일단 천국에 들어
가면 당신은 더 이상 죄를 짓지 않을 것입니다. 그토록 오랫동안 범죄하지
않도록 기도하고 경계하였던 당신에게 이것은 얼마나 기쁜 소식입니까? 만
일 그것이 당신의 선택에 달려 있다고 한다면, 온 세상보다도 죄에서 자유롭
게 되는 것을 선택할 것이라는 것을 나는 압니다. 그때에는 하는 일마다 당
신을 따라다녔던 그 굳은 마음과 사악한 생각들이 영원히 뒤에 남겨져 버릴
것입니다. 당신의 이해는 더 이상 어둠 때문에 어려움을 겪지 않을 것입니
다. 뜻이 희미하였던 모든 성경 구절들이 명백하게 밝혀질 것이며, 모순처럼
보이던 모든 것들이 조화될 것입니다. 가장 가련한 그리스도인이라도 천국
에서는 이 땅에 있는 다른 어떤 성직자들보다도 더 완전한 성직자로 나타날
것입니다. 오류가 영원히 추방되고 우리의 이해가 하나님 자신으로 가득 차
게 되며 하나님의 빛이 우리 안에서 어둠을 조금도 남기지 않게 될, 오 그 행
복한 날이여! 그분의 얼굴이 성경이 될 것이며, 우리는 그 얼굴에서 진리를
읽을 것입니다.

 이 땅에 있는 많은 경건한 사람들이 자신의 잘못된 열정 때문에 형제들을
속이고 잘못된 길로 인도하는 수단이 되었으며, 그가 자신의 오류를 깨달을
때에도 형제들의 잘못을 돌이키기에 늦은 경우가 많습니다. 그러나 그곳에
서는 우리가 하나의 진리에 참여할 것이며, 진리이신 그분 안에서 하나가 될
것입니다. 또한 우리는 자신의 의지와 감정과 대화에서 나온 모든 죄로부터

안식을 누릴 것입니다. 지금도 여전히 우리를 하나님으로부터 멀리 떨어지게 하는 이런 반역적인 원리들을 우리는 더 이상 갖지 않을 것이며, 우리의 부패한 것들의 세력에 압제받거나 부패한 것들의 현존으로 괴롭힘을 당하는 것도 더 이상 없을 것입니다. 어떠한 교만이나 욕정이나 태만함이나 냉담함이 우리 속에 들어오지 못할 것입니다. 하나님과 하나님의 일들에 대하여 낯설거나, 차가운 감정이나 우리의 사랑의 불완전함도 전혀 없을 것입니다. 걸음을 멈추는 것도, 성령님을 근심하게 하는 것도, 수치스러운 행동도, 거룩하지 못한 대화도 없을 것입니다. 우리는 이런 모든 것들로부터 영원히 안식을 누릴 것입니다. 그때에는 거울이 얼굴을 그대로 비쳐 주는 것처럼 우리의 의지가 하나님의 뜻에 일치할 것이며, 우리의 법과 규칙도 하나님의 뜻에서 결코 빗나가지 않을 것입니다. "이미 그의 안식에 들어간 자는 하나님이 자기의 일을 쉬심과 같이 자기의 일을 쉬느니라"(히 4:10).

우리의 **고난들**은 우리의 범죄의 결과들에 불과하며, 천국에서는 그 두 가지 모두 그칠 것입니다. 우리는 하나님의 사랑에 대한 모든 **의심들**에서 벗어나 안식을 누릴 것입니다. "의심들은 나쁜 잡초인 엉겅퀴와 같지만, 좋은 토양에서 자라난다"는 격언은 더 이상 없을 것입니다. 그 의심들은 이제 뿌리가 뽑힐 것이며 자비로운 영혼을 더 이상 괴롭히지 않을 것입니다. "나의 상태를 알기 위하여 내가 무엇을 할 것입니까? 하나님이 내 아버지인지, 내 마음이 정직한지, 나의 회심이 진실인지, 나의 신앙이 진심인지 어떻게 알 수 있겠습니까? 나의 죄악들이 용서받지 못한 것이 아닌지, 내가 행하는 모든 것이 위선이 아닌지, 하나님이 나를 거부하시지 않을지, 나의 기도를 듣지 않으시는 것이 아닌지 나는 두렵다"라는 식의 이야기는 더 이상 들리지 않을 것입니다. 이 모든 것이 천국에서는 찬송으로 바뀝니다.

우리는 **하나님이 기뻐하시지 않는 것**에 대한 모든 생각에서 벗어나 안식을 누릴 것입니다. 지옥은 천국과 뒤섞이지 않을 것입니다. 때때로 자비로운 영혼은 하나님을 기억하였으나, 또한 어려움을 겪었고 불평하였으며, 낙심하여서 위로받기를 거부하였습니다. 그래서 하나님의 진노가 그 위에 엄하게 내렸으며, 하나님께서 모든 파도들로 그를 괴롭히셨습니다. 그러나 복된 그 날에는, 하나님께서 비록 일시적으로 우리에게서 그 얼굴을 감추시더라도 영원한 친절로써 우리에게 은혜를 베풀어 주실 것임을 우리가 확신하게 될 것입니다. 우리는 마귀의 모든 유혹으로부터 안식을 누릴 것입니다. 비록 그 유혹에 굴복하지 않는다고 하더라도, 그리스도인이 자신의 주님을 부인하도록 권유를 받는 것은 얼마나 큰 슬픔입니까! 그토록 무시무시한 제안들이 그의 영혼에 주어지는 것, 그토록 신성모독적인 생각들이 그의 머릿속에 연상되는 것은 얼마나 큰 고문입니까! 그것은 때때로 하나님에 대한 매정한 생각과 그리스도의 가치를 깎아 내리는 생각과 성경을 불신하는 생각과 섭리를 손상시키는 생각들입니다. 때때로는 현재의 것들로 돌아서려는 유혹이며, 죄의 미끼들을 즐기려는 생각이며, 육신의 기쁨들을 감행하려는 유혹이며, 또한 때로는 무신론 그 자체입니다. 특히 우리들의 마음이 변절한 것을 알고 있을 때에는 마치 불꽃 하나가 그 위로 튀자마자 곧 불이 붙는 부싯돌처럼 그런 생각들이 마음에 떠오릅니다. 이곳 광야에서는 사탄이 우리를 유혹할 수 있습니다. 그러나 사탄은 거룩한 성에 들어가지 못합니다. 사탄은 우리를 지상의 예루살렘 성전의 꼭대기에 세워 둘 수는 있지만, 그는 새 예루살렘에는 접근할 수 없습니다. 사탄은 우리를 아주 높은 산으로 데려갈 수는 있지만, 시온 산에는 오를 수 없습니다. 그리고 만일 할 수만 있다면, 사탄은 세상의 모든 왕국들과 그 영광을 우리 주님의 왕국의 소유가 된 영혼을 유혹하는 경멸스런 미끼로 만들 수도 있을 것입니다. 그러나 천국에서는 사탄이 아무리 유혹하여도 소용없는 짓입니다.

세상과 육신에서 나오는 모든 유혹들도 역시 그치게 될 것입니다. 오, 이 땅에서 우리가 살아가는 동안 시시각각 닥쳐오는 위험들이여! 육신의 모든 감각과 지체들이 우리를 옭아매는 올가미이며, 모든 피조물과 자비와 의무까지도 역시 우리에게 올가미입니다. 우리는 눈을 뜰 수조차 없습니다. 우리는 더 높은 곳에 있는 사람들을 부러워하거나 혹은 우리 아래에 있는 사람들을 경멸하게 될 위험 가운데 처해 있습니다. 또한 일부 사람들의 명예와 부를 탐내거나 교만하고 무자비한 마음으로 다른 이들의 누더기와 거지 신세를 보는 위험에 **빠집**니다. 우리가 미인을 볼 때 그것은 욕정을 일으키는 미끼가 되며, 불구자를 보면 그것은 혐오감과 모멸감을 불러일으키는 원인이 됩니다. 남을 헐뜯는 소문들과 헛된 조롱과 음탕한 이야기들은 얼마나 재빨리 우리의 마음속으로 파고들어 옵니까. 우리들의 욕구를 억누르기 위하여 얼마나 강력하고 끊임없는 주의가 필요합니까. 우리가 불구라고 한다면, 그것은 얼마나 불만스러운 일입니까. 우리가 지성과 학식의 재능들을 가지고 있다면, 오 우리는 얼마나 쉽사리 득의양양해하며, 갈채받기를 추구하며, 우리의 형제들을 경멸합니까. 우리가 무지하다면, 우리는 우리가 갖고 있지 않는 것들을 쉽사리 멸시하는 경향을 갖고 있지 않습니까. 우리가 권세 있는 지위에 있다면, 우리에게 맡겨진 권리를 남용하고 자신의 뜻을 법으로 만들고, 자신의 이익을 따라 정책과 규율을 만들어 사람들의 모든 즐거움을 박탈하려고 하는 유혹이 얼마나 강하게 일어납니까. 우리가 열등한 자들이라면, 다른 사람들의 뛰어난 점을 질투하고 그들의 행동들을 우리 마음대로 심판하려고 하기가 얼마나 쉽습니까. 우리는 부유하지만 지나칠 정도로 우쭐대지는 않는 사람들입니까? 우리는 가난하지만 불만을 품고 있지는 않는 사람들입니까? 우리들은 의무에 태만하지 않으며 그 의무들을 확실히 수행하는 자들입니까? 이 모든 것들이 우리에게 올무가 되는 것은 하나님께서 이런 것들을 우리에게 올무가 되도록 만드셨기 때문이 아니라, 우리 자신의 부패 때문입니다. 우리의 안식은 이 모든 것들로부터 자유롭게 할 것이라는 사실이 우리에게 위안을 줍니다. 사탄은 천국에 들어올 수 없으므로 그의 악한 의도를 실천할 수단이 전혀 없습니다. 오히려 그곳에 있는 모든 것들은 우리들과 더불어 위대한 구원자를 높이 찬양할 것입니다.

유혹들로부터 안식을 누리는 것처럼, 우리는 세상의 **학대와 박해**로부터도 안식을 누릴 것입니다. 제단 아래 꿇어 앉은 영혼들의 기도가 그때에 응답을 받을 것이며, 하나님은 땅 위에 거하는 자들에게 성도들의 피를 갚아 주실 것입니다. 지금은 가시 면류관을 쓰는 때이지만, 그때는 영광의 면류관을 쓰는 때입니다. 지금은 "그리스도 안에서 경건히 살고자 하는 자는 박해를 받는"(딤후 3:12) 때이지만, 그때가 되면 그리스도와 함께 고난을 겪은 자들이 그와 함께 영화롭게 될 것입니다. 지금은 그리스도 때문에 우리가 모든 사람들로부터 미움을 받지만, 그때에는 그렇게 미움을 받은 성도들 가운데서 그리스도께서 찬미를 받으실 것입니다. 이곳에서 우리는 세상과 천사들과 사람들의 구경거리가 되며, 또한 사람들은 마치 우리들이 세상을 더럽히는 오물이며 모든 것들의 지꺼기인 것처럼 여겨서 그들과의 교제에서 분리시키지만, 그러나 그때가 되면 사람들은 우리의 영광 때문에 이전과 마찬가지로 우리를 바라볼 것이며, 자신들이 원하든 그렇지 않든 간에 성도들의 교회에서 잘려 나가고 우리와 분리될 것입니다.

지금 우리는 가족들 속에서도 기도하거나 혹은 하나님을 찬송하기가 힘듭니다. 오히려 우리의 목소리는 가족들의 화를 돋우어 놓을 것입니다. 그러나 나중에 그들이 비탄에 빠져서 신음하고 있을 때에 우리가 찬송하며 기뻐하는 것을 보게 된다면, 그것은 그들에게 얼마나 큰 고통이 될까요. 세상에 대한 사랑을 포기하지 않는 이상 하나님의 일을 전혀 시도할 수 없는 여러 형제들이여, 천국에서는 당신의 일을 더욱 열심히 행하고, 마음과 목소리를 합하여 당신의 영원한 기쁨과 찬송을 드리는 것 이외에 다른 아무것도 갖지 않을 것이라는 사실을 생각하십시오. 그때까지는 인내하면서 자신의 영혼을 지키십시오. 모든 비난들을 당신의 머리에 쓴 면류관처럼 묶어 두십시오. 그것들을 세상의 보화들보다도 더 큰 재산으로 존중하십시오. "너희로 환난 받게 하는 자들에게는 환난으로 갚으시고 환난받는 너희에게는 우리와 함께 안식으로 갚으신다"(살후 1:6-7).

그때 우리는 모든 슬픈 **분열**과 그리스도인답지 못한 상호간의 다툼에서 벗

어나 안식을 누릴 것입니다. 땅 위에서 서로 다투면서 살았던 수천 명의 성
도들이 천국에서는 얼마나 사랑스럽게 더불어 살아갈는지요! 자랑과 무시,
혹은 다른 부패함이 전혀 없기 때문에 경쟁이 없습니다. 우리 당파를 강력하
게 만들려는 음모도 없으며 형제들을 대항하는 은밀한 계획도 전혀 없습니
다. 천국에 슬픔이나 부끄러움이 있다면, 요셉을 다시 보게 되었을 때 예전
에 그에게 저질렀던 불친절한 행위를 기억한 요셉의 형들처럼, 우리는 땅 위
에서 저질렀던 이 모든 행동을 기억하여 부끄러워하고 슬퍼할 것입니다. 세
상이 모두 우리를 적대하는 것으로도 충분하지 않아서 우리들 서로간에도
적대해야 합니까? 우리들을 사랑 안에서 하나 되도록 만든, 오, 행복한 박해
의 시절이여. 우리들 자신의 경쟁 때문에 자유와 번영의 햇볕은 성도들을 진
흙탕으로 넘어지게 만듭니다! 오, 영광 속에 있는 성도들의 안식의 행복한
날들이여! 그때에는 한 분 하나님과 한 분 그리스도와 한 분 성령님이 계시
는 것처럼 우리도 영원토록 한 마음, 한 교회, 하나의 일을 갖게 될 것입니
다!

그때에 우리는 **형제들의 고난**에 참여하는 것으로부터 안식을 누릴 것입니
다. 지상의 교회는 병원에 불과합니다. 어떤 사람들은 희미하게 이해하는 처
지에서 신음하며, 어떤 사람들은 무감각한 마음 아래에서 신음하고, 또 어떤
사람들은 열매를 맺지 못하는 약한 처지에서 쇠약해지며, 어떤 사람들은 실
책들과 고의(故意)로 말미암아 피를 흘리며, 어떤 사람들은 자신의 가난을
부르짖으며, 어떤 사람들은 고통과 질병으로 신음하고, 또 어떤 사람들은 모
든 재난들 때문에 비탄에 잠겨 있습니다.

그러나 훨씬 더 큰 슬픔은, 우리가 가장 사랑하는 친구들이 그리스도의 진
리에서 돌아서며 그리스도와 자신의 영혼을 계속하여 방치하고 있으며, 그
들을 방심(放心)에서 일깨울 수 있는 것이 아무것도 없다는 사실을 깨닫는 일
입니다. 경건하지 못한 아버지나 어머니, 형제 또는 자매, 아내 혹은 남편,
자녀 또는 친구를 지켜 보는 것, 그들이 중생하지 못한 현재의 상태로 죽는

다면 영원히 지옥에 거할 것이 너무나도 확실하다는 사실을 생각하는 것, 복음이 떠나가는 것과 이스라엘에서 영광을 거두어 가신 것에 관하여 생각하는 것, 가련한 영혼들이 스스로 어둠과 비참에 빠지도록 내버려 두는 것과 그들을 구원으로 인도할 촛불을 꺼버리는 것에 관하여 생각하는 것이 훨씬 더 큰 슬픔입니다. 우리의 안식의 날은 이 모든 것에서 우리를 자유롭게 할 것이며, 애곡의 나날들은 끝이 날 것입니다. 오 주님, 그때에 당신의 백성은 모두 의롭게 될 것입니다. 그들은 영원히 땅을 상속하며 당신이 심으신 가지와 당신의 손으로 하신 일을 물려받을 것이며, 당신은 영광을 받으실 것입니다.

그때 우리는 자신의 모든 **개인적인 고난들**로부터 안식을 누릴 것입니다. 편안하고 부유하게 살고 있는 사람들에게는 이것이 사소한 일로 보일지 모르지만, 매일매일 고통을 당하는 영혼에게 이 사실은 천국에 관한 생각들을 기쁘게 만들어 줍니다. 날마다 시간마다 고난으로 가득 찬, 오 죽어가는 이 생명이여! 우리가 무슨 은혜를 입고 있는지 알게 하기 위하여, 우리가 달리 잊어버려야 할 것이 무엇인지 상기시키기 위하여, 우리가 하나님의 현명하고 은혜로운 계획들에 봉사할 수 있게 하기 위하여, 그리고 우리의 최종적이고 충만한 회복에 유리하도록, 우리의 구속자는 이 비참함이라는 수단을 우리에게 남겨 두십니다. 슬픔은 우리의 모든 감각에 스며들고, 육체와 정신의 모든 부분과 능력을 무너뜨립니다. 그러나 죄와 육체, 굴욕과 고통은 모두 뒤에 남겨질 것입니다.

오, 그곳의 복된 평온함이여, 그곳에서는 오직 달콤하게 지속되는 평화만이 있습니다! 병든 자가 아무도 없는 건강이 넘치는 곳이여! 모든 이들이 제사장인 거룩한 회중이여! 가장 높으신 왕 외에는 다른 누구에게도 종이 되지 않는 너무나 자유로운 나라여! 가난한 사람은 더 이상 자신의 노동으로 지치지 않을 것입니다. 더 이상 굶주림이나 목마름이 없으며, 추위나 헐벗음을 당하지 않을 것입니다. 아주 고통스러운 혹한이나 사람을 말려 버리는 더위는 결코 없을 것입니다. 우리의 얼굴은 더 이상 창백하거나 슬픈 기색을 띠지 않을 것입니다. 교제가 끊어지는 일이나 친구들이 뿔뿔이 흩어지는 일은 더 이상 없으며, 우리의 친지들에게 더 이상 고생이 따라붙지도 않을 것이며, 애도의 소리도 우리가 거하는 곳에서는 더 이상 들려오지 않을 것입니다. 하나님께서는 우리의 눈에서 모든 눈물을 닦아 주실 것입니다. 오, 내 영혼아! 이 땅에 있는 너의 장막의 약한 점들을 견디어라. 그러면 얼마 지나지 않아서 너의 구원자의 발걸음 소리가 바로 문 앞에서 들려올 것이다.

우리는 또한 **모든 수고로운 의무들**로부터 안식할 것입니다. 양심적인 행정관과 부모와 목사는 "오, 나에게 지워진 짐이여!"라고 외칩니다. 모든 관계와 상태와 나이는 다양한 의무들을 가지고 있으므로, 양심적인 모든 그리스도인들은 "오, 짐이여! 오 그것을 부담스럽게 만드는 나의 연약함이여!"라고 외칩니다. 그러나 우리에게 남아 있는 안식은 그 짐들을 가볍게 해줄 것입니다.

다시 한 번, 우리가 하나님을 떠날 때에 반드시 따라오는 이런 모든 골치 아픈 재난들로부터 우리는 안식을 얻을 것입니다. 우리의 소망들과 기대들 안에, 우리의 고대하는 것들과 기다리는 것들 안에 뒤섞여 있는 그 문제가 그때에 그치게 될 것입니다. 우리는 더 이상 금고를 조사하지 않을 것이며 우리의 보화를 잃어버리지도 않을 것입니다. 즉 우리의 마음을 조사하지도 않을 것이며, 우리의 구세주를 잃지도 않을 것입니다. 더 이상 예배 의식 속에서 그리스도를 찾지 않을 것입니다. 오히려 모두가 가장 복되고 충만한 기쁨 속에 포함될 것입니다.

9. 우리의 면류관의 마지막 보화는 **영원한 안식**이 될 것입니다. 이것이 없다면, 모든 것은 상대적으로 아무것도 아닙니다. 안식에서 떠난다는 바로 그 생각이 우리의 모든 기쁨들을 상하게 만듭니다. 한번 천국을 잃어버리는 것을 생각하면 그것은 천국에서의 지옥일 것입니다. 마치 그것은 저주받은 자들의 천국과 같은 것이 될 것이며, 그들은 오직 그곳에서 벗어나기를 바라는

것과 같습니다. 죽어야 한다는 것은 달 아래에 있는 모든 기쁨들의 수치입니다. 우리의 손 안에서 그것이 죽어가는 것을 보는 것이 어떻게 우리의 기쁨을 망칩니까. 그러나 오, 축복받은 영원에서 우리의 삶은 그런 생각들로 당혹하거나 우리의 기쁨이 그런 두려움 때문에 중단되는 일이 결코 없을 것입니다. 그곳에서 "우리는 하나님의 전의 기둥이 될 것이며, 다시 나가지 않을 것입니다"(계 3:12). 우리가 종일 때에는 계약에 구속되었으나, 그것은 일시적인 이 생명 동안이었습니다. "그러나 아들은 영원히 그 집에 거합니다"(요 8:35). "오 내 영혼아, 현재의 즐거움을 꿈꾸지 말며 이 땅과 육신을 붙잡고 있는 손을 늦추어라. 영원이라는 이 한 마디 말을 부지런히 배우고 철저하게 연구하여라. 살아 있으며 영원히 죽지 않는다는 것, 기뻐하고 항상 기뻐한다는 이것을 묵상하라." 지옥에 있는 영혼들이여, 그대들은 수백만 번의 세대가 지난 다음에 그곳을 벗어날 수 있겠는가! 하늘에 있는 성도들이여, 세상이 백만 번이나 바뀐다고 하여도 그대들이 소유한 것을 빼앗기지 않을 것이다! '영원히'라는 이 말은 그들의 고통과 우리의 영광의 완전함을 내포하고 있는 말입니다. 오, 저 죄인이 이 말을 열심히 공부하기를 바랍니다. 그것은 사망의 잠에서 그를 깨울 것이라고 생각합니다. 오, 저 자비로운 영혼이 이 말을 열심히 연구하기를 바랍니다. 내 생각에는 그 말이 그를 가장 깊은 고통에서 다시 소생시킬 것 같습니다.

"그리고 내가 그렇게 영원히 살 것이 확실하다면, 오 주여, 나는 또한 영원히 사랑할 것입니다. 내 기쁨이 영원하다는 것이 확실하다면, 나의 감사도 역시 영원할 것입니다. 참으로 나의 영광을 결코 잃지 않는다면, 나는 당신을 찬양하기를 멈추지 않을 것입니다. 당신이 나와 내 영광을 완전하게 만들며 또한 영원히 계속되도록 만든다면, 내가 당신의 것이 되며 나 자신의 것이 되지 않을 것처럼, 내 영광도 역시 당신의 영광이 될 것입니다. 또한 당신이 내게 끝없는 영광으로 관을 씌우셨을 때에 당신의 영광이 나의 영광 안에서 당신의 궁극적인 목적이었듯이, 그것은 또한 나의 목적이 될 것입니다.

‘영원하신 왕 곧 썩지 아니하고 보이지 아니하고 홀로 하나이신 하나님께 존
귀와 영광이 영원무궁하도록 있을지어다’(딤전 1:17). ”

　이렇게 하여 나는 여러분에게 앞으로 다가올 영광을 어렴풋이 보여 주려
고 노력하였습니다. 그러나 나의 표현들은 그 탁월함을 표현하기에는 부족
하기 짝이 없는 것입니다. 이 글을 읽는 독자여, 만일 당신이 겸손하고 진지
한 신자이며, 이 안식을 갈망하며 수고하면서 기다리고 있다면, 당신은 곧
이 모든 것의 진실을 보고 느끼게 될 것입니다. 그때 당신은 이 복된 상태에
대한 아주 고상한 인상을 갖게 되어, 죽어야 할 존재들의 무지를 동정하게
될 것이며, 이곳에서 이야기한 모든 것들이 그 진리 전체에 비하여 볼 때 천
분의 일도 못 미친다는 것을 알게 될 것입니다. 그동안에는 이 사실이 당신
의 열망에 불을 지피고 노력하도록 일깨울 것입니다. 서서 행하고, 달리고
노력하고 싸우고 붙잡으십시오. 왜냐하면 당신 앞에 영광스러운 상급이 기
다리고 있기 때문입니다. 하나님은 당신을 멸시하지 않으실 것입니다.

　그러니 당신도 스스로 멸시하지 말며, 또한 지체함으로써 당신의 영혼을
배반하지도 마십시요. 그러면 모든 것은 당신 자신의 것입니다. 만일 그리스
도인들이 여전히 이 영광을 생생하게 생각하고 있다면, 당신은 그들이 자신
의 삶과 맡은 바 일에서 어떤 종류의 사람이 될 것이라고 생각합니까? 만일
천국에 관한 그리스도인들의 생각이 생생하며 믿음에 찬 것이라면, 그들의
영혼은 어떤 상태로 있겠습니까? 그들의 마음이 심히 무겁고 모습이 크게 슬
퍼 보이겠습니까, 혹은 아래로부터 위로를 구하여야 할 필요를 느끼겠습니
까? 고난을 겪는 것을 아주 꺼려하고, 죽기를 그토록 두려워할 것입니까? 혹
은 나날을 즐길 때까지는 하루하루를 일 년처럼 생각하지는 않을까요? 우리
가 불신앙 때문에 이 안식에 들어가지 못하는 일이 생기지 않도록 주께서 우
리의 세속적인 마음을 고쳐 주시기를 기원합니다.

제 4 장

이 안식을 받을 자들의 성품

이 안식을 누릴 하나님의 백성은 다음과 같은 사람이다.

1. 영원부터 택함을 받은 사람
2. 그리스도께 드린 바 된 사람
3. 거듭난 사람
4. 죄의 해악과 죄로 인한 자신의 비참과 피조물의 헛됨과 그리스도
   의 전적으로 충족하심을 깊이 깨닫는 사람
5. 뜻을 균형 있게 변화시키는 사람
6. 그리스도와 언약을 맺는 사람
7. 약속 가운데 굳게 참는 사람.

하나님 백성의 이런 성품으로 자신을 살필 것을 독자에게 권함. 하나님의 백성이 이 안식을 누릴 것이며, 또한 그들 말고는 아무도 그 안식을 누리지 못할 것이며, 그들에게 이 안식이 남아 있어서 그들이 다른 세상에 이를 때까지는 누릴 수 없다는 성경의 좀 더 깊은 증거. 이 장은 그들의 영혼이 몸과 떨어져 있을 동안 이 안식을 누릴 것을 보여줌으로써 끝맺는다.

나는 성도의 안식의 탁월함을 서술하면서 산에 있었을 때 거기 있는 것이 좋다는 느낌이 들어서 더 머물렀습니다. 그러나 내가 훨씬 더 오래 거기 있었다면 내 생각과 내 주제는 지극히 뒤틀려 있지 않았을까요? 한 나그네가

그처럼 높고 말할 수 없는 영광에 관하여 읽었다면, 희귀한 피조물을 위하여 이처럼 잘 예비된 것에 대하여 놀랄 것이며, 아주 찬란한 해가 비칠 것을 기대할 것입니다.

그러나 보십시오. 보이지 않는 이성적 영혼으로 생명을 얻고 눈에 안 보이는 은혜의 회복하는 능력으로 올바르게 된 오직 한 움큼의 먼지인 바로 이 피조물이 그런 영광을 틀림없이 소유할 것입니다. 여러분은 이 피조물이 상당한 자격을 갖추었다거나 고귀한 가치를 갖고 있는 것이 틀림없다고 생각할 것입니다. 그러나 아무것도 갖지 않고 아무 자격도 가질 수 없고, 정반대의 처지에 처할 수밖에 없고 아마 그런 정반대의 상태로 나아가게 될 피조물을 보십시요. 그러나 그는 사랑에 사로잡혀서 모든 것이 되시는 그분께 이끌려 왔습니다. 그리고 가장 사랑스럽게 그분을 받아들이고 그분에게 의지하고 그분 안에서, 그리고 그분을 통하여 이 모든 것을 받습니다. 좀 더 구체적으로, 이 안식을 받을 사람들은 하나님이 영원 전부터 택하시고, 그들의 구속주인 그리스도에게 주시고, 거듭나고 죄악된 상태의 해악 및 비참과 피조물의 헛됨과 그리스도만이 유일한 만족을 주심을 깊이 깨닫는 자입니다. 그들의 의지는 새롭게 되었습니다. 그들은 그리스도와 언약을 맺습니다. 그리고 그들은 끝까지 그 언약 안에 굳게 참습니다.

1. 이 안식을 받을 자이며 이 본문이 말하는 '하나님의 백성'인 사람들은 하나님이 "**창세 전에 그리스도 안에서 택하사** 그들로 사랑 안에서 그 앞에 거룩하고 흠이 없게 하시려고"(엡 1:4) 하는 자들입니다. 그들이 사람에 불과하다는 것은 성경과 경험에서 분명하게 나타납니다. 그들은 "그 아버지께서 그 나라를 주시기를 기뻐하시는"(눅 12:32) 적은 무리입니다. 그들은 세상이 생각하는 것보다 적습니다. 하지만 몇몇 풀죽은 영혼이 생각하는 것만큼 적지는 않습니다. 이 영혼들은 그들이 하나님의 백성이 되기를 기꺼워할 때 하나님이 그들의 하나님이 되기를 꺼려하시는 것이 아닌가 하고 의심합니다.

2. 이 사람들은 **하나님이 그 아들에게 주시고** 그 아들이 그 잃은 상태에서 구

속하시고 이 영광에 나아가도록 하신 자들입니다. 하나님은 그 아들에게 모든 것을 주셨지, 택하신 자만 그 아들에게 주시지 않았습니다. "아버지께서 아들에게 주신 모든 사람에게 영생을 주게 하시려고 만민을 다스리는 권세를 아들에게 주셨음이로소이다"(요 17:2). 사도는 그 차이를 분명하게 표현합니다. "만물을 그의 발 아래 복종하게 하시고 그를 만물 위에 교회의 머리로 삼으셨느니라"(엡 1:22). 그러나 그리스도는 어떤 의미에서 모든 것을 위한 속전이시지만, 특별한 방식으로 자기 백성을 위한 속전이십니다.

3. 이 사람들의 한 가지 큰 자격은 그들이 **거듭났다**는 점입니다. 중생이 없이 하나님의 백성이 된다는 것은 태어남이 없이 사람의 자식이 되는 것처럼 불가능한 일입니다. 우리는 자신이 하나님의 원수로 태어난 것을 앎으로 그의 아들로 새로 태어나야 하며, 그렇지 않다면 우리는 여전히 원수로 남습니다. 영혼이 얻는 이 새 생명이 없이도 삶의 가장 큰 변혁을 얻을 수 있다고 생각하는 것은 더 심한 속임수에 빠지는 것이지 우리의 구원을 얻는 것이 결코 아닙니다.

4. 하나님의 백성에게 있는 이 새 생명은 **깨달음** 혹은 하나님의 일에 대한 깊은 분별에 의하여 드러납니다. 이들은 죄의 해악을 깨닫습니다. 죄인은 자신이 즐거워하던 죄가 두꺼비나 뱀보다 더 싫은 것이며, 전염병이나 기근보다 더 큰 해악임을 알고 느끼게 됩니다. 지극히 높으신 하나님의 의로운 율법을 깨뜨리는 것은 그분의 이름을 더럽히는 일이며, 죄인에게 파멸을 가져다 줍니다. 그런데 죄인은 죄의 책망을 당연한 말씀으로 듣지 않습니다. 그러나 그의 죄를 언급하는 것은 그의 마음에 말하는 것이지만, 그는 여러분이 자신에게 가장 나쁜 것을 보이는 것이 틀림없다고 생각하려 듭니다. 그는 무엇 때문에 사람이 그처럼 죄를 반대해야 하는지, 사람이 사소한 금지된 쾌락을 취하는 것이 무슨 해가 되는지 늘 놀라곤 했습니다. 그는 그런 데서 별로 가중한 점을 전혀 보지 못하며, 그리스도께서는 그것을 위하여 죽으셔야 했고 그리스도를 받아들이지 않는 세상은 지옥에서 영원히 고통받아야 한다는

사실을 보지 못합니다. 그런데 사정이 달라졌습니다. 하나님은 그의 눈을 열어 죄의 형언할 수 없는 사악함을 보게 하셨습니다.

그들은 죄로 인한 자신의 비참을 깨닫습니다. 사람이 외국의 전쟁에 대한 이야기를 읽을 때처럼 전에 하나님의 율법이 으르는 위협을 읽은 사람들은 이제 자신의 이야기에서 그 위협을 읽으며, 마치 자신의 이름이 저주 속에 기록되어 있는 듯이 혹은 나단처럼 율법이 "당신이 그 사람이라"(삼하 12:7) 말하는 것을 듣는 듯이 자신의 운명을 읽었음을 깨닫습니다. 그에게는 하나님의 진노가 전에는 쌀쌀한 집에 있는 사람에게 몰아 닥치는 폭풍우처럼 혹은 건강한 방관자에게 임하는 병자의 고통처럼 보였습니다. 하지만 이제 그는 자신이 그 질병을 앓고 있음을 발견하고 자신이 저주 받은 자라고 느낍니다. 즉 그는 자신이 율법의 관점에서 죽었고 정죄받았으며 자신을 절대적이고 회복할 수 없이 비참하게 만들 형집행밖에 남은 것이 없다는 것을 발견합니다. 이는 성령의 사역으로 모든 중생한 사람에게 어느 정도 역사합니다. 먼저 자신이 죄책을 지고 정죄받은 것을 발견하지 못한 사람이 어떻게 용서를 바라고 그리스도께로 간단 말입니까? 혹은 영적으로 자신이 죽었다는 것을 발견하지 못한 사람이 어떻게 생명을 바라고 그리스도께로 간단 말입니까? "건강한 자에게는 의사가 쓸데없고 병든 자에게라야 쓸 데 있느니라"(마 9:12). 비참을 발견하고 곧바로 치료책을 발견하면 틀림없이 그 괴로움의 큰 부분을 막습니다. 그리고 아마 하나님의 은혜를 즐겁게 깨닫게 되면 비참에 대한 느낌이 곧 잊혀질 것입니다.

그들은 또한 **피조물의 헛됨과 충분하지 못함**을 깨닫습니다. 모든 사람은 원래 우상을 숭배합니다. 우리의 마음은 맨 처음 타락했을 때부터 하나님으로부터 멀어졌습니다. 그리고 그 이후로 피조물이 우리의 신이 되었습니다. 이는 우리 본성의 큰 죄입니다. 중생하지 못한 모든 사람은 피조물에게 신적인 대권을 귀속시키고, 피조물을 자기 영혼의 가장 높은 방에 모십니다. 혹은 그가 비참을 깨닫는다 해도 피조물을 자신의 구주로 여기고 그리로 피합니다. 사실 하나님과 그의 그리스도는 주와 구주로 불리셔야 할 것입니다.

그러나 사람은 실제로 피조물로부터 기대하며, 하나님의 사역은 그 위에 임해 있습니다. 쾌락과 이익과 명예는 자연인의 삼위일체입니다. 그의 육적 자아는 이 셋이 통일을 이룬 것입니다. 신으로 존재하기를 열망하는 것은 우리의 첫 번째 죄입니다. 그리고 이는 세대마다 우리 본성에서 퍼지는 가장 큰 죄입니다. 하나님이 우리를 인도하셔야 할 때 우리는 스스로를 인도합니다. 하나님이 우리에게 주신 율법을 우리는 트집잡고 바로잡으려 합니다. 그리고 우리가 이 율법을 만들 소질이 있다면 다른 식으로 만들려고 할 것입니다. 하나님이 우리를 보호하셔야 할 때 — 그리고 그렇게 하셔야만 우리가 멸망하지 않습니다 — 우리는 스스로를 돌보려고 합니다. 우리는 매일 당하는 일에 그분을 의지해야 하는데 오히려 자신의 손으로 자신의 몫을 가지려 합니다. 그분의 섭리에 순복해야 할 때 종종 그 섭리와 다투려 하고 하나님이 하시는 것보다 더 잘할 수 있다고 생각합니다. 하나님을 연구하고 사랑하고 의지하고 존귀히 여겨야 할 때 우리의 육적 자아를 연구하고 사랑하고 의지하고 존귀히 여깁니다. 우리는 하나님 대신 모든 사람으로부터 주목을 받고 모든 사람을 자신에게 의존하게 만들고 흔쾌한 심정으로 이 땅에서 모든 사람에게 칭송받고 존경 받는 유일한 사람이 되려고 할 것입니다. 그래서 우리는 원래 자신의 우상입니다. 그러나 하나님이 일단 영혼을 새롭게 하시면, 이 다곤은 무너집니다. 마음을 하나님께로 다시 데리고 오는 것은 저 위대한 사역의 주된 계획입니다. 하나님은 피조물이 죄인을 행복하게 하는 죄인의 하나님이 될 수 없고, 죄인을 그 비참에서 회복하고 그의 행복인 하나님께로 회복하는 그리스도가 될 수 없음을 죄인으로 깨닫게 하십니다. 하나님은 자신의 말씀으로 뿐만 아니라 자신의 섭리로 이 일을 하십니다.

이런 이유로 회개의 일에는 자주 고난도 함께 생깁니다. 가장 강력한 말을 소홀히 여기는 사람에게 정당한 주장을 펼치면 그 사람은 듣지 않을 수 없을 것입니다. 죄인이 자신의 명성을 자신의 신으로 만듦으로 하나님이 그를 가장 부끄러운 데로 던지시고, 자신의 부를 우상으로 삼는 자를 돈으로 헤쳐나올 수 없는 처지로 이끄시거나 부가 날개를 달고 달아나 버리게 하시면, 여기서 이런 사실을 깨닫는 일이 얼마나 큰 도움이 되겠습니까! 사람이 쾌락을 자신의 신으로 만들면, 이리저리 돌아가는 눈이나 간지러워하는 귀나 탐욕스러운 식욕이나 음탕한 마음은 무엇이든지 바라며, 하나님이 이것들을 그 사람에게 빼앗아 버리시거나 그것을 담즙과 쓴 죽에 버리신다면, 이때 이런 자각이 얼마나 큰 도움이 되겠습니까!

하나님이 사람을 고통스러운 병에 걸리게 하시고 그 마음이 상하게 하시고 양심이 찔리게 하시고 그런 후에, 말하자면, 이렇게 말씀하신다면 어떻게 되겠습니까? "네 명성이나 부나 쾌락이 너를 도울 수 있다면 그렇게 해봐라. 그것들이 네 상처 입은 양심을 치유할 수 있겠느냐? 그것들이 이제 네 비틀거리는 장막을 붙들어 줄 수 있겠느냐? 그것들이 떠나가는 네 영혼을 네 몸에 붙들어 주거나 나의 영원한 진노에서 너를 건지거나 영원한 불길에서 너를 구속할 수 있겠느냐? 그들에게 크게 소리쳐 보아라. 그리고 이제 이것들이 하나님과 그리스도 대신 네게 있을 것인지 살펴보아라." 오 이제 이 일이 죄인에게 어떻게 되겠습니까! 감각은 진리를 인정하고, 육신조차도 피조물의 헛됨을 깨닫고, 우리를 속이는 자가 미혹을 깨우칩니다.

하나님의 백성은 또한 **예수 그리스도가 절대적으로 필요하심과 충만하게 충족하심과 완전하게 탁월하심을** 깨닫습니다. 기근에 처한 사람이 음식의 필요를 깨닫거나, 자신의 정죄 선고를 들었거나 읽은 사람이 사죄의 절대적 필요를 깨닫거나, 부채 때문에 옥에 간힌 사람이 옥에서 풀려날 보석금의 필요를 깨닫는 것과 같습니다. 그런데 죄인은 자신이 질 수 없는 짐을 느끼며 그리스도 외에 그것을 벗겨 줄 수 있는 자가 없음을 봅니다. 그는 율법이 자신을 거역자로 선포하며 그리스도 외에는 자신을 평안하게 만들 수 있는 자가 없음을 깨닫습니다. 그는 사자에게 쫓기는 사람과 같아서, 당장 피난처를 발견하지 못하면 멸망할 것입니다. 이제 그는 이 딜레마에 빠집니다. 즉 자신을 의롭다고 하실 그리스도를 모시거나 영원히 정죄받아야 하는 것입니다. 자신을 구원하실 그리스도를 모시거나 영원히 지옥에서 불타야 합니다. 자신을 하나님께로 데리고 갈 그리스도를 모시거나 영원히 하나님 앞에서 쫓겨나야 하는 것입니다. 그리고 그가 순교자처럼 "그리스도 외에는 없습니다. 그리스도 외에는 없습니다"고 소리치는 것은 놀라운 일이 아닙니다. 금(金)이 아니라 떡이 굶주림을 채울 것입니다. 정죄한 자를 위로하는 것은 죄 사함말고는 없을 것입니다.

모든 것이 이제 배설물과 같으니 이는 그가 그리스도를 얻기 위함입니다. 그는 이전에 유익하던 것을 이제 그리스도를 위하여 해로 여깁니다. 죄인은 자신의 비참과, 자신과 만물이 자신을 건져 줄 수 없음을 볼 때, 그리스도를 떠나서 구원의 자비가 없음을 깨닫습니다. 그는 피조물과 자신이 할 수 없을지라도 그리스도께서 자신을 도우실 수 있음을 봅니다. 우리의 의롭지 못한 의(義)라고 하는 무화과나무 잎새들은 우리의 벗음을 가리기에 너무 작지만, 그리스도의 의는 아주 널찍합니다. 우리의 의는 율법의 의에 어울리지 않지만, 그리스도의 의는 모든 작은 것에까지 뻗칩니다. 만일 그리스도께서 중보하시면 우리는 거부당하지 않습니다. 그 인격의 엄위로움과 그 공로의 가치가 지극하므로, 성부께서 그가 원하는 모든 것을 허용하십니다. 그러므로 눈먼 사람이 햇빛을 알듯이 죄인은 그리스도의 탁월하심을 압니다. 그러나 이제는 그 영광을 목격하는 사람으로서 압니다.

5. 이 깊은 깨달음이 있고 난 다음에 또한 **의지는 변화된 모습**을 드러냅니다. 예컨대 지성이 죄를 악한 것이라고 선포하듯이 의지는 혐오스러운 것에서 돌이킬 것입니다. 감각적 욕구가 변하거나 좌우간 그 대상을 싫어하도록 되기 때문이 아닙니다. 감각적 욕구가 이성에 대적하며 성경을 규칙으로 삼거나 이성을 주인으로 삼지 아니하고 감각을 종으로 삼으며 우리를 하나님을 거스르는 죄에게로 이끌어 갈 때 의지는 이 무질서와 악을 싫어합니다. 또한 죄가 일으켰던 비참을 분별할 뿐만 아니라 슬퍼합니다. 영혼은 이제 뉘

우침이 없이 자신이 하나님을 거슬러 방해한 일을 살피거나 스스로 불러일으킨 재난을 살필 수 없습니다. 참으로 자신이 그리스도를 죽였고 자기 자신을 죽인 것을 분별하는 사람은 양심이 어느 정도 찔릴 것이 분명합니다. 만일 그가 울 수 없다면 마음으로 한탄할 수 있습니다. 그리고 그의 지성이 보는 것을 그의 마음은 느낄 것입니다. 피조물을 헛된 것으로 거부하고 경멸하며 마음으로부터 벗어납니다. 마음을 하찮게 여기거나 그 용도를 저주하지 아니하고 마음의 우상숭배적 남용과 그 부정당한 찬탈을 무시하고 저주합니다.

피조물이 목적인 곳에서 그리스도께서 그 길이 되실 수 있겠습니까? 우리가 마음으로 피조물을 하나님보다 더 낮게 여기면서 우리를 하나님과 화목하게 하실 그리스도를 찾을 수 있겠습니까? 중생하지 못한 모든 사람의 영혼에게는 피조물이 하나님이며 그리스도입니다. 피조물에게서 하나님께로 돌이키되 그리스도를 통하지 아니하면 참된 돌이킴이 없듯이, 그리스도를 믿는다 하면서 피조물에 마음이 사로잡히면 참된 믿음이 아닙니다. 우리가 죄를 혐오하고 우상을 버리고 올바로 그리스도를 영접할 때 하나님이 그에게 이루시려는 일이 시작됩니다. 동시에 의지는 성부 하나님과 그리스도께 매달립니다. 죄인은 다른 아무것도 자신의 행복이 될 수 없다는 것을 깨달았기 때문에 이제 그 행복이 하나님 안에 있음을 발견합니다. 또한 그리스도만이 자신을 위하여 화평을 이루실 수 있고 기꺼이 그렇게 하실 것이라는 것을 깨닫기 때문에 사랑하는 마음으로 그리스도를 자신의 구주와 주로 받아들입니다.

바울의 설교는 "하나님께 대한 회개와 우리 주 예수 그리스도께 대한 믿음"(행 20:21) 이었습니다. 그리고 영생은 먼저 "유일하신 참 하나님과 그가 보내신 자 예수 그리스도를 아는 것"(요 17:3)입니다. 주님을 우리의 하나님으로 삼는 것은 언약의 자연적 부분입니다. 언약의 초자연적 부분은 그리스도를 우리의 구속주로 삼는 것입니다. 전자는 첫 번째로 필요한 것이며 후자에 함축되어 있는 것입니다. 마음과 사랑이 없이 그리스도를 받아들이는 것은 의롭다 하는 믿음이 아닙니다. 사랑은 열매로서 따르는 것이 아니라 곧바로, 동시에 나타나는 것입니다. 왜냐하면 믿음은 온 영혼으로 그리스도를 받아들이는 것이기 때문입니다. "아버지나 어머니를 그리스도보다 사랑하는 자"(마 10:37)는 그리스도께 합당하지 못하고, 그리스도에 의하여 의롭다 하심을 얻지 못합니다. 믿음은 그리스도를 구주와 주로 받아들입니다. 왜냐하면 이 두 관계로 그리스도를 받아들이게 되든지, 그렇지 않으면 그리스도를 도무지 받아들이지 못할 것이기 때문입니다. 믿음은 그의 고난을 인정하고 용서와 영광을 받아들일 뿐만 아니라 그의 주권을 인정하고 그의 다스림과 구원 방식에 순복하는 것입니다.

6. 하나님 백성의 성품을 이루는 한 가지 본질적인 부분으로서 **그들은 이제 그리스도와 성심의 언약으로 들어갑니다.** 죄인은 지금까지 그리스도와의 언약 안에 결코 견고하고 마음 편안히 거하지 못했습니다. 그는 거저 베푸시는 제안을 보고, 그리스도께서 그 언약에 동의하신다는 사실을 확인합니다. 그리고 이제 그는 충심으로 동의합니다. 그래서 그 약정은 온전히 맺어졌습니다. 이 언약으로 그리스도는 죄인과 모든 편안한 관계를 친히 맺으십니다. 그리고 죄인은 그리스도에 의하여 구원받고 다스림을 받는 데 나아갑니다. 이제 영혼은 단호하게 이렇게 결론을 내립니다. "나는 육신과 탐욕에 의하여 세상과 마귀에 의하여 오랫동안 맹목적으로 이끌려 거의 완전히 파멸의 지경에 이르렀다. 이제 나는 전적으로 내 주님의 처분에 달려 있다. 그분은 그 피로 나를 사셨고, 나를 자신의 영광으로 이끄실 것이다."

7. 덧붙이면, 하나님의 백성은 **끝까지 이 언약 안에서 굳게 참습니다.** 신자가 시험받을 수 있지만, 그는 자기의 주님을 포기하지 않으며 자신의 언약을 후회하지 않습니다. 그가 그 언약을 깨뜨리면서 그 언약의 조건인 그 믿음이 계속된다고 말하는 것은 올바르지 않습니다. 사실 마음이 없이 말로 언약을 맺는 자들은 발로 언약을 밟을 것입니다. 그러나 택함받은 자는 그럴 수 없

습니다. 그들은 거룩하지 못한 자였는데 언약의 피로 인하여 교회와 무관한 자들로부터 구분되어 거룩해졌습니다. 이 견인(堅忍)은 참된 신자에게 확실하며 그들의 구원의 조건이 됩니다. 물론 그들의 계속되는 생활과 열매 맺는 일의 조건이며, 그들의 칭의가 계속되게 하는 조건이 됩니다. 물론 최초의 칭의의 조건은 아닙니다. 그러나 거저 주시는 언약을 작성하고, 우리로 그 약속의 조건인 은혜와 그 조건에서 베푸시는 나라를 확신하게 만드는 것에 서명하고 도장을 찍었던 저 사랑의 손은 영원히 찬송을 받을 것입니다. 이런 하나님의 백성은 이런 필수적 조건을 갖춥니다. 그 정도로는 그처럼 뛰어나게 아름다운 그 조건들을 충분히 묘사한 것이 아니며 그들을 구별되게 할 표시를 충분히 그린 것이 아닙니다. 독자여, 그대가 그리스도인의 소망을 가진 자로서, 사람의 이성을 가진 자로서, 자신을 의로우신 하나님에 의하여 조만간 심판받아야 할 자로 판단하고 이 질문에 신실히 답할 것을 그대에게 간청합니다. 나는 성령의 이런 역사하심의 때나 순서를 기억하느냐고 그대에게 묻지 않을 것입니다. 그 점에는 불확실하고 잘못된 점이 상당히 있을 수 있습니다. 만일 그 일이 그대 안에 이루어진 것을 그대가 확신하면, 그때가 언제인지 혹은 어떻게 그것을 얻었는지를 아는 것은 그다지 큰 문제가 아닙니다. 그러나 조심스럽게 살피고 탐구하십시오.

그대는 온 영혼에 퍼져 있는 부패를 철저하게 깨달았습니까? 그리고 그대의 온 생활에 퍼져 있는 불의를 깨달았습니까? 그리고 죄는 얼마나 사악합니까? 그대가 범했던 그 언약으로 가장 작은 죄에라도 사망을 당해 마땅합니까? 그대는 율법이 참되고 의롭다는 점에 동의하며, 율법에 의하여 이 사망 선고를 당한 것을 깨닫습니까? 그대는 모든 피조물이 그대의 행복이 될 수 없고, 또한 그대의 비참을 제거하는 수단이 될 수 없다고 인정합니까? 그대는 자신의 행복의 목적으로 오직 하나님 안에 있고, 하나님께 이르는 길이 그리스도 안에 있음을 확신했습니까? 그리고 그대가 그리스도로 말미암아 하나님께로 가거나, 그렇지 않으면 영원히 멸망할 것임을 확신했습니까? 그대는 그리스도를 향유해야 할 절대적 필요와 그대의 사정상 필요한 모든 것을 그대에게 주실 수 있을 정도로 그분 안에 충만히 충족함을 보았습니까? 그대는 이 진주가 탁월하여 '모든 것을 팔아서 살 만한' 가치가 있음을 발견했습니까? 그대의 확신은 목마른 사람의 확신과 같았습니까? 그리고 단순히 독서나 교육에 의하여 의견이 바뀐 것이 아닙니까? 그대의 죄와 비참은 그대 영혼의 싫어하는 바이며 짐이었습니까? 그대가 만일 울 수 없다면, 견딜 수 없이 싫고 무거운 이것에 눌려 마음으로 탄식합니까? 그대는 자신의 모든 의를 거부했습니까? 그대는 마음에서 우상을 버려 피조물이 더 이상 주권을 갖지 않고 이제 하나님과 그리스도의 종이 되었습니까? 그대는 그리스도를 자신의 유일한 구주로 영접하고 오직 그리스도로부터 자신의 칭의와 회복과 영광을 기대합니까? 그의 율법은 그대의 생명과 영혼을 가장 강력하게 좌지우지합니까? 그리스도의 율법은 늘 육신의 명령과 그대의 명성이나 이익이나 쾌락이나 생명의 가장 큰 이해를 대적하여 이깁니까? 그리스도는 그대의 마음과 성정에서 가장 높은 자리를 차지하셔서 그대가 그리스도를 원하는 만큼 사랑할 수 없더라도 그보다 더 사랑하는 것이 없는 상태입니까? 그대는 이 목적을 위하여 그리스도와 언약을 맺고 자신을 그분에게 드렸습니까? 이것이 그대의 가장 큰 관심이며 주의를 기울인 활동입니까? 그래서 그대는 이 언약에 신실한 자로 발견될 것입니까? 그리고 그대가 죄에 떨어지더라도, 그대의 주님을 바꾸거나, 온 세상을 위하여 다른 어떤 권력에게 통치를 받지 않으려 합니까?

만일 그대의 형편이 참으로 이렇다면, 그대는 내 책에서 말하는 '하나님의 백성' 가운데 한 사람입니다. 그리고 하나님의 약속이 참된 것만큼 이 복된 안식은 그대를 위하여 확실히 남아 있습니다. 오직 그대는 '그리스도 안에 거하고' '끝까지 참는지' 보십시오. 왜냐하면 누구든지 뒤로 물러나면 주의 마음이 당신을 기뻐하지 아니하실 것이기 때문입니다. 그러나 그런 활동이 그대 안에 발견되지 않으면, 그대의 기만적인 마음이 무엇을 생각하거나 그대의 그릇된 소망이 아무리 강렬하다 할지라도, 그대는 철저하게 회개하여 그것을 막지 않으면 성도의 안식이 그대의 것이 아님을 쓰라린 경험을 통하여 발견하게 될 것입니다. "그대가 지혜로워서 이것을 깨달으려 하고 그대의 나중 목적을 고찰하려 했으면!" 그러나 그대의 영혼이 그대 몸 안에 있고 "그 값이 그대의 손에 있는" 동안, 그리고 그대 앞에 기회와 소망이 있는 동안, 그대의 귀가 열리고 그대의 마음이 하나님의 설복에 굴복하여, 그대가 그 백성 가운데 안식하고 "빛 가운데서 성도의 기업"(골 1:12)을 누릴 수 있었으면.

하나님의 백성이 이 안식을 누리게 될 것이라는 사실에 대하여 좀 더 증거가 필요하다면, 성경이 여러 가지 방법으로 그 진리를 분명하게 확언합니다. 예컨대 하나님의 백성은 "그 안식에 이르도록 미리 정하여졌습니다. 그리고 하나님이 그들의 하나님이라 일컬음 받으심을 부끄러워하지 아니하시고 그들을 위하여 한 성을 예비하셨느니라"(히 11:6). 그들은 "영광 받기로 예비하신 바 긍휼의 그릇"(롬 9:23)이라고 불립니다. 그들은 "모든 일을 그의 뜻의 결정대로 일하시는 이의 계획을 따라 우리가 예정을 입어 그 안에서 기업이 되었으니"(엡 1:11). 그리고 "미리 정하신 그들을 또한 영화롭게 하셨느니라"(롬 8:30). 하나님의 영원한 뜻에 의하여 그들을 위하여 정해진 그 안식을 누가 그 백성에게서 빼앗을 수 있겠습니까? 성경은 그들이 이 안식에 들어가도록 구속을 받았다고 우리에게 말합니다. "우리가 예수의 피를 힘입어 성소에 들어갈 담력을 얻었나니"(히 10:19). 이 담력은 이곳에서 행하는 믿음과 기도에 의한 것이거나, 이후에 얻을 충분한 영광에 의해 생기는 것이 아닙니다. 그것은 오직 예수의 피 때문에 생깁니다. 그러므로 하늘에서는 성도가 새 노래로 그분께 노래합니다. 그는 "각 족속과 방언과 백성과 나라 가운데서 사람들을 피로 사서 하나님께 드리시는"(계 5:9) 분입니다. 그러므로 그리스도는 자기 피와 고난을 통해 "자기 영혼의 수고한 것을" 만족하게 여기는 한 "하나님의 백성에게 안식이 남아 있습니다"(히 4:9). 성경에서 이 안식은 하나님 백성에게 약속되었습니다. 궁창에 별이 있듯이, 거룩한 책은 이런 하나

님의 약속으로 장식되어 있습니다. 그리스도는 이렇게 말씀하십니다. "적은
무리여 무서워 말라. 너희 아버지께서 그 나라를 너희에게 주시기를 기뻐하
시느니라"(눅 12:32). "내 아버지께서 나라를 내게 맡기신 것같이 나도 너희
에게 맡겨 너희로 내 나라에 있어 내 상에서 먹고 마시며 또는 보좌에 앉게
하리라"(눅 22:29-30). 모든 은혜의 방편, 성령님이 영혼에 끼치시는 사역,
성도의 은혜로운 활동, 그리고 '회개하고 믿으라. 금식하고 기도하라. 문을
두드리고 구하라. 애쓰고 일하라. 달리고 싸우라'는 모든 명령은 하나님의
백성을 위하여 안식이 남아 있음을 입증합니다. 우리가 바라고 사랑하는 것
을 받지 않으려 하면, 성령님은 하늘을 향한 그처럼 강력한 소망과 예수 그
리스도께 향한 그런 사랑을 우리 속에 결코 일어나게 하지 않으실 것입니다.
"평안의 길로 우리의 발을 인도하시는"(눅 1:79) 그분은 의심할 나위 없이 평
강의 종국으로 우리를 데려가실 것입니다. 수단과 목적이 얼마나 밀접하게
결합되었는가! "천국은 침노를 당하나니 침노하는 자는 빼앗느니라"(마
11:12). "중생하여 그리스도를 따르는" 자들은 "영광의 보좌에 앉을 것입니
다."

성경은 성도가 여기서 이 안식의 "처음과 맛보기와 보증과 인"을 갖고 있
다고 우리에게 확언합니다. "하나님 나라는 그들 안에 있습니다." "그들은
그리스도를 보지 못하였으나 사랑하는도다. 이제도 보지 못하나 믿고 말할
수 없는 영광스러운 즐거움으로 기뻐하는도다"(벧전 1:8). 그리고 하나님은
"약속의 성령으로 인치심"을 주셨으니 "이는 우리의 기업의 보증이 됩니다."
그러니 그가 충만한 소유를 주기를 거절하겠습니까?

또 성경은 이 안식에 들어간 자들의 이름을 거명합니다. 에녹과 아브라함
과 나사로와, 그리스도와 함께 십자가에 달린 강도, 그리고 이들을 위하여
안식이 있다면, 모든 신자를 위해서도 안식이 있습니다. 우리를 이 복된 상
태로 인도하는 안내자가 되고, 우리가 그 안식에 들어갈 모든 권리를 소유하
게 하는 헌장과 허가서가 되는 것이 성경의 유일한 목적입니다.

성경은 이 안식이 하나님의 백성을 위하여 남아 있다는 것을 입증할 뿐만 아니라 **그 안식이 오직 그들을 위하여 남아 있다**는 것을 또한 입증합니다. 그래서 세상의 나머지 사람들은 그 안식에 참여하지 못할 것입니다. "거룩함이 없이는 아무도 주를 보지 못하리라. 사람이 거듭나지 아니하면 하나님 나라를 볼 수 없느니라. 아들을 순종하지 아니하는 자는 영생을 보지 못하고 도리어 하나님의 진노가 그 위에 머물러 있느니라. 음행하는 자나 더러운 자나 탐하는 자 곧 우상 숭배자는 다 그리스도와 하나님 나라에서 기업을 얻지 못하리니 악인들이 스올로 돌아감이여, 하나님을 잊어버린 모든 이방 나라들이 그리하리로다. 진리를 믿지 않고 불의를 좋아하는 모든 자로 심판을 받게 하려 하심이니라. 하나님을 모르는 자들과 우리 주 예수의 복음을 복종하지 않는 자들에게 형벌을 주시리니 이런 자들은 주의 얼굴과 그의 힘의 영광을 떠나 영원한 멸망의 형벌을 받으리로다"(히 12:4; 살후 1:8-9).

경건하지 않은 자들이 생명이 다하기 전에 돌아왔으면, 그리고 마음으로 그리스도를 자신의 구주와 왕으로 기꺼이 받아들이고, 그의 가장 합당하신 조건에 따라 그에 의하여 구원을 받으려 했다면, 그들은 구원을 받았을 것입니다. 하나님은 그들에게 생명을 거저 주셨는데, 그들은 그것을 받으려 하지 않았습니다. 그들에게는 육신의 쾌락이 성도의 영광보다 더 바람직해 보였습니다. 사탄은 그들에게 육신의 쾌락을 주었고, 하나님은 그들에게 성도의 영광을 주셨습니다. 그리고 그들은 원하는 것을 선택할 자유를 갖고 있었지만, 그리스도와 영원한 안식을 누리기보다 "잠시 죄악의 낙"(히 11:25)을 택했습니다. 그러니 그들이 받지 않으려 하는 것을 그들에게 주지 않는 것은 옳은 일이 아닙니까? 하나님이 그들에게 그토록 성실하게 재촉하고 끈덕지게 설득하여 들어오라고 했지만, 그들이 그러지 않으려 했을 때 그들은 오직 바깥에 개들 가운데 말고 어디에 있어야 하겠습니까? 사람이 그토록 악하여 은혜의 강력한 힘이 그들을 이길 때까지 항복하지 않으려 할 것이지만, 그러나 그가 원한다면 하나님의 조건에 따라 구원 받을 수 있다고 우리는 참으로 말할 수 있습니다.

간음하는 사람이 자신의 아내를 사랑할 수 없다고 변명하지 못하고, 사악한 사람이 형제를 미워할 수밖에 없다고 변명을 댈 수 없듯이 그는 도덕적이지 못하고 고의로 불의 가운데 있을 수밖에 없다고 핑계댈 수 없습니다. 그는 더욱 악하며, 더욱 괴로운 형벌을 받아 마땅하지 않습니까? 죄인은 영원히 지옥에서 자신의 의지에 모든 탓을 돌릴 것입니다. 지옥은 이성적 주체의 본성에 따라 양심이 가하는 합리적 고문입니다. 그러므로 죄인이 하나님의 잘못이지 우리의 잘못이 아니었다고 말할 수 있다면, 그 말이 자신의 양심을 고요하게 만들고, 그 고통을 누그러뜨리고 지옥이 지옥처럼 느껴지지 않을 것입니다. 그러나 자신의 고의적인 태도를 기억하면 지옥 불이 더욱 필 것이며, 양심의 구더기가 결코 죽지 않을 것입니다.

이 안식이 그 백성을 위하여 남아 있도록 하시되 **그들이 다른 세상에 이르기 전에는 누리지 못하도록** 하시는 것은 하나님의 뜻입니다. 피조물을 만드신 분 말고 피조물을 처분할 이가 누구입니까? 여러분은 왜 우리가 땅에서 안식을 갖지 못하는가와 같이 왜 우리가 겨울 없이 봄과 추수기를 갖지 못하는지, 왜 이 아래 땅과 저 위의 하늘이 있는가 하는 질문을 던지고자 할 것입니다. 모든 일은 정도에 따라 점차 완전에 틀림없이 이를 것입니다. 아무리 힘센 사람도 처음에는 아이였습니다. 아무리 위대한 학자라도 처음에는 알파벳부터 시작해야 합니다. 아무리 키가 큰 떡갈나무라도 처음에는 도토리였습니다. 이 생명은 우리의 유아기입니다. 그러니 우리가 모태에서 완전해지거나 완전한 상태로 태어나겠습니까? 우리의 안식이 여기 있다면 하나님의 대부분의 섭리는 틀림없이 쓸모없게 될 것입니다. 하나님은, 사람이 여기서 행복을 얻게 하려고 자기 교회의 이적적인 구원으로 인한 영광과 자기 원수의 멸망으로 인한 영광을 잃어버리시겠습니까? 만일 우리가 모두 행복하고 흠 없고 완전하다면, 우리의 성화(聖化)와 칭의(稱義)와 장차 구원이라는 영광스러운 일이 무슨 소용이 있겠습니까? 우리가 만일 아무것도 원하지 않으면, 틀림없이 좀 더 철저하게 하나님을 의지하거나 아주 간절하게 하나님을 부르지 않을 것입니다. 우리가 만일 가지고자 하던 것을 갖고 있다면, 우리는 기도하지 않을 것입니다.

모세와 드보라와 한나와 다윗과 히스기야가 자신의 형편이 좋았다면, 하나님은 홍해의 모세에게서, 드보라와 한나에게서, 다윗과 히스기야에게서 찬송의 노래를 결코 받지 못하셨을 것입니다. 독자여, 그대가 하나님께 드리는 가장 높은 찬송은 그대의 위험이나 비참 때문에 생기지 않았습니까? 하나님이 세상을 통하여 가지시는 가장 큰 영광과 찬송은 그리스도에 의한 구속과 화목과 구원입니다. 그러니 사람의 비참이 그것의 기회가 되지 않았겠습니까? 그리고 하나님이 자비를 발휘하실 기회를 잃으시는 곳에서 사람은 그 자비를 누릴 행복을 틀림없이 잃어버릴 것입니다. 하나님이 받으셔야 할 찬송을 받지 못하는 곳에서 사람은 틀림없이 하나님의 위로를 잃을 것입니다.

오 성도가 기도하여 얻은 달콤한 위로여, 우리가 만일 탕자처럼 이 땅의 쾌락과 이익이라는 쥐엄 열매를 먹었다면 참으로 온유하신 아버지가 우리에게 계신지 알려고 했겠습니까? 우리가 수고하고 무거운 짐을 지며, 배고프고 목마르며, 가련하고 죄를 뉘우쳤다고 느끼지 않는다면 그리스도의 온유한 마음을 결코 느끼지 못했을 것입니다. 위험을 벗어났을 때 그것을 되돌아 보는 군인이나 나그네는 기쁩니다. 하늘에서 성도가 자신이 땅에서 지은 죄와 슬픔을 되돌아 보면 기쁩니다. 두려움과 눈물, 원수와 위험, 궁핍과 재난 때문에 그는 더욱 기뻐하게 됩니다. 그러므로 복 있는 사람은 어린양을 찬송하면서 그분이 "여러 나라와 족속과 방언에서 자신을 구속하신"(계 5:9)일을 언급합니다. 그리고 자신의 비참과 궁핍과 죄로부터 건지신 것과 "그들을 하나님께 대하여 왕과 제사장으로 만드신" 일을 언급합니다. 그러나 그들이 이 땅에서 만족하고 안식했다면, 이후에 이 즐거움을 위한 여지가 있었을까요?

게다가 우리는 이 땅에서 안식할 수 없습니다. 은혜에 그토록 약하고 죄를 그토록 짓기 쉽고 이 육신과 같은 이웃에 꼭 붙어 있는 영혼은 그런 경우에 충만한 만족과 안식을 얻을 수 있겠습니까? 죄와 불완전과 원수로부터 벗어나는 자유말고 영혼의 안식은 무엇입니까? 그리고 이 모든 것 때문에 방해 받고, 그것도 계속해서 방해 받는 영혼이 안식을 가질 수 있겠습니까? 왜 그리스도인은 바울처럼 다음과 같은 말을 그렇게 자주 외칩니까? "오호라 나는 곤고한 자로다. 누가 나를 건져내랴"(롬 7:24). 그들이 현재 상태에서 안식할 수 있다면 무엇 때문에 "푯대를 향하여 매진하고 상을 얻을려고 달리고 들어가려고 애쓰니까?"(빌 3:14) 그리고 우리의 몸은 영혼과 마찬가지로 이런 상황에서 안식할 수 없습니다. 지금 우리의 몸은 이제 장차 해와 같아질 그 몸이 아닙니다. 그때는 "이 썩을 것이 반드시 썩지 아니할 것을 입겠고 이 죽을 것이 죽지 아니함을 입으리로다"(고전 15:53). 우리의 몸은 우리의 감옥이며 우리의 짐입니다. 어찌나 허약하고 흠이 많은지 우리는 그것을 고치고 그 필요를 계속 채우는 데 대부분의 시간을 보냅니다. 죽지 않는 영혼이 그런 어지러운 처소에서 사는 것이 가능합니까? 확실히 이 병들고 수고하고 꺼려하는 몸은 안식을 누릴 수 있기 전에 정화되어야 합니다.

우리가 여기서 누리는 대상은 우리에게 안식을 주기에 불충분합니다. 애석하게도 온 세상에서 우리에게 안식을 줄 수 있는 것이 있겠습니까? 온 세상을 대부분 갖고 있는 사람은 아주 큰 짐을 안고 있습니다. 세상에 의하여 대개 움직이고 세상을 아주 즐거워하는 사람들은 세상의 헛됨과 성가심 때문에 마침내 신음하게 됩니다. 사람은 이 땅에서 하늘을 약속합니다. 그러나 그들이 하늘을 누리려 할 때 하늘은 그들에게서 달아납니다. 좌우간 주의 일을 보는 자는 그 일의 목적이 우리의 우상을 무너뜨리고, 우리로 세상을 싫어하게 하고 그분 안에서 우리의 안식을 찾게 하는 것임을 쉽게 볼 것입니다. 언제 그분은 우리에게 아주 거세게 반대하십니까? 오직 우리가 아주 큰 만족을 스스로 약속하는 때가 아닙니까? 여러분에게 만일 사랑하는 아이가 있다면 그 아이는 여러분의 슬픔이 됩니다. 당신에게 의지할 만한 친구가 있고 그가 변하지 않는다고 생각하더라도, 그는 당신의 천벌이 됩니다.

이곳이 안식의 장소나 상태입니까? 그리고 우리가 여기서 누리는 대상이 우리의 안식에 불충분한 것처럼, 충분하신 하나님을 여기서 즐거워하는 사람은 거의 없습니다. 그분이 자신의 영광의 임재 장소를 예비하신 것은 이곳이 아닙니다. 그분은 우리와 자신 사이에 장막을 드리우셨습니다. 우리는 피조물로서 그분으로부터 멀리 떨어져 있으며, 연약한 죽을 인생으로서 더 멀리 떨어져 있으며, 죄인으로서 가장 멀리 떨어져 있습니다. 우리는 이따금 그분으로부터 위로의 말씀을 듣고, 우리의 마음과 소망을 붙드시겠다는 그분의 사랑의 표시를 받습니다. 그러나 이것은 우리의 모든 즐거움이 아닙니다. 그리고 하나님을 자기의 분깃으로 삼은 영혼이라면, 그분에 의하여 구원받을 모든 사람처럼 그분으로부터 그토록 멀리 떨어진 곳에서 안식을 찾고, 그분을 그토록 가끔 찾으며 그분을 조금만 즐거워할 수 있겠습니까?

안식 이전에 어울리는 상태가 와야 하므로 지금 우리는 안식을 누릴 수 없습니다. 그리스도는 합당한 자에게만 면류관을 주실 것입니다. 우리는 승리하기 전에 면류관을 취할 자격이 있겠습니까? 혹은 경주를 하기 전에 상을 받을 자격이 있겠습니까? 혹은 포도원에서 일하기 전에 품삯을 받을 자격이 있겠습니까? 혹은 열 달란트를 잘 활용하기 전에 열 고을 다스릴 자가 될 자격이 있겠습니까? 혹은 선하고 충성스러운 종으로서 일을 잘하기 전에 우리 주님의 즐거움에 들어갈 자격이 있겠습니까? 하나님은 여러분이 일하기 전에 여러분에게 안식을 주시기 위하여 의의 길을 바꾸지 않으실 것입니다. 또 여러분이 승리하기 전에 영광의 면류관을 주시지 않으실 것입니다. 왜 우리의 안식이 장차 올 세상까지 보류되어 있는지 그 이유는 충분합니다.

그러므로 그리스도인 독자여, 그대가 어떻게 감히 이 땅에서 안식을 계획하고 보살피거나, 육신으로 당하는 그대의 괴로움과 수고와 필요 때문에 하나님께 불평하는지 주의하십시오. 그대의 가난이 그대를 지치게 합니까? 그대의 병과 그대의 모진 원수와 친절하지 못한 친구가 그렇게 합니까? 이곳에서는 당연히 그렇게 될 것입니다. 시대의 가증스러운 것, 신앙을 고백하는

사람의 죄, 불의한 자의 완악함, 이 모든 것이 그대를 지치게 합니까? 그대가
안식에 있지 않을 동안에는 틀림없이 그럴 것입니다. 그대의 죄와 그대의 교
만하고 어지러운 마음이 그대를 힘들게 합니까? 그렇다면 더욱더 힘들어 하
십시오. 그러나 이 모든 연약함 아래서 그대는 하나님께로 그대의 안식으로
기꺼이 가려 합니까? 그리고 그대의 싸움을 다 싸우고, 그대의 경주와 수고
를 끝내려 합니까? 만일 그렇지 않다면 안식이 더욱 바람직하게 보일 때까지
자신의 마음에 대하여 더욱 불평하고 마음이 더욱 지치게 하십시오.

이 장을 끝맺기 위하여 한 가지만 덧붙이고자 합니다. 즉 **몸과 나누어져 있
을 때에도** 신자의 영혼은 헤아릴 수 없이 복된 상태와 영광을 누립니다. 바울
의 다음과 같은 말보다 더 분명한 것이 있을 수 있겠습니까? "우리가 항상 담
대하여 몸으로 있을 때에는 주와 따로 있는 줄을 아노니 이는 우리가 믿음으
로 행하고 보는 것으로 행하지 아니함이로라. 우리가 담대하여 원하는 바는
차라리 몸을 떠나 주와 함께 있는 그것이니라"(고후 5:6-8). 또는 이런 말보
다 더 분명한 말이 있을 수 있겠습니까? "내가 그 둘 사이에 끼었으니 떠나서
그리스도와 함께 있을 욕망을 가진 이것이 더욱 좋으나"(빌 1:23). 만일 바울
이 부활 때가 되어서야 그리스도를 향유하기를 기대했다면, 왜 그는 그 둘
사이에 끼어 있거나 떠나기를 소망했겠습니까? 그러나 그는 동일한 이유로
'그리스도를 향유하려는 이유 때문에' 떠나기를 싫어하지 않았던 것이 아닙
니까? 왜냐하면 그는 육신에 있을 때 그리스도에 대하여 얼마간 향유했기 때
문입니다.

그리스도께서 강도에게 하신 말은 참으로 분명합니다. "오늘 네가 나와 함
께 낙원에 있으리라"(눅 23:43). 그런 것이 없다면 그리스도께서는 부자와
나사로 비유에서 죽은 직후에 영혼의 행복이나 비참을 명백하게 암시하거나
넌지시 언급하지 않으셨을 것 같습니다. 부활을 지지하는 우리 주님의 주장
은 이렇게 제안합니다. "하나님은 죽은 자의 하나님이 아니요 산 자의 하나
님이시므로"(막 12:27) 아브라함과 이삭과 야곱은 영으로 살아 있었습니다.

만일 "주 안에서 죽는 자의 복"(계 14:13)이 오직 무덤에서 쉬는 것이라면 짐 승이나 돌도 복됩니다. 그러나 그것은 분명 저주이지 복이 아니었습니다. 생 명이 하나님의 큰 은혜가 왜 아니었겠습니까? 하나님을 섬기고 선한 일을 하 는 것, 삶의 모든 위로와 성도의 교제와 규례의 위로와 만물 가운데 있는 그 리스도의 많은 것을 향유하는 것은 무덤에서 썩어가고 있는 것보다 하나님 의 더 큰 은혜가 아니겠습니까? 그러므로 훨씬 나은 행복이 약속되어 있습니 다. 그렇지 않으면 어떻게 다음과 같이 말하겠습니까? "우리는 온전하게 된 의인의 영들에 이르렀다"(히 12:23). 확실히 부활 때 몸은 영처럼 완전하게 될 것입니다.

성경은 에녹과 엘리야가 이미 들려 올라갔다고 말합니다. 그러니 우리는 그들만 영광을 소유한다고 생각해야 하지 않을까요? 베드로와 야곱과 요한 은 산에서 그리스도와 더불어 모세를 보지 않았습니까? 하지만 성경은 모세 가 죽었다고 말합니다. 그러니 그리스도께서 부활 때까지 그 영광에 참여하 시지 않는다면 그들에게 모세를 보여 주실 때 그들의 감각기관을 속이신 것 이었을 것입니다. 그러니 스데반의 말은 더 없이 분명한 말이 아닙니까? "주 예수여, 내 영혼을 받으시옵소서"(행 7:59). 확실히 주님이 그 영혼을 받으신 다면, 그 영혼은 잠자거나 죽었거나 소멸되지 않았고 그는 지금 있는 곳에 있고 주님의 영광을 봅니다. 지혜자의 말은 역시 같은 뜻을 담고 있습니다. "영은 그것을 주신 하나님께로 돌아간다"(전 12:7). 왜 우리는 "영생을 가진 다"는 말을 들으며 "하나님은 영생이심을 안다"는 말을 듣습니까? 왜 "아들 을 믿는" 자는 "영생을 갖는다"는 말을 듣습니까? 혹은 어떻게 "하나님 나라 가 우리 안에 있겠습니까?" 만일 우리의 생명이 부활이 이르기까지 크게 방 해를 받고 있다면, 이는 영생도 영원한 나라도 아닙니다. '소돔과 고모라'는 "영원한 불의 형벌을 받았다"(유 1:7)고 언급됩니다. 그리고 불의한 자가 이 미 영원한 불을 받고 있다면, 의심할 나위 없이 경건한 자는 영원한 행복을 누리고 있습니다.

요한은 찬란한 계시를 보았을 때 "영 안에" 있고 "성령으로 데려감"을 입었다고 합니다. 그리고 바울은 "셋째 하늘에 이끌려" 갔을 때 "몸 안에 있었는지 몸 밖에 있었는지"(고후 12:3) 몰랐습니다. 이 말은 영들이 몸의 도움을 받지 않고 이 영광스러운 일들을 겪을 수 있음을 함축합니다. 요한이 다음과 같이 하는 말에도 그런 뜻이 담겨 있습니다. "하나님의 말씀을 인하여 죽임을 당한 영혼들이 제단 아래 있어"(계 6:9). 그리스도께서 "몸은 죽여도 영혼은 능히 죽이지 못하는 자들을 두려워하지 말라"(마 10:28)고 말씀하실 때 이 말은 불의한 자가 우리의 몸을 죽였을 때, 즉 영을 몸과 나누어지게 했을 때 영혼이 여전히 살아 있음을 명백히 함축하지 않습니까? 그리스도의 몸이 죽었을 때 그리스도의 영은 여전히 살아 있었고, 그러므로 우리의 영도 그럴 것입니다. 이는 예수님이 강도에게 "오늘 네가 나와 함께 낙원에 있으리라"(눅 23:43)고 하신 말에도 나타납니다. 그리고 예수님이 십자가에서 "아버지여, 내 영혼을 아버지 손에 부탁하나이다"(눅 23:46) 하고 말씀하신 데도 나타납니다. 만일 "노아의 날에 복종하지 않던 자들의 영혼이 옥에 있다면"(벧전 3:19-20), 즉 생명을 가지고 고통을 당하는 상태에 있다면, 확실히 의인의 구별된 영은 그와 반대로 행복의 상태에 있습니다. 그러므로 신실한 영들은 육신의 감옥을 떠나자마자 천사가 그 호위자가 될 것입니다. 그리스도와 모든 완전해진 의인의 영혼은 그들의 동행이 될 것입니다. 하늘은 그들의 거처가 되며 하나님은 그들의 행복이 되실 것입니다. 그런 자들이 죽을 때 그들은 스데반처럼 담대히 그리고 믿음으로 "주 예수여, 내 영혼을 받아 주소서"(행 7:59)하고 말할 것입니다. 그리고 그리스도께서 돌아가셨을 때처럼 아버지의 손에 그 영혼을 부탁할 것입니다.

제 5 장

성도의 안식을 잃는 자들의 큰 불행

I. 천국의 상실은,

    1. 성도의 인격적 완성,

    2. 하나님,

    3. 하나님을 향한 모든 즐거운 감정,

    4. 천사와 영광 중에 있는 영혼들의 복된 사회를 잃는 것이다.

II. 천국의 상실은 악화될 것이다.

    1. 불경건한 자들의 지식이 분명하게 되면서 그들이 잃어버린 것의 가치를 알게 될 것이다.

    2. 그들의 지식이 분명하게 되면서 또한 확장될 것이며, 그로 인해 그들이 상실한 영광의 가치를 더욱 깊이 인식하게 될 것이다.

    3. 그들의 양심 또한 더 진실하게 되어 이 진리의 의미를 더 깊이 깨닫게 될 것이며 그로 인해 그들의 고통은 극도로 증가될 것이다.

    4. 그때에는 그들의 감정도 마비되지 아니하고 더욱 생생해지고 활기있게 될 것이다.

    5. 그들의 이해력과 감정이 분명해지고 깊어졌듯이 그들의 기억도 강해지고 확장되었다.

이 글을 읽는 독자가 앞에서 설명한 그리스도의 백성들의 거룩한 성품과 삶과 그리스도를 모르는 사람이라면 그는 천국의 기쁨에 절대로 참여할 수 없으며 성도의 영원한 안식을 결코 맛볼 수 없습니다. 에훗이 에글론에게 "내가 왕에게 전할 하나님의 말씀이 있다"(삿 3:20)고 말했던 것처럼, 나도 하나님의 참된 말씀에 근거하여 그대는 절대로 하나님을 평화스럽게 대면할 수 없다고 그대에게 말합니다. 내가 그대에게 하는 이 말을 그대가 그대로 받아들일 수도 있고, 그대가 할 수만 있다면 피할 수도 있습니다. 그러나 나는 겸손하고 전적인 그리스도에 대한 순종이 그것을 피할 수 있게 해줄 것임을 알고 있습니다. 그리스도께서 그대를 그의 백성 중 하나로 인정하실 것이며, 그대는 그의 택함받은 자로서 기업을 차지하게 될 것입니다. 만일 이로 인해 내가 전한 메시지가 성공을 거둔다면, 나는 하나님의 심판이 내리지 않았다고 불평했던 요나처럼 불평하기는커녕 오히려 하나님께서 나를 행복한 말씀의 전파자로 만드신 그날을 축복할 것입니다.

그러나 만일 그대가 하늘이 그대의 머리 위에 있고 땅이 그대의 발 아래 있는 것과 같이 분명하게 회개하지 아니한 상태에서 인생을 마치게 된다면, 그대는 성도의 안식에 참여하지 못하고 영원한 불에 들어갈 것입니다. 그대는 나에게 언제 하나님께서 나에게 생명책을 보여 주었으며, 누가 구원을 받으며 누가 성도의 안식에 들어가지 못할 것이라고 했느냐고 물어 볼 것입니다. 그러나 나는 이것을 단지 일반적으로 중생하지 아니한 사람들에 대해서 말한 것이지, 그대의 이름이나 다른 사람의 이름을 거명하면서 말한 것은 아닙니다. 또한 나는 어떤 사람이 회개하고 또 어떤 사람이 회개하지 않을 것인지를 말한 것이 아니며, 그대가 결코 회개하지 않을 것이라고 말한 것은 더욱 아닙니다. 오히려 나는 그대 앞에 있는 소망을 보여 줌으로써 그대가 가만히 앉은 채로 소망을 놓치지 않기를 원합니다. 또한 나는 문이 닫히기 전에, 그대가 회개하고 돌아올 소망이 사라지기 전에 그대를 설득하기 원합니다.

하나님의 백성에 대한 앞에서의 설명과 현재 그대의 영혼의 상태가 일치하지 않는다면 그대의 영혼은 구원 받았다고 할 수 있겠습니까? "거룩하지 않은 사람은 주님을 볼 수 없다"(히 12:4), "마음이 청결한 자는 하나님을 볼 것이다" (마 5:8), "거듭나지 아니하면 하나님의 나라에 들어갈 수 없다"는 사실을 알아내기 위해 하늘로 올라갈 필요가 있을까요? 그리고 그리스도께서 우리들에게 무슨 말씀을 하시기 위해 이 땅에 오셨으며, 우리들에게 무슨 말씀을 하시기 위해 제자들에게 성령님을 보내셨으며, 세상 사람들을 위해 무엇을 기록해 두셨는지 알아보기 위해 하늘로 올라갈 필요가 있을까요? 나는 그대의 속마음을 모르기 때문에 그대의 현재 상태에 대해 뭐라고 말할 수 없습니다. 그러나 열심히 그리고 부지런히 살펴본다면 그대가 천국의 상속자인지 아닌지 알게 될 것입니다. 나의 간절한 바람은 그대가 처한 비참한 상태를 깨닫고 그 비참한 상태에서 빠져 나오는 것입니다. 그러나 그대가 그리스도와 그의 구원을 무시한다면 어떻게 거기서 빠져 나올 수 있겠습니까? 그것은 마귀들이 구원을 얻는 것처럼 불가능한 일입니다.

하나님께서는 성경에서 마귀들보다 당신과 같은 죄인들을 위해 더 많은 말씀을 하셨습니다. 그러한 한 가지 예로서 그대에게 놀라움과 두려움을 느끼게 할 이야기가 있습니다. 벨사살은 "사람의 손가락들이 나타나서 왕궁 촛대 맞은편 석회벽에 글자를 쓰는데 왕이 그 글자 쓰는 손가락을 본지라. 이에 왕의 즐기던 얼굴 빛이 변하고 그 생각이 번민하여 넓적다리 마디가 녹는 듯하고 그의 무릎이 서로 부딪혔다"(단 5:5-6)고 했습니다. 한두 마디의 말이 아니라 성경의 전체적인 관점을 통해 나타나는 사실을 통해 그대를 대항하는 하나님의 손과 영원한 나라를 상실했다는 위협을 느낄 때 어떤 공포가 그대를 사로잡겠습니까? 나는 그대가 마음에 이것을 새겨둘 수 있도록 하기 위해, 첫 번째로 천국의 상실이라는 그대의 상태에 대해서, 두 번째로 천국을 상실했다는 사실이 가져오는 악화를 그대에게 말해 주겠습니다.

1. 경건하지 못한 자들은 성도가 천국에서 누릴 **영광스러운 인격적 완성**을 누리지 못하는데 이것은 그들에게 커다란 손실입니다. 그들은 정오의 찬란한 태양보다 더 찬란하게 빛나는 육체를 잃었습니다. 비록 사악한 자들의 육체도 땅에 있을 때보다 더욱 영적인 것이 되어 부활하게 될 것이지만 그들의 육체는 더욱 고통스러운 형벌을 받게 될 뿐입니다. 그들은 모든 사람들이 다 죽어서 그들에게 가해지는 고통을 느낄 수 없게 되고, 모든 육체가 썩은 시체가 되어 먼지로 돌아가 버리기를 원할 것입니다. 또한 그들은 축복받은 자들이 누리고 있는 도덕적인 완성과 거룩한 마음, 하나님의 뜻에 언제든지 기꺼이 순종하고자 하는 태도, 정직한 행동을 더욱 원할 것입니다. 그러나 그들은 이러한 것을 가지지 못하고 오히려 땅에 있었을 때처럼, 선을 원하지만 악을 더 사랑하고 정욕에 의해 폭력을 휘두르는 왜곡된 의지를 지니고 있습니다. 그들을 유혹하던 유혹이 그치고 그들을 현혹하던 속임수들이 거짓임을 경험함으로써 그들은 전보다 나은 이해력을 갖게 되었지만, 그러나 그들은 여전히 과거의 성향을 지니고 있으면서 할 수만 있다면 과거에 저지른 죄를 다시 저지르려고 합니다. 그들은 단지 기회를 노리고 있을 뿐입니다. 이렇게 왜곡된 자들과 영광스럽게 된 그리스도인들 사이에는 하늘의 태양과 두꺼비의 차이보다 더 큰 차이가 있습니다. 부자가 화려한 자주색 옷을 입고 맛있는 음식을 먹었지만 온 몸에 상처를 입고 문 앞에서 구걸하던 나사로보다 높은 자리를 차지하지 못한 것처럼 말입니다.

2. 그들은 **결코 하나님과 평안한 관계를 가질 수 없으며, 하나님과 교제할 수도 없습니다.** "그들이 마음에 하나님 두기를 싫어하여"(롬 1:28) 하나님에게 말하기를 "우리를 떠나소서. 우리가 주의 도리를 알기를 바라지 아니하나이다"(욥 21:14)라고 하였습니다. 하나님께서도 그들을 자기 집에 두기를 싫어하십니다. 하나님은 그들이 성도의 기업에 참여한다든지 하나님 앞에 서는 것을 결코 허락하지 않으실 것입니다. 도리어 그들에게 말씀하시기를 "내가 너희를 도무지 알지 못하니, 내게서 떠나가라 불법을 행하는 자들아"(마

7:23)라고 하셨습니다. 그들은 그리스도 앞에 나아와 자신을 신실한 성도라고 자신 있게 주장하였습니다. 거짓 맹세하는 자, 술 취한 자, 간음하는 자들은 우리가 믿는 아버지가 바로 너희들이 믿는 아버지라고 말할 것입니다.

그러나 그리스도께서 오셔서 그를 따르는 자들과 원수를 서로 나누고, 신실한 친구와 거짓말쟁이를 서로 나눌 때, 그들의 외람된 주장은 설 자리를 잃을 것입니다. 그때 그들은 하나님이 그들의 아버지가 아니며 그들은 그의 백성이 아님을 알게 될 것입니다. 하나님께서 영으로 그들 가운데 거하시는 것을 그들이 좋아하지 않았듯이, 사악한 자들은 하나님과 교제를 누리지 못하고 하나님의 나라에 거하지 못할 것입니다. 오직 이 땅에서 하나님과 함께 동행하고 살았던 사람만이 천국에서 하나님과 함께 행복하게 살 것입니다. 세상 사람들은 하나님을 잃어버린 영혼이 잃어버리는 것이 무엇인지를 거의 모르고 있습니다. 태양을 잃어버린 지구가 마치 지하 감옥과 같듯이, 영혼을 잃어버린 육체는 죽어 썩은 고기와 같습니다! 그러나 이것이 하나님을 잃은 것의 전부는 아닙니다. 하나님을 즐기는 즐거움이 천국의 성도들에게 있다면, 하나님을 잃어버린 상실감은 지옥의 불경건한 자들에게 있습니다. 하나님을 즐기는 것이 모든 것을 즐기는 것이라면, 하나님을 잃은 것은 모든 것을 잃은 것입니다.

3. 그들은 **또한 하나님을 향한 모든 즐거운 감정**을 잃어버립니다. 하나님에 대한 황홀한 지식, 하나님의 영광의 얼굴을 바라보는 즐거움, 하나님을 향한 억제할 수 없는 사랑, 우리를 향한 하나님의 무한한 사랑에 대한 이해, 성도의 영원한 기쁨, 성도를 만족하게 하는 강물 같은 하나님의 위로. 이러한 것을 잃어버리는 것을 아무것도 아니라고 할 수 있겠습니까? 천국의 택함을 받는 것에 비추어 볼 때 악한 노예들 중에서 세상의 한 나라를 다스릴 왕을 선택하는 것은 그리 부각되지 않습니다. 하나님은 각 사람의 본성에 적합한 일을 하게 합니다. 죄인인 그대의 마음은 생활하면서 한 번도 하나님에게 관심을 기울이지 않았고, 하나님의 사랑을 느끼지 않았고, 즐거운 마음으로 하나

님을 찾지도 않았고, 하나님의 말씀을 듣고 전파하는 일에 도무지 관심이 없었습니다. 오히려 세상에서 더 살 수 있는 방법을 알았더라면 영광의 하나님을 찬양하는 일보다 세상에서 보낼 일에 더 관심이 많았을 것입니다. 하나님을 찬양하는 무리의 일원이 되는 일이 그대에게 적합한 일입니까?

4. 그들은 **천사와 영광 중에 있는 성도들의 복된 사회**의 일원이 되지 못할 것입니다. 그들은 복받은 영혼들과 승리한 왕들의 모임에 참여하지 못하고 그들의 본성과 성질에 맞는 자들이 모여 있는 지옥으로 떨어질 것입니다. 그들이 성도를 비난하고 학대하고 미워하면서 성도의 비참을 즐기는 것이 그들이 복받는 방법이 아닙니다. 그대가 먼저 문을 닫고 사귀기를 거절했던 사람들이 이제는 그대를 거절하고 문을 닫을 것입니다. 그대는 집에서나 마을에서나 나라에서 그들을 이기지 못할 것입니다. 그대는 아합이 엘리야를 "이스라엘을 괴롭게 하는 자"(왕상 18:17)라고 말하고, 또 사도들을 "천하를 어지럽게 하는 자들"(행 17:6)이라고 말했듯이 성도들을 그렇게 생각할 것입니다. 만일 어떤 일이 잘못되면 그대는 모든 것을 성도의 탓으로 돌릴 것입니다. 성도가 죽거나 추방을 당하면 그대는 기뻐하면서 정부가 한 일을 잘했다고 생각할 것입니다. 성도들은 그대의 죄를 드러냄으로써 그대를 괴롭혔고, 그들의 거룩한 대화를 들으면서 당신보다 뛰어난 그들의 모습으로 인해 그대의 양심은 괴로웠습니다. 그들이 가정에서 기도하고 찬양하는 소리를 들을 때 그대는 속이 상했습니다. 그러한 성도들과 그대가 분리된다는 것이 놀랄 일입니까? 그들이 그대를 더 이상 괴롭히지 않게 될 날이 가까웠습니다. 그들과 당신 사이에는 커다란 심연이 있습니다. 성도들이 이 세상에서 "조롱받고, 궁핍하고, 상처입고, 고통받는" 상태에 있으면서 그리고 아직 그들의 인격이 완전하게 되지 않은 상태에서조차 성령께서는 그들을 "세상이 감당하지 못할"(히 11:38) 사람들이라고 하였습니다. 그들이 영광 중의 교제에 참여하게 되었을 때에는 세상은 더욱 그들을 감당하지 못할 것입니다.

II. 나는 많은 사람들이 이 세상에서 이러한 일들을 삼갈 충분한 준비가 되어 있다는 것을 알고 있습니다. 그렇다면 그들이 오는 세상에서도 이러한 것들을 삼갈 것이라고 말할 수 있지 않습니까? 그러므로 나는 그들에게 천국의 상실이 가장 고통스러운 것임을 보여 주기 위해 다음의 사실을 고려해 보도록 하겠습니다.

1. **불경건한 자들의 지식이 분명하게 되면서 그들이 잃어버린 것의 가치를 알게 될 것입니다.** 그들은 하나님의 뛰어남을 결코 본 적이 없기 때문에 하나님을 잃어버린 것으로 인해 탄식하지 않으며, 참된 가치가 무엇인지 분별할 수 없기 때문에 거룩한 사회에 참여하지 못한 것으로 인해 탄식하지 않습니다. 보석을 단지 돌로 생각하고 있는 사람은 보석을 잃어버렸다고 해서 걱정하지 않습니다. 그러나 자기가 잃어버린 것이 보석인 줄 아는 사람은 보석을 잃은 것으로 인해 탄식합니다. 저주받은 자들의 지식이 성화되지는 않겠지만 그러나 많은 오류에서 벗어나게 될 것입니다. 그들은 그들의 명예, 상태, 즐거움, 건강, 인생을 위해 수고하는 것이 내세를 위해 수고하는 것보다 더 낫다고 생각할 것입니다. 그러나 그들이 이전에 단지 읽고 듣기만 했던 것들을 경험하게 되면 이러한 것들이 오히려 그들을 불행에 빠뜨렸다는 사실로 인해 생각을 바꾸게 될 것입니다. 그들은 바다에 빠지기 전에는 물에 빠져 죽을 수 있다는 것을 믿으려 하지 않으며, 불에 던져지기 전에는 불에 타버릴 수 있다는 것을 믿으려 하지 않았습니다. 그러나 그들이 실제 경험하게 되면 쉽게 믿게 될 것입니다. 하나님을 경시하고 예배를 혐오하고 성도를 비난했던 잘못이 경험을 통해 논박되고 제거될 것입니다. 그들의 지식이 증가하면서 그들의 슬픔도 증가하게 될 것입니다.

가엾은 영혼들이여! 만일 그들의 지식이 그들이 아는 것에만 국한되고, 백치와 짐승과 같은 정도의 지식을 가지고 있다면, 혹은 이 땅에서 알고 있는 만큼만 지옥에 대해 알게 된다면 그들이 상실한 것이 그들을 그렇게 괴롭히지는 않을 것입니다. 그들이 천국과 같은 곳이 있다는 사실을 모른다면 정말로 행복할 텐데! 지식이 그들의 불행을 막지 못한다는 사실을 알게 될 때 그들은 알려고 하지 않을 것이며, 배우기 위해 책을 읽거나 공부하려고도 하지 않을 것입니다. 그들을 태우는 불을 느끼게 될 때 그들은 알게 될 것입니다. 그들은 지금 그들이 이 세상에서 가장 행복한 사람이라는 죽음의 꿈을 꾸며 자고 있습니다. 그러나 죽음이 그들을 깨울 때 그들의 생각은 순식간에 바뀌게 될 것입니다! 그리고 보지 못했던 것을 보게 될 것이며, 수치를 보게 될 것입니다.

2. 그들의 지식이 분명하게 되면서 또한 **확장될** 것이며, 그로 인해 그들이 상실한 영광의 가치를 더욱 깊이 인식하게 될 것입니다. 그들의 이해력과 진리에 대한 힘이 증가할 것입니다. 하나님의 진노, 범죄의 어리석음, 죄인의 불행에 대한 깊은 이해가, 세상에서 단지 그러한 불행에 대해 듣고 있는 사람들에 비해 실제로 그러한 불행을 경험하고 있는 사람들에게 어떤 의미를 줄까요! 성공의 때를 맞이한 사람의 인생의 가치와 비교해 볼 때, 정죄받아 처형될 순간을 기다리고 있는 사람이 느끼는 그의 인생의 가치는 무슨 의미가 있을까요! 영원한 축복을 상실했다는 사실로 인해 정죄받은 사람들은 그들이 잃어버린 것이 얼마나 큰 것인지를 더욱 뼈저리게 깨닫게 될 것입니다. 조개보다 큰 그릇에 더 많은 물을 담을 수 있듯이, 그들의 지식이 확장됨으로 인해 그들이 지금 느끼는 것보다 더 많은 고통을 맛보게 될 것입니다.

3. 그들의 **양심** 또한 더 진실하게 되어 이 진리의 의미를 더 깊이 깨닫게 될 것이며 그로 인해 그들의 고통은 극도로 증가될 것입니다. 그때 그들은 다음과 같이 탄식할 것입니다. "이것은 나의 손실이다. 이것은 구원의 소망이 없는 영원한 불행이다!" 그들이 지금은 이러한 적용을 하지 못하기 때문에 고통을 별로 느끼지 않고 있습니다. 그들은 그러한 불행의 상태가 있다는 사실을 좀처럼 믿으려 하지 않습니다. 그리고 그러한 상태가 바로 그들이 처하게 될 상태라는 사실은 더더욱 믿지 않습니다. 이로 인해 그들에게 선포된 수많은 설교와 위협과 경고가 헛된 것이 되고 말았습니다. 그들의 불행을 그

리스도의 일꾼이 아무리 분명하고 열심히 전한다 할지라도 그들은 믿지 않을 것입니다. 그들이 잃어버리게 될 영광과 겪어야 될 고통에 대해 말한다 할지라도 그들은 그것은 자기들에게 해당되지 아니하고 악명 높은 다른 죄인들에게 해당되는 것이라 생각합니다. 사악한 자에게 그가 사악하다는 사실을 깨닫게 하고 또 그가 진노와 저주의 상태에 있다는 사실을 깨닫게 하는 것처럼 어려운 일은 없습니다.

중생하지 못함과 거룩에 대한 적개심으로 인해 결코 거룩에 참여하지 못하게 된다는 사실을 쉽게 알 수 있음에도 불구하고, 그들은 구원을 얻어 하나님을 보게 될 것이라고 기대하고 있으며, 그들이 세상에서 가장 성화된 사람이라고 생각합니다. 사람들이 자신의 상태를 깨닫고, 내가 바로 그러한 존재라고 부르짖는 사람이 얼마나 됩니까. 만일 그들이 현재의 상태에서 죽게 된다면 그들은 영원토록 파멸의 상태에 있게 될 것입니다. 그러나 그들이 서 있는 곳은 암흑의 땅이요, 맹렬한 불길 가운데 있으며, 하나님의 임재에서 영원히 떨어져 있다는 사실을 불현듯 발견하게 될 때 하나님의 진노가 그들에게 임할 것이라는 사실을 분명히 깨닫게 될 것입니다. 그때 그들은 "오 나의 불행이여! 오 나의 어리석음여! 오 나의 어찌할 수 없는 상실이여!"라고 소리치며 탄식할 것입니다.

4. 그때에는 그들의 **감정**도 마비되지 아니하고 **더욱 생생해지고 활기 있게** 될 것입니다. 현재의 완고한 심령은 천국과 지옥을 사소한 것으로 생각합니다. 우리는 그들에게 영원한 영광과 불행을 보여 주었습니다. 그들은 잠자는 사람과 같았으며, 우리가 했던 말은 벽을 향해 던진 돌멩이처럼 우리들의 얼굴로 다시 돌아왔습니다. 우리들은 무시무시한 사건들에 대해 말하지만 마치 죽은 사람에게 말하는 것과 같습니다. 상처를 보지만 그들은 상처를 느끼지도 못합니다. 사람에게 말한다기보다는 돌멩이를 향해 말하는 것과 같습니다. 그러나 그들의 죽은 영혼이 다시 살아나게 되면, 그들은 열정적인 지각과 살아 있는 감정, 두려움의 고통과 슬픔의 깊이를 **뼈**저리게 느끼게 될

것입니다! 그들은 자신들을 공공연히 비난하면서 저주할 것입니다! 이전에 그들의 미친 행동에 대해 그들은 굉장히 분노할 것입니다! 남편을 잃어 비통하는 아내의 탄식이나 자식을 잃은 자애로운 어머니의 탄식도 천국을 상실한 탄식에 비하면 아무것도 아닙니다.

오, 버림받은 피조물의 자기 비난과 자기 학대의 불길이여! 하나님의 사형 집행자가 그들을 찾아올 때 그들은 얼마나 그들의 마음을 찢어야 할까요! 그들이 고통을 받아야 할 원인이 바로 자신들에게 있기 때문에 처형을 받아야 할 핵심적인 대상도 바로 그들입니다. 사탄조차도 그들이 죄를 짓는 일에 그리 중요한 원인이 아니었기 때문에 그들이 고통을 당하는 일에 중요한 수단이 되지 못합니다. 그때 그들이 아무런 감정이나 지각이 없는 돌이나 다른 물건으로 변한다는 생각을 한다면 얼마나 행복할까요! 그들이 듣는 것을 좋아하는 것처럼 그것을 가볍게 느낄 수만 있다면, 그리고 그들에게 그러한 때를 경고하던 설교 시간에 낮잠을 자면서 보냈듯이 그 처형의 순간을 잠을 자면서 보낼 수만 있다면 얼마나 좋겠습니까! 그러나 그러한 우둔함은 이제 사라져 버렸으며 그렇게 할 수 없게 되었습니다.

5. 그들의 이해력과 감정이 분명해지고 깊어졌듯이 그들의 **기억**도 강해지고 확장되었습니다. 그들이 기억을 사용하는 법을 잊어버릴 수 있다면 천국을 상실했다는 사실도 잊어버리게 되어 고통을 받지 않을 수 있을 것입니다. 그들이 위대한 자비의 파괴를 설명한다 할지라도 그들은 피할 수 없습니다. 그들의 행복에 도움을 주었던 이해력, 양심, 감정, 기억이 모두 살아 남아서 그들을 괴롭힐 것입니다. 이전에 그들은 이러한 것들로 인해 하나님의 사랑에 대해 듣고 하나님의 존재의 즐거움을 얻었지만, 그러나 이제는 하나님의 진노를 듣고 하나님의 부재로 인한 끊임없는 고통을 당하게 될 것입니다. 이제 그들은 생각할 겨를도 없으며, 다른 사람의 일에 대해 생각할 여유도 없습니다. 그들은 다른 어떤 것도 기억할 여유가 없습니다. 하나님은 그들의 영원한 상태에 대한 교리를 "그들의 문설주에, 그들의 손과 마음에 새겨 놓

앉을 것"(신 6:8-9)이며, 그들에게 "눕든지 일어나든지 집에 앉았을 때에든지 길을 갈 때에든지"(신 6:7) 그것들을 기억하라고 말씀하셨으나 그들이 이러한 하나님의 계획을 거부하는 것을 보셨습니다. 따라서 이것은 노예의 상태에 있는 그들 앞에 언제나 기록되어 있을 것이며, 그들은 그것을 언제든지 볼 것입니다. 그것은 그들이 잃어버린 영광의 위대함을 생각나게 함으로써 그들을 괴롭힐 것입니다. 만일 그들이 잃어버린 것이 남겨둘 수 있는 것이었거나 다른 것으로 보충할 수 있는 것이었다면 그것은 적은 일일 것입니다. 그것이 건강이나 재산, 친구나 목숨이었다면 그것은 아무것도 아닐 수 있을 것입니다.

그러나 오, 그들은 놀랍고도 영원한 영광을 잃어버렸습니다! 그들에게 그것을 소유할 수 있는 가능성이 있었다는 사실 역시 그들을 괴롭힐 것입니다. 그때 그들은 다음과 같이 생각할 것입니다. "다른 사람들처럼 나에게도 공평한 시간이 있었다. 내가 세상에 있었을 때 그리스도를 믿었다면 나도 지금 기업을 차지할 수 있었을 텐데. 그랬다면 나는 지금 이 저주받은 사람들과 함께 고통을 받지 아니하고 저기서 축복받은 성도들과 함께 있을 텐데. 주께서 내 앞에 생명과 죽음을 놓아두셨을 때 나는 죽음을 선택했다. 나는 고통을 받아 마땅하다. 상이 내 앞에 있었을 때 내가 열심히 잘 달렸더라면 그것을 얻었을 것이고, 싸움을 잘 했더라면 승리했을 것이고, 용감하게 싸웠더라면 면류관을 얻었을 것이다." 면류관을 얻는 것이 가능했을 뿐 아니라 분명히 얻을 수 있었다는 사실을 기억하게 될 때 그들의 고통은 더할 것입니다.

그것은 그들에게 다음과 같은 아픈 기억을 생각나게 할 것입니다. "나는 한때 나를 도우시는 성령님의 강한 능력을 가지고 있었다. 나는 다른 사람들에게 그리스도에게 붙어 있고 세상을 버리라고 하였다. 나는 거의 전적으로 하나님께 헌신하였었지. 육체의 욕심을 버리고 이전의 자리에서 돌아설 뻔했던 적이 있었지. 옛 친구를 버리고 거룩한 사람들과 교제를 하였지. 그러나 나는 내가 붙잡은 것을 다시 놓치고 되돌아섰으며 약속을 깨뜨렸다. 나는 거의 참된 그리스도인이 될 뻔했지만 그러나 그렇게 되지 못했다. 신실한 목사가 집에 찾아와 진리를 전했을 때 내 마음속에 무엇이 있었을까? 나는 거의 얻을 뻔하였다가 놓치고 말았다. 내가 주님을 계속해서 추구하고 따랐더라면 나도 지금 성도들과 함께 축복을 받고 있을 터인데."

그들이 **잃어버린** 기회를 다시 생각하는 것은 엄청난 고통입니다. "나는 지금보다 나은 행복한 상태로 될 수 있었던 참으로 많은 시간과 날들을 잃어버렸다. 내가 누렸던 그 모든 시간을 통해 나는 그 일에 대해 연구할 아무런 시간도 가지지 아니하였고, 영원을 위해서 일한 적이 한 번도 없었다니 그 얼마나 불행한 일인가? 먹고 마시고 잠자고 하는 시간은 가지면서도 나의 영혼을 구원하기 위한 시간은 전혀 가지지 않았단 말인가? 환락과 헛된 토론에 시간을 들이면서도 기도하는 데에는 전혀 시간을 들이지 않았단 말인가? 세상의 것을 얻기 위해 시간을 들이면서도 천국에 들어가기 위해서는 전혀 시간을 들이지 않았다는 말인가? 오, 귀중한 시간이여! 한때 충분한 시간을 누렸지만 이제는 더 이상 시간이 없다. 시간이 충분히 있었을 때 무슨 일을 해서는 안 된다는 것을 알고 있었지만 이제는 지나가 버렸으며 다시 회복할 수 없다. 오, 내가 그 시간들 중 한때만이라도 다시 살 수 있다면 나는 당장 회개할 것이며, 간절히 기도할 것이며, 열심히 말씀을 들을 것이다. 나의 상태를 철저하게 살펴볼 것이며 분명하게 살 것이다. 그러나 지금은 너무 늦어 버렸다. 아, 너무 늦어 버렸다."

그들이 **회개하라는 말을 얼마나 많이 들었는지**를 생각해 볼 때 그들의 비참은 더욱 커집니다. "그 목사는 아픔을 가지고 내가 이러한 고통들에서 벗어나도록 했다. 놀라운 사랑과 관심을 가지고 그는 나를 찾았으나 나는 그것을 단순히 장난으로 여겼다. 그는 종종 나에게 확신을 가지게 했으나 나는 그러한 확신을 전부 묵살하였다. 그가 내 마음을 열어 보였을 때 나는 나의 가장 추한 모습에 대해 알기를 혐오하며 거부하였다. 내가 그리스도에게로 돌아오는 것을 보았다면 그 목사는 얼마나 기뻐했을까? 나의 경건한 친구들이 나에게 충고하면서 나의 고집과 무관심이 가져올 결과가 무엇인지에 대해 말했다. 그러나 나는 믿지 않았으며 그들의 말을 염두에 두지도 않았다. 참으로 오랜 시간 동안 친히 하나님께서 겸손히 나에게 애원하시지 않았는가. 성령께서 나의 마음을 붙들고 부인하는 말을 하지 못하게 하기 위해 얼마나 오랫동안 씨름하셨는가. 그리스도께서 매 주일마다 문을 두드리면서 '죄인이여 문을 열어라. 너의 마음을 구주인 나에게 열어라. 그러면 내가 너에게로 들어가 너로 더불어 먹고 너는 나로 더불어 먹으리라. 왜 너는 망설이느냐? 너의 그 헛된 생각에 얼마나 더 오랫동안 머물고 있겠느냐? 죄 사함을 받고 거룩하게 되고 행복하게 되기를 원하지 않느냐? 언제 그렇게 하겠느냐?'라고 부르짖지 않으셨는가."

그러한 하나님의 간청을 생각할 때 정죄받은 사람들은 정말로 자기 비하에 빠집니다. "내가 그리스도의 인내에 지쳐 버렸는가? (아니면) 내가 하늘의 하나님께서 나를 따라다녔던 일을 헛되게 만들어 단지 하나님께서 나에게 '회개하라! 돌아서라!'고 소리치게 만들지 않았는가? 하나님의 인내가 분노가 변하여 억제할 수 없는 힘으로 나에게 쏟아지는 것은 너무도 정당하다. 주께서 나에게 '깨끗함을 받아야 하지 않겠느냐? 언제 그렇게 할 것이냐?'라고 부르짖으셨을 때 나의 마음은, 그리고 최소한 나의 행실은, '싫습니다'라고 대답하였다. 이제는 '내가 이 고통에서 자유롭기까지 얼마나 기다려야 합니까?'라고 소리치고 있지만 이전에 내가 했던 대답과 동일한 대답을 들을 뿐이다. '안 된다. 결코 안 된다.'"

그들이 참으로 쉬운 말로써 그들의 불행에서 벗어날 수 있었다는 사실은 그들이 기억하기에 가장 고통스러운 것입니다. 그들이 해야 할 일은 산을 옮기는 것도 아니고, 나라를 정복해야 할 일도 아니고, 가장 작은 조문의 율법까지 모든 율법을 성취해야 할 것도 아니고, 그들이 범한 잘못에 대해 정의를 만족시켜 주어야 할 일도 아닙니다. 그리스도께서는 그들에게 "내 멍에는 쉽고 내 짐은 가볍다"(마 11:30)고 하셨습니다. 그것은 단지 회개하고 진심으로 그리스도를 구주로 영접하는 것입니다. 다른 모든 행복을 포기하고 그리스도를 최고의 선으로 붙잡는 것이며, 세상과 육신을 포기하고 그리스도의 온유하고 은혜로우신 통치에 순종하는 것이며, 자기의 계획대로 사는 것을 포기하고 그리스도의 거룩하고 즐거운 길을 따라가는 것입니다. 그 불쌍하고 고통 중에 있는 사람은 생각하기를 '아, 이러한 고통을 피할 수 있는 그러한 적은 일도 하지 않으려 했던 나는 이러한 고통을 받아 마땅하다!'고 할 것입니다.

그러한 은혜로운 제안을 거부했을 때 나는 도대체 무슨 생각을 하고 있었으며, '주님은 완고한 주인'이라고 말하고, 그리스도의 즐거운 봉사를 멍에로 생각하고 마귀에게 봉사하고 육체의 일을 하는 것이 유일한 자유라고 생각했는가? 하나님의 거룩한 방법을 불필요한 꼼꼼함으로 간주하고, 그리스도의 법을 지나치게 엄격한 것으로 생각하고, 앞으로 다가올 인생을 위해 무슨 일을 하는 것은 모두 부질없는 것이라고 생각했을 때, 나는 미친 것보다 천 배나 더 잘못되었습니다. 내가 영원토록 겪어야 할 이 고통과 비교해 볼 때 그리스도를 위한 고통과 선행은 뭐가 힘들까요? 천국에만 있다면 나의 모든 손실을 보상해 줄 수 있을 것입니다. 천국에서 나는 나의 모든 고통을 잊을 수 있을 것입니다. 만일 그리스도께서 다음과 같은 몇 가지 위험한 일들, 즉 두려움과 근심이 계속되는 상황 속에서 살라고 명령하셨다든지, 혹은 죽음의 고통을 백 번씩이나 경험하라는 일을 하라고 명령하셨다고 하더라도 그러한 일들을 했을 것이 아닙니까? 그런데 단지 "믿고 구원을 얻으라. 내 얼굴을 찾으라 그리하면 너의 영혼이 살 것이다. 십자가를 지고 나를 따르라. 그러면 영생을 얻으리라"고 말씀하셨다면 더더욱 그렇게 해야 했을 것이 아닙니까? 오, 은혜로운 조건이여! 오, 쉬운 말씀이여! 오, 저주받은 불행한 사람이여, 그들은 그것을 받아들이지 않았습니다!

그들이 **무엇을 위해 영원한 복을 팔아 버렸는지**를 생각할 때 그것 역시 극심한 고통이 될 것입니다. 그들이 죄의 즐거움이 주는 가치와 '보상과 보답'의

가치를 비교해 볼 때 그 둘 사이의 엄청난 불균형으로 인해 그들은 놀랄 것입니다! 육신과 인간들의 칭찬, 금을 모으는 일 등이 주는 저급한 즐거움을 먼저 생각한 후에 영원한 영광에 대해 생각해 보십시오! "나의 하나님, 이것이 나의 영혼과 축복의 소망에 대해 내가 가졌던 전부입니다." 그의 이러한 생각이 그의 마음을 어떻게 찢어버릴지에 대해서는 여기서 어떻게 설명할 수 없습니다. 그때 그들은 "오 비참하고 불행한 인간이여!"라고 부르짖으며 그들의 어리석음에 대해 탄식할 것입니다. "그렇게 속된 가치를 위해 나의 영혼을 팔았는가? 더럽고 쓰레기 같은 것을 위해 하나님을 떠나고, 유다처럼 아무것도 아닌 은을 위해 나의 구주를 팔았는가? 나는 천국의 밝은 소망의 꿈을 가지고 있었으나 정신을 차리고 보니 모든 꿈이 사라져 버렸다. 맛있던 음식이 쓴 담즙으로 변해 버렸고, 술잔은 쓴 쑥이 되었다. 그것들이 지나가 버린 후에 나의 즐거움과 맛은 사라졌다. 측량할 수 없는 귀한 보물로 내가 간직하고 있었던 것들이 모두 이런 것이었는가? 참으로 정신나간 거래를 하였구나! 온 세상을 얻고도 나의 영혼을 잃어버린다면 무슨 소용이 있겠는가? 아, 그러나 내가 천국을 얻는다면 이 세상은 참으로 사소한 것이리라." 오 죄인들이여, 육신의 즐거움에 빠져 살아가고 있을 때, 이 세상에서 어떻게 하면 부자가 되며 존경을 받을 수 있을지를 궁리하고 있을 때, 결사적으로 죄를 범할 궁리를 하고 있을 때, 양심의 소리를 거슬러 죄를 범하고 있을 때 이것을 생각하십시오.

그들이 **자신의 파멸을 얻기 위해 의지적으로 노력했다**는 사실을 기억할 때 그들의 고통은 더할 것입니다. 그들이 죄를 짓도록 강요 받았거나, 다른 사람의 죄로 인해 처벌을 받는다거나, 그들이 멸망당하는 것의 주된 이유가 다른 것에 있다면 그들의 양심의 분노는 줄어들 것입니다. 그러나 그들의 의지로 선택한 것이며 이 세상에서 그 누구도 그들에게 강요하지 아니하였다는 사실을 생각하게 될 때 이것은 그들에게 끔찍한 일입니다. 이 가련한 피조물은 이렇게 생각할 것입니다. '세상에서 나는 많은 적을 가지고 있었지만 그러나 바로 내가 나의 적이었구나. 하나님은 아무리 사소한 죄라 할지라도 내가 그 죄를 짓도록 이 세상이나 마귀에게 나를 제어할 능력을 결코 주시지 않을 것이다. 그것들은 단지 유혹할 뿐이다. 악을 행하고 악에게 길을 열어 준 것은 바로 나 자신이다. 나의 영혼에 손을 얹고 내가 흘린 피를 손에 묻혀야 할 사람은 바로 나 자신이 아닌가? 나 자신이야말로 나의 가장 무서운 적이었다. 하나님은 나의 영혼에 너무도 좋은 것을 주셨지만 나는 하나님을 대항했다. 하나님은 나에게 많은 자비를 베푸시고, 여러 번 나를 구해 주시고, 나의 마음을 하나님에게로 끌어당기려고 하셨으며, 나를 부드럽게 타이르시고, 나의 불순종의 열매가 가져온 고통을 느끼게 하셨다. 대부분 나는 고난을 당하는 중에 하나님께 서약을 했으나, 그러나 결코 진심으로 하나님을 섬기려 하지는 않았다.'

   그러므로 이로 인해 죄인들은 그들의 파멸의 원인이 바로 자신이라는 사실을 기억하고 그들의 이를 갈 것입니다. 그들은 의지적으로 그리고 집요하게 하나님께 반역하였으며 마귀를 섬기는 일에 자원하였습니다. 그들이 직접 그런 일들을 했을 뿐 아니라 **자신들의 저주에 대해 많은 대가와 고통을 치렀다는 사실**을 기억할 때 그들의 마음의 상처는 더욱 깊어질 것입니다. 그들이 하나님의 성령을 대항하고, 자비와 심판의 능력을 심지어 하나님의 말씀까지 뿌리치고, 이성의 힘과 양심의 소리를 물리치고 그들의 파멸을 위해 행한 일들이 얼마나 큽니까. 그들은 이 모든 일을 행했습니다. 그들은 하나님의 계속되는 진노의 위험 속에서 살면서 하나님이 그들을 먼지로 돌려 보내시고 그들을 순식간에 지옥에 던져 버릴 수 있다는 사실을 알고서도 여전히 그러한 일을 행했습니다. 죄인들은 그들이 행한 일의 대가로 저주를 받아야 합니다!(O the labor it costs sinners to be damned).

   건강과 편안함을 주는 절제를 가지지 아니하고 도리어 그들은 가난과 수치, 병을 가져오는 탐욕과 술 취함에 빠져 있었습니다. 편안함과 즐거움을 주는 만족을 가지지 아니하고 염려와 불안, 육체의 노동과, 마음을 혼란시키는 탐욕과 야심을 가지고 있었습니다. 그들은 그들의 영혼의 구원을 위해 고난을 감수하기보다 자신을 괴롭히는 분노와 그들의 영혼을 갉아먹는 복수와 시기심, 그들의 육체와 재산과 명성을 파멸시키는 깨끗하지 못한 일들을 하는 고난을 감수하려고 하였습니다. 그들은 "이러한 일을 고통스럽게 한 대가가 저주란 말입니까?"라고 분노하며 탄식하면서 그들의 어리석음을 한탄할 것입니다. "아무런 수고도 하지 않고 이런 저주를 받았더라면 더 좋았을 것을 그리도 엄청난 대가를 치르고 이러한 저주를 자초했단 말입니까? 내가 그렇게 법석을 떨지 않았더라면 구원을 받았을 수도 있었을 것인데, 그렇다면 내가 그렇게 법석을 떨지 않았더라면 멸망당하지 않았을 수도 있지 않겠습니까? 하나님이 '너의 구원을 위해 일하라'(빌 2:12)고 명하셨을 때에 나는 나의 저주를 위해 수고스럽게 일한 것이 아닙니까? 내가 지옥을 위해 일한 만큼 천국을 위해 일했다면 나는 분명히 천국을 얻었을 것입니다. 나는 경건한 방법의 단조로움과 자기부인의 고통스러움에 아우성치면서, 그러면서도 사탄과 죽음을 위해서는 그보다 더 많은 고통을 감수하였습니다. 내가 나의 즐거움과 유익과 명예를 사랑했던 만큼 그리스도를 열심으로 사랑했더라면, 그리스도를 자주 생각하고 간절히 그리스도를 찾았더라면 나는 지금 얼마나 행복할까요! 천국을 내 손 안에 얻을 수 있었을 때 천국을 얻지 못하고 부질없는 것들을 값비싼 대가를 치르고 구입했다니 나는 지옥의 불길의 고통을 당하는 것이 마땅합니다."

오 하나님께서 이 책을 읽는 독자인 그대에게 이러한 생각을 하도록 하셔서 그 고통받는 사람처럼 지옥의 상상할 수 없는 비참함에서 그대를 붙들어 주시기를! 이것이 단지 상상에 지나지 않는 것이라 말하지 마십시오. 고통 중에 있는 부자가 무엇을 생각했는지를 읽어 보십시오. 이성적인 행동을 하는 이성적인 사람이 천국의 즐거움을 느낄 수 있듯이 지옥의 고통도 느낄 것입니다. 그들은 여전히 사람들로서 사람처럼 느끼고 행동할 것입니다.

제6장

성도의 안식을 잃을 뿐만 아니라 시간의 즐거움을 잃고 지옥의 고통을 당하는 자들의 비참

I. 정죄 받은 자가 잃는 시간의 즐거움들:

　1. 하나님과 그리스도께 관심을 갖고 있다는 그들의 주제넘는 믿음

　2. 그들의 모든 소망

　3. 모든 양심의 거짓 평안

　4. 모든 육적 희락

　5. 모든 감각적 기쁨

II. 정죄 받은 자들의 고통은 지극히 크다.

　1. 그들의 가장 중요한 조물주는 바로 하나님이심

　2. 고통의 장소나 상태

　3. 이 고통은 하나님이 복수하시는 결과임

　4. 하나님이 그들에게 형을 집행하실 때 기뻐하실 것임

　5. 사탄과 죄인들이 하나님의 사형 집행인이 될 것임

　6. 이 고통은 보편적일 것이 될 것임

　7. 전혀 감해지지 않음

　8. 그리고 영원함. 완고한 죄인은 위험을 무릅쓰고 이 고통에 맞설 때 자신

의 어리석음을 확인함. 그리고 안전을 바라고 그리스도께 나아갈 수 있
기를 탄원함.

"경건은 범사에 유익하니 금생과 내생에 약속이 있는"(딤전 4:8) 것처럼
그리고 우리가 "먼저 하나님의 나라와 그 의를 구하면 그보다 못한 모든 것
을 더하시는"(마 6:33) 것처럼, 경건하지 못한 자들은 영적 복과 시간의 복을
모두 상실할 것이라는 위협을 받습니다. 그리고 그들은 먼저 하나님의 나라
와 그 의를 구하지 않으므로 그 둘과 자신이 따르던 것을 잃을 것이며, 자신
이 갖는 사소한 것마저 빼앗길 것입니다. 만일 그들이 현재의 즐거움을 유지
할 수 있다면, 하늘을 잃는 것을 그다지 괘념치 않을 것입니다. 만일 그들이
"그리스도를 위하여 모든 것을 잃고 버림당했다면" 그 안에서 모든 것을 다
시 발견했을 것입니다. 왜냐하면 그리스도는 그들에게 모든 것 가운데 모든
것이 되셨을 것이기 때문입니다. 그러나 이제 그들은 다른 것을 위하여 그리
스도를 버렸기 때문에 그리스도를 잃고, 또 그리스도를 버리면서 구하던 것
을 잃되, 지옥의 고통을 맛볼 뿐만 아니라 심지어 시간의 즐거움도 잃을 것
입니다.

1. 그들은 **하나님과 그리스도의 공로에 관심이 있다고 하는 자신의 주제넘는 신
념**을 잃을 것입니다. 이 거짓 신념은 지금 그들의 영을 붙들며 거짓 믿음이
없을 경우에 그들을 사로잡을 공포로부터 그들을 보호해 줍니다. 그러나 그
들이 더 이상 믿을 수 없고 더 이상 즐길 수 없을 때 무엇이 그들의 괴로움을
덜어 줄 것입니까? 만일 한 사람이 가장 큰 재난에 가까이 있지만 자신이 안
전하다고 명백하게 속고 있다면, 그는 모든 것이 좋은 것인 양 즐거워할 것
입니다. 만일 자신이 행복하다거나 행복할 것이라고 믿는 것 말고 행복하게
되는 데 더 이상 필요한 것이 없다면, 행복은 지금 겉으로 보이는 것보다 훨
씬 격이 떨어지게 될 것입니다. 믿음이 중생자에게 으뜸 되는 은혜가 틀림없

듯이, 거짓 믿음은 중생하지 못한 자에게 으뜸 되는 악덕임에 틀림없습니다. 왜 그처럼 많은 사람이 용서를 받을 때 이미 용서를 받았다고 참으로 생각하지 않고서 여전히 앉아 있겠습니까? 만일 당신이 지옥에 있는 수많은 사람에게 무슨 광기가 있었길래 지옥에 있느냐고 물어볼 수 있다면 그들은 대부분 이렇게 대답할 것입니다. "우리는 정죄 받았구나 하고 알 때까지 구원받은 것이 확실하다고 생각했습니다. 그때 우리는 겉보기에는 중생과 경건의 능력을 더욱 진지하게 추구하고 있었을 것입니다만, 자신이 이미 그리스도인이 다 됐다고 참으로 생각했습니다. 우리는 우쭐대다 이 고통에 이르게 되었고 이제는 해결책이 없습니다."

독자들이여, 나는 부주의하고 거룩하지 못하고 겸손하지 않은 사람들이라면 누구나 할 것 없이 자랑하던, 자신의 좋은 상태에 대한 확신에 찬 믿음이 결국 영혼을 저주하는 속임수로 입증될 것임을 당신에게 신실하게 말하지 않을 수 없습니다. 지옥에는 이런 믿음이 전혀 없습니다. 그들이 눈이 어두워 더욱 담대하게 사탄을 따라가는 것은 사탄의 계략입니다. 그러나 그들의 눈이 열릴 때 그들은 자신이 어디 있는지 알게 될 것입니다.

2. 그들은 **자신의 모든 소망**을 잃을 것입니다. 이생에서 그들은 하나님의 진노로 위협을 당하지만 그 진노를 벗어날 것이라는 소망에 그들의 마음은 든든합니다. 이제 우리는 아주 야비한 술주정꾼이나 욕하는 자나 비웃는 자와 이야기하지 않습니다. 그러나 이 사람들은 그 모든 '잘못된' 일에도 구원 받기를 소원합니다. 구원이 이 소망처럼 흔해 빠졌다면 얼마나 행복한 세상이겠습니까! 그러나 사람들의 소망이 너무 강한 나머지 그들은 심판 날에 그리스도와 더불어 정당한 이유를 토론하며 "주 앞에서 먹고 마셨으며 주의 이름으로 선지자 노릇하며 주의 이름으로 귀신을 쫓아 내었습니다"(마 7:22) 하고 변명을 할 것입니다. 그들은 자신이 그리스도께서 굶주리셨거나 헐벗으셨거나 옥에 갇혔을 때 무시했음을 부인하되, 그리스도께서 그들의 정죄 선포로 그들의 주장을 논파하실 때까지 우길 것입니다. 자신의 모든 소망을 영

영 떨쳐버려야 할 때 그들은 형편이 얼마나 불쌍합니까!

"악인은 죽을 때에 그 소망이 끊어지나니, 불의의 소망이 없어지느니라"(잠 11:7). "그러나 악한 자들은 눈이 어두워서 도망할 곳을 찾지 못하리니 그들의 희망은 숨을 거두는 것이니라"(욥 11:20). 숨을 거두는 것이라는 말은 불의한 자가 자신의 모든 소망이 끊기는 것을 적절하게 그러나 두렵게 표현합니다. 영혼이 아주 큰 고통을 당하며 몸에서 벗어나는 것처럼, 불의한 자의 소망도 사라집니다. 영혼은 아주 오랫동안 즐겁게 지내던 몸을 한순간에 갑자기 떠납니다. 불의한 자의 소망도 그처럼 사라집니다. 영혼은 다시 돌아와 이 세상에서 몸과 더불어 살 기회가 결코 없을 것입니다. 그리고 불의한 자의 소망은 그의 영혼과 영영 작별합니다. 부활의 기적으로 영혼과 몸은 다시 결합할 것입니다. 그러나 정죄 받은 자의 소망은 그처럼 기적같이 부활하지 못할 것입니다. 그처럼 경건하지 못한 자가 죽어가는 것을 보고 그의 영혼과 소망이 함께 떠나고 있다고 생각하는 것은 이 세상에서 가장 애처로운 광경일 것입니다. 다른 세상에서 그는 얼마나 불쌍한 꼴로 변하겠습니까! 그러므로 사람이 저 소망 없는 영혼에게 "당신은 늘 그렇듯이 구원을 확신하지 않습니까?" 하고 물을 수밖에 없다면, 되돌아오는 그 대답이 얼마나 불쌍하겠습니까. 저 생각 없는 죄인들이 깨어 시간 안에서 이 사실을 알게 되었으면.

독자들이여, 당신의 모든 소망에 대한 이유가 성경의 약속에 굳게 서 있다고 말할 수 있기 전에는 쉬지 마십시요. 그 소망이 당신의 마음을 정결하게 만들며, 당신이 경건에 힘을 쏟도록 재촉하며, 당신이 더 소망할수록 죄를 덜 지으며, 당신이 좀 더 철저하게 순종하게 된다고 말할 수 있기 전에는 쉬지 마십시요. 만일 당신의 소망이 이와 같다면, 주의 능력으로 계속 행하고 자신의 소망을 굳게 잡고 "그것으로 인하여 결코 부끄러워하지 마십시오." 그러나 만일 당신이 자기 영혼에 미친 은혜의 역사에 관하여 조금이라도 증거를 갖고 있지 않으면 당신의 소망을 내던지십시오. "거듭나지 않는 것 말고" 영원히 구원 받을 것이라든지, 혹은 "거룩함이 없이 하나님을 바라본다든지", 혹은 "아버지나 어머니나 자기 생명보다 그를 더 사랑하지" 않고서 그리스도 안에 분깃을 갖는다는 생각은 버려야 합니다. 이런 절망은 하늘나라에 가는 첫 단계 가운데 하나입니다.

만일 한 사람이 자기 길에서 아주 벗어나 있다면, 그를 도로 데려 놓는 첫 번째 방도는 무엇이어야 하겠습니까? 그 사람은 지금 가는 길을 가다보면 결국 여행이 무산될 것임을 알고 절망해야 합니다. 만일 그의 고향이 동쪽인데 지금 서쪽을 가고 있을 경우 자신이 옳은 길을 가고 있다고 소망하는 한 그는 계속 갈 것입니다. 그리고 그가 계속 소망을 갖는 한 더욱 빗나가게 될 것입니다. 돌아가지 않고는 고향으로 가지 못할 것이라고 절망할 때 그는 돌아갈 것이며 그러면 소망을 갖게 될 것입니다. 바로 그처럼 죄인은 자기 영혼의 문제를 대할 것입니다. 당신은 하늘나라로 가는 길에서 벗어났고 오랜 세월 그릇된 길을 계속 갔습니다. 자신은 다른 많은 사람들처럼 그렇게 나쁘지 않으므로 계속 가면서 구원 받을 것이라고 소망합니다. 당신은 이 소망을 내던지며 지금까지 내내 하늘나라에서 아주 벗어나 있었음을 보지 않고서는 결코 돌아가서 구원을 받지 못할 것입니다. 이 세상에서 구원의 길에서 벗어났는데도 구원 받을 것이라고 믿는 당신의 잘못된 소망보다 당신의 영혼을 하늘나라에서 벗어나게 하는 것은 없습니다. 그러므로 정죄받은 자들이 하늘나라를 잃고 지금 그들을 지탱하는 것에 대한 소망을 모두 잃을 것을 생각하면 정죄받는 자의 비참이 얼마나 더하게 될지 살펴보십시오.

3. 그들은 자신의 **현재 생활**을 아주 편하게 만드는 **양심의 거짓 평안**을 모두 잃을 것입니다. 불경건한 생활을 하는 자들이 얼마나 조용히 사는지 관찰하면, 그들이 영원한 불 속에 곧 들어가야 한다고 누가 생각하겠습니까? 그들은 순종하는 신자처럼 지옥의 공포에서 벗어나 있습니다. 그리고 그들 대부분은 구원 받을 사람보다 마음의 불안이 덜합니다. 만일 이 평안이 영원하게 될 것이라면 그들은 얼마나 행복한 사람입니까! "그들이 평안하다, 안전하다

할 그때에 임신한 여자에게 해산의 고통이 이름과 같이 멸망이 갑자기 그들에게 이르리니 결코 피하지 못하리라"(살전 5:3). 이 얼마나 잔인한 평안입니까!

본래 모든 사람의 영혼은 사탄의 수비대입니다. 그리스도께서 오셔서 심판과 지옥의 두려운 경고를 말씀해 주시고, 위협과 공포의 규례로 그 사람의 모든 것을 치시며, 자신의 순전한 궁휼에 굴복하게 하시며 자신을 통치자로 여기게 만드실 때까지 그런 사람에게는 모든 것이 평안합니다. 그런 후에 그리스도는 사탄을 내쫓으시며 "그를 굴복시킬 때에는 그가 믿던 무장을 빼앗고 그의 재물을 나누느니라"(눅 11:22). 그런 후에 그리스도는 굳건하고 영원한 평안을 세우십니다. 그러므로 만일 당신이 아직 그 첫 평안 가운데 있다면 그 평안이 영원할 것이라고 결코 생각하지 마십시요. 당신의 영혼이 그리스도와 원수 되어 영원한 평안을 가질 수 있겠습니까? 하나님이 전쟁을 선포하시는 자가 평안을 가질 수 있겠습니까? 나는 하나님이 당신의 부주의한 마음에 들이닥치셔서 당신을 뒤흔들어 거짓된 평안에서 나오게 하시고 당신이 그리스도의 발 아래 엎드려 "주여 내가 무엇을 하기를 바라시나이까?" 하고 말하길 바랍니다. 그래서 그리스도로부터 결코 끊어지지 않고 당신의 영원한 평안의 시작이며, 세상의 근거 없는 평안처럼 당신이 죽을 때 멸하지 않게 할 더 낫고 더 확실한 평안을 받는 것보다 더 큰 선을 당신에게 바라지 않습니다.

4. 그들은 자신의 **모든 육적 희락**을 잃을 것입니다. 그들은 자신의 "웃음에 관하여 이르기를 미친 짓이라고 하였고 희락에 대하여 이르기를 이것이 무슨 소용이 있는가?"(전 2:2) 하고 말할 것입니다. 그것은 "솥 밑에서 가시나무가 타는 소리"(전 7:6)에 불과합니다. 그것은 잠시 불을 붙게 하지만 이내 없어져서 아무것도 주지 않았습니다. 사망과 심판의 이야기는 그들에게 넌더리나는 것이었습니다. 왜냐하면 그 이야기는 그들의 희락을 꺾어 버렸기 때문입니다. 그들은 자신의 죄와 위험에 대하여 참고 생각할 수 없습니다.

왜냐하면 이 생각은 그들의 영혼을 축 처지게 만들었기 때문입니다. 그들은 죄를 위하여 운다는 것, 혹은 하나님의 강한 손 아래서 겸손하게 되는 것이 무엇인지 몰랐습니다. 그들은 웃음으로 슬픔을 내쫓고 노래로 근심을 내쫓고 우울한 생각을 쫓아 버릴 수 있었습니다. 그들은 명상하고 기도하면 비참하게 되거나 미치게 되고 말 것이라고 착각했습니다.

가련한 영혼이여, 그 생활이 얼마나 비참하겠습니까! 그런 생활에서 여러분은 슬픔, 강렬하고 가슴을 찌르고 커지는 슬픔밖에 얻지 못할 것입니다. 그때 여러분은 성도의 즐거움을 갖지 못하고 여러분이 전에 누리던 즐거움도 갖지 못할 것입니다! 여러분은 지옥에 즐거운 마음이 혹은 즐거운 얼굴이나 농담하는 혀가 있다고 생각합니까? 이제 당신은 소리칩니다. "작은 희락이 큰 슬픔과 같도다." 그러나 영원한 즐거움에 이를 자그마한 경건한 슬픔은 확실히 여러분의 모든 어리석은 희락보다 훨씬 값진 것입니다. 왜냐하면 그런 희락의 종국은 슬픔이기 때문입니다.

5. 그들은 자신의 모든 **감각적 기쁨** 또한 잃을 것입니다. 그들은 하나님뿐만 아니라, 자신의 으뜸되는 선(善)과 자신의 하늘과 자신의 신으로 소중히 여기는 것을 잃을 것입니다. 교만하고 야심만만한 사람이 높고 명예로운 자리에서 떨어짐은 얼마나 비참하겠습니가! 그의 먼지와 뼈가 아주 가련한 거지의 먼지와 뼈와 구별되지 않을 것처럼, 그의 영혼은 아주 가련한 거지의 영혼보다 더 명예롭거나 호의를 입지 못할 것입니다. 그리스도 앞에서 내쫓길 위대하고 고상하고 많이 배운 자들이 얼마나 많겠습니까! 그들은 찬란한 건물과 부드러운 침대와 안락한 침상을 발견하지 못할 것입니다. 그들은 진기한 정원과 상쾌한 목장과 풍성한 추수를 보지 못할 것입니다. 그들의 상에는 차려진 것도 없고 참석하는 자도 없을 것입니다. 거기서 부자는 더 이상 "자색 옷과 고운 베옷을 입고 날마다 호화롭게 즐기지"(눅 16:19) 못합니다. 지켜보던 자의 감탄사를 기대하지 못합니다. 그들은 슬픔 가운데 시간을 보낼 것이며, 오락과 여가 가운데 시간을 보내지 못할 것입니다. 그때 그들의

뜨거운 정욕은 줄어들 것입니다.

그들이 서로 얼굴을 보게 되면 얼마나 가슴이 쓰릴 것입니까! 그때 서로 대면했던 날을 저주하는 장면은 대체 무엇이 되겠습니까! 오, 저 죄인들이 이제 이렇게 말한다면 얼마나 좋겠습니까. "이 기쁨들이 다른 세상에서도 우리와 함께할까? 이 즐거움에 대한 기억이 그때 우리의 고통이 되지 않을까? 그때 우리는 사악한 이 동반자 관계를 참된 우정이라고 말할 수 있을까? 왜 우리는 겉으로만 그럴 듯한 쾌락을 위하여 그처럼 영원한 기쁨을 팔아야 하는가? 오라, 우리가 함께 죄를 지었을 때 하나님이 우리를 용서해 주시기를 함께 기도하자. 그리고 서로 속이고 파멸하기 위하여 돕지 말고 천국을 향해 갈 수 있도록 서로 돕자." 오, 그 사람들은 오직 육신의 욕망에 맞는 모든 것을 그토록 열성적으로 가지려 할 때 자신이 무엇을 바라는지 알았습니다. 그것은 자신의 유혹이 커지고 자신의 올무가 견고해지기를 바라는 것일 따름입니다.

II. 성도의 안식은 시간의 즐거움을 잃음으로써 더 심하게 잃어버리듯이, 지옥의 고통을 겪음으로써 더욱 그렇게 될 것입니다. 다음의 내용을 고찰하면 그 고통이 지극히 크다는 사실이 드러날 것입니다.

1. 지옥 고통을 만든 **가장 중요한 분**은 바로 하나님이십니다. 죄인의 마음을 상하게 한 분이 바로 하나님이셨듯이, 그들의 범죄를 인하여 그들을 형벌하실 분은 하나님이십니다. 하나님은 자기 원수에 대하여 그 고통을 준비하셨습니다. 하나님의 계속되는 분노는 장차도 여전히 그들을 삼킬 것입니다. 하나님의 분노의 숨결이 불꽃을 피울 것입니다. 하나님의 진노는 그들의 영혼에 참을 수 없는 짐이 될 것입니다. 만일 그들이 상관하는 것이 한갓 피조물이라면, 그들은 하나님의 진노를 더 잘 참을 수 있을 것입니다. 전능자의 치심을 받는 자에게 화가 있을진저! "살아 계신 하나님의 손에 **빠져** 들어가는 것이 무서울진저"(히 10:31). 만일 온 세상이 그들을 대적한다 해도 혹은 모

든 피조물의 힘이 하나로 결집하여 그들에게 형벌을 가한다 해도 이것, 하나님의 진노에 비할 것은 없습니다. 그들은 이제 지주나 고객이나 주인이나 친구나 이웃이나 자신의 육신의 정욕을 위해 하나님을 화나게 하려는 편을 택하였습니다. 그러나 그때 그들은 하나님의 호의를 잃는 것보다 온 세상의 미움이 되었으면 하고 천 번이고 바랄 것입니다. 하나님의 진노는 참으로 소멸하는 불입니다! 만일 이 불이 여기서 조금이라도 켜지면, 우리는 참으로 '풀과 같이 시듭니다.' 우리의 힘은 얼마나 빨리 무너져 연약해지며, 우리의 아름다움은 추함으로 바뀌는지요! 불길이 마른 그루터기를 그냥 지나치지 않는 것처럼, 하나님의 진노는 이 불쌍한 자들을 소멸하실 것입니다. 그리스도를 위하여 감옥이나 교수대나 불을 혹은 사소한 비웃음이라도 견딜 수 없는 그들이 어떻게 하나님의 진노의 삼키는 화염을 이제 견딜 수 있겠습니까?

2. **고통의 장소나 상태**는 하나님의 공의를 영화롭게 하려고 의도적으로 정해진 것입니다. 하나님이 당신의 능력을 영화롭게 하려 하셨을 때 세상을 만드셨습니다. 하나님이 지으신 모든 피조물의 적절한 질서는 하나님의 지혜를 선포합니다. 그의 섭리는 만물을 유지하는 데 드러납니다. 하나님의 진노의 불꽃이 땅에 붙을 때, 오직 여덟 사람 말고 온 세상이 물에 잠겼습니다. 소돔과 고모라, 아드마와 스보임은 하늘로서 내려오는 불에 탔습니다. 바다는 그 입으로 어떤 사람을 가두고, 땅은 입을 열어 어떤 사람을 삼켰습니다. 전염병은 수천 명을 죽입니다. 유대인의 한탄할 만한 현재 상태는 하나님의 진노를 참으로 생생하게 증거합니다. 하지만 하나님의 긍휼과 공의를 영화롭게 하는 것은 무엇보다도 장차 올 삶을 통해 나타날 것입니다. 하나님이 지금 하나님의 긍휼을 누려야 할 성도들의 지각을 넘는 방식으로 당신의 긍휼을 영화롭게 하실 것처럼, 하나님은 당신의 공의가 하나님의 공의가 되도록 드러내실 것입니다. 지옥의 영원한 불길은 저주받은 자에게는 견디기 어려울 정도로 뜨거울 것입니다. 그리고 그들이 거기서 수백만 세대 동안 불타고 있을 때, 하나님은 그들에게 임한 악에 대하여 후회하지 않으실 것입니

다. 그래서 하나님의 질투의 불길에 타지만 결코 소멸하지 않을 것이 분명한 덤불처럼, 전능자의 진노의 대상이 되는 영혼에게 화가 있을진저!

3. 정죄 받은 자들의 고통은 극심할 것이 분명합니다. 왜냐하면 그 고통은 **하나님이 복수하시는 결과**이기 때문입니다. 진노는 두려울 것이지만, 복수는 달랠 수 없습니다. 크신 하나님이 "나의 거역하는 피조물은 이제 내 인내를 남용한 모든 일을 인하여 값을 지불해야 한다. 어떻게 내가 허망하게 너희의 안일을 기다렸으며 어떻게 몸을 굽혀 너희를 설득하고 너희에게 간절히 부탁했는지 기억하라. 너희는 내가 언제나 그렇게 경멸당할 것으로 생각했느냐?" 하고 말씀하시고, 그런 후에 긍휼을 남용한 모든 일을, 그리스도와 은혜를 무시한 그들의 모든 행위를 복수하실 것입니다. 그 사람들이 이것을 내다보고 자신의 화를 막으려고 하나님을 더 기쁘시게 했으면!

4. 또 하나님은 사람들이 그리스도와 긍휼을 받아들이기를 바라시지만 사람들이 계속 거역할 때 **그들에게 형을 집행하시면서 기뻐하실 것임을** 살펴보십시요. 하나님은 우리에게 말씀하십니다. "내게는 격노가 없다." 하지만 하나님은 덧붙여 말씀하십니다. "누가 전쟁에서 나를 대적하여 찔레와 가시를 놓으리요? 나는 그들에게 곧장 가서 그들을 태우리라"(사 27:4). "그들을 지으신 이가 불쌍히 여기지 아니하시며 그들을 조성하신 이가 은혜를 베풀지 아니하시리라"(사 27:11). 그때 그들은 얼마나 불쌍한 피조물입니까. "주께서 그들에게 선을 행하기를 기뻐하셨듯이 주께서는 그들을 파멸하고 그들을 없이하기를 기뻐하실 것입니다." 하나님이 형벌하기를 기뻐하시는 영혼에게 화가 있을진저! "너희가 재앙을 만날 때에 내가 웃을 것이며 너희에게 두려움이 임할 때에 내가 비웃으리라. 너희의 두려움이 광풍같이 임하겠고 너희의 재앙이 폭풍같이 임하리니"(잠 1:26-27).

하늘이나 땅에서 하나님 말고 도와줄 수 있는 자가 없는데 하나님이 그들의 재앙을 기뻐하실 때 그 얼마나 두려운 일입니까! 성경이 하나님의 웃으심과 비웃으심에 대하여 문자적으로 말하지 않고 사람의 방식대로 말하지만,

그것은 죄인에게 고통을 주시는 하나님의 행위입니다. 그러므로 이를 달리 더 적절하게 표현할 수 없습니다.

5. **사탄과 그들 자신이 하나님의 사형 집행인이 될 것임**을 살피십시오. 여기서 그들을 그리스도로부터 **빼어내는** 데 그렇게 성공을 거둔 사탄은 그러면 자신의 시험에 넘어간 그들을 처벌하는 수단이 될 것입니까? 사탄은 그들의 모든 봉사에 대하여 그들에게 그런 보응을 할 것입니다. 왜냐하면 그들이 하나님의 명령을 거부하고 그리스도를 저버리고 그리스도가 설득하실 때 자기 영혼을 무시했기 때문입니다. 만일 그들이 사탄에게 하듯이 그리스도를 충성스럽게 섬겼다면, 그리스도는 그들에게 더 나은 것으로 보답하셨을 것입니다. 또한 그들이 스스로를 고통스럽게 하는 자가 되고, 자신의 모든 파멸이 마땅한 것임을 보게 될 것이라는 사실은 참으로 아주 공정합니다. 그러니 그들은 자신 말고 누구에게 불평을 할 수 있겠습니까?

6. 또한 그들의 고통이 **보편적**일 것임을 살피십시오. 모든 부분이 죄에 속했던 것처럼, 그것들 모두가 고통에 참여할 것이 분명합니다. 죄를 짓는 우두머리였던 영혼은 고통을 당할 때도 우두머리가 될 것입니다. 그리고 영혼이 몸보다 더 아름다운 본질을 가진 것처럼 영혼의 고통은 육신의 고통보다 훨씬 심할 것입니다. 그리고 영혼의 즐거움이 모든 감각적 쾌락보다 월등히 나은 것처럼 영혼의 고통은 육신의 고통보다 심합니다. 고통을 받아야 하는 것은 단순히 한 영혼이 아니라 죄악된 영혼입니다.

연료가 탈 수 있는 것이 아니면 불은 타지 않을 것입니다. 그러나 나무가 마르면, 불은 매우 맹렬하게 탈 것입니다. 정죄받은 영혼의 죄책과 그 영혼의 관계는 부싯돌과 화약과 같아서, 그 죄책은 지옥의 불이 그들에게 격렬하게 내리게 할 것입니다. 몸도 역시 그 일부를 짊어져야 합니다. 아주 조심스럽게 살피고 부드럽게 간직하고 진기한 옷을 입혔던 몸이 이제 얼마나 심한 일을 당해야 합니까! 몸의 오만한 모습은 이제 얼마나 낮아졌습니까! 그 불길이 몸의 단정함과 아름다움을 얼마나 초라하게 만들 것입니까! 진기한 모습으로 기뻐하곤 하던 그 눈들은 틀림없이 이제 그들을 두렵게 만들 것만 보게 됩니다. 즉 그들 위에 계시는 진노한 하나님과 자신의 잃었던 영광을 즐기며 그들에게 조롱당하던 성도들을 보게 될 것입니다. 그리고 그들 주위에는 마귀와 정죄받은 영혼만 있을 것입니다. 참으로 그들은 뒤를 돌아보며 "우리의 모든 축제와 놀이와 향연이 이렇게 되었는가?" 하고 말할 수밖에 없습니다. 음악과 노래에 익숙하던 그들의 귀는 그들의 정죄받은 동료들이 내지르는 비명과 외침을 들을 것입니다. 악을 저지를 용기를 주고 그 모범을 보인 부모에게 대하여 아이들이 고함을 칠 것입니다. 남편과 아내, 주인과 종, 관리와 백성, 장관과 신하가 자신에게 임한 비참함이, 의무를 행하지 못하게 기를 꺾고 죄를 못 본체 하고, 미리 위험을 명백하게 말해야 했을 때 침묵했기 때문이라고 책임을 돌릴 것입니다.

7. 이 고통은 **감해지지 않을 것이기 때문에** 훨씬 심할 것입니다. 이생에서 그들은 지옥에 대하여 들을 때 혹은 양심에 찔려 마음이 편치 않을 경우 위로자를 가까이에 둡니다. 즉 자신의 육적인 친구들과 사업과 동료와 희락을 가까이에 둡니다. 그들은 술을 마시거나 놀거나 잠에 곯아떨어져 슬픔을 떨칠 수 있습니다. 그러나 이제 이 모든 고통은 사라지지 않습니다. 그들의 굳고 주제넘고 불신하는 마음은 마음의 괴로움을 막아주는 방어벽이었습니다. 사탄은 우리의 시조 어머니의 위로자였듯이 친히 그들의 위로자였습니다. "하나님이 참으로 너희더러 먹지 말라 하시더냐? 너희가 결코 죽지 아니하리라. 너희가 지옥에 누울 것이라고 하나님이 말씀하시더냐? 그런 건 없다. 하나님은 훨씬 자비로우시다. 혹시 지옥이 있다면 너희가 무엇 때문에 그것을 두려워해야 하는가? 너희는 그리스도인이 아니냐? 그리스도의 피가 너희를 위하여 흐르지 않았느냐?"

그래서 그리스도의 영이 성도의 위로자이시듯, 사탄은 불의한 자의 위로자입니다. 사탄이 죄인을 일깨우지 않으려고 조심하는 것만큼 집을 털 때 사람들을 깨우지 않으려고 조심하는 도둑은 없습니다. 그러나 죄인이 죽었을 때 사탄은 우쭐하게 하고 위로하는 일을 했습니다. 그러므로 절망적인 죄인이 위로를 바라며 어떤 길을 향할 것입니까? 그 사람을 올무에 끌어들이고 안전을 약속했던 그들은 이제 그를 저버리고 그들 스스로도 버림당했습니다. 그의 위로는 사라지고 미리 환하게 경고하셨던 의로운 하나님은 이제 이 사람에 대하여 당신의 말씀을 정확하게 실행하실 것입니다.

8. 그러나 이 고통이 가장 심한 것은 그 고통이 **영원하다**는 점입니다. 수천만 세대가 지났을 때, 그 고통은 첫날처럼 새롭게 시작될 것입니다. 만일 고통이 끝날 소망이 있다면, 정죄받은 자는 그날을 바라봄으로 마음이 누그러질 것입니다. 그러나 영원히 견딜 수 없는 생각이 있습니다. 그들은 죄를 짓는 데 결코 지치지 않았습니다. 그러므로 하나님은 처벌하시는 데 결코 지치지 않으실 것입니다. 그들은 결코 마음으로 죄를 뉘우치지 않았습니다. 그러므로 하나님은 그들의 고통을 보고 후회하지 않으실 것입니다. 그들은 영원하신 하나님의 법을 어겼고, 그러므로 영원한 형벌을 당할 것입니다. 그들은 자신이 다름 아닌 영원한 나라를 거부했음을 알았습니다. 그러므로 그들이 그 나라에서 영원히 쫓겨난다고 해서 뭐가 그리 놀라울까요? 그들의 죽지 않을 영혼은 범죄를 저질렀고, 그러므로 죽지 않고 고통을 당해야 합니다. 그들이 여전히 무덤에 누워 있거나 다시 거기에 누울 수 있다면 스스로 얼마나 행복한 사람으로 생각하겠습니까! 그들은 소리를 높여 "사망이 지금 어디로 사라졌느냐? 이제 와서 이 서글픈 생명을 끊어라. 오직 고통이 나의 마음을 무너지게 하고 내 존재를 끊어 버렸으면! 오, 드디어 한 번 죽을 수 있었으면! 내가 존재하지 않았더라면!" 하고 소리칠 것입니다. 이 신음은 그들의 마음에서 영원에 대한 생각을 짜낼 것입니다. 그들은 설교와 기도가 길다고 생각하곤 했습니다. 그런데 그들은 이 끝없는 고통이 얼마나 길 것이라고 생각하겠습니까! 그 쾌락의 길이와 그 고통의 길이는 얼마나 차이가 나겠습니까! 하나는 잠시 계속되었지만, 다른 하나는 영영히 계속됩니다.

죄인이여, 시간이 어떻게 거의 가버렸는지 기억하십시요. 당신은 영원의 문에 서 있습니다. 그리고 죽음이 문을 열어 당신을 그 안에 가두려고 기다리고 있습니다. 가서 몇 밤 더 자고 이 땅에서 몇 날 더 활동하십시요. 그런 후에 당신의 밤과 낮은 끝날 것입니다. 당신의 생각과 관심과 쾌락은 모두 영원에 삼킴을 당할 것입니다. 당신은 결코 변하지 않을 상태로 들어가야 합니다. 하늘의 날들을 우리가 생각하지 못하는 것처럼 지옥의 고통도 그러합니다. 영원히 지속하는 고통은 생각할 수 없는 고통입니다. 그러나 나는 저 완고한 죄인이 이렇게 처절하게 결심하는 것을 볼 것 같습니다. "만일 내가 정죄받아야 한다면 해결책은 없습니다. 성경이 요구하는 대로 살기보다 모험을 걸어 보겠습니다. 나는 다른 사람마냥 벗어나서 할 수 있는 대로 멋지게 견뎌 보겠습니다."

불쌍합니다. 가련한 피조물이여, 당신이 그렇게 마음 먹기 전에 당신이 나의 몇 가지 질문에 관심을 돌리고, 인간의 이성으로 그 질문을 헤아려 보아 주기를 바랍니다. 당신은 누구입니까? 하나님의 진노를 받아야 하지 않습니까? 당신의 힘이 무엇입니까? 그것은 불에 저항하려는 밀랍이나 그루터기의 힘이 아닙니까? 혹은 바람에 맞서는 겨나 사나운 회리바람 앞의 문제가 아닙니까? 만일 당신의 힘이 철과 같고 당신의 뼈가 놋쇠 같다 해도, 당신의 토대가 땅과 같고 당신의 힘이 하늘과 같다 해도, 당신은 하나님의 분노의 호흡 앞에 분명 사라집니다. 호흡하는 진흙덩이에 불과한 당신은 지금 거역하고 있는 하나님의 순전한 지지와 호의를 받아 벌레에게 먹히지 않고 몇 날을 버티지 않았습니까! 왜 당신은 전능한 능력과 진노의 표 앞에, 천둥의 울림에 혹은 번개의 번쩍임에 혹은 힘센 떡갈나무를 산산히 조각내고 아주 강력한 건물을 무너뜨리는 보이지 않는 힘에, 혹은 당신 주위에 맹위를 떨치는 전염병에 떱니까?

만일 당신이 애굽의 전염병을 보았다면, 혹은 땅이 다단과 아비람을 삼키는 것을 보았다면, 혹은 엘리야가 그 우두머리와 무리를 진멸하려고 하늘에서 불을 불러 오는 것을 보았다면, 이 광경들을 보고 당신의 영혼이 겁나지 않겠습니까? 그러므로 어떻게 당신이 지옥의 천벌을 참을 수 있겠습니까? 사실 당신은 여기 자신에게 임한 그런 작은 고통에 놀라지 않습니까? 가령 치통이나 통풍이나 돌에 맞음이나 사지의 절단이나 거지가 되거나 수치심을 당하게 되는 것에 놀라지 않습니까? 그러나 이 모든 것은 어느 날 지옥에서 당하는 것과 비교하면 행복한 상태였다고 생각될 것입니다. 죽음이 다가오는 것에 당신은 왜 그토록 놀랍니까?

오, 죽음이 당신의 마음을 얼마나 차갑게 칩니까! 그리고 당신이 가볍게 보는 고통의 장소와 비교하면 무덤이 낙원으로 여겨지지 않겠습니까! 당신의 몸의 일부가 불 속에 갇혀서 타는 것은 참을 수 없는 일입니다. 그러면 지옥에서 영원히 수만 번 더 고통받는 것은 어떠하겠습니까? 지옥에 대한 생각이나 말에 당신은 이따금 심기가 불편합니다. 그런데 당신은 그 고통을 견딜 수 있겠습니까? 왜 부자가 아브라함에게 자신이 지옥에서 당하는 고통을 불평합니까? 왜 당신의 죽어가는 동료들이 용기를 잃고 오만한 말을 버립니까? 왜 이들은 당신 자신만큼 지옥을 얕볼 수 없습니까? 당신은 절망에 빠진 사람을 보거나 그 사람과 이야기해 본 적이 없습니까? 그의 이야기를 듣자니 얼마나 마음이 불편했으며 그의 생애는 얼마나 무거웠습니까! 그가 갖고 있는 모든 것이 그에게 유익하지 못했습니다. 그는 고기를 먹거나 무엇을 마실 때 달콤함을 맛보지 못했습니다. 친구를 보면 괴로웠습니다. 그는 삶이 싫증나고 죽음이 두려웠습니다. 만일 정죄받은 자의 비참함이 견딜 만하다면, 왜 사람이 이와 같은 지옥의 맛보기를 견딜 수 없습니까? 당신이 두려운 형상으로 나타나는 마귀를 보면 어떠하겠습니까? 심장이 멎고 머리카락이 쭈뼛하지 않겠습니까? 그리고 어떻게 당신은, 마귀와 정죄받은 자 말고 함께 하는 이가 없고, 그들을 볼 뿐만 아니라 그들과 함께 그들에 의하여 고통을 받아야 하는 곳에서 영원히 견디며 살겠습니까?

한 가지 더 질문하겠습니다. 만일 하나님의 진노가 그렇게 가볍다면, 왜 하나님의 아들이 그것을 그렇게 큰 문제로 만드셨겠습니까? 하나님의 진노

로 인하여 "땀이 땅에 떨어지는 핏방울 같이 되더라"(눅 22:44). 생명의 주님
은 이렇게 소리를 치셨습니다. "내 마음이 심히 고민하여 죽게 되었으니"(막
14:34). 그리고 십자가에서는 이렇게 외치셨습니다. "나의 하나님, 나의 하
나님, 어찌하여 나를 버리셨나이까"(마 27:46). 확실히 누구라도 이런 고통
을 쉽게 참을 수 있었다면, 그 사람은 예수 그리스도였을 것입니다. 예수 그
리스도는 당신과 달리 그 고통을 참을 수 있는 특별한 힘을 갖고 계셨습니
다. 죄인이여, 그대의 헛된 안전 때문에 그대에게 화가 있을진저! 그대는 그
리스도께도 그토록 무거웠던 그 고통을 참을 만하다고 생각합니까? 아니 하
나님의 아들은 오직 율법의 저주 아래서 비통한 번민을 겪고 피와 같은 땀을
흘리셨습니다. 그러나 연약하고 어리석은 피조물인 그대는 복음의 저주도
견디지 못할 일을 두려워합니다. 왜냐하면 이 저주는 '훨씬 더 중한 형벌'을
요구하기 때문입니다. 그대가 그토록 값비싼 대가를 치르고 지혜를 사지 않
도록 선한 주님은 그대가 회개하여 바른 마음을 갖도록 하십니다.

독자들이여, 나는 이제 그대의 결심을 요구합니다. 그대는 이 모든 것을
어떻게 이용할 것입니까? 이 모든 것이 그대에게 사라질 것입니까? 혹은 그
대는 그것을 참으로 진지하게 살필 것입니까? 그대는 하나님의 많은 경고를
내버렸습니다. 그대는 이것으로도 하나님의 많은 경고를 내버릴 참입니까?
주의하십시오. 하나님은 언제까지나 경고하고 위협하지 않으실 것입니다.
복수의 손이 들렸고 치심이 다가오며 그것을 경히 여기는 자에게 화가 있을
것입니다! 그대는 성경을 내던지고, 성경이 지옥과 정죄 말고는 아무 말도
하지 않는다고 말합니까? 그래서 그대는 설교자에게 불평하곤 했습니다. 그
러나 그대는 우리에게 이것들에 대하여 듣지 않을 참입니까? 하나님이 알리
라고 우리에게 맡기신 것을 계속 말하지 않음으로써 우리는 그대의 영혼을
파멸시키는 죄를 범해야 한단 말입니까? 그대는 안심과 침묵 속에 파멸하려
하며, 우리가 진리를 말하여 그대를 화나게 하는 것보다 침묵하여 그대와 더
불어 파멸하게 할 것입니까?

만일 그대가 그런 비인간적인 잔인한 일을 범하려 하면, 하나님은 우리더러 그런 정신 빠진 어리석음을 범하지 말라고 경고하실 것입니다. 이런 유의설교나 글은 미움을 받기 안성맞춤입니다. 그리고 누구나 인정을 받고자 하는 욕망이 있는지라 그런 싫은 방식으로 기쁨을 누리는 자는 거의 없습니다. 그러나 생각해 보십시오. 이런 것들이 참됩니까, 그렇지 않습니까? 만일 그것들이 참되지 않다면 나는 흔쾌히 그대와 함께 이유 없이 사람을 두렵게 하는 것에 대항하겠습니다. 그러나 이 위협이 하나님의 말씀이라면, 그 말씀을듣지 않고 생각하지 않으려 하는 그대는 얼마나 비참합니까! 만일 그대가 하나님의 백성 가운데 하나라면, 이 교리는 그대에게 위로가 되지 두려움이 되지 않을 것입니다. 만일 그대가 아직 중생하지 않았다면 그대는 지옥만큼이나 하늘에 대하여 듣는 것을 틀림없이 두려워할 것입니다. 그대에게 하늘과긍휼을 전하는 것은 그대에게 그것들을 구하라고 간절히 청하는 것이지 그것들을 거부하라는 것이 아닙니다. 그리고 지옥을 설교하는 것은 그대가 그것을 피하라고 설득하는 것에 불과합니다. 만일 그대가 지옥을 벗어날 소망을 아주 버렸다면, 그대에게 지옥에 관하여 말하는 것은 허사일 것입니다.

그러나 그대가 살아 있는 한 그대가 회복될 소망은 있습니다. 그러므로 그대를 무감각한 상태에서 깨우기 위하여 모든 수단을 사용해야 합니다. 애석하게도 이제 하나님의 진노 아래 있는 영혼의 고통을 어떤 마음이 감지할 수있으며 어떤 입술이 표현할 수 있을까요? 그러므로 죄인들이여, 당신들은 예수 그리스도께 이렇게 외치게 될 것입니다. "오 긍휼을 베푸소서! 오 가련한영혼에게 자비를 베푸소서!" 그럴 때 이제 나는 주 예수의 이름으로 그대에게 이렇게 소리 높입니다. "오 사람이여, 그대의 영혼을 긍휼히 여기시오. 그대의 영혼에 자비를 가지시오."

스스로를 긍휼히 여기라는 간청을 듣지 않을 그대를 자비롭게 여겨 주시라고 내가 하나님께 기도해야겠습니까? 만일 그대의 말이 그 앞에 있는 구덩이만 본다면, 그대는 말더러 들어가라고 할 수 없을 것입니다. 그리고 그대는 위험에 대한 경고를 미리 들었을 때, 그렇게 완고하게 자신을 지옥에 처박으려고 할 것입니까? "누가 능히 그의 분노 앞에 서며 누가 능히 그의 진노를 감당하랴"(나 1:6). 내 생각에는 그대에게는 말이 더 필요하지 않습니다. 당장 그대의 영혼을 정죄하는 죄를 내던지고, 자신을 그리스도께 전체로 드리십시오. 즉시 그 일을 중심으로 삼고 행하십시오. 그래서 내가 성도 가운데 안식하는 그대의 얼굴을 보게 하십시오. 주께서 그대의 마음을 설득하여 더 이상 지체하지 않고 이 언약을 맺게 하시기를 구합니다. 그러나 그대가 마음이 완악하여 죽음에 이르게 되어 치료책이 없으면, 다른 날로 미루지 말고 신실하게 경고하는 친구의 말을 들으십시오. 그러면 그대는 당신의 저주를 막으려 하는 친구를 얻을 것입니다.

제 7 장

성도의 안식을 부지런히 찾을 필요

성도의 안식은 놀라울 정도로 무시됨. 저자는 그런 태만을 한탄하고 독자들이 다음을 살펴서 부지런할 것을 촉구함.

1. 우리가 삼고 있는 목적, 우리가 행할 일, 우리의 시대가 짧고 불확실함, 그리고 우리 원수의 부지런함.
2. 우리의 재능과 긍휼과 하나님과의 관계와 우리의 괴로움.
3. 우리가 가진 엄청난 도움, 우리가 고백하는 엄청난 원리, 그리고 결코 다함이 없는 우리의 확신.
4. 은혜를 받으면 언제나 부지런하게 되는 경향이 있음. 그러니 실없게 사는 것은 헛된 일임. 많은 시간을 잘못 사용함. 그리고 우리의 보응과 일은 비례할 것임.
5. 애쓰는 것은 하나님이 정하신 바임. 모든 사람이 그것을 인정하거나 장차 인정할 것임. 아주 훌륭한 그리스도인은 죽을 때 더 애쓰지 못한 것을 한탄함. 종종 애쓰는 것이 부족해서 하늘을 잃기도 함. 그러나 애쓰는 일이 없이는 결코 하늘을 얻지 못함.
6. 하나님과 그리스도와 성령은 성실하심. 하나님은 기도를 듣고 응답하는 데 아주 성실하심. 교훈하고 권하는 사역자. 우리를 섬기는 모든 피조물. 한때 우리가 그랬듯이 마귀를 섬기는 죄인들은 이제 세상 일에서 마귀를 섬김. 그리고 하늘나라와 지옥에서는 모두가 성실함.

만일 성도에게 아주 확실하고 영광스러운 안식이 있다면, 왜 그만큼 그것을 찾으려는 진지한 노력이 없습니까? 아마 사람이 그처럼 형언할 수 없는 영광을 얻을 수 있다는 것을 한 번 듣고 자신이 들은 바를 믿는다면, 그것을 찾으려는 맹렬한 욕구에 스스로 도취하며 먹고 마시는 것을 거의 잊을 지경이 되며, 다른 것은 말하거나 묻지 않고 어떻게 이 보화를 얻을 수 있는지 말하고 물을 것입니다. 그러나 매일 그것을 듣고 그것이 자신의 믿음의 근본 조항이라고 믿는다고 고백하는 사람들이 그런 것을 들은 적이 없는 것처럼 말을 듣고도 믿지 않는 것처럼 별로 마음을 쓰지 않고 그것을 위하여 일하지 않습니다. 이런 책망이 세상적인 마음을 가진 사람들, 세속적인 대중들, 형식적인 신앙고백자들, 심지어 경건한 사람들에게 해당할 수 있습니다.

세속적 마음을 가진 사람은 아래에 있는 것들을 찾는 데 너무 골몰하여, 이 안식을 찾을 마음도 없고 시간도 없습니다. 오, 어리석은 죄인들이여, "누가 너희를 꾀더냐?" 세상은 사람들을 꾀어 잔인한 짐승이 되게 하여 심지어 그들을 미치게 만듭니다. 날뛰고 달리며 기어올라 아무것도 아닌 것을 얻으려고 안달이면서도 영원한 안식은 무시하는 것을 보십시오. 성도의 왕 같은 위엄을 무시하면서도, 형제들보다 세상에서 좀 더 높은 데 이르려고 얼마나 머리를 짜내고 노심초사합니까? 하나님에 대한 찬양과 천사의 즐거움을 얼마나 지겨운 짐으로 여기면서 육적인 쾌락은 얼마나 지칠 줄 모르고 추구합니까? 심판이 가까이 다가오고 있는데 — 아마 하루 벌어 하루 먹고 사는 가난한 사람에 비하면 — 후손을 기르고 재산을 늘리는 데는 얼마나 지칠 줄 모르고 부산을 떱니까.

그러나 그때 자신이 어떻게 되는지는 단 한 시간도 살펴보지 않습니다. 자신과 자녀를 이름 내며 살게 하려고 얼마나 일찍 일어나고 늦게까지 자지 않고 매년 일합니까. 그러나 그 후에 어떻게 될지 그들은 결코 생각하지 않습니다. 하지만 이 사람들은 이렇게 소리칩니다. "그렇게 법석을 떨지 않고서 우리는 구원 받을 수 없는가?" 그들은 그렇게 일찍 종들을 깨워 일하게 하면서도 그들을 불러 기도하거나 성경을 읽게 하는 적은 얼마나 드뭅니까! 이 세상이 자신을 사랑하는 자와 친구에게 무엇을 했습니까. 세상을 그렇게 열심히 따르고 고통스럽게 추구하면서도 그리스도와 하늘을 무시하는 일이었습니다. 혹은 세상은 장차 올 시대를 대하여 그들을 위하여 무슨 일을 할 것입니까? 세상에 들어가면 대체로 번민과 슬픔을 겪습니다. 그리로 통하는 길에는 끊임없는 관심과 일이 따릅니다. 거기서 나오는 길은 모든 길 가운데 쓰라린 길입니다.

오, 불합리하고 속은 사람들이여! 희락과 쾌락이 당신 곁에 있겠습니까? 황금과 세상의 영광이 당신이 가장 궁핍할 때 당신에게 가장 발 빠른 친구로 드러날 것입니까? 그들은 당신이 재난을 당하는 날에 당신의 외침을 듣겠습니까? 당신이 죽을 때 그들은 당신에게 대답하거나 당신의 고통을 덜어주겠습니까? 그들은 당신과 함께 다른 세상으로 가서 심판장에게 뇌물을 써서 당신을 무사히 건지거나 복 받은 자들 가운데 있게 하겠습니까? 그러면 왜 부자는 "물을 찍어 내 혀를 서늘하게 하소서"(눅 16:24) 하고 원했겠습니까? 혹은 지금 누리는 즐거움과 명예의 달콤한 부분이 영원한 안식보다 더 가치가 있겠습니까? 그리고 그 부분들이 저 지속할 보화의 상실을 보상하겠습니까? 그 부분들 가운데 어떤 것을 적어도 소망할 수 있겠습니까?

아, 비열하고 속이는 세상이여! 우리는 당신의 가장 충직한 종들이 결국 이렇게 불평을 늘어놓는 것을 얼마나 자주 들었습니까. "오 세상은 나를 속이고 나를 파멸시켰다. 세상은 내가 재산을 놓고 우쭐하게 만들었지만 이제 궁핍한 데로 내쫓는다. 만일 내가 세상을 섬기듯 그리스도를 충직하게 섬겼다면, 그는 나를 위로 없고 소망 없이 내버리지 않으셨을 것이다." 그래서 그들은 불평합니다. 그러나 출세한 죄인은 경고를 받아들이지 않을 것입니다.

세속적인 대중에 관해서 말하면, 그들은 구원을 위하여 수고하기보다 종교의 일반적인 외적 의무를 수행해야 한다고 확신할 것입니다. 만일 그들이 사는 동네에서 복음을 듣는다면, 아마 그날 어느 때는 복음을 듣고 다른 때는 집에 머무를 것입니다. 만일 주인이 모임에 오면, 그의 가족 가운데 일부는 틀림없이 집에 머물러 있을 것입니다. 만일 그들이 복음의 명백하고 강력한 전파를 듣지 못한다면, 온 마음으로 복음을 들으려고 1,2마일이나 떨어진 곳에 복음을 듣기 위해 갈 사람은 거의 없을 것입니다. 물론 그들은 육신의 필수품을 사기 위해서는 수마일 떨어진 가게로 갈 것입니다. 그들은 성경이 하나님의 법이며 이 법으로 그들이 심판 날 면죄를 받거나 정죄를 받을 것이며 "주의 율법을 즐거워하여 그의 율법을 주야로 묵상하는 자는"(시 1:2) 복이 있다는 것을 압니다. 하지만 그들은 성경을 공들여 하루에 한 장도 읽지 않으려 합니다. 만일 그들이 일주일 내내 성경을 무시하면서 교회에 갈 때는 성경을 들고 간다면, 성경을 교회에 들고 가는 소지품으로 밖에는 사용하지 않은 것입니다. 그들은 쉬지 않고 기도하고 항상 기도하라는 명령을 받았지만, 가정에서나 그 어느 곳에서도 늘 은밀히 기도하지 않으려 합니다.

다니엘이 자기 집에서 하루에 세 번씩 기도하기를 그치기보다는 사자 굴에 던져지기를 바랐을지라도, 그들은 안전을 도모하기는커녕, 우는 사자인 사탄의 영원한 제물이 되려고 덤빕니다. 혹은 그들의 차갑고 냉랭한 기도는 하나님의 응답을 듣지 못합니다. 왜냐하면 구하되 경솔하고 드물게 구하는 자는 대개 구하는 것에 그다지 관심이 없는 법이기 때문입니다. 그들은 스스로 하늘에 갈 자격이 없다고 판단하며, 끊임없이 성실하게 하늘을 구할 만한 것으로 생각하지 않습니다.

만일 아침이고 저녁이고 성실하게 기도로 주를 찾지 않는 가정의 모든 문에 표시가 되어 있고 하나님의 진노가 그처럼 기도하지 않는 가정에 쏟아진다면, 우리의 마을은 천벌로 뒤집어진 곳이 되며, 사람들이 그 안에 죽어 있으며, 밖으로는 심판의 표가 될 것입니다. 한 집이 피할 것 같으면 죽음을 당하기로 표시될 집은 열 집일 것 같아 두렵습니다. 그리고 바로 그 문은 마침 이렇게 소리칩니다. "주여, 우리를 긍휼히 여기소서." 왜냐하면 사람들이 기도하지 않을 것이기 때문입니다. 그러나 특별히 우리가 은밀한 방에서 사람들이 행하는 것을 볼 수 있다면 온 마을에서 낮과 밤에 15분을 자기 영혼을 위하여 하나님께 진지하게 구하는 데 쓰는 사람을 몇이나 발견하겠습니까? 이 사람들은 영원한 안식을 얼마나 초라하게 여깁니까! 그래서 그들은 자신이 잘되는 데 필요한 모든 노력을 게으르게 무시합니다, 관습이나 신용 때문에 참여하는 교회의 몇몇 공적 의무를 제외하고는. 그들을 설득하여 좋은 책을 읽고, 교리 문답에 담긴 신앙의 초보를 배우고, 기도와 묵상과 말씀 듣는 것으로 주의 날을 거룩하게 지키고, 모든 세상적 생각과 말을 억누르게 하십시오. 그리고 그들은 이런 생활을 얼마나 지루하다고 여깁니까. 그들은 마치 하늘나라가 그렇게 애쓸 가치가 없는 것처럼 생각합니다.

또 한 부류는 **형식적인 신앙고백자들**인데, 이들은 외적인 의무는 행하지만 자신이 결코 확신하지 않을 종교의 내적 활동은 행하지 않을 것입니다. 그들은 하늘의 이야기를 전파하거나 듣거나 읽거나 가정에서 기도할 것이며, 선한 사람과 협력하고 선한 대의명분에 참여하고 경건한 자 가운데 속했다는 평가를 받기를 바랍니다. 그러나 당신은 결코 그들이 다음과 같은 좀 더 영적인 의무를 행하게 할 수 없습니다: 은밀한 기도와 묵상을 계속 열정적으로 하는 것, 천상의 마음을 갖는 것, 자신의 마음과 말과 방법을 살피는 것, 육신을 죽이는 것과 그 정욕을 이루려고 하지 않는 것, 원수를 사랑하고 마음으로 용서하는 것, 자신이 소유하거나 행하는 모든 것을 그리스도의 발 아래 놓고 모든 것에 앞서서 그리스도께 봉사하고 그 사랑을 높이는 것, 죽을 준비를 하고 그리스도께 가려고 모든 것을 기꺼이 버리는 것.

위선자는 이런 것 가운데 하나도 결코 믿지 않을 것입니다. 만일 어떤 위선자가 기쁨으로 복음을 받는다면, 그의 영혼은 형식적으로만 그렇게 할 따름입니다. 그는 결코 이 땅에 깊이 씨를 뿌리지 않습니다. 이 씨로 인하여 그의 견해는 바뀌지만, 그의 마음이 녹거나 새로워지지 않으며 그리스도를 높여 온전한 능력과 권위를 돌리지 않습니다. 그의 종교가 대개 개인의 생각에 좌우되듯이 그의 주된 사업과 대화도 그렇습니다. 그는 보통 토론에서 무지하고 대담하고 속는 사람이지 사랑과 순종으로 알려지는 진리를 겸손히 받아들이는 사람이 아닙니다. 그는 다른 사람의 판단과 인품을 무시하고 진지하고 겸손하게 그리스도의 큰 일에 관하여 이야기하는 적이 드물기 때문에 자신의 종교가 자기 머리에는 들어 있지만 마음에는 없음을 드러냅니다. 시험의 바람이 불면 그는 깃털처럼 날아가 버립니다. 왜냐하면 그의 마음이 그리스도와 그 은혜와 더불어 서 있지 못하기 때문입니다.

　그는 사담(私談)에서 자기 영혼의 불완전함을 겸손히 슬퍼하거나 그리스도에 대하여 친절하지 못하는 것을 곱게 인정하지 않습니다. 그는 그런 종파나 파당의 일원이라는 데서 아주 큰 위로를 얻습니다. 그 같은 사람을 세상적 위선자라 할 수 있을 것입니다. 그는 세상의 근심과 욕망의 가시로 복음이 막히게 합니다. 그는 자신이 신앙적임에 틀림없다고 확신하지만 구원 받을 수 없습니다. 그러므로 그는 읽고 듣고 기도하고 이전의 친구와 길을 버립니다. 그러나 그는 계속 현재의 일들을 붙들려고 마음을 먹습니다. 그의 판단력은 하나님이 최고선이라고 말합니다. 그러나 그의 마음과 감정은 결코 그렇다고 말하지 않습니다. 그는 하나님보다 세상을 더 사랑하며, 그래서 세상이 그의 신이 됩니다. 그는 세상과 같이 시류와 기발함을 따르지 않지만, 세상적 이득에 가장 보탬이 되는 견해를 취할 것입니다. 그리고 치명적인 오류에 연약해진 영혼을 가진 이 사람의 정신은 세상의 성향이라는 전염병에 사로잡혀 있습니다. 그러니 그의 은밀한 기도는 얼마나 연약하겠습니까. 그의 살핌과 묵상이 얼마나 천박하겠습니까. 마음을 살피는 것이 얼마나 빈곤하겠습니까. 하나님을 사랑하고 동행하는 것이나 하나님을 즐거워하는 것이나 하나님을 바라는 것이 참으로 형편없지 않겠습니까. 그처럼 이런저런 많은 위선자들은 종교의 쉬운 외곽에서는 당신과 함께 하겠지만 내면적이고 영적인 의무를 힘들여 하지 않을 것입니다.

　그리고 **경건한 자들**도 자신의 영원한 안식을 추구하는 데 너무 게으릅니다. 애석하게도 우리의 빛과 열기, 우리의 고백과 행위는 얼마나 불균형을 이룹니까! 누가 하늘을 위하듯이 그렇게 서두릅니까? 우리는 얼마나 꼼짝 않고서 있습니까. 우리는 얼마나 게으르게 일합니까. 우리는 이야기하고 농담하고 사소한 일로 얼마나 시간을 허비합니까. 우리는 하나님의 일을 얼마나 속이며 행합니까. 우리는 듣지 않는 듯이 듣고, 기도하지 않는 듯이 기도하고, 자신을 살피고 묵상하고 죄를 비난하지 않는 듯이 살피고 묵상하고 죄를 비난하며, 그리스도를 즐기지 않는 듯이 그리스도를 즐기며, 사도가 '이 세상의 것을 쓰는 법을' 가르친 것처럼, 하늘의 것을 수단으로 사용하여 세상을 취하려 합니다. 그 얼마나 우리를 마비시켰던 냉담한 어리석음입니까! 우리는 죽어가고 있으며 그것을 압니다. 그러나 우리는 동요하지 않습니다. 우리는 영원한 행복의 문에 서 있거나, 아니면 영원한 비참의 문 앞에 있습니다. 그러나 우리는 그것을 파악하지 못합니다. 사망이 문을 두드리지만 우리는 그것을 듣지 못합니다.

　하나님과 그리스도는 우리를 불러 소리치십니다. "오늘 너희가 내 음성을 들으려면 너희 마음을 완고하게 하지 말라. 때가 낮인 동안 일을 하라. 밤이 오리니 그때는 아무도 일할 수 없느니라"(히 4:7; 요 9:4). 이제 힘써 여러분의 일을 하고 여러분의 생활을 위하여 노동하고, 여러분의 모든 힘과 시간을 쓰십시오. 이제 하지 않으면 결코 하지 못합니다. 그러나 우리는 반쯤 곯아 떨어진 것처럼 동요하지 않습니다. 사망과 심판이 얼마나 서두릅니까. 그들이 얼마나 빨리 옵니까. 그들은 우리 곁에 닥쳐왔지만 우리는 조금도 서두르지 않습니다. '주여, 굳은 마음은 참으로 무감각하고 이 땅에 매여 있고 지옥 같은 것입니다. 진지한 그리스도인은 어디 있습니까?'

　아마 모든 곳의 사람들은 자신의 영원한 상태를 하찮게 여깁니다. 그들은 그 상태를 추구하지만, 말이 났으니 말이지 아주 조금씩 추구합니다. 그들은 그것을 자기 생애의 일로 삼지 않습니다. 만일 내가 같은 병으로 앓지 않는다면, 나는 눈물에 이 잉크를 섞고 한숨 쉬며, 비탄의 마음으로 이 보편적 사망 상태를 두고 울어야 합니다.

　행정관은 우리 가운데서 자신의 일을 진지하게 수행합니까? 그들은 하나님에 대한 열심이 있겠습니까? 자기 집을 짓습니까? 자기 명예를 사랑합니까? 그들은 말씀에 찬동하며 죄와 죄인을 우리의 평화를 흔드는 자로 반대하며 우리의 모든 비참을 일으키는 유일한 원인으로 여깁니까? 그들은 자신이 청지기임을 명백하게 드러내야 하는 자로서 자신의 모든 힘과 부와 명예와 자신의 모든 영향을 그리스도의 나라에 가장 유익하도록 사용합니까?

사역자들 가운데서 자기 일에 진지한 사람이 얼마나 적습니까! 아니 가장 탁월한 자들이 이런 일에 실패하다니 얼마나 한탄스럽습니까! 우리는 사람이 복음을 불순종하는 것에 대하여 "성령의 나타남으로"(고전 2:4) 소리치며 죄를 우리 마을을 파괴하는 불로 다루고 힘써서 사람들을 죄에서 벗어나게 합니까? 우리는 우리의 백성을 마땅히 '주의 두려우심을' 알아야 할 자로 여기고 설득합니까? 우리는 그리스도와 중생과 믿음과 거룩함이 없이는 결코 생명을 가질 수 없음을 믿고서 사람들에게 이것들을 제시합니까? 우리의 마음은 무지하고 생각 없고 완고한 사람들을 동정합니까? 그들을 얼굴을 대하고 볼 때, 안식하는 그들의 얼굴을 결코 보지 못하는 것이 아닌지 걱정하며 우리의 마음이 그들에 대하여 녹아내립니까? 바울처럼 우리는 그들의 육신적이고 세상적인 성향에 대하여 "울며 말하고, 공중 앞에서나 각 집에서나 언제든지 많은 눈물로 가르칩니까?"(행 20:20). 그리고 우리는 그들의 영혼의 구원을 위하여 간청합니까? 좀 더 정확하게 말해서, 우리는 비판적인 청중의 인정을 얻기 위하여 마음을 쓰지 않습니까? 마치 사역자가 한 시간 부드러운 이야기를 말하며 그 다음 설교 때까지 사람들을 돌보지 않는 것처럼 말입니다. 육적인 신중함 때문에 우리의 열정이 억눌리며 가장 날카로운 주제에 관하여 우리의 설교가 생명 없게 되지 않습니까? 우리는 우리 사람들의 영혼을 아주 잔인하게 다루게 될 그런 죄를 너무 부드럽게 다룹니다. 한 마디로, 하늘의 일에 관하여 우리가 신중하지 못하므로 사람들의 영혼은 외형적인 것에 마음이 끌리고, 이처럼 관습적이고 생각 없이 듣게 만들어 그들은 파멸됩니다. 주님이 이런 일에 관련된 사역의 큰 죄를, 구체적으로 나의 사역의 큰 죄를 용서하시기를 구합니다.

그리고 **사람들**은 행정관이나 사역자보다 더 진지합니까? 그것을 기대할 수 있겠습니까? 독자여, 오직 그대 자신을 살피고 그 문제를 해결하십시오. 양심에 묻고 묵묵히 사실대로 자신에게 말해 보십시오. 그대는 자신의 영원한 안식을 그대가 이 세상에서 행해야 하는 큰 일로 목전에 두었습니까? 그대는 "아무도 그대의 면류관을 빼앗지 못하게"(계 3:11) 하려고 온 힘을 다하여 살피고 일했습니까? 그대는 너무 늦게 이르러 자기의 일을 다 하기 전에 죽지 않도록 서둘렀습니까? 그대는 반대하는 군중을 헤치며 "그리스도 예수 안에서 하나님이 위에서 부르신 부름의 상을 위하여"(빌 3:14) 달려갔습니까? 양심으로 당신의 은밀한 외침과 신음과 눈물을 볼 수 있겠습니까? 당신의 가정은 당신이 주를 경외할 것을 가르친 것과 가족들에게 "저 고통 받는 곳에 가지" 않도록 경고했음을 증거할 수 있겠습니까? 당신의 사역자는, 당신이 "내가 어떻게 하여야 구원을 받으리이까?"(행 16:30) 하고 외치며 당신이 자신의 부패한 것을 불만스럽게 여기며 또 주를 성실하게 찾으며 사역자 자신을 따랐다고 증언할 수 있겠습니까? 당신의 이웃은 당신이 경건하지 못한 자를 책망하고, 힘들여 형제의 영혼을 구원하려고 했다고 증언할 수 있겠습니까?

이 모든 증인이 이날 하나님과 당신 사이에서 당신이 성실하게 영원한 안식을 이루려고 하는지 판단하게 하십시오. 당신은 직접 보지 않더라도 종이 게으름을 피웠는지 피우지 않았는지 그의 일을 통하여 알 수 있습니다. 그래서 당신은 당신 자신의 일을 보고서 스스로에 대하여 말할 수 있습니다. 그리스도에 대한 당신의 사랑과 믿음과 열정과 다른 덕은 강합니까 아니면 약합니까? 당신의 일은 무엇입니까? 당신의 확신은 무엇입니까? 모든 것이 제대로 되어 있습니까? 당신은 오늘이 그날이라면 죽을 준비가 되었습니까? 당신이 대화를 나누었던 영혼들이 당신을 축복합니까? 이것으로 판단하십시오. 그러면 당신이 열심히 일한 사람이었는지 게으름쟁이였는지 곧 드러날 것입니다. 오, 복된 안식이여! 어떻게 그대가 그렇게 무익하게 무시되었습니까! 오, 영광스러운 나라여! 어떻게 그대가 그렇게 과소평가되었습니까! 사람들의 생각 없는 아들들은 자신이 그렇게 무시하는 상태가 얼마나 소중한 것인지 별로 모릅니다. 만일 그들이 일단 그것을 안다면, 확실히 그들은 다른 마음을 가질 것입니다.

독자여, 나는 그대가 영원한 안식을 소홀히 대하는 것이 얼마나 절망적인 것인지, 그리고 그대가 이 잘못을 얼마나 심각하게 저질렀는지 깨닫기를 바랍니다. 그리고 나는 그대가 이 확신이 죽게 내버려 두지 않기를 바랍니다. 그대가 지키지 않으려 한다면, 의사는 그대에게 이렇게 말해야 하지 않겠습니까? "당신이 한 가지만 지키려 하면 당신의 병을 고칠 수 있지 않을까 하오." 그러니 나는 그대에게 이렇게 말합니다. 그대가 자신의 영혼을 위하여 이 한 가지를 지키려 하면 나는 그대의 구원을 의심하지 않겠습니다. 나태함을 벗어 던지십시오. 그리고 온 힘을 다해 참다운 그리스도인이 되십시오. 그러면 나는 그대의 행복을 막을 수 있는 것이 없다고 믿습니다. 그대가 하나님으로부터 벗어나 있는 한, 마음을 다하여 하나님을 찾으십시오. 그러면 틀림없이 하나님을 찾을 것입니다. 그대가 예수 그리스도께 친절하지 않았지만, 마음으로 그리스도를 찾고 주저하지 말고 그를 섬기십시오. 그러면 그대의 구원이 이미 손 안에 있는 것처럼 확실할 것입니다. 그러나 그리스도의 속죄가 충만하고 그 약속이 거저 주신 것이고 하나님의 긍휼이 클지라도, 그대가 그것들을 간절히 받아들여야 할 마당에 말만 하고 있다면, 그대는 그것들로 인하여 결코 더 낫게 되지 못할 것입니다. 그리고 그대가 일해야 할 때 게으름을 피우면 그대는 면류관을 잃을 것입니다. 그러므로 힘써서 빠르고 진지하게 일하며, 그 일을 할 시간을 그대에게 주신 하나님을 찬양하십시오.

이유 없이 그대를 부추기지 않음을 보여 주기 위하여, 나는 여기서 생기를 돋우는 다양한 고찰을 덧붙일 것입니다. 그대의 정신을 일깨워, 모세가 이스라엘에게 말했던 것처럼 "내가 오늘날 너희에게 증언한 모든 말을 너희 마음에 두라. 이는 너희에게 헛된 일이 아니라. 너희의 생명이라"(신 32:46-47).

주께서 그대의 마음을 여사 하나님의 계획을 그대에게 속히 유효하게 이루시기를 바랍니다!

1. 우리가 삼고 있는 목적과 우리가 해야 할 일과 우리 시대가 짧고 불확실함과 우리 원수가 우리를 대적하여 부지런함에 비추어 마땅히 우리가 부지런해야 함이 얼마나 합당한 일인지 살펴보십시오.

그리스도인이 소망하고 이루려고 애쓰는 목적들은 어찌나 큰지 인간의 지성이 파악할 수 없습니다. 지옥의 고통을 피하고 하늘나라의 영광을 가짐으로써 하나님을 영화롭게 하는 일과 우리 자신이 다른 사람의 영혼을 구하는 일만큼 탁월하거나 중요하거나 필요한 것은 무엇이겠습니까? 그리고 사람이 그렇게 중요한 일들에서 영향을 가장 많이 받지 않겠습니까? 사람이 그것을 더없이 진지하게 바라거나 더없이 강력하게 사랑하거나 더없이 부지런히 그것을 위하여 일해도 부족하지 않겠습니까? 우리는 기도의 응답을 받지 못하고 일이 성공하지 않으면 영원히 파멸했다는 것을 알지 못합니까? 여기서 그리스도인의 일은 아주 크고 다양합니다. 영혼은 새로워져야 합니다. 부패는 사라져야 합니다. 관습과 시험과 세상적 관심은 극복되어야 합니다. 육신은 정복되어야 합니다. 삶과 친구와 명성은 낮아져야 합니다. 정당한 근거 위에서 양심은 고요해야 합니다. 그리고 용서와 구원의 확신을 얻어야 합니다.

하나님은 공로 없는 우리에게 이런 것들을 틀림없이 주시지만, 우리가 진지하게 찾고 일하지 않으면 그것들을 주지 않으실 것입니다. 게다가 얻어야 할 지식이 많고 이용해야 할 규례가 많고 행해야 할 의무가 있습니다. 모든 시대와 해와 날과 우리가 가는 모든 곳과 우리가 대하는 모든 사람과 우리의 온갖 상황은 여전히 우리의 활동이 새로워질 것을 요구합니다. 아내와 자녀와 종과 이웃과 친구와 원수, 그 모두가 우리에게 의무를 행하라고 요구합니다. 그러므로 손에 그토록 많은 일을 들고 있는 사람들이 온갖 노력을 다해야 하는 것이 지혜인지, 지체하거나 게으름 피우는 것이 지혜인지 판단하십시오.

시간이 지나갑니다. 하지만 우리는 **몇 날 있지 않으면** 더 이상 이곳에 있지 않을 것입니다. 많은 질병이 우리를 공격할 태세입니다. 이제 설교하고 듣고 말하고 걷고 있는 우리는 곧바로 옮겨져 먼지 속에 누울 것이 분명하며, 흑암과 썩어짐 속에서 벌레의 먹이가 될 것입니다. 우리는 이미 거기 있는 것과 진배없습니다. 우리는 다른 설교를 듣게 될지 또 안식일이나 시간을 갖게 될지 모릅니다. 그렇게 큰 일에 대하여 여력이 그토록 없는 자들은 얼마나 적극적으로 일해야 하겠습니까. 그리고 우리에게는 언제나 우리를 파멸하려고 음모를 꾸미고 일하고 있는 원수가 있습니다. 사탄은 얼마나 부지런히 온갖 시험을 걸어옵니까! 그러므로 "근신하라 깨어라 너희 대적 마귀가 우는 사자같이 두루 다니며 삼킬 자를 찾나니 너희는 믿음을 굳건하게 하여 그를 대적하라"(벧전 5:8-9). '사탄의 일꾼과 거짓 선생과 비웃는 자와 핍박하는 자'는 엄청나게 부지런합니다. 우리의 타고난 부패는 그 가운데 가장 바쁘고 부지런합니다. 연약하게 저항해 봐야 우리의 변화된 태도에 도움이 되겠습니까? 우리는 우리를 파멸하려는 우리 원수보다 자신을 지키기 위하여 훨씬 더 열심히 일해야 하지 않을까요?

2. 우리는 자신의 재능과 공로와 하나님과의 관계와 하나님이 우리에게 가하시는 고난을 살필 때 당연히 부지런해야 한다는 마음이 일어납니다.

우리가 받은 **재능**은 많고 큽니다. 도대체 이 지구상의 민족들 중에서 때에 맞건 맞지 않건 간에 우리들보다 더 풍부한 가르침을, 더 강력한 설교들을, 그리고 더 지속적인 훈계들을 받은 민족이 누구이겠습니까? 우리는 물릴 때까지 설교를 들어왔고, 안식일 관념이 없어질 정도까지 안식일을 지켜왔습니다. 또한 도대체 어떤 책을 읽어야 할지 모를 정도로 탁월한 많은 책들을 갖고 있습니다. 도대체 어떤 민족이 하나님을 그렇게나 가까이에서 모셨으며, 자신들의 눈 앞에서 십자가에 못 박히신 그리스도에 대해 그렇게나 많은 것을 보아왔으며, 또는 자신들 앞에 천국과 지옥이 확연히 열려져 있는 경험을 했단 말입니까? 그 사람들은 하늘을 향하여 얼마나 빨리 가야 합니까? 그렇게 날개 달린 그들은 얼마나 빨리 날아가야 합니까? 그리고 바람과 조수의 도움을 받는 그들은 얼마나 빨리 항해합니까? 그들은 덕을 조금 발휘해서는 어울리지 않으며, 하나님의 일을 흔히 하듯이 조금 부지런히 해서는 용서받지 못합니다.

우리의 모든 생활에는 **긍휼**이 차 있었습니다. 하나님은 바다와 땅과 하늘과 지상의 부요를 우리에게 긍휼히 부으셨습니다. 우리는 긍휼로 배불렀고 옷 입었습니다. 우리는 안과 밖에 긍휼을 갖고 있습니다. 긍휼을 세는 것은 별이나 바다의 모래를 세는 것과 진배없습니다. 만일 지옥과 땅에 무슨 차이가 있다면, 혹은 하늘과 땅에 무슨 차이가 있다면, 우리는 **긍휼**을 받은 것이 확실합니다. 하나님의 아들이 흘리신 피가 긍휼이라면, 우리는 긍휼에 의하여 하나님께 속박되었습니다. 하나님은 우리에게 더없이 많고 좋은 것을 생각하십니다. 우리는 하나님을 위하여 할 일을 더욱더 생각해야 합니다. 나의 게으르고 무익한 생활을 자주 받은 놀라운 긍휼에 비추어 볼 때 나는 부끄럽고 침묵하게 되고 용서받을 수 없게 됩니다.

우리의 재능과 긍휼을 제외하면 우리가 하나님과 맺은 **관계**가 가장 사랑스럽습니다. 우리는 그의 자녀이므로 가장 따뜻한 사랑과 의무감에 찬 순종을 하나님께 바쳐야 하지 않습니까? 우리는 '그리스도의 신부'이므로 그를 순종하고 사랑해야 하지 않겠습니까? "그가 아버지이시라면 그 존귀가 어디에 있겠습니까? 그리고 그가 주이시라면 그의 두려우심이 어디 있겠습니까?" 그러나 우리가 우리의 관계에서 근면하지 않다면, 우리는 자신을 그의 자녀라거나 그의 종이라고 말할 때 스스로를 정죄합니다. 종이 그 주인을 즐겁게 하려고 겪는 힘든 일과 매일의 수고는 자신의 위대한 주인을 위하여 그렇게 열심히 일하지 않으려 하는 자를 판단하고 정죄하지 않겠습니까. 확실히 하나님과 같은 주인은 없습니다. 어떤 종들이든지 하나님의 종으로서 그와 같은 노동의 열매를 기대할 수 없습니다. 그리고 우리가 하나님의 길에서 벗어나 방황하거나 하나님의 길에서 게으름을 피운다면, 모든 피조물이 우리를 다시 그 길에 돌려놓거나 우리를 몰아대기 위하여 하나님의 막대기가 되려고 앞다투어 나오지 않겠습니까. 우리의 가장 달콤한 긍휼은 우리의 슬픔이 될 것입니다. 주께서는 막대기보다 우리를 우리 자신을 치는 채찍을 만드실 것입니다. 우리는 병든 몸 때문에 신음할 것입니다. 우리는 마음이 복잡하여 안절부절할 것입니다. 우리의 양심이 가슴에 찌르는 전갈이 될 것입니다. 그리고 그 일을 참고 하는 것이 박차를 맞는 것보다 쉽지 않겠습니까? 우리는 적극적으로 활동하는 것보다 여전히 고통을 당하는 것이 낫지 않겠습니까? 그리고 그들이 최선을 다하며 또한 고난에 맞서더라도, 확실히 양심의 평안과 그리스도에 대한 충성에 따라 그들의 잔은 덜 쓰게 됩니다.

3. 우리는 하는 일을 더욱 부지런히 행하려 할 때 어떤 확신을 갖고 어떤 원리를 고백하고 결코 우리의 확신이 더할 나위 없음을 또한 살펴야 합니다.

우리가 하나님께 봉사하는 일에 힘쓸 때 온 세상은 우리의 종입니다. 해와 달과 별이 그 빛과 영향력을 갖고 우리를 수행합니다. 온갖 식물과 꽃과 열매와 새와 짐승이 있는 땅, 바다와 그 가운데 거하는 것, 공기와 바람, 서리와 눈, 열기와 불, 구름과 비, 이 모든 것이 우리가 일하는 동안 우리의 시중을 듭니다. 그렇습니다. "모든 천사는 부리는 영입니다." 더욱이 하나님의 오래 참으심이 우리를 돕습니다. 주 예수 그리스도는 그 피를 드릴 때 도우십니다. 성령님은 우리의 뒤처진 마음과 더불어 애쓰며 도우십니다. 그 밖에 생각 없는 죄인을 마음 써서 기다리고, 전하며 기다리고, 기도하며 기다리는 복음의 사역자가 있습니다. 그리고 우리가 사소한 일로 시간을 보내는 것은 참을 수 없는 범죄가 아닙니까? 반면에 천사와 사람과 주님이 옆에 서서 보고 마치 아무것도 하지 않는 우리를 촛불처럼 붙들고 있습니다. 그리스도인이여, 나는 여러분에게 간절히 청합니다. 기도하든지 범죄자를 책망하든지 무슨 의무를 행하고 있든지 당신이 일하는 데 어떤 도움이 있는지 기억하고 어떻게 그 일을 행해야 하는지 판단하십시오.

우리가 고백하는 **원리들은** 하나님이 최고선(最高善)이며, 우리의 모든 행복이 하나님의 사랑에 있으며, 따라서 그 사랑이 가치 있고 모든 것보다 먼저 추구해야 할 것이며, 하나님이 우리의 유일한 주이시므로 먼저 섬김을 받으셔야 하며, 우리가 마음과 목숨과 뜻을 다하여 하나님을 사랑해야 하며, 세상에서 행할 우리의 큰 일은 하나님을 영화롭게 하고 구원을 얻는 것이라는 점입니다. 이 교리가 우리의 실제 생활에 드러납니까? 좀 더 정확하게 말해서, 우리의 일은 우리가 말로 고백하는 것을 부인하지 않습니까?

그러나 우리가 도움과 원리 때문에 일할 마음이 생길지라도, 우리는 **아무리 해도 다함이 없음**을 확신합니다. 우리가 "다 행할" 수 있더라도 "우리는 무익한 종입니다"(눅 17:10). 우리가 모든 일에 실패할 것을 확신할 때는 더 말할 나위 없습니다. 하나님을 아무리 순종하거나 섬기더라도 다함이 없습니다. 모든 미신 혹은 우리가 행한 봉사가 '매우 의롭다'고 일컬어질지라도 우리가 말씀의 규례를 따르는 한 그것은 지나치지 않습니다. 세상은 그리스도를 신실하고 부지런히 봉사하는 것이 어리석고 괴상한 일이라고 생각할 때 악한 마음으로 미쳐 버렸습니다. 하나님을 아무리 사랑하고 섬기더라도 다함이 없고 자기 영혼을 구하려고 아무리 힘쓰더라도 다함이 없다고 그들이 쉽사리 고백할 때가 가까웠습니다. 우리는 세상을 위하여 쉽사리 너무 많은 것을 하지만 하나님을 위해서는 그렇게 할 능력이 없습니다.

4. 더 나아가 모든 은혜는 본래 부지런함을 권장하는 것과 하늘로 가는 길에 사소한 일로 시간을 버리는 것은 헛된 일이라는 것과, 이미 고귀한 많은 시간을 잘못 썼다는 것과, 우리의 일에 비례하여 우리는 보상을 받을 것이라는 것을 살펴봅시다.

모든 **은혜의 본성과 경향**을 보십시오. 만일 당신이 하나님을 사랑하면, 당신은 하나님을 섬기고 그를 기쁘시게 하려고 능력이 닿는 대로 아무리 생각해도 다함이 없을 것입니다. 사랑은 빠르고 조급하며 적극적이고 순종적입니다. 만일 당신이 그리스도를 사랑하면 그의 계명을 지킬 것이며 그 계명이 지나치게 엄격하다고 비난하지 않을 것입니다. 당신이 믿음을 갖고 있으면 그 믿음 때문에 당신은 생명을 얻고 용기를 얻을 것입니다. 당신이 영광의 소망을 갖고 있으면, 시계 속의 용수철처럼 이 소망이 당신의 영혼의 모든 톱니를 움직이게 할 것입니다. 만일 당신이 하나님을 경외하면, 그로 인하여 당신은 나태함으로부터 일어날 것입니다. 당신이 열정을 갖고 있으면, 그 열정이 타올라 '당신을 삼킬' 것입니다. 당신이 아무리 거룩하게 되었더라도 그만큼 하나님의 일을 진지하고 성실하게 할 것입니다.

사소한 일에 시간을 허비하는 자들은 자기 일을 그르칩니다. 아그립바와 같이 그리스도인이라고 할 수 있는 자들은 결국 자신이 겨우 구원 받을 것임을 발견할 것입니다. 만일 두 사람이 경주를 벌이고 있다면, 더 늦게 달리는 사람은 상도 잃고 일도 그르칩니다. 역기를 드는 사람이 그것을 들 만큼 충분한 힘을 쓰지 못하면, 들지 않은 것과 마찬가지입니다. 그리스도인들은 철저하게 행하지 않으므로 얼마나 많은 의무를 그르쳤습니까. "들어가기를 구하여도 못하는 자가 많으리라"(눅 13:24) 그러나 노력했더라면 그들은 들어갈 수 있었을 것입니다. 그러므로 이미 행한 모든 일이 헛되지 않으려면 조금 더 부지런하고 힘을 쓰십시오.

게다가 **고귀한 시간을 이미 얼마나 많이 잃어버렸습니까?** 우리 가운데 얼마는 어린 시절과 청년기를 이미 보냈습니다. 어떤 사람은 중년기도 보냈습니다. 그리고 우리 앞에 남은 시간이 있는지 아주 불확실합니다. 자고 이야기하고 놀고 세상적인 생각과 관심에 보내는 시간이 얼마나 많았습니까! 그러나 우리가 한 일은 얼마나 적습니까! 우리가 잃은 시간은 돌이킬 수 없습니다. 그러므로 우리는 얼마 남지 않은 것을 건지고 증진해야 하지 않겠습니까? 만일 여행자가 낮 동안 내내 자고 사소한 일을 한다면, 저녁에 매우 급히 여행해야지 그렇지 않으면 여행을 끝내지 못합니다.

오직 **당신의 일에 따라 보상을 있을 것임**을 의심하지 마십시오. 씨가 땅에 묻혀 죽으면 풍성한 열매를 맺을 것입니다. 당신이 행하고 당하는 일이 무엇이든지 영원한 안식은 그 모든 것을 보상할 것입니다. 천국에서는 이미 행한 일을 후회하거나 고통하는 일이 없습니다. 거기서는 아무도 이렇게 말하지 않습니다. "고통을 덜 당하고, 기도를 좀 덜 하고, 좀 덜 엄격하게 살고, 이웃 사람들처럼 행할 걸." 반대로 자신이 한 일과 시련을 돌아보고 어떻게 하나님의 큰 힘으로 그 모든 것을 헤쳐 나왔는지 살피는 것은 그들의 기쁨이 될 것입니다. 바울처럼 우리 모두는 이렇게 말할 것입니다. "생각하건대 현재의 '노동의' 고난은 장차 우리에게 나타날 영광과 비교할 수 없도다"(롬 8:18). 우리는 잠시 일하지만 영원히 안식할 것입니다. 삶에서 한 시간 노동으로 군주가 될 수 있다면 한 시간 동안 온 힘을 기울이지 않을 자가 과연 누구입니까? "하나님이 불의하지 아니하사 너희 행위와 사랑을 잊어버리지 아니하시느니라"(히 6:10). "우리의 모든 눈물을 씻어 주시지"(계 7:17) 않겠으며, 의무로 인한 우리의 모든 슬픔이 그때 잊혀지지 않겠습니까?

5. 또한 다음을 살필 만합니다. 하나님은 구원의 길을 정하실 때 사람들이 애쓰게 하셨습니다. 모든 사람이 그것을 인정하거나 장차 인정할 것이며, 아주 훌륭한 그리스도인은 죽을 때 더 애쓰지 못한 것을 한탄하며, 종종 애쓰는 것이 부족해서 하늘을 잃어버립니다. 하지만 하늘은 쉽게 얻어지지 않습니다.
하나님의 주권적 지혜는 구원에 필요한 노력이 있도록 했습니다. 하늘의 하나님보다 하늘로 가는 길을 누가 더 잘 알겠습니까? 사람들이 우리더러 너무 엄격하다고 말할 때, 그들은 하나님과 우리 가운데 누구를 비난합니까? 만일 잘못이 있다면 명령하는 하나님에게 있지 순종하는 우리에게 있지 않을 것입니다. 이들은 우리가 다른 세상 사람들보다 더 지혜로우냐고 묻는 사람들입니다. 그러나 그들은 하나님보다 지혜로운 척할 것입니다. 어떻게 그들은 자신의 말과 하나님의 법을 조화할 수 있겠습니까? "천국은 침노를 당

하나니 침노하는 자는 빼앗느니라. 좁은 문으로 들어가라 멸망으로 인도하
는 문은 크고 그 길이 넓어 그리로 들어가는 자가 많다. 무릇 네 손이 일을
얻는 대로 힘을 다하여 할지어다. 네가 장차 들어갈 스올에는 일도 없고 계
획도 없고 지식도 없고 지혜도 없음이니라. 두렵고 떨림으로 너희 구원을 이
루라. 더욱 힘써 너희 부르심과 택하심을 굳게 하라. 또 의인이 겨우 구원을
받으면 경건하지 아니한 자와 죄인은 어디에 서리요?"(마 11:12; 벧전 4:18).
그들이 성도의 거룩한 침노를 대항하여 말할 수 있는 그럴 듯한 모든 이유를
들이대게 하십시오. 이것으로 나는 그 모든 것을 능히 논박할 수 있습니다.
즉 하나님은 다른 마음을 갖고 계시며, 그분은 내가 할 수 있는 것보다 훨씬
많은 것을 내게 명령하셨다는 것입니다. 그리고 내가 거기에 달리 이유를 찾
을 수 없을지라도, 그의 뜻에는 충분한 이유가 있습니다. 우리를 지으신 하
나님 말고 누가 우리에게 법을 정하겠습니까? 그리고 틀림없이 우리를 하늘
로 이끄시는 그분 말고 하늘로 가는 길을 누가 가리켜 보여 주겠습니까? 그
리고 구원의 은혜를 주신 그분 말고 누가 구원의 방도를 정하겠습니까? 그러
니 세상이나 육신이나 마귀가 거룩하고 수고하는 생활에 대적하여 말하게
해 보십시오. 나의 대답은 이것이니 곧 하나님이 그것을 명령하셨다는 것입
니다. 그러나 그런 생활을 인정하지 않고 성도의 부지런함을 어느 순간 정당
화하지 않을 자는 없었고 앞으로도 없을 것입니다. 그리고 모든 사람이 궁극
적으로 칭송할 그 길을 누가 가지 않으려 하겠습니까? 참으로 지금 그 길은
"모든 곳에서 반대를 당하는" 길입니다. 그러나 나는 당신에게 말하겠습니
다. 그 길을 반대하여 말하는 자들은 대부분 심판 때에 그것을 시인합니다.
그리고 지금 그 길을 대적하는 자들은 곧 다른 마음을 품을 것입니다. 만일
그들이 하늘나라에 이르면 그들의 마음은 거기 도착하기 전에 틀림없이 바
뀔 것입니다. 만일 그들이 지옥에 가면 그때 그들의 판단은 원하든 원치 않
든 틀림없이 바뀔 것입니다. 이것을 기억하십시오. 너희 시류와 대중의 길을
좋아하는 자들이여. 그때에 여러분은 모든 사람들이 취할 의견을 왜 취하지

않겠습니까? 여러분은 당신들 모두가 지금 확신하는 그 판단이 바뀌게 될 것입니다. 오, 여러분이 지옥에 있는 자들처럼 이 세상에서 지혜로웠으면!

심지어 아주 훌륭한 그리스도인은 죽을 때 더 애쓰지 못한 것을 한탄합니다. 그들은 그때 이렇게 소원을 품습니다. "천 배나 더 거룩하고 더 천상적이며 내 영혼을 위하여 더 힘썼다면. 세상은 내가 너무 많이 일했다고 비난하지만, 나의 양심은 너무 적게 일했다고 나를 비난한다. 양심의 채찍질보다 세상의 비웃음을 당하는 것이 훨씬 쉽다. 나는 구원을 무시한다고 하나님께 질책을 받기보다 차라리 구원을 찾는다고 마귀에게 비난 받는 것이 낫다." 천상의 대화로 세상을 놀랍게 만든 자들은 참으로 자신의 실패로 상처 받고 마음 아파했습니다.

더 부지런하지 못하여 하늘을 잃습니다. 사람들이 "말씀을 듣고 얼마간 기쁨으로 받고 많은 일을 하고 그리스도의 사역자들의 말을 들었지만" 멸망할 때, 이로 인하여 우리는 동요하고 불안하지 않겠습니까? 많은 사람이 그토록 그리스도를 따랐지만 모든 세상적인 관심과 소망을 끊어야 할 때 그리스도를 저버렸습니다. 하나님은 하늘이 쉽게 얻어지지 않도록 정하셨습니다. 안식은 언제나 수고가 따라오는 법입니다. "거룩함이 없이는 아무도 주를 보지 못하리라"(히 12:14). 바로 진지함에 우리의 진실함이 있습니다. 만일 그대가 진지하지 않다면 그리스도인이 아닙니다. 그것은 기독교의 높은 수준일 뿐만 아니라 기독교의 생명이며 정수입니다. 무대 위의 검객이 생명을 위하여 싸우는 군사와 다르듯이, 위선자는 진지한 그리스도인과 다릅니다. 만일 사람이 이 진지한 근면이 없이도 구원 받을 수 있다면, 그들은 그 진지함을 결코 우러러 보지 않을 것입니다. 하나님의 길의 모든 탁월함이 결코 그들의 마음을 끌지 못할 것입니다. 그러나 하나님이 이 땅에서 진지한 근면이 없이 우리가 장차 안식하지 못하게끔 정하셨을 때, 힘닿는 데까지 애쓰는 것이 지혜가 아닙니까?

6. 그러나 독자여, 가능하다면 그대를 설득하여 하늘을 위하여 진지하게 노력하게 하려고 나는 몇 가지 더 고찰해 보겠습니다. 예를 들면 다음과 같은 것들입니다.

하나님은 당신과 더불어 성실하신데 어찌하여 당신은 하나님과 같이 성실하지 않습니까? 하나님은 그 계명으로 그 위협으로 그 약속으로 말씀하실 때 뜻을 보이십니다. 하나님의 판단은 진지합니다. 하나님이 세상을 물에 잠기게 하셨을 때, 소돔과 고모라를 불로 소멸하셨을 때, 유대인을 흩으셨을 때, 진지하지 않으셨습니까? 그러므로 지금 하나님을 소홀히 대할 때입니까? 예수 그리스도는 우리를 구속하는 데 진지하셨습니다. 그분은 가르치실 때 먹고 마시는 것에 괘념하지 않으셨습니다. 기도하실 때 밤을 지새우셨습니다. 예수님이 선한 일을 행하실 때 그 친구들은 그분이 미쳤다고 생각했습니다. 고난 당하실 때 40일을 금식하고 시험 당하고 배반당하고 침 뱉음을 당하고 맞고 가시 면류관을 쓰시고 핏방울을 흘리시고 십자가에 달리시고 창에 찔리시고 죽으셨습니다. 이 모든 것은 헛소리가 아니었습니다. 우리는 자신의 구원을 진지하게 추구해야 하지 않겠습니까?

성령님은 행복하게 되라고 간절히 그리고 진지하게 우리에게 청하십니다. 성령님의 활동은 잦고 힘 있고 집요합니다. "그분은 우리와 더불어 애쓰십니다." 우리가 거역할 때 성령님은 근심하십니다. 그러니 우리는 성령님의 활동에 진지하게 순종하고 복종해야 하지 않겠습니까? 하나님은 진지하게 우리의 기도를 듣고 긍휼을 베푸십니다. 하나님은 우리 때문에 괴로워하십니다. 하나님은 "모든 탄식과 한숨을 보시고 모든 눈물을 주의 병에 담으십니다." 또 그대가 괴로운 중에 있을 때 그대의 기도를 진지하게 살펴 주시기를 구할 것입니다. 그러니 우리는 하나님의 일을 무시하고, 참된 긍휼을 기대할 수 있겠습니까?

하나님의 사역자들은 당신을 권하고 교훈하는 데 진지합니다. 그들은 하나님께 간절히 구하고 당신에게 간청합니다. 그리고 그 어떤 세상적 선보다 당신의 영혼 구원을 위하여 더 오래 간절히 청합니다. 만일 그들이 일하다가 죽거나 복음을 전하다가 순교하면, 그들은 자기 생애를 잘 드리는 것이라고 생각합니다. 이로써 당신의 영혼을 구하는 일을 잘하기 때문입니다. 그리고 다른 사람들은 당신의 구원을 위하여 얼마나 조심하며 애쓰겠습니까? 그런데 당신은 자신의 구원에 대하여 그렇게 생각 없고 그것을 무시합니까?

당신을 섬기는 모든 피조물은 얼마나 부지런하고 진지합니까! 해는 얼마나 서둘러 세상을 일주합니까. 샘은 언제나 그대가 쓸 수 있도록 솟아나고 있습니다. 강은 여전히 흐르고 있습니다. 봄과 추수는 제 때를 지킵니다. 그대의 소는 그대를 위하여 매일 얼마나 열심히 일합니까. 그대의 말(馬)은 얼마나 빨리 그대를 태워 보냅니까. 그런데 그대만 그렇게 무지해야겠습니까? 이 모든 것이 그대를 섬기는 데 그렇게 진지한데, 그대는 하나님을 섬기는 데 그렇게 생각이 없습니까?

세상과 마귀의 종들은 진지하고 부지런합니다. 그들은 아무리 해도 충분하지 않은 듯 일합니다. 그들은 지옥에 가는 것이 너무 늦지 않을까 두려워하는 듯이 재촉합니다. 그들은 사역자와 설교와 자기 앞에 있는 모든 것을 쓰러뜨립니다. 그러니 그대가 구원을 위하여 부지런한 것보다, 그들은 정죄를 위하여 더 부지런하지 않겠습니까? 그대는 더 훌륭한 주인을 모시고 더 유쾌한 일을 받고 더 큰 용기를 얻고 더 나은 보상을 받지 않습니까? 그대가 사탄과 육신을 열심히 섬겼던 때가 있습니다. 물론 지금은 그렇지 않지만 말입니다. 그때 그대는 오락과 악한 사귐과 죄악된 기쁨을 얼마나 열심을 내며 따랐습니까. 그런데 그대는 이제 하나님을 성실하고 열심히 섬기려 합니까? 오늘날 당신은 이생의 일들에 관하여 열심을 내고 있습니다. 당신이 병들거나 아플 때, 진정으로 불만을 토합니다. 만일 가난하면 당신은 생계를 위하여 얼마나 열심히 일합니까. 그런데 당신의 구원에 관한 일이 훨씬 더 중요하지 않습니까?

하늘나라나 지옥에는 농담하는 일이 없습니다. 성도는 참된 행복을 갖고 있고 정죄 받은 자는 참된 비참을 갖고 있습니다. 하늘나라에는 태만이나 졸린 찬양이 없으며, 지옥에는 장난 섞인 비탄이 없습니다. 모든 것이 엄숙합니다. 독자여, 그대는 사망과 심판에 이를 때 얼마나 깊고 가슴 찌르는 생각을 영원히 갖게 되겠습니까. 그대는 자신이 이런 일을 그렇게 경홀히 여길 수 있는가 생각하고는 놀라는 모습을 미리 보는 듯합니다. 심지어 그대가 자신의 어리석음과 광기로 인하여 울부짖는 것을 듣는 것 같습니다.

독자여, 이제 나는 이 부인할 수 없는 주장을 기록해 놓고 하나님의 이름으로 **그대의 결심을 촉구합니다.** 그대는 순종하려는가, 순종하지 않으려는가? 나는 그대가 양심으로 자신의 의무를 확신한다고 믿습니다. 이제 감히 그대는 이성의 명백한 증거와 하나님의 명령을 거슬러, 그대 양심의 빛에 거슬러 여느 사람처럼 생각 없이 행하려 합니까? 감히 그대는 이전처럼 느슨하게 살고 대담하게 죄를 짓고 도무지 기도하지 않으려 합니까? 감히 그대는 이전처럼 안식일을 욕되게 하고 하나님에 대한 봉사를 경홀히 여기고 그대의 영원한 상태를 부주의하게 생각하려 합니까? 혹은 그대는 "마음의 허리를 동이고"(벧전 1:13), 자신의 구원 사역에 전적으로 헌신하고 반대하는 것을 헤쳐 나가고, 세상의 조롱과 핍박을 무시하고 "모든 무거운 것과 얽매이기 쉬운 죄를 벗어 버리고 인내로써 우리 앞에 당한 경주를"(히 12:1) 하지 않겠습니까? 나는 이런 것이 그대의 충일한 결심이기를 바랍니다.

하지만 나는 사람의 마음이 완고한 것을 알고, 그대 영혼이 살기를 간절히 바라기 때문에, 그대가 다음의 질문에 관심을 갖기를 간청합니다. 그리고 나는 하나님으로부터 그대에게 이렇게 명합니다. 그대는 양심을 억누르지 말고 확신을 거역하지 마십시오. 양심과 확신에 충실히 반응하고 그에 따라 순종하십시오. 만일 당신이 부지런하고 경건하여 풍성하게 자라고 세상에서 존귀하고 높아지고 병 고침을 받고 땅에서 영영히 번영할 수 있다면, 당신은 어떤 삶을 영위하며, 하나님을 섬길 때 어떤 수고를 하겠습니까? 그리고 성도의 안식은 이 모든 것보다 더 뛰어난 행복이 아닙니까? 만일 안식일을 범

하거나, 복음의 비밀이나 가정 예배를 무시하거나 생활을 방종하게 하는 것
이 중죄라면, 그럴 때 당신은 어떤 사람이 되겠습니까? 그리고 영원한 사망
이 일시적 사망보다 훨씬 두렵지 않습니까? 만일 하나님이 아나니아와 삽비
라의 거짓말처럼 모든 범죄 행위를 지금 어떤 심판으로 벌하신다면, 당신은
어떤 생활을 영위할 것입니까? 그리고 영원한 진노가 훨씬 두렵지 않습니
까? 만일 당신이 아는 한 사람이 죽은 자 가운데서 부활하여 자신이 지은 죄
로 지옥의 고통을 당한 것을 말하면, 당신은 앞으로 어떤 사람이 되겠습니
까? 하나님의 경고를 들으면 당신은 훨씬 더 두렵지 않겠습니까?

만일 당신이 오늘이 세상에서 마지막 날이라는 것을 알면, 어떻게 보내겠
습니까? 그리고 당신은 오늘이 마지막이 아니라는 것을 알지만 당신의 마지
막 날이 다가오고 있음을 확신합니다. 만일 당신이 세상의 전반적인 붕괴를
보고 그 모든 장관과 영광이 재로 사그라졌다면, 당신은 그런 광경을 보고
어떤 일을 해야 한다고 믿겠습니까? 당신은 그런 광경을 분명히 볼 것입니
다. 만일 당신이 심판대와 열린 책과 심판장 왼편에 떨며 서 있는 불의한 자
와 그 오른편에 기뻐하는 경건한 자를 보고 각각 다른 판결이 선포되는 것을
보았다면, 그런 광경을 보고 난 다음 당신은 어떤 사람이 되려 했겠습니까?
이 광경을 당신은 언젠가는 볼 것입니다.

만일 당신이 지옥이 열리고 거기 모든 정죄 받은 자들이 영원한 고통 가운
데 있는 것을 보았다면, 스데반처럼 천국이 열리고 모든 성도가 영광 가운데
승리의 개가를 부르고 있는 것을 보았다면, 당신은 그런 광경을 본 후에 어
떤 삶을 꾸려갈 것입니까? 당신은 머지않아 그것을 볼 것입니다. 만일 당신
이 고작 일 년이나 하루나 한 시간 지옥에 있다가 지금 듣고 있는 고통을 느
꼈다면, 그때 당신은 지옥에 대하여 얼마나 진지하게 말하고, 지옥에 가지
않게 해 달라고 얼마나 진지하게 기도하겠습니까. 그리고 당신은 이 진리를
피부로 느끼지 않고서 이 진리를 하나님의 말씀으로 여기게 되겠습니까? 혹
은 만일 당신이 일 년이라도 하늘의 영광을 소유했다면, 그처럼 비교할 수

없는 영광을 잃어버리는 것보다 더 고통스러운 것이 있겠습니까.

그러므로 나는 죄인을 부추겨 자신의 구원을 진지하게 이루게 하지 못한다 해도, 적어도 그들의 입을 막고, 하나님의 심판 때 변명하지 못할 만큼 충분히 말했습니다. 오직 우리가 죽어가는 친구들을 대할 때 우리의 말과 행동이 그들에게 아무런 소용이 없지만 그들에 대한 우리의 사랑을 입증하며 울고 슬퍼하는 것처럼, 나는 이 불행한 영혼에게 행합니다. 어떻게 그들이 혼란스럽고 말문이 막힌 채 주 앞에 서게 될 것인지 생각하면 내 마음은 떨립니다. 그분이 "세상이나 사탄이 나보다도 너의 더 좋은 친구였느냐? 혹은 그들이 나보다 네게 더 많은 것을 해주었느냐? 이제 그들이 너를 구원할지 하늘을 잃은 것을 네게 보상하는지 혹은 나처럼 네게 잘 대해 줄는지 시험해 보라" 하실 때 비참한 죄인이 이 물음 가운데 하나라도 대답하겠습니까? 그러나 사람이 듣지 않으려 해도 우리는 소망을 품고 하나님께 이렇게 말할 수 있습니다.

"오 죽은 나사로를 보고 마음으로 울고 탄식하셨던 주여, 이 생명 없고 감각 없는 영혼을 긍휼히 여기시되, 이 영혼들이 스스로를 불쌍히 여기며 울고 탄식할 수 있을 때까지 하소서. 주님이 종들에게 말하라 하셨던 것처럼 이제 주님 자신이 말씀하소서. 그들은 주님이 자기 마음에 말씀하시는 음성을 들을 것이니, 곧 제가 그들의 귀에 하는 말은 듣지 않으려 하기 때문입니다. 주님, 오래도록 이 마음들의 문을 두드리셔도 소용이 없었습니다. 이제 그 문을 부수고 들어가소서."

왜 경건한 자들이 다른 모든 사람보다 하늘을 위하여 열심히 일해야 하는지 그들에게 보여 주기 위하여 이렇게 묻고 싶습니다. 하나님이 긍휼의 그릇으로 선택한 사람들은 어떤 사람들이 되어야 마땅할까요? 중생할 때, 양심이 괴로울 때, 의심하고 두려워할 때, 그리고 다른 날카로운 아픔들에 시달릴 때, 자신들의 태만을 뼈아프게 느낀 사람들이 누구였습니까? 기도할 때 하나님께 대한 자신들의 태만의 죄를 고백한 사람들이 누구였습니까? 많은 언약들로 자신들을 하나님께 묶어둔 사람들이 누구였습니까? 하나님의 자녀들로서 그토록 하나님 가까이 있는 사람들은 어떤 사람들이 되어야 마땅합니까? 누가 부지런한 순종을 통해 그토록 큰 기쁨을 맛보았습니까?

그들 가운데 많은 사람들은 자신들의 영혼이 영원히 어떻게 될지 불확실해하지 않습니까? 자신들의 성화가 그토록 불완전한 이 사람들은 거룩함 속에서 어떤 사람들이 되어야 마땅한가요? 이들의 삶과 의무들이야말로 수많은 영혼들을 구원하거나 멸망시키는 데 너무나 중요하지 않았습니까?

그러므로 나는 그대 주인의 이름으로 그대 그리스도인에게 다음과 같은 질문을 고려해 보고 스스로 답을 찾도록 요구합니다. "우리는 모든 거룩한 대화와 경건에서 어떤 사람이 되어야 합니까?" 그리고 그대는 말로는 물론이고 삶으로써 그 질문에 답하십시오.

제 8 장

성도의 안식을 얻을 수 있는 우리의 권리를 분별하는 법

다음과 같이 자기를 점검해 보라.

1. 확실한 데 이를 수 있다는 가능성에서

2. 사탄과 죄인과 자신의 마음과 다른 많은 이유에 의하여 우리 길에 도사리게 될 장애라는 점에서

3. 실수하기가 얼마나 쉽고 흔하고 위험한지를 고찰하는 점에서, 무지한 자보다 노력하는 자가 덜 고통스러울 것이다.

4. 노력하는 점에 대한 지침.

5. 노력, 특별히 하나님을 우리의 최고선으로 만드는 일과 마음으로 그리스도를 우리의 주와 구주로 받아들이는 일에 대한 표지

　그렇게 영광스러운 안식이 그토록 가까이에 있으니 하나님의 백성 말고 누가 그것을 누릴 것입니까? 그러므로 대부분의 세상 사람은 도대체 무엇을 하려고 이 안식이 자신에게 이득이 된다는 것을 확신하지 못하고, 그렇게 만족하며, 그 안식을 얻을 수 있는 권리를 획득하지 않으려 합니까? 주님이 순종하는 자만이 소유할 그 나라의 복된 상태를 그렇게 풍성하게 열어 주시고, 세상의 다른 사람들이 영원히 당해야 할 그 고통을 아주 충분히 설명해 주셨

을 때, 이것을 확실히 진리라고 믿는 그들은 그 나라의 후사가 되었다는 것을 충분히 확신하기까지 도무지 가만히 있어서는 안 될 것이라고 나는 생각합니다.

주여, 지금 변할 수 없는 기쁨이나 고통으로 들어가야 할 것을 아는 사람들이 그런 상태에 대해서는 결코 들어본 적이 없는 듯이 자신의 운명이 어떻게 될 것인지 불확실한 상태로 살고, 모든 것이 확실하게 되고 위험이 없다는 듯이 이 불확실성 가운데서 고요하고 유쾌하게 산다니 이 얼마나 이상한 광기입니까! 이 사람들은 살았습니까, 아니면 죽었습니까? 그들은 깨어 있습니까, 아니면 잠들었습니까? 그들은 무엇을 생각하는 것입니까? 그들의 마음은 어디에 있습니까? 만일 그들이 법정에 중대한 소송에 걸려 있다면, 소송이 자신에게 유리하게 돌아갈 것인지, 아니면 불리하게 돌아갈 것인지 알려고 매우 조심합니다. 만일 그들이 이 땅의 법정에서 목숨이 걸린 재판에 회부되어 있다면, 특별히 관심을 기울이며 확실히 생명을 얻을 수 있는 경우 그들은 자신이 구제될 것인지 정죄당할 것인지 알려고 매우 조심할 것입니다. 만일 그들이 심각한 병에 걸린다면, 그들은 의사에게 이렇게 물을 것입니다. "선생님, 제가 병에서 빠져 나올 것 같습니까, 아니면 빠져 나오지 못할 것 같습니까?" 그러나 그들은 자신의 구원 문제에서 불확실한 상태로 지내면서 만족합니다.

만일 당신이 대부분의 사람에게 '그들 안에 있는 소망의 이유'를 물으면, 그들은 이렇게 말할 것입니다. "하나님이 자비로우시고 그리스도가 죄인을 위하여 죽으셨기 때문이오." 그리고 그와 비슷한 일반적인 이유를 댈 것이며, 세상의 누구라도 그들처럼 그런 이유를 댈 것입니다. 그러나 그들로 자신이 그리스도와 하나님의 구원하시는 자비와 상관있는지 살피게 하십시오. 그러면 그들은 그 논점에 대하여 아무 말도 할 수 없습니다. 만일 하나님이나 사람이 그 사람들 가운데 한 사람에게 "친구여, 그대 영혼의 상태가 어떠한가? 중생하여 성화하고 사함받은 상태인가 혹은 그렇지 않은 상태인가?"

하고 묻게 되면, 그는 가인이 아벨에 대하여 말하듯이 말할 것입니다. "나는 모릅니다. 내가 내 영혼을 지키는 자니이까? 나는 잘되기를 바랍니다. 나는 하나님께 내 영혼을 의탁합니다. 다른 사람처럼 잘될 것입니다. 구원을 한 번도 의심해 보지 않게 하셔서 하나님께 감사합니다." 그대는 의심을 해본 적이 없기 때문에 의심해야 할 이유가 있습니다. 그리고 그대가 그렇게 아무 런 생각 없이 확신하게 되었으므로 더욱더 의심해야 할 이유가 있습니다. 그 대의 말을 들어 보니, 자신의 구원을 고의적으로 무시하는 태도밖에 드러나 지 않지 않습니까? 이는 배만 달랑 띄워 보내고 "바위와 파도와 바람 가운데 배를 보내어 보리라. 나는 하나님께 이 배를 의탁할 것이다. 그러니 그 배는 다른 배처럼 잘 달릴 것이다" 하고 말하는 배 만드는 사람과 진배없습니다. 자신의 고의적인 태만을 감추려고 하나님을 의지하는 체하다니 그 얼마나 두려울 정도로 하나님을 모욕하는 일입니까.

만일 그대가 참으로 하나님을 의지한다면 그대는 하나님의 다스림을 받고 하나님이 정하신 방법으로 하나님을 의지하게 될 것입니다. 하나님은 그대 가 "더욱 힘써 너희 부르심과 택하심을 굳게 하고"(벤후 1:10) 하나님을 의지 하라고 요구하십니다. 하나님은 그대가 자신을 헤아리고 시험해 보아 확실 함에 이를 수 있는 방식을 성경에 적어 놓으셨습니다. 자기 길을 고집하면서 자신이 옳은지 그른지 모르고 "잘 되겠지. 하나님을 믿으니 계속 가겠다" 하 고 말하는 것은 어리석은 여행자의 태도가 아닐까요? 그대는 영원으로 향하 는 여행에서 이런 어리석은 짓을 범하지 않습니까? 그대의 길이 옳은지 그렇 지 않은지 심각한 질문을 어느 정도 생각하면, 헛수고가 될 그 많은 일을 하 지 않을 수 있다는 것을 알지 못합니까? 그렇지 않으면 그대는 구원을 보지 못하고 스스로 파멸하게 되지 않을까요? 하나님이 그대의 아버지인지 아니 면 그대의 적인지 확신하지 못하고서, 또 하나님의 모든 완전이 그대를 대적 하여 발휘될 뿐임을 알지 못한다면, 어떻게 그대는 위대한 하나님을 두려워 하지 않고서 말할 수 있겠습니까? 혹은 그리스도의 피가 당신의 영혼을 깨끗하게 했는지 그리스도가 심판 때 그대를 정죄할지 아니면 면죄할지, 혹은 그리스도가 그대를 행복하게 하는 기초이신지, 혹은 그대를 부수어 가루로 만드는 걸림돌인지 모르고서 어떻게 그리스도에 대하여 생각하고 말할 수 있겠습니까?

성경이 그대를 두렵게 할 뿐이면 어떻게 그대는 성경을 펼쳐 한 장이라도 읽을 수 있겠습니까? 아마 성경의 한 장 한 장이 그대에게는 벽에 쓰인 벨사살의 글이 될 것이 분명합니다. 다른 것이 있다면 성경은 그대를 이끌어 노력하고 개혁하게 합니다. 만일 그대가 성경의 약속을 읽더라도, 그 약속이 그대에게 성취될 것인지 되지 않을 것인지 모릅니다. 만일 그대가 위협의 말을 읽을 때 그 어떤 것이든 그대 자신의 선고문을 읽는 것을 압니다. 그대가 분명한 설교를 반대하고, 아합이 선지자에게 말하듯 사역자에 대하여 "그는 내게 대하여 길한 일은 예언하지 아니하고 흉한 일만 예언하니"(왕상 22:8) 하고 말하는 것은 놀랍지 않습니다. 어떻게 그대는 두려움이 없이 기도할 수 있겠습니까? 그대가 성찬을 받을 때 그대는 그것이 당신에게 독이 될지 복이 될지 모릅니다. 그대는 하나님의 사랑을 받고 있음을 알 때까지, 그대의 친구와, 존귀와, 집과 땅에서 무슨 위로를 발견하겠으며, 그대가 그것들을 버릴 때 하나님과 더불어 안식하겠습니까?

자신의 선고를 아직 알지 못하는 죄수에게 음악이 됐든지 옷이 됐든지 높은 자리가 됐든지 주어 보십시오. 그 죄수가 생명을 부지하고 탈출할 것을 알기까지 그것들이 그에게 무슨 소용이겠습니까? 왜냐하면 그가 내일 틀림없이 자신이 죽을 것을 알면, 부유하게 죽거나 존귀하게 죽는 것이 별 위로가 되지 않을 것이기 때문입니다. 그대가 자신의 영원한 상태를 알기까지는 사정이 그와 같을 것임을 생각하십시오. 그대가 안식하러 누울 때 그대의 구원이 불확실하므로 그대는 계속 걷거나 꿈에 놀라고 잠자리가 괴로울 것입니다. 그대가 앞으로 안락함을 누릴 소망을 제대로 갖지 못할 때 하나님의 백성이 영광의 길로 가면서 그렇게 안락하는 것을 보고 근심되지 않습니까?

그대는 자신의 죽을 때를 어떻게 생각할 수 있단 말입니까? 그대는 그날이 가까우며 그날을 피할 수 없고 그것을 막을 수 있는 방책이 없음을 압니다. 만일 그대가 이날 죽는다면 — "하루 동안에 무슨 일이 일어날는지"(잠 27:1) 누가 알리요? — 그대는 하늘나라에 갈는지 지옥에 갈는지 확신하지 못합니다. 그리고 그대는 이 위험한 상태에서 벗어나기까지 즐거울 수 있겠습니까?

그대는 대심판날과 영원한 불길을 기억할 때 마음이 공포로 떨지 않게 하려면 어떻게 변화되어야 하겠습니까? 그대는 그런 일을 들을 때 벨릭스처럼 떨지 않습니까? 만일 "천사가 와서 그리스도의 무덤에서 돌을 굴려내는 것을 지키던 자들이 보고 놀라 죽은 자와 같이 되었다"(마 28:2-4)면, 그대는 그 지경을 벗어날 것이라는 든든한 확신을 갖기까지, 지옥에서 귀신들과 더불어 살 것을 생각할 수 있겠습니까? 그대가 이 불확실한 경우에 달게 잘 수 있다면, 그대의 침대가 매우 부드럽거나, 아니면 그대의 마음이 매우 굳어 있기 때문일 것입니다.

만일 이처럼 세상이 자신의 구원에 관하여 전반적으로 불확실한 상태를 해결할 방책이 없다면, 이것을 다른 피할 수 없는 비참한 일로 여기고 견뎌야 합니까? 그러나 애석하게도 그런 일이 생긴 공통적인 이유는 고의적인 태만입니다. 사람들은 이 문제를 치료할 해결책을 사용해야 한다고 믿지 않을 것입니다. 이 불확실성을 정복하는 큰 수단은 자기 점검 혹은 성경의 규례대로 사람의 마음과 상태를 진지하고 부지런히 시험해 보는 것입니다. 각 사람이 이 의무의 성격과 용도를 이해하지 못하거나 시험해 보려는 수고를 하지 않을 것입니다. 천 명의 교인을 낱낱이 살펴보십시오. 하늘에 이를 수 있는 자신의 권리를 꼼꼼히 살피는 데 전 생애에서 한 시간이라도 사용한 사람을 과연 몇이나 발견하겠습니까.

독자여, 하나님 앞에서 하듯이 마음을 써서 그 일을 행하고, 성경으로 마음이 새롭게 되었는지 아닌지, 거룩한지 아닌지, 대체로 하나님을 향하고 있는지 피조물을 향하고 있는지, 하늘에 있는지 땅에 있는지, 엄숙하게 살펴본

때가 언제였는지, 그 장소가 어디였는지, 당신 자신의 양심에다가 물어보십시오. 그리고 당신이 자신의 상태를 발견하고, 그에 따라 자신의 의견을 생각해 보기까지 그런 조사를 행한 적이 언제입니까?

그러나 이것은 심히 중요하고 흔히들 무시하는 일이기 때문에, 나는 시험해 보아서 어떤 확실성에 도달할 수 있음을 보이고, 그런 후에 사람들이 자신의 상태를 시험하고 알지 못하게 막는 것을 보이며, 조사해야 할 동기와 지침과 아울러 사람들이 자신이 하나님의 백성인지 아닌지를 조사하여 알 수 있도록 하는 성경의 몇 가지 표지를 제시하려 합니다.

1. 성경은 우리 앞의 성도가 자신의 칭의와 장래 구원을 알았음을 그렇게 자주 우리에게 말할 때 "누구든지 그리스도를 믿으면 멸망하지 않고 영생을 얻는다"(요 3:16)고 선포할 때, **구원의 확실성을 얻을 수 있고 또 구원을 위해서 일해야 한다는 것을 보여 줍니다.** 만일 우리가 자신이 신자인지 아닌지를 알 수 없다면 성경을 선포해도 쓸데없을 것입니다. 성경이 하나님의 자녀와 마귀의 자녀를 그렇게 크게 다르다고 할 때, 또 성경이 "더욱 힘써 너희 부르심과 택하심을 굳게 하라"(벧후 1:10)고 명하고 성실하게 "자신이 믿음 안에 있는지 예수 그리스도가 우리 안에 있는지 혹은 우리가 배교자인지 살피고 시험하고 알라"(고후 13:5)고 촉구하고, 또 성경의 교훈이 항상 즐거워하고 하나님을 우리 아버지라 부르고 하나님을 찬송하며 살고 그리스도의 나타나심을 사랑하고 그리스도께서 속히 오시기를 바라고 그리스도의 오심을 말하여 즐거워하라고 요구할 때, 우리는 성경에서 구원의 확실성을 얻을 수 있고 또 구원을 위해서 일해야 한다는 것을 보게 됩니다. 그러나 어느 정도 자신이 하나님의 자녀라는 것을 확신하지 못하는 사람이 마음으로 이것들 가운데 하나라도 할 수 있겠습니까?

2. 우리는 자신을 점검하지 못하게 막는 많은 **장애** 가운데서 **사탄**이 자기

몫을 할 것임을 의심하지 않을 수 없습니다. 만일 사탄이 자신의 온갖 능력과 혹은 온갖 수단과 방도를 써서 방해를 할 수 있다면, 확실히 다른 모든 의무 가운데서 당신이 자기 점검을 하지 못하게 막을 것입니다. 그는 경건한 자가 기쁨과 확신을 얻는 것과, 부패에 맞서서 유익 얻는 것을 싫어합니다. 왜냐하면 경건한 자들이 자기 점검을 충실하게 행할 때 이런 것들을 얻을 것이기 때문입니다. 경건하지 못한 자들에 관하여 말하면, 사탄은 그들이 일단 진지하게 스스로를 점검하면 사탄 자신의 속임수와 그들 자신의 위험을 발견하고, 그래서 틀림없이 사탄 자신을 벗어나려 할 것임을 알고 있습니다.

수백만 명의 사람들이 지옥에 가고 있다는 것이 분명하다면 사탄은 어떻게 그들이 자원해서 지옥에 가게 할 수 있겠습니까? 그리고 그들이 철저하게 점검하여 성경에서 밝은 빛과 확실한 규칙을 발견하여 자신이 지옥을 가게 될 것을 안다면, 사탄 때문에 자신이 자원하여 지옥에 가게 되는 것을 어떻게 모를 수 있겠습니까? 만일 올무가 감추어져 있지 않으면 새는 올무를 피할 것입니다. 사탄은 갈고리와 줄을 영혼에게 보여 주거나 소란으로나 자신의 모습으로 그들을 두렵게 하여 도망치게 하는 것보다 더 뛰어나게 영혼을 꾀는 법을 압니다. 그러므로 사탄은 날카로운 사역으로 영혼이 벗어나지 못하게 하거나, 혹은 사역자들이 영혼을 도와 자신을 살피지 못하게 막으려고, 혹은 말씀이 찔러 쪼개지 못하게끔 말씀을 무디게 하려고, 혹은 그들의 생각을 돌이키려고 그들을 편견에 사로잡히게 하려고 일합니다. 사탄은 사역자들이 듣는 자의 상태와 필요에 적합한 날카로운 설교를 준비했을 때를 압니다. 그래서 사탄은 교인들이 그날을 놓치게 하고, 가능하다면 교인들이 잠에 빠지게 하거나, 세상의 염려와 이야기로 말씀을 빼앗거나 말씀의 작용을 다른 식으로 막으려 할 것입니다.

자기 점검을 막는 또 하나의 큰 장애는 **불의한 사람들**로부터 생깁니다. 그들의 본보기, 그들의 즐거운 사귐과 이야기, 그들이 계속 주장하는 세상의 관심사, 경건한 사람들에게 대한 그들의 놀림과 조롱, 또한 그들의 설득과 유혹과 협박, 이 모든 것이 안전을 바라게 만드는 지극히 큰 시험입니다. 하나님은 가련한 죄인의 눈을 열어 그의 길이 잘못되었음을 겨우 보게 하십니다. 그러나 지금 사탄의 많은 사도들은 그 죄인을 속여서 다시금 이전의 주인에게 조용히 사로잡히게 만들 태세입니다.

그들은 말합니다. "너는 그렇게 잘 살고 누구에게 해를 끼치지 않았는데 무엇 때문에 너는 구원을 의심하는가? 하나님은 자비로우시다. 그리고 만일 너와 같은 자가 구원을 받지 못한다 해도, 하나님은 매우 많이 도우신다. 너는 모든 선조들에 대하여 어떻게 생각하느냐? 그리고 너와 다름없이 사는 네 모든 친구와 이웃들이 어떻게 될 것 같으냐? 그들이 모두 정죄 받을까? 오라, 오라, 만일 네가 이 설교자의 말에 귀 기울이면, 그들은 너를 멍청하게 만들 것이다. 모든 사람이 죄인이 아니며 그리스도는 죄인을 위하여 죽지 않았느냐? 이런 생각으로 골머리를 썩지 말라. 그리고 넌 잘 해낼 거야." 오, 얼마나 많은 사람들이 죽음과 지옥이 자기를 깨울 때까지 속임수와 방심 가운데 계속 잠자며, 그런 생각을 갖고 있습니까.

주님은 죄인에게 이렇게 말씀하십니다. "그 문은 좁고 길이 협착하여 찾는 자가 적다. 네 자신을 시험해 보고 점검해 보라. 힘써 확신을 갖도록 하라"(마 7:14; 고후 13:5). 그러나 세상은 이렇게 소리칩니다. "절대로, 절대로 이런 생각으로 괴로워하지 말라." 이런 곤란한 상태에서, 죄인이여, 그대를 종말에 심판하실 이가 그리스도인지 그대 선조인지 그대 이웃인지 그대 친구인지 살펴보십시오. 그리고 만일 그리스도가 그대를 정죄하시면 이들이 그대를 구원할 수 없습니다. 그러므로 상식적으로 생각해 보면, 무지한 사람들의 말이 아니라 하나님의 말씀에서 당신은 구원의 소망을 얻어야 합니다. 아합이 아첨하는 선지자 무리에게서 물을 때 그것은 그의 사망이었습니다. 그들은 사람들에게 알랑거려 올무에 빠지게 할 수 있지만, 어떻게 빠져 나오는지는 말해 줄 수 없습니다. "누구든지 헛된 말로 너희를 속이지 못하게 하라 이로 말미암아 하나님의 진노가 불순종의 아들들에게 임하나니"(엡 5:6).

그러나 가장 큰 장애는 **사람의 마음**에 있습니다. 어떤 이들은 너무 무지해서 자기 점검이 무엇인지, 또 사역자가 자신을 시험해 보라고 설득할 때 무슨 말을 하는지 모릅니다. 혹은 그들은 자기 점검의 필요성이 있는지 모르고, 모든 사람이 자기 죄를 사함받았다는 것을 사실인지 거짓인지 상관없이 믿어야 하고, 그것에 의문을 다는 것은 큰 잘못이라고 생각합니다. 혹은 그들은 확신을 얻을 수 있다고 생각하지 않습니다. 혹은 한 사람과 다른 사람이 무슨 큰 차이가 있지만 우리 모두가 그리스도인이며, 그러므로 더 이상 괴로워할 필요가 없다고 생각합니다. 혹은 적어도 그들은 무슨 차이가 어디에 있는지를 모릅니다. 그들은 니고데모처럼 중생의 개념을 제대로 모릅니다. 어떤 사람은 하나님이 장차 올 세상에서 사람들 사이에 무슨 차이가 나게 하실 것이라고 믿지 않으며, 그러므로 이곳에서도 차이가 날 것인지 살피지 않을 것입니다. 우리가 무슨 말을 하더라도 어떤 사람은 너무 정신이 빠져서 그 말을 마음에 두지 않으며, 듣기는 들어도 그것으로 끝입니다. 어떤 사람은 자기 사랑과 교만에 사로잡힌 나머지 자신이 위험에 처해 있다는 것을 그다지 생각하지 않을 것입니다. 장부를 계산해 보라는 신중한 충고를 조롱하는 교만한 상인처럼, 혹은 자기 자녀의 악을 믿지 않으려 하거나 듣지 않으려 하는 어리석은 아버지처럼 말입니다.

어떤 사람들은 너무 죄가 많아서 감히 자신을 시험해 보지 않고 좀 더 두려운 시험에 빠지려 합니다. 어떤 사람은 죄를 너무 사랑하고 하나님의 길을 싫어하는 나머지, 자신이 사랑하는 길에서 미워하는 길로 끌려가지 않도록 스스로 시도해 보지 않습니다. 어떤 사람은 자신의 현재 상태를 바꾸지 않으려는 생각이 너무 결연하여 자기 점검을 쓸모없는 일이라고 무시합니다. 그들은 너무 오래 살고 너무 멀리 갔으므로 새로운 길을 찾으려고 마음먹기도 전에 영원한 상태를 위태롭게 만들고 그 영원한 상태에서 벗어날 것입니다. 많은 사람은 세상에서 너무 바쁜 나머지 하늘에 대한 권리가 있는지 시험해 볼 여력이 없습니다. 또 어떤 사람들은 마음이 나태하여 심한 방해를 받아서

한 시간을 들여 자기 마음을 점검해 보는 수고를 하지 않을 것입니다. 그러나 아주 일반적이고 위태로운 곤경은, 세상의 가장 많은 사람을 붙들어 자신의 위험을 의심하지 않게 해주는 흔히 주제넘음이라고 하는 거짓 믿음과 소망입니다. 그리고 만일 이 모든 장애를 헤쳐 나가고 자기 점검의 의무를 행한다 해도, 곧바로 확신을 얻지는 못합니다.

자신을 점검하면서 스스로 속는 사람이 너무 많습니다. 이는 다음의 이런저런 이유 때문입니다. 사람의 영혼은, 특별히 중생하지 못한 자의 영혼은 너무 혼란스럽고 깜깜하여 자신이 무엇을 하는지 혹은 자신 속에 무엇이 있는지 말할 수조차 없을 지경입니다. 제대로 되어 있는 것이 없는 집에서 원하는 것을 찾기 어렵듯이, 모든 것이 엉망인 마음에서도 그렇습니다. 대부분의 사람들은 자기 집에서 이방인이 되곤 하며, 자신의 마음이 갖고 있는 기질과 움직임을 거의 관찰하지 않습니다. 많은 사람은 시험해 보기 전에 어떻게 판단할지 결정합니다. 마치 뇌물을 받고서 먼저 소송이 어떻게 갈 것인지 정해 놓고는 올바르게 재판하는 것처럼 심리하는 재판관과 같습니다. 사람들은 자신의 소송에 편파적이어서 기꺼이 자신의 죄를 작다고 생각하고 작은 죄는 아무것도 아니라고 생각하며, 자신의 자연적 은사를 은혜의 사역으로 생각하고 "이 모든 것은 내가 젊은 시절부터 간직해 오던 것이며, 나는 부유하며 축복을 많이 받았고 아무것도 필요하지 않다"라고 말합니다. 대부분의 사람은 자신을 살피나 얼치기로 살핍니다. 만일 일이 쉽고 빨리 되지 않으면, 그들은 낙담하고 포기합니다. 그들은 기독교의 진리가 어디 있는지 모르고 그릇된 표지와 규례로 자신을 시험합니다. 어떤 이들은 성경의 기준에서 벗어나고, 어떤 이는 성경의 기준에 이르지 못합니다. 그리고 종종 그들은 자신의 힘으로 시도함으로써 이런 일에 실패합니다. 어떤 사람들은 성령님이 자신들이 없이 일을 행하실 것이라고 기대하고, 어떤 사람들은 성령님의 도움을 구하거나 기대하지 않고서 스스로 자신을 살피려 합니다. 어느 편이든 분명히 확신에 이르지 못할 것입니다.

어떤 장애는 참된 그리스도인조차 평안한 확신을 누리지 못하게 합니다. 예를 들면 **은혜의 연약함이** 있습니다. 사소한 일은 분간하기 거의 어렵습니다. 대부분의 그리스도인은 조금의 은혜로 만족하고 영적 힘과 장부다움을 계속 추구하지 않습니다. 그런 장애에 대한 으뜸 해결책은 자신의 은혜가 커질 때까지 거룩한 의무를 계속 행하는 것일 것입니다. 하나님이 정하신 방법에 따라 하나님을 섬기십시오. 그러면 틀림없이 하나님이 당신에게 복을 점점 더 내려주실 것입니다. 그리스도인들이 은혜를 점점 더 얻는 데 대부분의 시간을 들였으면 얼마나 좋을까요. 그러나 그들은 걱정스럽고 의심되는 일이 있든 없든 거기에 대부분의 시간을 들입니다. 그러므로 그들이 진지한 심정으로 은혜를 더 구했으면 얼마나 좋을까요. 그러나 그들은 열매 없는 불평에 대부분의 시간을 보냅니다.

나는 그대 그리스도인에게 간절히 청합니다. 이 충고가 하나님에게서 온 것으로 여기십시오. 그런 후에 그대가 힘 있게 믿고 뜨겁게 사랑할 때, 뜨거운 사람이 몸이 더움을 의심할 수 없는 것처럼, 혹은 힘 있고 원기가 넘치는 사람이 자신이 살아 있다는 것을 의심할 수 없는 것처럼, 그대의 믿음과 사랑을 도무지 의심하지 마십시오. 그리스도인은 **자신이 무엇을 해야 하는지를** 말해 주는 교훈보다 **자신의 현재 상태를** 말해 주는 표시를 봄으로써 낙심하게 됩니다. 마치 그들의 현재가 영원한 상태여야 하는 것처럼, 그리고 그들이 지금 용서받지 못했으면 해결책은 없다는 것처럼 생각합니다. 그가 용서 받지 못했으므로 그의 군주가 그를 용서해 주려고 내내 서 있으면서 그에게 용서를 받아들이라고 하는 데도 울고 있다면, 그는 미친 것이 아닙니까?

그리스도인이여, 의롭다 하는 믿음은 하나님이 그대에게 주시는 특별한 사랑에 대한 그대의 확신이 아니라, 그대를 사랑스럽게 만드시는 그리스도를 그대가 받아들임입니다. 우리가 그리스도를 모셨는지 그렇지 않았는지를 의심하는 데 많은 시간을 들이는 것보다 그리스도를 주신 대로 받아들이는 것이 훨씬 낫습니다.

그리스도인을 낙담하게 하는 또 하나의 원인은, 그들이 때때로 **확신**을 확신에 동반하는 **기쁨**으로 오해하기 때문입니다. 마치 어린아이가 아버지의 얼굴에서 웃음을 보는 한 혹은 아버지의 입에서 위로의 말을 들을 때만 아들이라고 생각하고 아버지가 그런 웃음이나 말을 보이지 않을 때마다 아버지가 아니게 되는 것과 같습니다.

영혼의 괴로움은 **하나님이 전해 주시는 위로의 통상적 방식**을 모르기 때문에 커집니다. 사람은 하나님이 그 위로를 주실 때까지 기다릴 뿐 달리 할 수 있는 일이 없다고 생각합니다. 그러나 사람은 자신의 위로에 대한 문제가 약속에 있는 것임을 알고 그 약속에 대하여 매일 부지런히 묵상함으로써 기대하는 것만큼 자주 그 위로를 맛보아야 합니다. 그리고 이런 식으로 그들은 성령님이 자기 영혼에 위로를 전해 주실 것을 기대할 수 있습니다. 약속의 기쁨과 성령님의 기쁨은 하나입니다. 여기다가 하나님이 종종 주시는 확신보다 더 큰 확신을 기대하십시오. 그들이 조금이라도 의심하는 한, 그들은 전혀 확신을 갖지 못합니다. 그들은 확실성에 여러 정도가 있음을 살피지 않습니다. 이곳에 있는 동안 그들은 '부분으로밖에 알지' 못합니다. 또한 먼저 불충분한 기초에서 자신의 위로를 이끌어 내십시오. 이것은 고귀한 영혼의 경우에 해당될 것입니다. 이 사람은 더 나은 기초가 있지만 그것을 보지 않습니다. 갓난아이가 생명을 알기도 전이라고 해서, 그리고 사람들이 자신과 다른 사물에 대해 많은 오해가 있다고 해서 그가 생명을 갖지 않았다고 하지 못할 것입니다. 그래서 그리스도인은 자신의 최초의 위로에서 흠을 발견할 때 그 흠을 자신의 안전에 생긴 흠으로 판단해서는 안 됩니다. 많은 사람은 자신의 자연적 능력이 지극히 연약하므로 계속 의심합니다. 많은 사람은 정직하지만 머리가 나빠서 어떻게 자기 점검의 일을 행할지 모릅니다. 그들은 약속은 시인하지만 명백한 결론은 부인할 것입니다. 만일 하나님이 그들의 이성의 흠을 다른 어떤 방법으로 채워 주지 않으시면, 나는 어떻게 그들이 분명하고 안정된 평안을 가질지 모르겠습니다.

괴로움을 일으키는 한 가지 크고 아주 일반적인 원인은 **어떤 은밀한 죄를** 계속 범하는 것입니다. 이리하여 우리의 은혜가 점점 줄고 그래서 그 은혜를 분간하기가 더욱 어려워집니다. 이 죄는 그것이 파괴하지 못하는 것을 혼동 되게 만듭니다. 왜냐하면 이 죄는 어찌나 큰 힘을 갖고 있는지 은혜가 활동 하지 못하고 움직이지 않을 듯이 보이게 하고 이 부패의 소란 때문에 거의 들리지 않게 합니다. 이 죄가 영혼의 눈을 어둡게 하고 흐릿하게 하며 영혼 을 어리석게 하여, 영혼은 자신의 형편을 볼 수도 느낄 수도 없습니다. 그러 나 특별히 이 죄는 하나님으로 하여금 하나님 자신과 그분의 위로와 그 영의 도움을 돌이키시게 만듭니다. 그런데 우리는 하나님 자신과 그의 위로와 그 영의 도움이 없으면 확신을 얻기까지 아주 오랫동안 자신을 살필 것입니다. 하나님은 죄와 평안을 갈라 놓으셨습니다. 그대가 교만이나 세상에 대한 사 랑이나 육신의 정욕이나 그 어떤 비기독교적인 관행을 간직하는 한, 위로를 기대해도 소용없습니다. 만일 한 사람이 "자기 우상을 마음에 들이며 죄악의 걸림돌을 자기 앞에 두고"(겔 14:7) 사역자나 하나님께 가서 평안을 "구하면" 하나님은 그를 위로하시지 않고 "그 우상의 수효대로 보응할"(겔 14:4) 것입 니다.

위로가 부족한 또 하나의 크고 일반적인 원인은 **은혜를 늘 생동감 있게 유지 하지 않는다**는 것입니다. 거룩한 의무의 길은 가장 충만한 위로의 길입니다. 평안과 위로는 신실함과 순종에 대한 그리스도의 큰 위로입니다. 그러므로 우리의 순종이 평안과 위로를 받을 자격이 없지만, 이 평안과 위로는 우리가 의무를 부지런히 행하는 것에 달려 있는 경우가 많습니다. 기도가 응답을 얻 으려면 그리스도의 피와 중보기도 외에도 믿음과 열정이 반드시 있어야 하 듯이, 우리가 순종하는 의무에도 반드시 그렇습니다. 만일 그대가 의무를 행 할 때, 특별히 하나님께 은밀히 기도할 때, 점점 행하는 일이 드물고, 형식적 으로 하고, 냉랭하게 하면서도 여전히 즐거워한다면, 나는 그대의 즐거움이 육적이거나 악마적인 것이 아닐까 하고 두려워하지 않을 수 없습니다. 게다가 은혜는 활동하는 동안이 아니면 영혼에 분명하고 민감하게 드러나지 않습니다. 그러므로 은혜의 활동이 부족하면 반드시 확신이 부족하게 됩니다. 그리고 영혼의 활동이 영적인 영역에 있을 때는 자연스럽게 영혼에 위로를 가져다줍니다. 하나님을 사랑하는 그 행위는 그리스도 안에서 말할 수 없이 달콤합니다. 은혜를 가장 많이 받았지만 그 은혜가 활동하지 않는 영혼은, 줄이 든든하게 매이고 조율이 잘 되었지만 연주하는 이가 없어서 여느 나무 조각과 같이 음악을 들려주지 않는 류트(기타 비슷한 현악기)와 같습니다. 그러나 솜씨 좋은 음악가가 이 류트를 연주할 때는 선율이 유쾌합니다. 모든 선한 행위에는 어느 정도 위로가 따릅니다. 마치 불에 열이 따르고 태양에서 광선과 영향력이 나오는 것과 같습니다. 차가운 사람은 열기가 오를 때까지 일해야 합니다. 그처럼 확신이 부족한 사람은 가만있지 말고 의심이 사라질 때까지 받은 은혜를 사용해야 합니다.

영혼에 위로가 부족한 다른 이유는 **신체적 우울증**입니다. 양심적인 사람이 우울증에 걸려 의심하고 두려워하고 좌절하는 것은 병든 사람이 신음하는 것이나 어린아이가 맞을 때 우는 것보다 더 이상한 일이 아닙니다. 이 경우 의사가 없으므로 목사의 노력은 종종 헛수고가 됩니다. 당신은 그를 침묵하게 할 수 있지만, 그런 사람을 위로할 수는 없습니다. 당신은 그들이 은혜를 어느 정도 갖고 있다고 고백하게 할 수 있지만, 그들이 위로에 찬 결론에 도달하게 할 수는 없습니다. 당신이 그들을 도울 수 있을 것이라고 여기고 그들의 상태에 대하여 시종 좋게 생각하더라도 종종 하루 이틀을 넘지 못하곤 합니다. 그들은 죄를 지어 하나님의 진노 때문에 울부짖는데 그 주된 이유는 신체적 질병 때문입니다.

3. 자기 점검의 의무를 행하게 하는 **동기**로서 나는 다음을 살펴볼 것을 당신에게 간청합니다. 당신은 하늘에 갈 수 있는 권리에 대하여 속기 쉽습니다. 자기 마음속에 있는 거짓에 대하여 전혀 생각해 보지 않았고, 세상 지식

에 탁월했고, 복음의 밝은 빛에 비추어 살았고, 심지어 다른 사람의 태만을 책망하는 말씀을 전했던 많은 사람이 지금 지옥에 있습니다. 이 큰 요점에 대하여 실수하는 경우는 아주 **흔합니다**. 대부분의 세상 사람들이 그런 일을 당합니다. 옛날, 소돔에서, 우리는 심판을 두려워했던 사람을 한 사람도 발견하지 못합니다. 우리 가운데 거의 모든 사람이 구원 받을 것을 참으로 기대합니다.

그러나 그리스도는 우리에게 이렇게 말씀하십니다. "생명으로 인도하는 문은 좁고 길이 협착하여 찾는 자가 적음이라"(마 7:14). 그리고 그렇게 많은 사람이 속는다면, 우리는 그들처럼 속지 않기 위하여 더욱 부지런히 살펴야 하지 않겠습니까? 그렇게 실수하는 것보다 위험한 것은 없습니다. 만일 경건한 자들이 자신의 상태를 착각한다면, 이 실수의 결과는 슬플 것입니다. 그러나 경건하지 않은 자의 실수에서 생기는 손해는 말할 수 없이 끔찍할 것입니다. 이 손해는 그들이 사탄을 섬길 때 지극히 확고해질 것입니다. 또한 그들에게 유익을 끼치는 방도들을 효력 없게 만들 것입니다. 이 손해는 사람이 자기 영혼을 자비롭게 대하지 못하게 막을 것입니다. 이는 매우 중요한 사건이며, 이 경우에 영원한 구원 아니면 영원한 정죄가 결정됩니다. 그리고 만일 당신이 죽을 때까지 실수하면, 당신은 **영원히 파멸합니다**. 그때 위험을 보는 것은 매우 중대하므로 지혜로운 사람이라면 밤이나 낮이나 자신의 안전을 확신할 때까지 자신의 마음을 계속 살펴야 하지 않겠습니까?

의무를 무시하여 생기는 슬픔에 비교할 때 이 의무를 행하는 것이 얼마나 쉬운지 살펴보십시오. 당신은 가난을 피하려고 매년 수고하며 땀 흘릴 수 있습니다. 그러니 왜 영원한 비참을 막기 위하여 자신을 점검하는 데 그토록 적은 시간을 들이지 않겠습니까? 이 의무를 무시한다고 해서 당신은 사탄을 더 기쁘게 하거나 자신을 더 해치지 않습니다. 당신을 속여서 당신이 영원한 불을 느낄 때까지 당신 자신의 위험을 모르도록 하는 것은 마귀가 온갖 시험을 통하여 실행하는 큰 계획입니다. 그러니 당신은 자신을 속이는 일에 마귀와 함께 할 것입니까? 만일 당신이 마귀를 위하여 이 일을 하면, 당신은 그의 일 가운데 가장 큰 부분을 행하는 것입니다. 그리고 마귀가 당신에게 상을 크게 받을 만해서 당신이 당신의 정죄와 같은 계획에서 그를 돕습니까?

하나님이 당신을 살피실 때가 가깝습니다. 만일 오직 이생에서 고난을 받는다면, 그것은 당신이 자신을 시험하고 판단하여 하나님의 심판을 벗어날 수 있기를 바라도록 하려 함입니다. 그것은 아담에게 하신 두려운 목소리였습니다. "네가 어디 있느냐? 그 나무 열매를 네가 먹었느냐?" 그리고 가인에게 하신 두려운 목소리였습니다. "네 아우가 어디 있느냐?" 주님은 이렇게 말씀하셨습니다. 사람은 "내가 모든 악을 기억하였음을 그들이 마음에 생각하지 아니하거니와 이제 그들의 행위가 그들을 에워싸고 내 얼굴 앞에 있도다"(호 7:2).

또한 이 자기 점검의 **달콤한 결과**가 어떤 것일지 살펴보십시오. 그대가 올바르고 경건하다면, 그리하여 곧장 하나님의 사랑을 확신하는 데 이를 것입니다. 만일 그대가 올바르거나 경건하지 않다면, 그리하여 그대는 지금 괴로울 것입니다. 하지만 그것은 그대의 행복에 이바지할 것이며, 길게 보아 그 행복의 확신에 이르게 할 것입니다. 이후로 우리 앞에 일어날 일을, 특별히 우리 영혼에 일어날 일과 우리가 틀림없이 영원히 있게 될 장소와 상태를 아는 것은 바람직한 일이 아닐까요? 그리고 바로 그 지식이 바람직하므로, 구원의 확신에 대한 지식은 얼마나 더 위로가 될까요? 그대는 하나님에 대하여 얼마나 달콤한 생각을 가지게 되겠습니까. 다른 사람이 두려워하는 이 모든 위대함과 공의가 그대에게는 기쁨이 될 것입니다. 그리스도와 그분이 흘리신 피와 그분이 얻으신 유익에 대하여 생각하면 얼마나 달콤합니까. 하나님의 말씀이 당신에게 임한다니 얼마나 환영할 만하며, 그 말씀을 가지고 오는 발은 얼마나 아름답습니까. 그 약속들이 그대의 것이 된다는 것을 확신할 때 그것들은 얼마나 달콤합니까. 그대가 그 위협에서 벗어났다는 것을 기억하면 바로 그 위협이 그대의 위로가 될 것입니다. 그러므로 그대가 "우리 아버지" 하고 충만한 확신으로 말할 수 있을 때 얼마나 담대하고 큰 위로로 기도할 수 있겠습니까.

그리하여 그대 영혼은 성찬을 기운을 새롭게 하는 잔치로 여기게 될 것입니다. 그리하여 모든 일반적 자비가 더욱 달콤해질 것입니다. 그때 그대는 모든 고난을 얼마나 편하게 감당하겠습니까! 그대는 사망과 심판, 하늘나라와 지옥에 대하여 달콤하게 미리 생각하게 될 것입니다. 그대는 주의 일을 얼마나 생동감 있게 하겠으며 그대 주위의 모든 사람에게 얼마나 유익되겠습니까. 이리하여 그대의 모든 은혜와 상태에 얼마나 큰 힘이 생기겠습니까. 그리하여 참으로 그대가 회개하고 사랑이 불붙고 소망이 활기를 얻고 믿음이 견고해질 것입니다. 즐거움이 샘솟듯 끊이지 않고, 그대 마음에 감사함이 넘치고, 그대가 찬송의 즐거운 일을 더욱 잘하고, 하늘의 마음을 갖게 되고, 모든 일에 인내하게 될 것입니다. 확신의 이 모든 달콤한 효과는 그대의 생활을 이 땅에 있는 천국으로 만들 것입니다.

이 동기들이 그 안에 충분한 이유를 갖고 있음을 나는 확신하지만, 독자여 당신이 더 할 일이 없는 듯이 이 책을 제쳐 두고 의무를 안 하지 않을까 경계심이 듭니다. 지금 다루는 일은 아주 중요합니다. 그대가 하늘나라에서 영원히 살든지 지옥에서 영원히 살든지 나는 상관없습니다. 나는 여기서 그대 영혼을 위하여 그대에게 청합니다. 아니, 나는 주의 이름으로 그대에게 명령합니다. 그대는 더 이상 지체하지 말고 참으로 성실하게 마음을 쏟아 그 일을 하고 스스로 이렇게 생각하십시오. '실수하는 것이 얼마나 쉽고 얼마나 흔하고 얼마나 위험한가? 잘못된 방법이 얼마나 많은가? 마음은 그토록 잘 속지 않는가? 그러므로 왜 나는 내 상태를 알 때까지 속속들이 살피지 않는가? 나는 곧 그리스도의 법정에서 재판을 받을 것이다. 그러므로 나는 이제 스스로를 시험해야 하지 않겠는가? 그러므로 내가 구원을 얻지 못하면 내 처지는 참으로 비참하지 않는가. 이제 나는 조금 부지런히 살펴야 알 수 있을 텐데 그 자기 점검의 일을 거부하다니.'

그러나 아마 당신은 이렇게 말할 것입니다. "나는 어떻게 그 일을 하는지 모른다." 나는 이제 그 점에 대하여 그대에게 지침을 주려 합니다. 그러나 애석하게도 그대가 그것을 실천할 마음이 되어 있지 않으면 헛수고가 될 것입니다. 그러므로 그대는 더 나아가기 전에 여기서 주 앞에서 내가 주의 말씀에서 기록할 다음의 지침에 따라 이 의무를 속히 행하는 데 마음을 두겠습니까? 나는 불합리하거나 불가능한 것을 전혀 요구하지 않습니다. 그저 몇 시간만 들이면 그대가 영원히 어떻게 될 것인지 알 수 있습니다. 만일 이웃이나 친구가 그대에게 대화를 하거나 무슨 일이 있어서 고작 한 시간을 원한다면, 분명 그대는 거절하지 않을 것입니다. 그런데 그토록 큰 문제에 그대가 이 한 시간을 거부하면 더더욱 안 되지 않겠습니까. 나는 마치 내가 그리스도의 이름으로 무릎을 꿇고 그대에게 제시하듯이 하는 이 간청을 받아 주기를 기도합니다. 그리고 나는 무릎을 꿇고 그리스도께서 그대의 마음을 설복하여 그 의무를 행하게 해 달라고 다시 간청할 것입니다.

4. **어떻게 자기를 점검하는지에 대한 지침**은 이렇습니다. 온갖 걱정과 생각을 비워서 그것들 때문에 마음이 흐트러지거나 나누이지 않게 하십시오. 온갖 걱정과 생각을 비우는 일은 다른 사람을 끌어들이지 않더라도 충분할 것입니다. 그런 후에 하나님 앞에 엎드려 마음에서 우러나오는 기도를 드리며, 성령님이 그대의 상태에 대한 명백한 실상을 그대가 발견하게 하시고 이 모든 일에 그대에게 빛을 비추어 주시는 도움을 바라십시오. 아주 편한 시간과 장소를 택하십시오. 장소는 아주 개인적인 곳으로 하고, 시간은 방해될 것이 없는 때로 하십시오. 만일 가능하다면 당장 하십시오. 미리 성도의 기록이나 구원에 관한 복음의 말씀을 담은 글을 암기하거나 써 놓으십시오. 그리고 그 글의 무오한 진리를 철저히 확신하십시오. 그런 후에 이 질문을 자신에게 던져 보십시오. 그대 안에 무슨 선이 있는지 혹은 그대가 어느 정도 은혜를 갖고 있는지를 묻지 말고 그런 **구원의 은혜**가 그대 안에 진실한지 아닌지를 물

으십시오.

만일 그대 마음이 이런 일에 물러서면, 강력하게 그 일을 추진하십시오. 주도적으로 그런 일을 행하십시오. 이성을 사용하여 그 권위를 활용하십시오. 물론 하나님의 명령을 이성에게 하달하고 이성이 유쾌하지 않더라도 수고하며 순종하게 하십시오. 마음이 일어나 그 일을 하기까지 양심이 제 역할을 하게 하십시오. 그대 마음이 부지런히 그 일을 해야 할 때 사소한 데 시간을 버리지 말게 하십시오. 시편 기자처럼 행하십시오. "마음으로 간구하십시오"(시 77:6). 자기 마음을 설득할 수 있는 사람은 하나님도 설득할 수 있습니다.

만일 그대가 온갖 수고를 다한 후에 의심 가운데 조용히 지낸다면, 도움을 구하십시오. 경건하고 경험 많고 능력 있고 신실한 사람에게 가서 그대의 사정을 말하고 그의 뛰어난 조언을 바라십시오. 그런 사람의 판단을 그대 몸을 치료하는 의사의 판단으로 사용하십시오. 이 조언은 그대에게 충분한 확신을 주지 않을지라도, 그대에게 계속 방향을 지도하는 데 큰 도움이 될 것입니다. 그러나 자기 점검을 미루려는 핑계로 삼지 마십시오. 그대의 노력이 도움이 되지 않을 때라도 최종적인 해결책의 하나로만 사용하십시오. 그대가 확신할 수 없을 때 마지막 수단으로 다른 성도의 조언을 구하십시오..

그대는 참된 그리스도인이거나, 혹은 참된 그리스도인이 아닙니다. 성급하게 자기 아첨이나 우울한 공포에 사로잡혀 이런 판단을 내리지 마십시오. 오히려 신중하고 참되고 자신의 양심에 따라 하되, 성경과 이성의 확증을 받아 하십시오. 그대의 마음에 내린 판단에 따라 그대 마음이 영향을 받게 됩니다. 만일 은혜가 없다면 비참을 생각하십시오. 새롭게 되고 거룩하게 되었으면, 주께서 그대를 이끄신 데가 얼마나 복된 상태인지 생각하십시오. 그대 마음에 인상이 남을 때까지 이런 생각을 추구하십시오. 적어도 그대 기억에 이 문장을 새겨 놓으십시오. "그럴 때 철저하게 점검하여 나는 그런 상태에 도달했다." 그런 기록은 이후 그대에게 아주 유용할 것입니다. 다른 발견을 시도하지 않을 듯이 이 한 가지 발견을 의지하지 마십시오. 또 그대의 길을 매일 추구할 때 그 발견으로 인하여 방해를 받지 마십시오. 여러 번 시험을 거듭해 보아야 할지라도 낙담하지 마십시오. 중생하지 않았다면 현재 상태로 미래 상태에 대하여 결론을 내리지 않도록 특별히 주의하십시오. 이렇게 말하지 마십시오. "나는 경건하지 못하니 경건하지 않은 상태로 죽을 것이다. 나는 위선자이므로 여전히 위선자일 것이다." 절망하지 마십시오. 그대가 원하지 않으므로 그리스도에게서 벗어날 수밖에 없는 것입니다. 물론 지금까지 그대는 그리스도를 모욕하고 그분을 속였지만 말입니다.

5. 이제 당신이 성도의 안식을 얻을 권리를 시험해 볼 수 있는 몇 가지 **표지**를 덧붙여 말하겠습니다. 나는 다음 두 가지만 언급하려 합니다. 하나님을 그대의 최고선으로 삼고, 또 마음으로 그리스도를 그대의 유일한 구주와 주님으로 받아들이는 것입니다.

이 안식을 얻을 권리를 가진 모든 영혼은 **하나님에게 자신의 최고 행복을 둡니다.** 이 안식은 하나님에 대한 충만하고 영광스러운 향유에 있습니다. 하나님을 자신의 최고선과 궁극 목적으로 삼지 않는 자는 마음이 이교적이고 악한 우상 숭배자입니다. 그러므로 이렇게 묻겠습니다. 참으로 그대는 영광의 주님을 즐거워하는 것을 자신의 최고 행복으로 여깁니까? 그대는 이렇게 말할 수 있겠습니까? "주님이 나의 분깃이니 하늘에서는 주 외에 누가 내게 있으리요 땅에서는 주밖에 내가 사모할 이 없나이다"(시 73:25).

만일 그대가 영원한 안식의 후사라면 안식은 지금 그대와 함께 있습니다. 육신이 자신의 기쁨을 내세우고, 세상이 그대의 감정으로 아니 그대의 일상적이고 안정되고 유력한 판단과 감정으로 기어 들어올지라도, 그대는 세상 만물보다 하나님을 더 사랑합니다. 그대는 하나님을 그대의 소원과 노력의 목적으로 삼습니다. 그대가 듣고 기도하고 세상에서 살기를 바라는 이유는 무엇보다도 바로 이것입니다. 즉 그대가 주님을 찾고 그대의 안식을 확인하려 함입니다. 그대가 마땅히 그렇게 열정적으로 주님을 찾지 않을지라도, 주님이 그대의 소원과 노력의 으뜸이 되는데, 이는 그것보다 더 바라고 좋아할 것이 없기 때문입니다. 그대는 그것을 얻으려고 아무리 큰 일이나 수고라도 마다하지 않으려 할 것입니다. 그리고 육신이 때때로 움츠리겠지만, 그대는 결연히 모든 것을 헤쳐 나갈 채비를 합니다. 주님을 찾고 그대의 안식을 확인하려 하는 일을 어찌나 크게 존중하고 어찌나 크게 사랑하는지, 그대는 그것을 얻을 수 있는 권리와 그것에 대한 소망을 그 어떤 세상 선(善)과 바꾸지 않을 것입니다. 만일 하나님이 그대 앞에 한편으로 세상의 영원한 쾌락을 두고, 다른 한편으로 성도의 영원한 안식을 두셔서 그대에게 선택하라 하시면, 그대는 세상을 거부하고 이 안식을 택할 것입니다.

그러나 그대가 아직 거룩하게 되지 못했다면, 그대 마음은 하나님보다 세상의 행복을 더 사랑합니다. 그리고 그대의 입술이 하나님이 그대의 최고선이라고 말할지라도 그대의 마음은 하나님을 그다지 존중하지 않습니다. 왜냐하면 세상이 그대가 소망하고 노력하는 최고선이기 때문입니다. 그대의 마음은 세상에 정해졌습니다. 그대의 가장 큰 관심과 일은 그대의 명성이나 세상적 기쁨을 유지하는 것입니다. 그러나 장차 올 세상은 그대의 근심이나 일과는 거의 상관없습니다. 그대는 다른 세상의 보이지 않는 영광을 인식한 적도 없고, 마음이 끌린 적도 없으며, 전심으로 수고한 적도 없습니다. 그대가 그 영광을 바라고 쏟는 적은 수고는 부차적인 노력일 따름입니다. 그대가 하나님께 드리는 것은 단지 세상의 찌꺼기와 같은 것일 뿐입니다. 그대는 세상을 붙드는 법을 안다면 하늘을 위하여 그 어떤 것도 하지 않으려 할 것입니다. 그러나 그대가 더 이상 세상을 붙들 수 없게 되면, 지옥으로 들어가지 않도록, 그대는 무엇을 하려 할 것입니다. 그러나 그대는 하나님의 길이 너무 협착하다고 생각하고, 복음의 규례에 따라 변함 없이 행해야 한다는 확신을 갖지 않으려 할 것입니다.

그대가 그리스도를 버리거나 그대의 세상적 행복을 버려야 하는 시험에 맞닥뜨릴 때, 그대는 천국보다 이 땅을 구하려 하면서 의도적으로 하나님에 대한 순종을 거부하려 할 것입니다. 그리고 확실히 하나님이 그대에게 이 땅에서 영원히 부를 주시려 한다면, 그대는 그것을 (그대가 맛보지 못한) 천국보다 더 나은 상태로 생각할 것입니다. 다른 사람들이 그러한 천국을 추구하든 말든 그대는 이것이 그대의 최고 행복이라고 생각할 것입니다. 만일 그대가 아직 중생하지 않은 사람이고, 성도의 안식에 들어갈 권리가 없다면 그대의 형편이 바로 이렇습니다.

그리고 그대가 하나님을 그대의 최고선으로 여기는 것처럼, 그대는 이 안식에 들어가기 위하여 마음으로 **그리스도를 그대의 유일한 구주와 주로 받아들입니다.**

앞의 표지는 율법의 제일 되는 명령에 대한 요약이었습니다. "마음을 다하여 주 너의 하나님을 사랑하라"(막 12:30). 둘째 표지는 복음의 명령에 대한 요약입니다. "주 예수 그리스도를 믿으라. 그리하면 네가 구원을 받으리라"(행 16:31). 그리고 이 두 가지의 실행이 경건과 기독교의 전부입니다. 이 표지는 믿음의 정의입니다. 그대는 그리스도만이 그대의 구주가 되셔야 한다는 것을 마음으로 동의합니까? 또 그대의 의무와 행위를 그리스도께 복종하도록 정해진 것으로 볼 것이지 그 이상으로 의지하지 않고, 그것들을 최소한 율법의 저주를 충족할 수 있는 것으로, 혹은 율법의 의나 그 의의 어떤 일부로 보지 않고, 그리스도가 이루신 구속에만 그대의 구원을 의탁하는 데 동의합니까? 또한 그대는 그리스도를 그대의 유일한 주와 왕으로 보고 그리스도가 그 법과 성령으로 그대를 다스리고 지도하시며, 심지어 매우 힘든 의무를 명령하실 때, 육신의 소원을 대부분 십자가에 못 박는 의무를 명령하실 때도 그리스도께 복종하는 것을 만족합니까? 그대가 여기서 한 다짐을 어길 때 그것은 그대의 슬픔이 되며, 그대가 그리스도께 아주 가까이 순종할 때는 그대의 기쁨이 됩니까? 그대는 주이시자 주인이신 그리스도를 온 세상과 바꾸지 않을 것입니까? 모든 참된 그리스도인은 그러합니다.

그러나 그대가 위선자라면 아주 다릅니다. 그대는 그리스도를 그대의 주와 그대의 구주로 부르지만, 그대는 주를 따르며 의지하고 그대의 구원을 오직 그리스도께 두는 데 골몰하기 위하여 그리스도 없이는 자신이 영영 잃어버린 자라고 여기지 않으며, 적어도 그대는 그리스도가 그대의 주로 다스려야 한다는 것에 결코 동의하지 않으며, 그대의 영혼과 생활을 그리스도가 다스리도록 하지 않으며, 그리스도의 말씀을 그대의 생각과 행동을 지도하는 법으로 여기지 않았습니다. 의심할 나위 없이 그대는 죽을 때 그리스도에 의하여 지옥에서 구원 받기를 바랄 것입니다. 그러나 그러는 동안 그리스도는 그대에게 그대의 명성이나 쾌락이나 다른 세상적 목적을 추구하여 나가지 말라고 틀림없이 명령하십니다. 그리고 만일 그리스도가 그대에게 여유를 주시면, 그대는 말씀과 성령을 따르지 아니하고 세상과 육신을 훨씬 더 따라 살려 합니다. 그리고 그대가 때때로 그 반대로 행하거나 그럴 마음을 먹을 수 있지만, 내가 언급했던 이것은 그대 마음에서 늘 일어나는 소원이며 선택입니다. 그러므로 그대는 그리스도를 참으로 믿는 신자가 아닙니다. 왜냐하면 그대가 말로는 그리스도를 고백하지만 행위로는 그리스도를 부인하기 때문입니다. 그대는 "가증한 자요 복종하지 아니하는 자요 모든 선한 일을 버리는 자니라"(딛 1:16). 성도의 안식을 벗어 던질 그들이 그렇습니다.

내가 특별히 추구하라고 쓰는 것은 **마음의 동의** 혹은 **의지**임을 보십시오. 나는 그대가 구원을 확신하는지, 또 그대가 자기 죄가 용서 받았고 그리스도 안에서 하나님의 사랑을 받음을 믿을 수 있는지 묻지 않습니다. 이것들은 의롭게 하는 믿음의 부분이 아니라 그 믿음의 탁월한 열매입니다. 그리고 그것들을 받는 자들은 그것들에 의하여 위로를 받습니다. 그러나 아마 그대는 사는 동안 그것들을 결코 받지 못할 것이며, 안식의 참된 상속자가 되지 못할 것입니다. 그러므로 이렇게 말하지 마십시오. "나는 내 죄가 사하여졌다거나 내가 하나님의 기뻐하심을 입는다고 믿을 수 없다. 그러므로 나는 참된 신자가 아니다." 이것은 아주 잘못된 결론입니다.

문제는, 그대가 마음으로 그리스도를 받아들여 그대가 용서를 받고 하나님과 화목하고, 그래서 구원받았다는 것입니다. 그대는 그리스도가 그대를 사신 그대의 구주이시며, 그대를 자신의 방식으로 하늘에 들이실 분이심에 동의합니까? 이것은 의롭게 하고 구원하는 믿음이며, 이 표지에 의하여 그대는 자신을 시험해야 합니다. 하지만 이 모든 동의가 마음에서 우러나오며 참된 것이어야 하지, 겉으로 꾸미거나 마지못해 하는 것이 아닌지 주시하십시오. 그것은 "내가 가겠나이다 하고 가지 않았던"(마 21:29) 무시하는 아들의 동의와 같지 않습니다. 만일 그리스도 말고 그대의 통치자가 있다면, 그대는 그의 제자가 아닙니다. 나는 이 두 가지 표지가 모든 그리스도인이 갖는 것이며, 진지한 그리스도인이 갖는 것이라고 확신합니다. 주님이 이제 그대를 설복하여 이처럼 자신을 꼼꼼히 시험하게 하시기를 바랍니다. 그래서 세상의 심판장이 그대를 심문하실 때 그대의 영혼이 두려워 떨지 않았으면 합니다. 그러나 그대가 안식에 들어갈 그대의 권리를 점검하여, 사망과 심판의 전망이 보이고 그것들이 다가오므로, 그대 영혼을 일깨워 그대에게 기쁨이 충만하게 될 수 있기를 바랍니다.

대체로 그리스도인이 자신을 속이지 않을 위로를 갖게 되면, 그 위로로 인하여 은혜 가운데 자라며, 영혼에 그리스도에 대한 관심을 강하게 하고, 전진하게 하며, 육신의 관심을 약하게 하고 정복하는 것이 그리스도의 큰 일이 되게 하십시오. 그리스도가 모든 일을 하셨고 당신에게 남기신 일이 전혀 없다는 확신 때문에 스스로 속지 마십시오. 세상과 육신과 마귀를 정복하는 것은, 그리고 그렇게 하기 위하여 언제나 주의하여 갑옷을 입고 서서 담대하게 인내하며 싸워 나가는 것은 우리의 확신과 구원에 아주 중요합니다. 실로 그것은 우리의 세례 의무를 이루는 아주 큰 부분이므로, 그것을 행하지 않는 자는 명목상의 그리스도인에 지나지 않습니다.

주제넘게 믿는 모든 자가 아니라 "이기는 그에게는 내가 감추었던 만나를 주고 또 흰 돌을 줄 터인데 그 돌 위에 새 이름을 기록한 것이 있나니 받는 자밖에는 그 이름을 알 사람이 없느니라. 이기는 그에게는 내가 하나님의 낙원에 있는 생명나무의 열매를 주어 먹게 하리라. 이기는 자는 둘째 사망의 해를 받지 아니하리라. 그리스도가 그 이름을 내 아버지 앞과 그 천사들 앞에서 시인하고 내 하나님 성전에 기둥이 되게 하리니 그가 결코 다시 나가지 아니하리라. 내가 하나님의 이름과 하나님의 성 곧 하늘에서 내 하나님께로부터 내려오는 새 예루살렘의 이름과 나의 새 이름을 그 위에 기록하리라. 실로 이기는 그에게는 내가 내 보좌에 함께 앉게 하여 주기를 내가 이기고 아버지 보좌에 함께 앉은 것과 같이 하리라. 귀 있는 자는 성령이 교회들에게 하시는 말씀을 들을지어다"(계 2:17, 11; 3:12, 21-22).

제 9 장

이 안식을 구하도록 다른 사람들을 고무해야 할 하나님 백성의 의무

저자는 그리스도인이 다른 사람들을 도와 성도의 안식을 얻게 하는 일이 너무 없음을 한탄한다.

I. 저자는 이 의무의 성격을 보인다. 특별히,

    1. 형제의 영혼이 비참한 사실에 우리의 마음이 영향을 받는 데서

    2. 기회가 닿는 대로 구원의 길에서 우리 형제들을 교훈하는 데서

    3. 공적인 규례로 형제의 유익을 증진하는 데서

II. 저자는 왜 이 의무를 그렇게 무시하는지 다양한 이유를 대고, 그 의무에 대한 어떤 반대에 답변한다.

III. 저자는 다음의 몇 가지 고찰로 그 의무를 행할 것을 촉구한다.

    1. 지식과 배움과 말솜씨를 갖는 사람들에게 말함

    2. 죄인을 잘 아는 사람들에게 말함

    3. 죽어가는 사람을 돌보는 의사들에게 말함

    4. 재력과 권력을 가진 사람들에게 말함

    5. 사역자들에게 말함

    6. 아이나 종을 돌보는 일을 맡은 사람들에게 말함.

이 장은 그리스도인 부모들이 자신의 맡은 일에 충성할 것을 진지하게 요청함으로써 끝을 맺는다.

하나님은 우리 앞에 성도의 안식과 같은 영광스러운 상을 두시고 우리가 그처럼 파악할 수 없는 행복을 얻을 수 있게 하시지 않았습니까? 그러면 왜 이 나라의 모든 자녀는 다른 사람들이 그 행복을 향유하도록 돕는 데 더욱 힘쓰지 않습니까? 애석하게도 우리는 주변의 가련한 영혼을 거의 주목하지 않습니다. 우리는 그 나라의 영광을 보지만 그들은 보지 못합니다. 우리는 그 나라 바깥에 있는 자들의 비참을 보지만 그들은 보지 못합니다. 우리는 그 길에서 아주 벗어나 방황하는 자들을 보고 그들이 계속 그렇게 하면 그 나라에 도달하지 못할 것을 알지만, 그들은 그것을 분별하지 못합니다. 그러나 우리는 그들의 위험과 오류를 진지하게 보여 주어 그들이 살기 위해 그 길로 가도록 도움을 주려 하지 않습니다. 애석하게도 온 힘을 다하여 영원을 구하려고 하는 그리스도인을 거의 찾을 수 없습니다. 이 의무가 하나님의 영광과 사람의 행복에 얼마나 중요한지 살피면서 나는 그 의무를 어떻게 행하는지, 그리고 그 의무를 얼마나 무시하는지 보이려 하며, 그런 다음에 그 의무를 행하도록 설득하기 위하여 몇 가지 고찰을 제시할 것입니다.

첫째로, 다른 사람들을 성도의 안식에 들어가 자신의 권리를 분별하도록 하는 의무입니다. 이 말은 모든 사람이 공적인 설교자가 되어야 한다거나 모든 사람이 자신의 특정한 소명의 한계를 벗어나야 한다는 뜻이 아닙니다. 더군다나 그것은 당파 정신을 장려하는 데 있지 않습니다. 그리고 사람의 등 뒤에서 사람의 잘못을 반대하여 말하고 그들의 면전에서는 침묵하는 것에 있지도 않습니다. 이 의무는 다른 성격을 갖고 있으며 다음과 같은 것으로 구성되어 있습니다. 그 의무는 우리 형제의 영혼이 비참하다는 사실에 우리의 마음이 영향을 받는 데, 기회가 닿는 대로 구원의 길에서 우리 형제들을 교훈하는 데, 공적인 규례로 우리 형제의 유익을 증진하는 데 있습니다.

1. 우리의 마음은 우리 형제의 영혼이 비참한 사실에 **영향을 받아야 합니다.** 우리는 그들에게 동정심을 갖고 그들의 회복과 구원을 열망해야 합니다. 만일 우리가 그들이 회개를 진정으로 갈구하고 우리의 마음이 그들에게 유익

을 끼치려고 열심이라면, 그 갈구와 열심으로 우리는 일하게 될 것이며 하나님은 그 활동에 자주 복을 주실 것입니다.

2. 우리는 어떻게 구원을 얻을 것인지 그들을 교훈하기 위하여 우리가 할 수 있는 **모든 기회를** 잡아야 합니다. 만일 그 사람이 무지하면, 사람의 제일 행복과, 그가 한때 참으로 그 행복을 갖고 있었음과, 하나님이 그때 그와 함께 맺으신 언약과 그가 어떻게 그 언약을 깨뜨렸음과, 그가 초래한 형벌과 그가 처하게 된 비참을 이해하게 만드는 데 힘쓰도록 하십시오. 그에게 구속주가 필요함과, 어떻게 그리스도가 긍휼을 베풀어 중재하셔서 그 형벌을 담당하셨음과, 새 언약이 무엇인가와, 어떻게 사람이 그리스도께로 가는지와, 신자가 그리스도 안에서 갖는 부요와 특권이 무엇인가를 가르치도록 하십시오. 만일 그가 이런 것들을 듣고 감동을 받지 않으면, 그가 무시하는 영광의 탁월함과, 정죄받은 자가 당하는 고통의 극심함과 영원함과, 고의로 은혜를 거부하는 그들을 참는 공의와, 사망과 심판의 확실함과 가까움과 공포와, 다음과 같은 모든 것의 헛됨을 보여 주십시오. 즉 죄의 죄악됨과 그리스도의 고귀함과 중생과 믿음과 거룩함의 필요성과 그들의 참된 본성의 헛됨을 보여 주십시오. 결국 그 사람이 거짓된 소망을 품는 것을 당신이 보면, 그가 자신의 상태를 점검하도록 촉구하고, 그런 일을 해야 할 필요성을 보이고 그 일을 하는 그를 도우십시오. 당신은 그가 자신의 비참과 해결책을 확신하게 하기까지 그를 떠나지 마십시오. 그리스도와, 의를 만들어 내려는 자신의 의무를 결합하는 것이 얼마나 헛되고 파괴적인지를 그에게 보이십시오.

하지만 그를 이끌어 말씀을 듣고 읽는 일과, 하나님을 부르는 일과 경건한 자와 교제하는 일과 같은 모든 방도를 사용하게 하는 일을 확인하십시오. 그를 설복하여 죄를 버리고, 죄를 짓게 하는 모든 시험을 피하고, 특별히 악한 동무를 피하고 인내하면서 하나님을 기다리며 하나님을 발견하는 길로서의 방도들을 사용하게 하십시오.

그러나 이런 일을 수행하는 방식이 매우 중요하므로, 이런 규칙을 주목하십시오. **올바른 의도**로 그 일을 시작하십시오. 사람을 구원하는 일에서 하나님의 영광을 목적으로 삼으십시오. 그대 자신에게 명예나 명성이 돌아가게 하거나, 사람들이 그대를 의지하게 하거나 그대의 추종자를 모으지 마십시오. 그리스도께 순종하고 그리스도를 본받으며 사람의 영혼에 포근한 사랑을 쏟으며 하십시오. 그런 일에서 자신의 자녀나 종을 변화시키려는 사람이 자녀와 종에게 유익되지 않고 성품에 악영향을 미치게 하는 것처럼 하지 마십시오. 하나님이 정하신 방법으로 그들의 영혼을 구하려고 하십시오. 속히 하십시오. 그들이 지체하지 않고 돌아오게 하려 할 때 꾸물대지 말고 그들이 돌아오도록 일을 도모하십시오.

당신이 그를 가르쳐 도우려는 뜻을 갖고 있는 동안 그 사람은 점점 죄를 짓고 진노가 쌓여 가고 죄가 뿌리를 내리고, 습관에 얽매이고 죄를 지으려는 시험이 많아지고, 양심이 마비되고 마음이 굳어지고, 마귀가 다스리고, 그리스도를 멀리하고 성령을 거스르고, 매일 하나님의 이름을 더럽히고 그의 법을 범하고 하나님이 마땅히 받으셔야 할 섬김을 받지 못하게 합니다. 그리고 그러는 동안 시간이 흐르고 사망과 심판이 문 앞에 있습니다. 당신이 그런 일을 하지 않는 동안 사람이 죽고 지옥에 떨어지면 어떻게 하겠습니까. 만일 그의 몸이 괴로움을 겪는 경우에 당신이 "갖고 있으면서 그에게 이르기를 갔다가 다시 오라 내일 주겠노라"(잠 3:28) 말해서는 안 됩니다. 하물며 당신은 그의 영혼을 구하는 일에 더욱 지체해서는 안될 것입니다. 만약 의사가 그러하다면, 그 의사는 살인자 못지않습니다. 왜냐하면 환자가 죽거나 치료시기를 놓칠 때까지 태만하게 지체하기 때문입니다. 그러므로 핑계와 그보다 못한 모든 일을 제쳐 두고 "오늘이라 일컫는 동안에 매일 피차 권면하여 너희 중에 누구든지 죄의 유혹으로 완고하게 되지 않도록 하십시오"(히 3:13).

당신은 불쌍히 여기는 마음과 사랑으로 권면하십시오. 조롱하고 조소하는 것, 놀리고 비난하는 것은 사람을 변화시키거나 그들을 회개하게 하여 하나님께로 이르게 하는 방법이 아닐 것입니다. 눈물을 흘리며 가련한 죄인에게 가서 그들로 당신이 그들을 비참하다고 믿고 거짓 없이 그들의 형편을 불쌍히 여긴다는 것을 알게 하십시오. 진지하고 겸손한 간청으로 그들을 대하십시오. 당신이 자신에게 유익을 끼치기를 바라며, 당신이 오직 그들의 영원한 행복을 목적으로 삼으며, 당신이 그들의 위험을 느끼고 그들의 영혼을 사랑하므로, 심지어 당신이 "주의 두려우심을 앎으로" 또 당신이 그들이 영원한 고통 가운데 있는 것을 볼까 두려워하므로 말하지 않을 수 없는 것을 그들로 알게 하십시오.

그들에게 이렇게 말하십시오. "친구여, 당신은 내가 자신의 유익을 구하지 않음을 압니다. 당신의 비위를 맞춰 자기 길로 가도록 하거나 당신을 홀로 내버려 두도록 하여 당신을 즐겁게 하거나 당신과 우정을 유지할 방법을 구하지 않음을 압니다. 그러나 나는 당신을 사랑하므로 묵묵히 당신이 파멸하는 것을 보고 침묵하지 못합니다. 나는 당신 손에서 아무것도 구하지 않으며 당신의 행복에 필요한 것을 구합니다. 당신이 그리스도께 오면 유익을 얻고 위로를 받는 것은 당신 자신입니다." 만일 우리가 그렇게 모든 무지하고 불의한 이웃에게 다가간다면, 우리는 얼마나 복된 열매를 곧 보게 되겠습니까.

가능한 한 **분명하고 신실하게** 그 일을 행하십시오. 그들의 죄를 사실보다 못하게 만들지 말고 그들이 거짓 소망 가운데 계속 지내도록 부추기지 마십시오. 만일 당신이 위험한 경우를 보면 이렇게 분명하게 말하십시오. "이웃이여, 나는 하나님이 당신의 영혼을 거듭나지 않게 하시지 않았는지 두렵습니다. 아직 당신이 '사탄의 권세에서 하나님께'로 회복되지 않았는지 두려워합니다. 당신이 무엇보다 그리스도를 택하지 않고, 그리스도를 당신의 주권적 주님으로 받아들이지 않는 것이 아닌지 두려워합니다. 만일 당신이 그리스도를 택하고 그분을 당신의 주권적 주님으로 받아들였으면, 분명 당신은 그리스도께 그렇게 쉽게 불순종하지 않을 것이며, 가정 예배나 공적 예배를 소홀히 하지 않을 것입니다. 그리고 당신은 세상을 그렇게 열렬히 따를 수 없으며, 세상 이야기만 하지 않을 것입니다. 만일 당신이 '그리스도 안에' 있으면, 당신은 '새로운 피조물이라 이전 것은 지나갔으니 보라 새것이 되었도다'(고후 5:17). 당신은 새로운 생각을 하고 새로운 대화를 나누고 새로운 사귐을 갖고 새로운 노력을 벌이며 새 생명을 가질 것입니다. 분명 이런 것이 없이는 당신은 결코 구원 받을 수 없습니다. 당신은 당신의 의지에 따라 달리 생각하고, 달리 소망할 수 있습니다. 그러나 당신의 소망은 당신을 완전히 속이고, 당신과 함께 소멸할 것입니다."

그러므로 당신이 그들에게 유익을 끼칠 뜻이 있다면 신실하게 그들을 대해야 합니다. 그들이 위험을 무릅쓰고 위험한 치료를 막지 않는 것은 그들의 몸을 낫게 하는 데 있는 것처럼 사람의 영혼을 치료하는데 있어서도 마찬가지입니다. 여기서 그들은 스스로 자기 병을 낫게 하는 행위자입니다. 그리고 그들이 자신의 비참을 모른다면 결코 슬퍼하지 않을 것이며, 구주의 필요를 모를 것입니다.

또한 **진지하고 열정적이고 효과적으로** 그 일을 하십시오. 하늘나라와 지옥은 갖고 장난칠 문제가 아니며 몇 번 부주의한 생각으로 지나칠 만한 것이 아님을 알도록 힘쓰십시오. "이날들 가운데 한 날 당신이 영원한 기쁨에 있든지 혹은 영원한 고통에 있을 것이 아주 확실한데, 그 말을 듣고 당신은 정신이 들지 않습니까? 생명의 길을 발견한 사람은 심히 적고, 사망의 길로 가는 사람은 아주 많지 않습니까? 그 길을 벗어나기란 심히 어렵고 실패하기란 아주 쉽지 않습니까? 그러나 당신은 여전히 죽치고 앉아서 사소한 일에 골몰합니까? 무슨 의도로 그렇게 합니까? 세상은 지나가고 있습니다. 세상의 쾌락과 존귀와 유익이 시들어 가고 있고 당신을 떠나고 있습니다. 영원은 당신 앞에 곧 닥칩니다. 하나님은 의로우시고 질투가 많으십니다. 그의 위협은 참되십니다. 그 큰 날은 두려울 것입니다. 시간은 달려갑니다. 당신의 생명은 불확실합니다. 당신은 저 멀리 뒤처져 있습니다. 당신의 처지는 위태롭습니다. 만일 당신이 내일 죽으면 아무런 준비가 되어 있지 않은 게 아닙니까? 당신의 영혼은 어떤 공포를 갖고 당신의 몸을 떠나겠습니까? 그런데 아직 당신은 빈둥거립니까? 보십시오, 하나님은 내내 당신의 쾌락을 참고 기다리고 계십니다. 하나님의 인내는 깁니다. 그의 오래 참으심은 깁니다. 그의 긍휼이 당신에게 간청합니다. 그리스도는 당신에게 그 피와 공로를 주십니다. 성령님은 설득하고 계십니다. 양심은 호소하고 있습니다. 사탄은 당신을 가지려고 기다립니다. 당신의 때는 지금입니다. 지금이 아니면 불가능합니다. 당신은 이 땅에서 회개하는 것보다 지옥에서 불에 그슬릴 것입니까? 그리스도를 당신의 통치자로 삼지 않고 마귀를 당신의 고문관으로 삼을 것입니까? 당신은 당신의 죄를 버리지 않고, 하나님과 영광에 참여하는 것을 버릴 참입니까? 오 친구여, 이런 일들을 어떻게 생각합니까? 하나님은 당신들을 사람으로 만드셨습니다. 당신이 중요하게 이성을 사용해야 할 곳에서 이성을 포기하지 마십시오."

애석하게도 농담과 진담 사이에 잠자는 것과 깨는 것 사이에 무미건조한 몇 마디 말로는 마음이 죽어 버린 죄인이 깨어나지 않을 것입니다. 만일 집이 불타면, 당신은 불의 본성과 위험에 대하여 냉담한 연설을 늘어놓지 않고, 달려가서 "불이야, 불이야" 하고 소리칠 것입니다. 엘리가 자기 아들들에게 하듯이 한 사람에게 그의 죄를 말하는 것은, 혹은 여호사밧이 아합에게 "왕은 그런 말씀을 마소서"(왕상 22:8) 하고 말하듯이 그를 미지근하게 질책하는 것은 종종 그에게 유익을 끼치는 것만큼 해를 끼칩니다. 우리는 사람의 기분을 상하게 만들기를 싫어하므로 그들을 멸망하게 만듭니다.

그러나 당신이 극단으로 쏠리지 않게 하려고 나는 **신중하고 사려 있게** 그 일을 하라고 권합니다. 감정이 폭발하려거나, 당신의 말 듣는 것을 부끄러운 일로 여기는 사람을 상대하지 마십시오. 땅이 부드러울 때 쟁기가 잘 들어갑니다. 고난을 당하거나 최근에 설교를 듣고 감명을 받은 사람을 택하십시오. 그리스도인으로서 신실하려면 길을 가면서 선한 일을 만날 때 행할 뿐만 아니라 기회를 찾아야 합니다. 또한 어떤 사람인지 어떤 성미를 지녔는지 거기에 적응하십시오. 당신은 영리한 사람을 대할 때 설득보다 주장을 사용해야 합니다. 무지한 자에게는 둘 다 필요합니다. 확신하는 자에게는 무엇보다 감정을 자극해야 합니다. 완고한 자는 매섭게 책망해야 합니다. 소심한 사람은 부드럽게 대해야 합니다. 누구에게나 사랑과 분명한 말과 진지한 태도를 가져야 합니다. 그러나 어떤 사람은 위협의 말을 견디기가 어렵습니다. 또한 아주 이해하기 쉬운 말을 사용하십시오. 어울리지 않는 말은 듣는 자로 하여금 마땅히 먹고 살아야 할 영의 양식을 싫어하게 만듭니다. 듣는 사람이 교묘한 귀와 육적인 마음을 가진 사람이라면 특별히 그렇게 됩니다.

당신의 모든 책망과 권면에는 **하나님의 권위**가 뒷받침되어야 합니다. 죄인들로 하여금 당신이 단순히 자신의 생각을 말하는 것이 아님을 확신하게 하십시오. 그들이, 죄를 정죄하고 의무를 명령하는 성경 구절을 보게 하십시오. 사람의 목소리는 모욕할 수 있지만 하나님의 음성은 두렵고 무섭습니다. 전능자의 말씀을 거부하지 않으려는 자들은 당신의 말을 거부하지 않을 것입니다.

사람을 자주 만나 이렇게 권면하십시오. 하나님이 우리에게 강청하라고 하셨으므로 우리는 "항상 기도하고 낙심하지 말아야"(눅 18:1) 합니다. 분명 그렇게 하여 사람들을 아주 잘 설득하게 될 것입니다. 그러므로 우리는 "매일 서로 권면하고" "모든 오래 참음"(엡 4:2)으로 권하라는 명령을 받았습니다. 단번에 부싯돌을 부딪친다고 해서 항상 불이 나오는 것은 아닙니다. 사람의 감정은 첫 번째 권면으로 불붙는 것이 아닙니다. 그리고 그들은 감정이 불붙었지만 계속 되지 않으면 곧 냉담해질 것입니다. 계속 죄인에게 사랑을 보이고 진지하게 간청하고, 그들이 죄 가운데 머무르지 않게 하십시오. 이것은 참된 자비이며, 사람의 영혼을 구하는 유일한 것이며, 당신이 회고할 때 위로를 얻게 할 것입니다.

한 사람의 사정을 다룰 때 할 수 있는 권면을 다하도록 하십시오. 아주 설득력 있는 말을 하는 데 온갖 걱정이 뒤덮고 있으면, 좀처럼 일에 성공하지 못할 것입니다. 그러나 듣는 자의 회개에 마음을 두고서 행하고, 따라서 자신의 일이 성공하기를 계속 추구하고 있는 자들의 일에 하나님이 복 주시는 경우가 많습니다. 만일 당신이 죄를 책망하면, 죄인이 죄를 버리고 죄를 지을 기회가 되면 피하겠다고 당신에게 약속할 때까지 책망을 그치지 마십시오. 만일 당신이 의무를 행할 것을 권하면, 지체하지 않고 의무를 행하겠다는 약속을 하라고 촉구하십시오. 만일 당신이 사람을 그리스도께로 이끌려 하면, 그들이 중생하지 못한 현재 상태의 비참함과 그리스도와 변화의 필요성을 고백하고, 신실히 은혜의 수단을 사용하겠다고 약속할 때까지 그들을 내버려 두지 마십시오. 모든 그리스도인이, 죄의 노예가 되고 그리스도께 낯선 사람이 된 자기 이웃에게 이렇게 대하였으면!

한 가지 더 말하면, 말로만이 아니라 **당신의 모범**으로 권면하십시오. 당신이 그들을 설득하여 행하게 하는 모든 의무를 당신이 늘 행하고 있음을 그들에게 보이십시오. 그들이 당신의 생활에서 당신이 입으로 권하는 대로 세상보다 월등하게 일하는 것을 보게 하십시오. 당신이 하늘을 위하여 항상 일함으로써 자신이 실제로 믿는 대로 그들로 믿게 하려고 함을 보이십시오. 거룩하고 천상적인 생활은 당신 주위에 있는 죄인의 양심을 늘 콕콕 찌르는 바늘이며, 언제나 그들이 자기 길을 바꿀 것을 간청합니다.

3. 개인적인 권고의 의무 말고 당신은 **공적 예배로 사람들이 유익을 얻도록** 힘써 도와야 합니다. 그러기 위해서 그들이 원하는 경우 그들을 위하여 신실한 목사를 구하는 일에 힘쓰십시오. "전파하는 자가 없이 어찌 들으리요"(롬 10:14). 당신이 성공할 때까지 이 목적에 관심을 갖고 더욱 부지런하십시오. 당신의 목적을 확장할 수 있는 만큼 확장하십시오. 당신이 행한 사역에 의하여 구원을 받을 수 있는 영혼이 얼마나 많습니까. 그것은 그들의 몸을 건강하게 하는 것보다 더 높고 고상한 자비입니다. 만일 위대한 사람들이 쌓은 학문으로 사람의 재능과 경건을 보고 젊은이들을 세심하게 선발하여 그들을 도와 사역에 적합한 인물이 되게 한다면 그들은 얼마나 넘치는 선을 행할 수 있을까요? 그리고 신실한 사역을 베풀 수 있을 때 가련한 영혼이 그 사역을

받게 하고 ― 그들로 그 말씀을 늘 듣도록 이끌고 ― 그들로 자신이 들은 바를 기억하게 하고, 가능하다면 그들의 가정과 다른 곳에서 거듭 그 말을 듣게 하십시오. 즉 그들이 공적으로 교인과 만나는 것 말고, 서로의 영혼이 하늘나라를 향하도록 돕는 데, 더욱 열심을 내어 자주 만나도록 장려하십시오. 또한 예배와 사역을 늘 존중하도록 힘쓰십시오. 어떤 사람이 무시하는 것으로는 그 사람에게 큰 효과를 보지 못하는 법입니다. 한 사도는 이렇게 말합니다. "형제들아 우리가 너희에게 구하노니 너희 가운데서 수고하고 주 안에서 너희를 다스리며 권하는 자들을 너희가 알고 그들의 역사로 말미암아 사랑 안에서 가장 귀히 여기며 너희끼리 화목하라"(살전 5:12-13).

둘째로, 이 의무를 천박하게 무시하는 원인이 무엇인지 살펴봅시다. 이는 장애를 발견할 때 더욱 쉽게 극복하기 위함입니다. 한 가지 장애는 사람의 죄와 죄책입니다. 그들은 천상적 기쁨으로 황홀해하지 않았습니다. 그러면 어떻게 그들이 다른 사람을 이끌어 천상적 기쁨을 찾게 하려고 그렇게 열심을 낼 것입니까? 그들은 자신의 상실한 상태와 그리스도의 필요성과 성령님의 새롭게 하시는 사역을 알지 못했습니다. 그런데 어떻게 그들이 다른 사람들로 이런 것들을 발견하게 하겠습니까? 그들은 비난받아야 할 죄를 지었고 그래서 다른 사람의 죄를 책망하기가 부끄럽게 됩니다.

또 하나의 장애는 사람의 마음에 만연한 은밀한 불신앙입니다. 모든 중생하지 못한 자와 거룩하지 못한 자가 영원히 고통을 받을 것이니 그들의 얼굴을 볼 때, 특별히 그들이 우리의 가깝고 소중한 친구일 때, 어떻게 우리는 말하지 않고 눈물을 터트리지 않을 수 있겠습니까? 그래서 은밀한 불신은 은혜와 의무의 활기를 꺾습니다. 오 그리스도인이여, 만일 죽기 전에 경건하지 못한 이웃이나 아내나 남편이나 자녀들이 철저하게 변화되지 않고서는 영영 지옥에서 살 것이라는 것을 당신이 참으로 믿는다면, 그들이 설득될 때까지 밤이고 낮이고 그들에게 말씀을 전하지 않겠습니까? 이 저주 받은 불신이 아니라면 우리 자신과 우리 이웃의 영혼이 우리에 의하여 더욱 유익을 받을 것이니다.

이런 시도는 사람들의 **영혼에 대한 자비심과 불쌍히 여기는 마음이 우리에게 부족**하므로 크게 방해를 받습니다. 제사장과 레위인이 상처를 입은 사람을 대하듯, 우리는 비참한 영혼들을 물끄러미 쳐다보며 지나칩니다. 죄인이 죄로 상처를 입고 사탄에게 사로잡혀서 그대의 도움을 바라지 않을지라도 그의 비참은 크게 소리칩니다. 만일 하나님이 우리의 기도의 외침을 듣기 전에 우리의 비참의 외침을 듣지 않으셨다면, 그리고 우리의 끈덕진 재촉에 마음이 동하기 전에 하나님 자신이 긍휼에 의하여 마음이 동하지 않으셨다면, 우리는 오랫동안 사탄의 종으로 지냈을 것입니다. 당신은 그들의 눈을 열고 그들의 마음을 돌려 달라고 하나님께 기도할 것입니다. 그러니 당신이 그들의 회개를 바란다면 왜 그 일을 위하여 노력하지 않습니까? 그리고 당신이 그것을 바라지 않는다면 왜 당신은 그것을 요구합니까? 왜 당신은 하나님이 그들을 회개시켜 돌이키게 해 달라고 기도하듯이 그들에게 살펴서 돌아서라고 간청하지 않습니까? 만일 이웃이 구덩이에 빠진 것을 보고 하나님께 그 사람을 꺼내 달라고 기도하고, 그 사람을 도우려고 손을 뻗치지 않는다면, 누가 당신의 잔인함과 위선을 비난하지 않겠습니까? 몸에 그렇듯이 영혼에도 그렇습니다. 만일 어떤 사람이 "형제의 궁핍함을 보고도 도와줄 마음을 닫으면 **하나님의 사랑이 어찌 그 속에 거하겠느냐?**"(요일 3:17). 혹은 그가 자기 형제의 영혼에 대하여 어떤 사랑을 가졌습니까?

또 우리는 **사람을 기쁘게 하려는** 천박한 기질 때문에 방해를 받습니다. 우리는 사람들에게 계속 명성을 얻고 호의를 입는 것을 너무 바라는 나머지 매우 불합리하게 자신의 의무를 무시하게 됩니다. 병든 사람을 괴롭게 만들까봐 그 사람을 죽게 내버려 두려는 사람은 어리석고 신실하지 못한 의사입니다. 만일 우리의 친구들이 타락하더라도, 우리는 그들의 마음을 상하게 하는 일을 전혀 하지 않음으로써 그들을 기쁘게 합니다. 그러나 그들이 구원의 문제에서 정신이 나가고 미치광이처럼 계속 정죄를 향하여 갈 때도 우리는 그들의 기분을 상하게 할까봐 그들을 막지 않으려 합니다. 어떻게 "하나님의 칭찬보다 사람의 칭찬을 사랑하는" 우리가 그리스도인이라 할 수 있겠습니까? 왜냐하면 우리가 "사람들의 기쁨을 구하였다면 그리스도의 종이 아니기"(갈 1:10) 때문입니다.

부끄러움 때문에 방해 받는 것은 흔한 일입니다. 우리가 그들의 죄로 사람들을 부끄럽게 해야 한다면, 우리는 자신의 의무 때문에 부끄럽게 됩니다. 이 죄인들이 욕하거나 술 취하거나 하나님에 대한 예배를 무시하는 것을 부끄러워하지 않고, 우리가 그들에게 그 점을 말하기가 부끄럽고 그들이 그것을 하지 않도록 설득하는 것이 부끄럽다면, 이 죄인들은 우리를 정죄하지 않을까요? 절박한 때에 부끄러워하는 것은 어울리지 않는 일입니다. 사람들을 설득하여 그 죄에서 나와 그리스도께 가게 하는 것은 부끄러워할 일이 아닙니다. 독자여, 그대의 양심은 여러 번 그대의 의무에 대하여 말하지 않았으며 가련한 죄인들에게 말하라고 촉구하지 않았습니까? 그러나 그대는 입을 열기를 부끄러워하고 그들이 홀로 가라앉든지 헤엄치든지 내버려 두지 않았습니까? 그렇지 않으면 이 말을 두려운 마음으로 되새겨 보십시오. "누구든지 이 음란하고 죄 많은 세대에서 나와 내 말을 부끄러워하면 인자도 아버지의 영광으로 거룩한 천사들과 함께 올 때에 그 사람을 부끄러워하리라"(막 8:38).

끈기의 부족이 우리를 방해합니다. 그것은 애쓴 보람이 없는 일이며 때때로 사람들을 우리의 적으로 만듭니다. 게다가 이 일은 계속되기는 하겠지만 처음에 성공하는 적이 드뭅니다. 분명 당신은 무지한 자를 가르치고 완고한 자를 설득하는 데 너무 오래 되었습니다. 우리는 자신의 죄 가운데 있을 때 하나님이 우리에게 보이시곤 했던 인내가 어떠했는지 살피지 않습니다. 만일 우리가 다른 사람을 대하듯이 하나님이 우리에게 인내하지 않고서 대하셨다면 우리에게 화가 있었을 것입니다.

또 하나의 장애는 **자기 추구**입니다. "그들이 다 자기 일을 구하고 그리스도

196 성도의 영원한 안식

예수의 일을 구하지 아니한다"(빌 2:21). 많은 사람의 경우 교만이 큰 장애입니다. 만일 위대한 사람에게 말하여 그의 기분을 상하게 하지 않아야 한다면 그들은 그렇게 할 것입니다. 그러나 가난한 사람들 가운데 가서는 그들의 오두막집에서 수고롭게 이야기할 사람이 어디 있겠습니까? 많은 사람이 신사를 회개시키는 데 중요한 일을 맡는 것을 기뻐합니다. 그리고 그들은 합당한 이유를 갖고 있습니다. 그러나 그들은 모든 사람의 영혼이 하나님께 동등하지 않다는 듯이 대중을 무시합니다. 애석하게도 이 사람들은 그리스도가 우리에게 얼마나 낮아지셨는지 거의 살펴보지 않습니다. 부자와 고상한 자와 지혜로운 사람 가운데 부르심을 받은 자는 얼마 안 됩니다. 복음의 기쁜 소식을 받는 자는 가난한 자입니다. 그리고 어떤 사람은 의무를 몰라서 행하지 못합니다. 그들은 그것이 의무가 아니라고 알거나, 적어도 자신의 의무가 아니라고 압니다. 만일 그대의 사정이 이렇다면, 나는 그대가 이제 자신의 의무를 잘 알고 행하기를 소망합니다.

당신이 어떻게 하든지 권면을 받아들일 수 **없다고 해서** 이 의무를 반대하지 마십시오. 좀 더 능력 있는 사람에게 그 일을 맡기든지, 자신의 가진 작은 능력을 충성스럽고 겸손하게 사용하고, 연약한 자처럼 하나님이 말씀하신 것을 그들에게 말하십시오. 충고와 권면이 필요한 사람이 상관이라고 해서 의무를 포기하지 마십시오. 절박한 경우에는 지위를 무시해야 합니다. 남편이든지 부모이든지 목사이든지 당신은 그런 상황에 그를 가르쳐야 합니다. 만일 부모가 궁핍한 상태라면 자녀는 그들을 도와야 합니다. 남편이 병들었으면 아내는 가정 일에서 그의 자리를 채워야 합니다. 부자라도 거지가 되었다면, 자선을 받아야 합니다. 의사가 병들었으면 다른 사람이 그를 보살펴야 합니다. 그래서 아무리 천한 종이라도 자기 주인을 권고해야 하며, 아이가 부모를, 아내가 남편을, 평신도가 목사를 권고해야 합니다. 그래서 참으로 절박한 일이 있을 때 온갖 겸손과 조심스러움과 온유함으로 그 일은 이루어집니다. 이리하여 우리 모두가 설교자가 될 것이라고 말하지 마십시오. 왜냐하면 모든 선한 그리스도인은 설교자이며 이웃의 영혼에 대하여 책임을 지고 있기 때문입니다. 정규 의사가 없고 병이 사소하여 누구라도 낫게 할 수 있을 때 모든 사람은 의사입니다. 그처럼 모든 사람은 선생이어야 합니다.

성공하지 못할 것이라고 절망하지 마십시오. 하나님이 성공을 주실 수 없겠습니까? 그리고 은혜의 방도로 틀림없이 성공하지 않겠습니까? 그것이 진주를 돼지 앞에 던지는 것에 불과할 것이라고 주장하지 마십시오. 당신이 산산이 찢어질 위험에 처하게 되더라도, 그리스도는 당신이 견디게 하실 것입니다. 그러나 그런 위험에 처하지 않은 당신에게는 어떠합니까? 그들이 들으려 하는 한 당신은 말할 용기를 가질 것이며, 그들을 경멸스러운 돼지로 여겨 내팽개쳐 버려서는 안 됩니다. "그는 내가 크게 의지하는 친구인데, 그에게 그의 죄와 비참을 말함으로써 나는 그의 사랑을 잃고, 죽도 밥도 되지 않을 것입니다." 그의 사랑이 그의 안전보다 더 고귀하며 혹은 그 영혼의 구원보다 그에게서 받은 당신의 유익이 더 고귀하겠습니까? 혹은 그가 그대 친구이므로 그의 정죄를 침묵하려 합니까? 그것이 그의 우정에 대한 그대의 가장 훌륭한 보답입니까? 그대는 그의 호의를 잃거나 그로부터 받는 도움을 잃는 것보다 그가 지옥에서 영영 불타기를 바랍니까?

셋째로, 그러나 하나님을 두려워하는 모든 사람은 이 복된 안식에 다른 사람이 이르도록 도우려고 최선의 노력을 할 마음이 일어날 것이므로, **나는 당신이 다음과 같은 동기를 살필 것을 간청합니다.** 예컨대, 자연뿐만 아니라, 특별히 은혜가, 영혼으로 하여금 선을 전달할 마음이 생기게 합니다. 그러므로 이 일을 무시하는 것은 자연과 은혜에 대하여 저지르는 죄입니다. 당신은 자기 손에 먹을 것이 있는데도 자녀나 이웃이 거리에서 굶어 죽도록 괴롭게 하는 사람을 본성에 따르지 않는 자라고 생각하지 않겠습니까? 그리고 그들로 영원히 멸망하게 하고 그들을 구원하려고 입을 열지 않으려 하는 그는 더욱 본성에 따르지 않는 자가 아닙니까? 무자비하고 잔인한 사람은 모든 사람이 싫어하는 괴물입니다. 만일 하나님이 당신의 모든 재산을 그들에게 주라거나, 그들을 구원하기 위하여 당신의 생명을 내놓으라고 명령하셨는데, 당신이 그들을 구원하기 위하여 약간의 수고도 하지 않는다면 하나님의 명령을 분명히 어긴 것이 될 것입니다. 남편이나 아내나 아이나 이웃의 영혼이 몇 마디의 말을 들을 가치도 없습니까? 인간의 몸에 행하는 잔인한 행위는 크게 정죄 받을 죄입니다. 그러나 인간의 영혼에 저지르는 잔인한 행위는 훨씬 정죄 받을 죄입니다. 마치 영혼이 몸보다 더 가치 있고 영원이 시간보다 더 가치 있는 것과 같습니다. 당신의 신실한 권면이 없어서 자기 죄 가운데 죽은 많은 영혼이 지옥에서 지금 어떤 것을 느끼고 있는지 당신은 거의 알지 못합니다.

영혼을 구하는 일에 관하여 **그리스도가 어떤 일을 하셨는지** 살펴보십시오. 그분은 사람들에게 자신의 피가 필요하다고 생각하셨습니다. 그러면 우리는 그들에게 우리의 수고가 필요하다고 생각해야 하지 않을까요? 당신은 그리스도가 그렇게 많은 일을 하셨는데 별로 일을 하지 않을 것입니까? 경건하지 않은 사람들이 얼마나 자비를 받아야 할 적임자인지 살펴보십시오. 그들은 죄와 허물로 죽었습니다. 그래서 그들은 자신의 비참을 느낄 수 있는 마음도 없고 자신을 불쌍히 여기지도 않습니다. 만일 다른 사람이 그들을 불쌍히 여기지 않으면 그들은 불쌍히 여김을 받지 못할 것입니다. 왜냐하면 그들이 스스로를 불쌍히 여기지 않고 참으로 자신의 가장 잔인한 파괴자가 되는 것은 그들의 질병의 본질이기 때문입니다. 한때 그대의 형편이 그랬음을 살펴보십시오. 나그네에게 친절하라고 이스라엘 백성에게 하신 명령이 그렇습니다. 왜냐하면 그들이 "애굽에서 나그네"였기 때문입니다. 그래서 당신은 그리스도와 성도의 소망과 위로에 대하여 나그네인 자들을 불쌍히 여겨야 합니다. 왜냐하면 당신이 한때 그리스도와 성도의 소망과 위로에 대하여 나그네였기 때문입니다. 당신이 그들과 맺은 관계를 살펴보십시오. 그대가 그대 자신처럼 사랑해야 하는 그들은 그대의 이웃이며 형제입니다. 매일 보는 자기 형제를 사랑하지 않는 자는 결코 보지 못한 하나님을 사랑하지 못합니다.

그리고 자기 형제가 지옥에 갈 것을 알고도 결코 막지 않는 그대가 자기 형제를 사랑한다 하겠습니까?

이런 점을 무시할 때 그대 영혼이 얼마나 무거운 죄책의 짐을 지는지 살펴보십시오. 그대는 그대가 그렇게 무시하는 모든 영혼의 죽음과 정죄에 대한 죄책을 지고 있습니다. 그리고 그들이 지금 범하는 모든 죄와 그래서 하나님께 행하는 그 모든 욕된 행위와 그들의 죄로 그들이 사는 도시나 나라에 임하는 이 모든 심판에 대한 죄책을 지고 있습니다. 영원한 불 속에 있는 당신의 가련한 친구를 보고, 그대가 무시한 것이 그런 일의 큰 원인이었다는 것을 생각하면 어떻게 되겠습니까. 만일 당신이 거기서 그들과 더불어 멸망해야 한다면, 당신의 고통은 이만저만 심해지지 않을 것입니다. 만일 당신이 하늘에 있다면, 그리고 만일 하늘에 어떤 슬픔이 있을 수 있다면, 가련한 영혼이 영원히 이렇게 울부짖는 것을 들을 것이라고 하면 확실히 그것은 슬픈 생각입니다. "오! 만일 당신이 내 죄와 위험에 대하여 분명히 말해 주고 철저히 지적했다면 이 모든 고통에서 벗어나서 지금 안식에 거할 수 있었을 텐데." 이 얼마나 슬픈 목소리입니까!

당신이 하늘로 이끄는 데 도움을 주었던 자들을 하늘에서 만난다면, 그리고 그들의 얼굴을 보고 함께 하나님을 영원히 찬송한다면 하늘에는 얼마나 큰 기쁨이 있겠습니까. 그들은 당신이 예수 그리스도를 알게 하고 그분께 순종하게 하는 행복한 도구 노릇을 한 사람들입니다. 반면에 당신이 또한 얼마나 많은 영혼을 정죄의 길로 이끌고, 그곳에 단단히 매여 있게 했는지 살펴보십시오. 우리는 무지한 시절 죄 가운데서 사귄 친구들이 있는데, 우리는 그들을 유혹하거나 부추겼습니다. 그리고 한때 우리가 사람들을 멸망시키는 일들을 했다면 이제는 그들을 구원하는 일을 해야 합니다. 이 가련한 영혼의 모든 원수들이 그들을 지옥으로 이끌려고 얼마나 부지런하게 움직이는지 살펴보십시오. 마귀는 밤이고 낮이고 그들을 시험하고 있습니다. 그들의 내면적 욕망은 언제나 그들을 파괴하려고 여전히 활동하고 있습니다. 육신은 그 쾌락을 여전히 변호하고 있습니다. 그들의 옛적 친구들은 그들이 거룩함을 점점 싫어하도록 만들고 있습니다. 그리고 그들을 도와 하늘로 이끄는 사람이 없다면, 그들은 어떻게 되겠습니까?

양심이 깨어날 때 이 의무를 무시하는 것이 얼마나 깊은 상처를 주는지 살펴보십시오. 사람이 죽게 될 때 양심이 그에게 이렇게 물을 것입니다. "그대는 일평생 무슨 선을 행했는가? 영혼을 구하는 것이 가장 큰 선행이다. 그대는 그 일에 관하여 무엇을 했는가? 그대는 얼마나 많은 사람을 신실히 대했는가?" 나는 죽어가는 사람이 이런 것을 빠뜨려서 양심에 큰 상처를 입는 것을 종종 목격했습니다. 나의 경우에는, 내가 죽음에 가까울 때 내 양심이 그 어떤 죄보다 이 죄로 나를 비난했습니다. 그 죄 때문에 무지하고 세속적인 이웃이 마음에 떠오르곤 했습니다. 나는 그들에게 그들의 위험을 전혀 알려 주지 않았습니다. 이 죄는 나에게 이렇게 말하곤 했습니다. "그대는 개인적으로 그들을 찾아가서 그들의 처절한 위험을 분명하게 알렸어야 했다. 물론 그대가 시간이 없다면 먹거나 잠자야 할 때라도 해야 했다." 나는 그런 때 무지한 사람과 동행했다거나, 일부러 죄를 짓는 사람과 말을 타고 함께 길을 가면서 그들을 대할 적절한 기회를 가졌지만 목적을 이루지 못했거나 거의 이루지 못했다는 생각에 양심이 찔리곤 했습니다.

주님은 내가 시간이 있을 때 양심의 소리에 더 잘 따르도록 하십니다. 그래서 죽을 때 양심에 덜 찔리게 하십니다. 당신이 이 일을 하기에 얼마나 적절한 시간을 갖고 있는지 살펴보십시오. 말하기가 안전하지 않은 때가 있습니다. 그러자면 당신의 자유나 생명을 내놓을 수 있습니다. 게다가 당신의 이웃은 곧 죽을 것이며 당신도 그럴 것입니다. 그러므로 당신이 살아 있을 때 그들에게 말하십시오. 이것이 가장 큰 자선의 활동이지만, 당신 모두가 그런 일을 할 수 있음을 살펴보십시오. 부유한 자든지 아주 가난한 자든지 누구나 죄인에게 말할 혀를 갖고 있습니다.

또 한 가지를 말하면, 신실하게 행할 때 이 일이 내놓는 **행복한 결과**를 살펴보십시오. 당신은 영혼을 구하는 일에 중요한 역할을 할 수 있습니다. 이 영혼을 위하여 그리스도는 내려와 죽으셨고 하나님의 천사들은 그 영혼을 기뻐합니다. 그런 영혼들은 여기서 뿐 아니라 앞으로도 당신을 축복할 것입니다. 하나님은 그로 인하여 큰 영광을 받으실 것입니다. 교회는 그로 인하여 수가 많아지고 세워질 것입니다. 당신의 영혼은 거룩한 삶 가운데서 더 큰 진보와 활기를, 양심의 더 큰 평안과 마음의 더 큰 즐거움을 누리게 될 것입니다.

나는 그리스도 안에서 영혼에 받는 하나님의 사랑 다음으로 받은 모든 개인적인 긍휼 가운데서 다른 사람에게 쏟은 노력이 풍성히 열매를 맺는 것을 두고 아주 즐겁게 그를 찬송해야 합니다. 그러므로 내가 더욱 충실했다면 얼마나 많은 열매를 보았을지! 나는 이 시점에서 우리의 즐거워하는 것이 우리의 교만에서 나오지 않도록 우리의 속이는 마음을 매우 경계해야 함을 압니다. 본성적으로 우리는 모든 선행의 칭찬을 자신에게 돌리려 합니다. 그러나 선하시고 자비하신 우리 아버지를 본받고 우리가 얻는 정도만큼 선함과 자비를 즐거워하는 것은 하나님의 모든 자녀가 갖는 의무입니다. 그러므로 나는 당신이 그것이 얼마나 즐거운 것인지 안다면, 크게 낙심되는 일이 있더라도, 밤이고 낮이고 그것을 따를 것이라는 사실을 설득하려고 내 경험을 당신에게 말하겠습니다.

그리고, 혀를 가지고 있는 모든 그리스도의 종들은 일어나 여러분의 주인의 일을 행하십시오. 왜 그리스도는 당신에게 혀를 주어 자신을 섬기면서 말하게 하셨습니까? 그리고 어떻게 당신은 영혼의 구원을 위하여 일할 때보다 더 현저하게 그리스도를 섬길 수 있겠습니까? 당신이 그리스도의 가련한 지체에게 "먹을 것을 주고, 입을 것을 주고, 돌보았기" 때문에 종말에 당신을 복되다고 선언하시고, 당신을 "위하여 예비된 나라"(마 25:34)에 들이실 그분은 자기의 나라에 영혼을 이끌어 들이는 그 위대한 일 때문에 당신을 복되다고 확실히 선언하실 것입니다. "가난한 자들은 항상 너희와 함께 있다"(마

26:11)고 말씀하시는 그분은 경건하지 못한 자들이 항상 당신과 함께 있도록
하셔서 자비를 행할 일을 당신에게 있게 하셨습니다. 만일 당신이 그리스도
인의 혹은 사람의 마음을 갖고 있다면, 그 마음이 당신의 무지하고 경건하지
못한 이웃을 동정하게 하십시오. 사마리아의 나병환자처럼 이렇게 말하십시
오. "우리가 이렇게 해서는 아니되겠도다 오늘은 아름다운 소식이 있는 날이
거늘 우리가 침묵하고 있도다"(왕하 7:9). 하나님은 당신에게 그토록 많은 긍
휼을 베푸셨는데 당신은 가련한 이웃에게 긍휼을 베풀지 않으려 합니까? 그
러나 이 의무가 모든 그리스도인에게, 특별히 주께서 하라고 부르셨거나 할
자격을 주신 어떤 사람들에게 속하므로, 나는 그들에게 다음과 같은 권면을
더욱 특별히 말하려 합니다.

1. 하나님은 이 의무를 당신이 행할 것을 특별히 기대하십니다. 당신에게
하나님은 당신의 이웃보다 더 많은 **학문과 지식**을 주셨고 더 **유창한 말솜씨**를
주셨습니다. 힘 있는 자는 힘없는 자를 위하여 세움 받았고, 보는 자는 보지
못하는 자를 인도해야 합니다. 하나님은 당신이 받은 힘과 은사를 이처럼 신
실히 이용할 것을 기대하십니다. 그런데 당신이 그것을 무시하면 받지 않은
것만 못합니다. 왜냐하면 받은 은사와 힘이 당신을 더욱 정죄할 것이며, 다
른 사람의 구원에 유익이 되지 못하듯이 당신 자신의 구원에도 유익되지 못
할 것이기 때문입니다.

2. 몇몇 경건하지 못한 자를 **특별히 잘 알고** 그들에게 특별한 관심을 갖고
있는 모든 사람들이여, 하나님은 당신이 이 의무를 행할 것을 기대하십니다.
그리스도는 세리와 죄인과 더불어 먹고 마셨습니다. 그러나 이는 오직 그들
의 의사가 되시려 함이지 그들의 동무가 되시려 함이 아니었습니다. 하나님
말고 누가 당신을 그들의 회복 수단이 되게 하려는 이런 목적을 위하여 그들
에 대한 관심을 당신에게 주었겠습니까? 타인의 말을 존중하지 않으려 하는
그들도 형제나 자매나 남편이나 아내나 가까운 친구는 존중할 수 있습니다.
게다가 우정의 끈 때문에 당신은 특별한 친절과 동정을 갖게 됩니다.

3. 죽어가는 사람에 관하여 많은 것을 맡은 **의사들은** 특별한 방식으로 이 의무를 느껴야 합니다. 그들이 가까이에 있다는 것, 다시 말해 그들이 병들고 위험한 일을 당한 사람과 더불어 있다는 것은 그들의 특별한 이점입니다. 왜냐하면 건강한 때보다 이처럼 병들었을 때 귀가 더 열리고 마음이 덜 완고해지기 때문입니다. 그리고 사람들은 의사의 손에 자신의 생명이 달려 있는 것으로 여기고 의사를 우러러 보거나, 적어도 자신을 구원하는 데 큰 역할을 할 수 있는 사람으로 여기고 우러러 봅니다. 그러므로 그들은 그의 충고를 더욱 존중히 여길 것입니다. 당신이 이런 존귀한 직업을 가졌다면 마치 그 일이 목사에게만 속했다는 듯이 여기고 이 일을 자신의 소명과 무관하다고 생각하지 마십시오. 그러므로 당신의 환자가 천국을 향하도록 도우십시오. 그리고 당신이 볼 때 그들이 살게 되는지 죽게 되는지, 어떻게 살고 죽는지를 그들에게 가르치십시오. 그리고 그들의 몸을 위한 처방을 가리켜 보여 주듯이 그들의 영혼을 위한 처방을 가리켜 보여 주십시오. 이 시대의 수많은 일류 의사들이 뛰어난 경건으로 무신론과 세속적 태도의 일반적인 비난으로부터 자신의 신앙 고백을 옹호했으니, 하나님은 찬송을 받으실 것입니다.

4. **재력과 권세를** 가지고 딸린 사람이 많이 있는 자들은 이런 의무를 행하는 데 특별한 이점을 갖습니다. 신사들이 다른 사람에게 좋은 영향을 미치면 세상이 얼마나 유익을 받을 수 있겠습니까! 당신은 하나님으로부터 자신의 모든 존귀와 부요를 받지 않았습니까? 그리스도가 이렇게 말씀하시지 않습니까? "많이 받은 자에게는 많이 요구할 것이요"(눅 12:48). 만일 당신이 딸린 사람들에게 하나님과 그들의 영혼을 위하여 말한다면, 목사가 무시를 당할 때에도 당신은 존중히 여김을 받을 것입니다. 당신이 하나님의 존귀와 당신 자신의 위로와 영혼의 구원을 가치 있게 여기므로, 당신의 소작인과 이웃에게 좋은 영향을 미치십시오. 그들의 집을 방문하십시오. 그들이 가정에서 하나님을 경배하는지 살피십시오. 그리고 기회가 닿는 대로 그들로 자기 의무를 행하도록 촉구하십시오. 그들을 무시하지 마십시오. 하나님은 사람을

외모로 취하지 않으심을 기억하십시오. 당신이 다른 사람들보다 탁월하게 경건하고, 불쌍히 여기고, 하나님의 일에 부지런하다는 것을 사람들이 보게 하십시오. 나는 이런 식으로 당신이 주목할 만하게 되지만 영광에서도 주목할 만하게 될 것이라고 고백합니다. 왜냐하면 "능한 자가 많지 아니하며 문벌 좋은 자가 많지 아니하기"(고전 1:26) 때문입니다.

5. **복음의 사역자**에 관하여 말하면, 다른 사람들을 도와 하늘에 이르게 하는 것은 바로 그들의 소명을 이루는 활동입니다. 이 일이 당신의 연구와 설교의 주된 목적인지 확인하십시오. 교훈과 확신을 주는 것과 설득하는 일과 따라서 영혼을 얻는 기술에 아주 능한 그 사람은 능력 있고 훈련된 사역자입니다. 그리고 이런 일에 가장 잘하는 설교가 가장 뛰어난 설교입니다. 당신이 하나님을 따르지 아니하고 자신을 따를 때 하나님은 당신이 사람에게 아주 모욕을 당하게 하실 것입니다.

그리스도가 당신의 생명에 대하여 "생명을 사랑하는 자는 잃어버릴 것이요"(요 12:25)라고 말씀하신 것처럼 당신의 명성도 마찬가지입니다. 당신은 힘 있게 설득하여, 당신이 얼마나 중요한 일에 보내심을 받았는지를 민감하게 느끼고 있음을 보이십시오. 자신이 가르치는 것을 확신하고, 진지하고 열정적으로 설교하십시오. 그리고 청중들이 설복당하든지 아니면 정죄될 것임을 알게 하십시오. 당신의 모든 일이 당신의 서재와 강단에 있다고 생각하지 마십시오. 당신은 목자이므로 모든 양을 알되, 그들의 병이 무엇인지 알고 그들이 길 잃는 것을 확인하고 그것을 치료하도록 돕고 그들을 다시 집으로 데려와야 합니다. 바울을 본받아, 당신의 교인들을 "공중 앞에서 가르칠 뿐만 아니라 각 집에서"(행 20:20) 가르치도록 하십시오. 그들이 지식과 거룩함에서 어떻게 자라는지, 그리고 어떤 기초 위에 그들의 구원에 대한 소망을 세우는지, 그들이 올바로 걷고 있으며, 거룩한 의무를 행하고 있는지 알아보십시오. 그들이 가정에서 하나님을 경배하는지 살피고, 어떻게 가정에서 하나님을 경배하는지를 가르치십시오. 그들과 친하게 지내므로 그들에 대한

관심을 지속적으로 갖고 하나님을 위하여 그 모든 일을 잘하십시오. 그들이
공적 가르침에서 어떻게 유익을 얻는지 그들로 알게 하십시오.

만일 누구든지 "성령의 일들을 받지 아니하면"(고전 2:14) 그 사람을 불쌍
히 여길 것이지 무시하지 마십시오. 만일 누가 규모 없이 행하면, 부지런함
과 인내를 갖고 그들을 회복하게 하십시오. 만일 그들이 무지하면, 그것은
그들의 잘못이기도 하지만 당신의 잘못일 수 있습니다. 늑대가 돌아다니는
동안 잠에 빠지지 마십시오. 누구에게도 소홀히 대하지 마십시오. 어떤 사람
은 자기 교인들 가운데 위대한 사람이라고 해서 그들의 죄를 그들에게 명백
하게 말하지 않으려 합니다. 그리고 어떤 사람은 그들이 경건한 사람이라고
해서 그들의 죄를 그들에게 명백하게 말하지 않으려 합니다. 마치 가련하고
불의한 자만 분명하게 대해야 하듯이 그렇습니다. 하지만 그 문제가 중요하므
로 행하는 태도도 걸맞도록 능숙하고 사려 있게 대하려고 힘쓰십시오. 분별
력 있는 사람은 누구든지 판단력과 감정을 갖고 있습니다. 그리고 모든 합리
적이고 신령한 설교는 판단력도 주고 감동도 줍니다.

당신의 교인이 당신의 말을 듣는 것을 부끄러워하거나 싫증나지 않도록
당신이 "진리의 말씀을 옳게 분별하며 부끄러울 것이 없는 일꾼"(딤후 2:15)
이 되기까지 연구하고 기도하고, 기도하고 연구하십시오. 당신이 전하는 교
리뿐만 아니라 대화를 통하여 사람들을 가르치십시오. 다른 사람들에게 하
듯이 거룩하고 천상의 생활을 향하여 매진하십시오. 말할 때 덕을 세우고 신
령한 말을 하십시오. 복음과 사람의 영혼이 고난을 받게 하지 말고 어떤 일
이라도 고난을 받으십시오. 당신이 사역을 생계 수단으로 사용하지 아니하
고, 영혼이 잘되는 것에 마음을 쓴다는 것을 사람들이 보게 하십시오. 무엇
이든지 복음에서 가르치는 온유함이나 겸손이나 겸허나 자기 부인을 당신의
거짓이 없는 본보기로 가르치십시오. 통일성과 평안을 연구하고 추구하십시
오. 만일 당신이 그리스도의 나라와 교인의 구원을 증진하려 하면, 평안과
사랑의 길로 행하십시오. 당신의 교인들이 건전한 깨달음과 부드러운 양심

과 생동감 넘치고 은혜롭고 천상적인 마음 상태를 계속 갖고, 경쟁하는 세상 가운데 올바른 생활을 영위하게 하는 것은 촛불이 폭풍우 가운데 타오르게 하는 것만큼 어렵습니다. "주인이 올 때에 그 종이 이렇게 하는 것을 보면 그 종이 복이 있으리로다"(마 24:46).

6. 하나님으로부터 **자녀와 종을 보살피는 일**을 맡은 여러분들이여, 나는 다른 사람들을 도와 하늘의 안식에 이르게 하는 이 큰 일을 행하라고 주장하고자 합니다. 하나님의 명령이 너무나 분명하고 화급하므로 당신이 이 일을 행해야 한다는 것을 살피십시오. 이 말씀을 "네 자녀에게 부지런히 가르치며 집에 앉았을 때에든지 길을 갈 때에든지 누워 있을 때에든지 일어날 때에든지 이 말씀을 강론할 것이며, 마땅히 행할 길을 아이에게 가르치라 그리하면 늙어도 그것을 떠나지 아니하리라. 너희 자녀를 오직 주의 교양과 훈계로 양육하라"(신 6:7; 잠 22:6). 여호수아는 이렇게 결의를 다졌습니다. "나와 내 집은 여호와를 섬기겠노라"(수 24:15). 그리고 하나님은 아브라함에게 친히 말씀하십니다. "내가 그로 그 자식과 권속에게 명하여 여호와의 도를 지켜 공의와 정의를 행하게 하려고 그를 택하였나니"(창 18:19).

공의의 측면에서 당신이 자녀에게 빚지고 있는 의무가 있음을 살펴보십시오. 자녀들은 당신에게서 그들의 본성이 더럽고 비참함을 이어받았습니다. 그러므로 당신은 그들의 회복을 위하여 할 수 있는 대로 모든 도움을 주어야 할 책임이 있습니다. 당신의 자녀가 얼마나 당신과 비슷한지 살펴보십시오. 그들은 당신의 분신입니다. 만일 당신이 죽을 때 그들이 번영하면, 당신은 마치 당신이 살아 있고 그들을 통하여 자신이 번영하는 것처럼 봅니다. 그러니 당신은 그들의 영원한 안식에 대해서도 같은 마음을 가져야 되지 않겠습니까? 그렇지 않다면 당신은 당신의 영혼에 불리하게 증거하는 증인이 될 것입니다. 당신이 자녀의 몸에 대하여 갖는 근심과 수고와 고생은 당신이 그들의 고귀한 영혼을 무시한 것을 정죄할 것입니다. 참으로 모든 이성 없는 피조물이 당신을 정죄할 것입니다. 그 피조물 가운데 자기 새끼에게 부드럽지 않는 것이 있겠습니까?

하나님이 당신의 자녀를 **당신의 책임**으로 또 당신의 종을 당신의 책임으로 만드신 것을 살피십시오. 모든 사람은 그들의 영혼을 목사의 책임으로 말할 것입니다. 그리고 당신은 목사보다 자신의 가정에 더 큰 책임을 맡고 있는 것이 아닙니까? 의심할 나위 없이 하나님은 그들의 영혼의 피를 당신의 손에서 요구하실 것입니다. 그것은 당신이 맡은 가장 큰 책임입니다. 만일 당신이 교훈과 바르게 하는 일을 부족하게 하여 그들이 무지하거나 불의하면 당신에게 화가 있을 것입니다. 그들의 성품과 생활에서 당신이 맡은 일이 무엇인지 살펴보십시오. 그들의 죄는 하나의 죄가 아니라 수천 가지의 죄입니다. 그들의 본성에는 유전적인 질병이 있습니다. 당신이 그들에게 가르쳐야 할 것은 그들의 육신의 관심과 욕망과 반대되는 것입니다. 주님이 당신에게 있는 책임과 일이 무엇인지 당신으로 깨닫게 하시기를 기도합니다.

자녀를 소홀히 함으로써 **자신에게 얼마나 많은 슬픔을 쌓아 놓는지 살펴보십시오.** 만일 자녀가 당신의 눈엣가시라 해도 그들은 당신이 심은 대로입니다. 만일 당신이 회개하고 구원받아도, 그들의 정죄에 대하여 생각하고 당신이 그들의 정죄의 원인이라고 생각하는 것이 아무 일도 아니겠습니까? 그러나 당신이 죄 가운데 죽을 경우, 그들이 지옥에서 당신에 대하여 이렇게 소리치면 어떻게 하겠습니까? "이 모든 것이 당신 잘못이었습니다. 당신은 우리를 더 잘 가르쳤어야 하는데 그렇게 하지 못하셨습니다. 당신은 우리가 죄를 짓지 못하게 억제하고 우리를 바로잡아야 하셨는데, 그렇게 하지 못하셨습니다." 그와 같은 외침은 당신을 얼마나 더 비참하게 하겠습니까?

반면에 당신이 이 의무를 신실히 수행하면 어떤 위로를 받을 것인지 생각해 보십시오. 만일 당신이 성공하지 못한다 해도 당신의 영혼은 자유로울 것이며 양심이 평안할 것입니다. 만일 당신이 성공한다면, 그들이 보이는 사랑과 순종에서, 그들이 당신의 부족을 채워주는 데서, 영광으로 향하는 당신의 남은 모든 여정에서 당신을 기쁘게 하는 데서 받는 위로는 말로 표현할 수 없습니다. 참으로 당신의 모든 식구가 한 경건한 아이로 인하여 좀 더 나은 생활을 할 수 있습니다. 그러나 당신이 "주여 내가 여기 있나이다. 주께서 자녀를 내게 주셨나이다" 하고 말하고 그들과 더불어 영원히 즐거워할 때 가장 큰 기쁨이 있을 것입니다.

교회와 국가의 복지가 이 의무에 얼마나 크게 달려 있는지 살펴보십시오. 가정에서 개혁이 시작되지 않으면 선한 율법은 우리를 바꾸지 못할 것입니다. 이것이 교회와 국가에서 우리가 맞는 모든 비참함의 원인입니다. 심지어 아이의 거룩한 교육이 결핍된 것도 이것 때문입니다.

나는 부모들이 자녀의 구원을 증진할 때 얼마나 뛰어난 **이점**을 갖고 있는지 살펴보라고 부모들에게 간청합니다. 자녀들은 당신과 함께 있을 때 유순하고 아직 말을 고분고분 듣습니다. 이때 자녀는 구부릴 수 있는 가지이지 떡갈나무가 아닙니다. 세상에서 당신만큼 자녀들에게 사랑을 갖고 있는 사람은 없습니다. 당신은 또한 자녀에게 가장 큰 권위를 갖고 있습니다. 그들은 당신에게 전적으로 의지하여 생활을 유지합니다. 당신은 자녀의 기질과 성향을 가장 잘 압니다. 그리고 당신은 항상 자녀와 함께 있어서 늘 기회가 있습니다.

특별히 여러분 어머니들이여, 아이가 어릴 때 아이들의 아버지보다 아이와 더 자주 있음을 기억하십시오. 당신은 자녀의 몸을 돌보려고 얼마나 수고를 합니까. 당신은 아이들을 세상에 내놓으려 할 때 얼마나 수고합니까. 그러니 당신은 자녀의 영혼을 구하기 위하여 그만큼 수고해야 하지 않겠습니까? 당신의 사랑은 부드럽습니다. 그러니 당신은 자녀가 영원히 멸망할 것을 생각하면 가슴이 찢어지지 않겠습니까? 나는 당신에게 간청합니다. 당신이 자녀를 그리스도께로 이끌 때까지 당신 육신의 자녀를 위하여 그들을 가르치고 권고하고 감독하고 그들로 쉬지 않게 하십시오.

나는 이 글을 읽는 모든 그리스도인 부모에게 이렇게 진지한 청으로 마치고자 합니다. 그리스도인 부모는 가련한 자녀의 영혼을 불쌍히 여기고 하나님이 자신에게 맡기신 이 큰 일에 충성할 것입니다. 만일 당신이 그들을 위하여 하려 하는 일을 할 수 없다면 할 수 있는 일을 하십시오. 교회와 국가, 도시와 농촌 모두가 이 무거운 의무를 무시하여 근심합니다. 당신의 자녀는 하나님도 모르고 그의 율법도 모르고 여호와의 이름을 망령되이 일컫고 하나님에 대한 경배를 소홀히 여깁니다. 그리고 당신은 그들을 교훈하지도 않고 바로잡지도 않습니다. 그러므로 하나님이 자녀와 당신을 바로잡으십니다. 당신은 그들에게 너무 부드럽게 대하므로 하나님은 그들과 당신에게 부드럽게 대하지 않으실 것입니다. 하나님이 당신 자녀의 죄 때문에 당신을 괴롭게 만드시더라도 놀라지 마십시오. 왜냐하면 당신은 자녀를 변화시킬 의무를 무시하여 자녀로 온갖 죄를 범하게 하는 잘못을 범하기 때문입니다. 그러므로 당신은 이 의무를 행하고 더 이상 무시하지 말자고 결심을 하십시오. 엘리를 기억하십시오. 당신의 자녀는 갈대 사이의 모세 같아서 도움을 받지 못하면 언제라도 멸망할 것입니다. 만일 당신이 하나님 앞에서 자녀의 영혼을 죽이는 자라는 비난을 받지 않고, 그들이 영원한 불에서 당신을 원망하며 소리치는 것을 듣지 않으려 한다면, 자녀에게 어떻게 영원한 불을 피할 수 있는지를 가르치고, 자녀를 거룩함과 하나님을 경외함으로 양육하십시오.

나는 여러분 모두에게 여러분이 하나님께 바쳐야 하는 충성을 기초로 하여 이와 같은 가장 절박한 의무를 거부하지도 말고 무시하지도 말라고 요구합니다. 왜냐하면 당신이 위험할 때 아주 곧바로 정반대의 대답을 하게 될 것이기 때문입니다. 만일 당신이 그 일을 하지 않으려 한다 해도, 이제 그것이 매우 큰 의무라는 것을 압니다. 그리고 당신은 거역자이며 예수 그리스도의 참된 제자가 아닙니다. 만일 당신이 그 일을 기꺼이 하려 하지만 방법을 모르면, 나는 당신을 돕는 몇 가지 지침을 덧붙일 것입니다. 당신 자신의 본을 따라, 기도와 성경 읽기와 다른 종교적 의무를 행하도록 자녀를 이끌고, 그들의 지성에 지식을 주고, 그들로 암기하게 하고, 그들의 의지를 바로잡고, 그들의 감정을 생동감 있게 만들고, 그들의 양심을 부드럽게 유지하고,

그들의 혀를 제어하고 그들에게 은혜로운 말을 가르치고, 그들의 외적 대화를 고치고 감독하십시오. 이 목적을 위하여 그들에게 성경과 경건한 책을 주고, 그들이 이 책을 읽는지 살피도록 하십시오. 그들이 무엇을 배우는지 종종 살피고, 특별히 주일 날 이런 일을 하십시오. 그리고 그들이 오락을 하거나, 게으름을 피우는 데 주일을 보내지 않게 하십시오. 그들에게 그들이 읽고 배우는 바의 뜻을 가르치십시오. 교리문답으로 그들을 교훈하십시오. 그들이 악한 사귐에서 벗어나게 하고, 경건한 자들과 사귀게 하십시오. 특별히 하나님을 섬기는 일의 필요성과 탁월함과 즐거움을 보이고, 그들의 마음에 모든 것이 새겨지도록 힘써 일하십시오.

제 10 장

성도의 안식은 이 땅에서 기대할 수 없다

여기서 안식을 기대하는 것의 죄와 어리석음을 보여 주기 위하여,

I. 현재의 고난이 이유가 있음을 고찰함

　　1. 현재의 고난은 안식에 이르는 길임.

　　2. 우리로 우리의 안식을 오해하지 않게 함.

　　3. 안식에 이르는 길을 잃어버리지 않게 함.

　　4. 안식을 향하여 우리의 발걸음을 빠르게 함.

　　5. 무엇보다도 우리의 육신을 막음.

　　6. 그런 것들 아래서 종종 안식을 아주 달콤하게 미리 맛보고 즐김.

II. 현재의 즐거움에 안식하는 것이 매우 부당함

　　1. 그것은 우상 숭배임.

　　2. 그것은 현재의 즐거움을 주시는 하나님의 목적에 어긋나는 것임.

　　3. 그것은 현재의 기쁨을 거부하고 거두어 들이고 그 기쁨이

　　　 쓰린 것이 되게 하는 것임.

　　4. 여기서 우리의 안식을 얻기 위하여 고난 당하는 것은 가장 큰 저주임

　　5. 그것은 안식이 없는 데서 안식을 구하는 것임.

　　6. 하나님이 계시지 않으면 피조물은 우리의 비참을 더 악화시킴.

　　7. 그리고 이 모든 것은 체험으로 확증됨.

III. 우리가 죽어서 성도의 안식을 취하지 않으려는 것의 부당함을

　　 전반적으로 살핌.

212 성도의 영원한 안식

우리는 아직 안식처에 이르지 않았습니다. 안식처는 남아 있습니까? 그러므로 이곳에서 안식처를 찾고 기대하는 것은 우리의 큰 죄와 어리석음입니다. 우리는 이 책망을 받지 않을 자격이 있는 그리스도인을 어디서 발견하겠습니까? 우리는 언제나 번영을 원합니다. 왜냐하면 그것이 육신에게 쉽고 육신을 즐겁게 하기 때문입니다. 그러나 우리는 그런 욕망의 부당함을 살피지 않습니다. 그리고 우리는 집이나 재화나 땅이나 수입이나 하나님이 우리의 영적 선을 위하여 정해 놓으신 필요한 수단을 즐길 때, 이 즐거움에서 안식을 찾습니다. 우리는 괴로운 상태이든 번영하는 상태이든 상관없이 피조물을 우리의 안식으로 삼는 경우가 지극히 많은 게 분명합니다. 우리는 하나님을 바라는 것보다 피조물을 원할 때 이 땅의 즐거움을 더욱 맹렬하게 바라지 않습니까? 우리는 하나님을 즐거워하기보다 피조물을 소유하는 데 더 즐거워하지 않습니까? 그리고 우리가 피조물을 잃을 때 하나님을 잃는 것보다 더 괴로워하지 않습니까? 피조물이 우리가 하늘로 가는 길에 신선한 도움을 주는 것으로 충분하지 않습니까? 그것들을 우리의 하늘 자체로 만들어야 하겠습니까?

그리스도인 독자여, 나는 세상에 있는 그 어떤 죄보다 이 죄를 그대가 민감하게 알게 하고자 합니다. 만일 그것을 알게 하는 법을 안다면 말입니다. 왜냐하면 주님이 우리와 벌이시는 큰 논쟁은 이 점에 있기 때문입니다. 이를 위하여 나는 우리가 현재의 고난의 합당성과 영원한 안식을 소유하기 위하여 죽지 않으려 하는 것의 부당함과 아울러 현재의 즐거움에 안식하는 것의 부당함을 고찰하도록 그대에게 열심히 간청합니다.

첫째로, **현재의 고난의 합당함**을 보여 주기 위하여, 현재의 고난이 안식에 이르는 길이며, 우리가 세상을 영원한 안식의 장소로 오해하지 않게 하고, 그 안식에 이르는 길을 잃지 않게 하고, 그 안식으로 향하는 발걸음을 빠르게 하고, 무엇보다도 우리의 육신을 막는 것을 살펴보십시오. 그리고 하나님의 백성이 그런 것들 아래서 종종 안식을 아주 달콤하게 미리 맛보고 즐기는 것을 살펴보십시오.

1. 자연의 과정에서나 은혜의 과정에서 안식에 이르는 **일반적인 길은** 수고와 괴로움임을 살펴보십시오. 피로함이 없이 안식이 있을 수 있습니까? 당신은 먼저 수고하고 애쓰지 않고서 안식할 수 있겠습니까? 일하는 날이 먼저 있고 그런 후에 안식할 밤이 오는 법입니다. 왜 우리는 자연의 과정보다 은혜의 과정을 이상하게 만들려 합니까? 이와 같이 굳건한 법이 있습니다. "우리가 하나님의 나라에 들어가려면 많은 환난을 겪어야 할 것이라"(행 14:22). 그리고 "참으면 또한 그리스도와 함께 왕 노릇 할 것이요"(딤후 2:12). 그리고 우리의 쾌락을 위하여 하나님의 법령을 뒤집어야 한다면 그러는 우리는 무엇입니까?

2. 고난은 우리가 자신의 안식을 **오해하지** 않도록 막는 데 지극히 유용합니다. 그리스도인이 천국으로 가는 활동은 자발적이지 강제적이지 않습니다. 그러므로 이 방도들은 그의 지성과 의지를 돕는 아주 유익한 것입니다. 우리 영혼의 가장 위험한 실수는 피조물을 하나님으로, 이 땅을 천국으로 착각하는 것입니다. 고난을 당해서 이 세상에 대한 생각이 냉랭하고 절제되기까지 우리는 이 세상을 얼마나 따뜻하고 다정하고 열심으로 생각합니까. 고난은 확신 있게 말하며, 설교자가 말씀을 전할 수 없을 때도 고난의 말은 사람들의 귀에 들릴 것입니다. 많은 가련한 그리스도인이 때때로 돈이나 육신을 즐겁게 하는 일이나 박수를 바라고 자신의 생각을 꺾곤 하며, 하나님이 그의 부(富)나 자녀나 양심이나 건강에 개입하셔서, 그가 그토록 강하다고 생각한 그의 산을 무너뜨리시기까지 그리스도에 대한 관심과 위의 즐거움을 잃어버리곤 합니다. 그러므로 그가 므낫세의 속박에 사로잡혀 있거나 찌를 듯한 병으로 침대에 묶여 있을 때 세상은 아무것도 아니며 천국이 중요합니다. 만일 우리의 귀하신 주님이 이 가시를 우리의 머리에서 벗겨내지 않으신다면 우리는 생명이 끊기고 영광을 잃을 것입니다.

3. 고난은 우리가 안식에 이르는 **길을 잃지 않도록** 하는 가장 유효한 수단입니다. 오른편과 왼편에 이런 가시 울타리가 없이 우리는 천국에 이르는 길을

계속 가지 못할 것입니다. 만일 하나의 틈이 벌어지면 우리는 참으로 재빨리 알아채고는 그리로 향합니다. 우리가 분방하거나 세속적이거나 교만하게 될 때, 병이나 다른 고난이 우리를 얼마나 위축시킵니까. 루터뿐만 아니라 모든 그리스도인은 고난을 우리의 가장 훌륭한 스승 가운데 하나라고 일컬을 것입니다. 그리고 다윗처럼 이렇게 말할 것입니다. "고난 당하기 전에는 내가 그릇 행하였더니 이제는 주의 말씀을 지키나이다"(시 119:67). 수많은 회복된 죄인은 이렇게 소리칠 것입니다. "오 건전한 병이여! 오 위로의 눈물이여! 오 얻을 것이 많은 손해여! 오 부유하게 하는 가난이여! 오 내가 고난 당한 복된 날이여!" "푸른 초장과 잔잔한 물뿐만 아니라 막대기와 지팡이가 우리를 안위합니다"(시 23:4). 말씀과 성령님이 중요한 일을 하시지만, 고난은 마음의 문의 빗장을 아주 활짝 열어 말씀을 더 쉽게 들어가게 합니다.

4. 그처럼 고난은 우리가 안식으로 가는 길에서 **발걸음을 빠르게** 하도록 도움을 줍니다. 만일 우리가 순전한 사랑에 설득된다면 그 일은 잘됩니다. 그러면 우리는 천국으로 내몰려 가지 아니하고 자발적으로 나아갑니다. 그러나 우리의 마음이 너무 번잡하여 긍휼로는 효과가 나지 않는 것을 보면, 어리석은 처녀처럼 하늘의 문이 닫힐 때까지 빈둥거리는 것보다 아주 매서운 채찍을 맞고 앞으로 나아가라는 재촉을 당하는 편이 낫습니다. 우리가 건강할 때 드리는 기도와 병들 때 드리는 기도는 얼마나 다릅니까. 우리가 번영할 때 회개하는 것과 어려울 때 회개하는 것은 얼마나 다릅니까. 애석하게도 우리가 때때로 박차에 맞지 않으면 대부분 얼마나 느리게 천국으로 갑니까. 우리의 비열한 본성이 그러기를 바라는데 우리는 하나님께서 매서운 도구로 우리에게 선을 행하시기를 어찌 싫어하겠습니까? 그리스도인이여, 그대는 좀 더 즐겁고 잘되는 상태보다 고난당할 때, 천국으로 가는 길에서 좀 더 주의하고 빠르게 행하게 되는지 그렇지 않은지 판단하십시오.

5. 더 나아가 고난으로 제일 괴롭게 되고 근심하게 되는 것은 **육신**뿐입니다. 우리가 고의적으로 영혼을 괴롭게 하지 않으면 우리가 당하는 대부분의

고난에서 영혼은 자유롭습니다. "그런즉 오 내 영혼이여, 왜 그대는 이 육신과 함께 하며 육신처럼 불평하는가? 그대는 육신을 아래 두고 복종하게 해야 하지 않는가? 그러니 하나님이 그대를 위하여 그 일을 하시는데 그대는 불만을 품어서 되겠는가? 몸을 기쁘게 하는 것이 그대의 모든 영적 슬픔의 원인이지 않는가? 그런데 왜 몸을 불쾌하게 하여 그대 기쁨을 더하게 하지 않을 것인가? 바울과 실라는 차꼬에 발이 묶여 있을 때 분명 찬송하지 않았는가? 그들의 영혼은 옥에 매이지 않았다. 아 부끄러운 영혼이여, 지금까지 그대 몸보다 그대를 더 좋아하신 하나님께 대한 감사가 이런 것인가? 몸이 무덤에서 썩는 동안 그대는 의인의 완전해진 영혼과 동행할 것이다. 그러는 동안 그대는 육신이 알지 못하는 위로를 갖지 않겠는가? 그러므로 하나님이 그대 몸을 대하시는 데 불평하지 말라. 만일 그대에 대한 하나님의 사랑이 부족해서 그렇다면 하나님은 모든 성도 옆에서 그렇게 대하지 않으셨을 것이다. 그대 육신이 매의 의미를 참으로 설명할 것이라고 결코 기대하지 말라. 육신은 사랑을 미움이라고 부를 것이며, 하나님이 구원하실 때, 그가 멸망시키고 계신다고 말할 것이다. 몸은 고통 받는 부분이니 재판관이 될 자격이 없다."

일단 우리가 하나님을 믿고, 그의 말씀으로 하나님의 대하시는 일을 판단하고, 그의 대하시는 일이 우리의 영혼에 유익하며, 우리의 안식에 준거(準據)가 된다고 판단할 수 있다면, 그리고 우리가 육신의 소란에 귀를 닫을 수 있다면, 우리는 당하는 고난에 대하여 좀 더 참된 판단을 내릴 것입니다.

6. 한 가지 더 말하면, 하나님은 그들의 심한 고난에서만큼, 그대의 미래의 안식을 더 달콤하게 미리 **맛보게 하시는** 적이 드물다는 것을 살펴보십시오. 하나님은 우리가 가장 기운이 빠지고 위험할 때를 위하여 당신의 가장 고귀한 강심제를 보존하십니다. 하나님은 그것이 필요하고 값지게 쓰일 것을 아실 때, 그리고 그것 때문에 사람들에게 감사를 받고 자기 백성이 그것으로 기뻐하게 될 것이 확실할 때, 그것을 주십니다. 특별히 우리의 고난이 하나님의 대의명분에 직접적으로 유익할 때 하나님은 거의 언제나 그 쓴 잔을 달

콤하게 하십니다. 순교자들은 가장 큰 즐거움을 소유했습니다. 그리스도가 떠나셔서 "제자들의 마음이 슬펐을" 때만큼 그들에게 큰 위로를 전하신 적이 있겠습니까? 그리스도가 그들 가운데 나타나셔서 "너희에게 평강이 있을지어다"(요 20:19) 하고 말씀하신 때가 언제입니까? 그들이 유대인을 두려워하여 문을 닫고 있었을 때가 아닙니까? 스데반이 하늘이 열리는 것을 보았을 때가 언제입니까? 그가 예수님을 증거하기 위하여 자기 생명을 포기했을 때가 아닙니까? 우리가 하나님에 대하여 가장 많은 것을 갖는 가장 나은 상태는 그때가 아닙니까? 그 밖에 달리 우리는 하늘로 가려는 이유가 있겠습니까? 우리가 육신의 기쁨으로 이루어진 하늘을 찾는다면, 우리는 실수한 것입니다. 그러므로 성도가 안식으로 가는 길에 고난은 그리 나쁜 상태가 아니라고 결론을 내리십시오.

우리가 하나님보다 지혜롭습니까? 하나님은 우리만큼 우리에게 유익한 것을 모르십니까? 혹은 하나님은 우리만큼 우리의 선에 마음을 쓰시지 않습니까? 만일 하나님이 그처럼 하지 않으신다면, 그리고 우리가 하나님이나 우리 자신을 사랑하는 것보다 하나님이 우리를 더 잘 사랑하지 않으신다면 우리에게 화가 있을 것입니다.

이렇게 말하지 마십시오. "나는 이 고난 말고는 다른 어떤 고난도 참을 수 있다." 만일 하나님이 참을 수 있는 정도로 그대에게 고난을 주셨다면, 그대의 우상은 드러나거나 제거되지 않았을 것입니다. 또 이렇게 말하지 마십시오. "만일 하나님이 곧 나를 건지실 것이라면 나는 그것을 얼마든지 참을 수 있다." 하나님이 약속하시되 그것이 "그대의 유익에 이바지할 것이라"고 하신 것이 아무것도 아닙니까? 그대가 죽음에서 건짐받을 것을 확신하는 것으로 충분하지 않습니까? 이런 말을 내놓지 마십시오. "만일 내가 고난을 받더라도 의무를 여전히 행할 수 있다면 나는 고난을 참을 수 있다." 고난은 그대 자신의 개인적 유익을 돕는 그런 의무를 행할 수 없게 만들지 않습니다. 오히려 그 고난은 그대가 기대할 수 있는 가장 생기 넘치게 하는 도움입니다.

다른 사람에 대한 그대의 의무에 관하여 말하면, 하나님이 그대더러 하지 못하게 하실 때 그것은 그대의 의무가 아닙니다. 아마 그대는 이렇게 말하려 할 것입니다. "경건한 자들에게 실망해서 고통을 받는다. 만일 불신자들이라면 나는 고난을 쉽게 참을 수 있다." 누가 수단이 되든지 고난은 하나님으로부터 나오며 그대는 충분히 받을 이유가 있습니다. 그러니 그대 자신보다 하나님을 바라는 것이 낫지 않을까요? 그대는 가장 훌륭한 사람이 여전히 부분적으로 죄악되다는 것을 모릅니까? 이렇게 주장하지 마십시오. "만일 하나님이 고난 당하는 때를 위하여 예비하시는 그 위로가 내게 있다면 나는 더욱 만족하며 고난을 받을 것이다. 그러나 나는 그런 것을 도무지 감지하지 못한다." 당신이 의를 위하여 고난 받을수록 그대는 이 복을 더욱 기대할 수 있습니다. 그리고 그대가 자신의 악행을 인하여 고난 받을수록 달콤함은 더디 올 것입니다. 그대가 바라는 위로가 무시됩니까 아니면 거부됩니까? 그대는 고난을 받을 만하게 받고, 그래서 위로를 받을 자격이 있게 되었습니까? 당신이 위로를 받게 하는 것은 고난이 아니라, 당신 마음에 임한 고난의 성공과 열매입니다.

둘째로, **현재의 즐거움에 안식하는 일이 부당함을 보이기 위하여**, 이런 일은 현재의 즐거움을 우상으로 만드는 것이며, 그것은 하나님이 현재의 즐거움을 주신 목적과 어긋나며, 그것을 거부하고 거두어들이고 그 기쁨이 쓰린 것이 되게 하는 것입니다. 여기서 세상의 안식을 얻기 위하여 고난 당하는 것은 가장 큰 저주이며, 안식이 없는 데서 안식을 구하는 것이며, 하나님이 계시지 않으면 피조물이 우리의 비참을 더 악화시키며, 그리고 이 모든 것은 체험으로 확증되는 것을 살펴보십시오.

1. 어떤 피조물이나 수단을 우리의 안식으로 만드는 것은 고약한 **우상 숭배입니다**. 영혼의 안식은 하나님 자신의 대권에 속합니다. 우리의 안식을 부나 명예에 두는 것이 명백한 우상 숭배이듯이 은혜의 탁월한 방도에서 우리의 안식을 취하는 것은 좀 더 세련된 우상 숭배일 따름입니다. 주님이 우리 주

변의 우상 숭배자에게 하듯이 우리 때문에 주님이 우리로 다음과 같이 불평하게 하실 때 우리는 얼마나 우리의 귀하신 주님의 마음을 상하게 합니까. "내 백성은 잃어버린 양이다. 그들은 자기의 안식처를 잊어버렸다. 내 백성이 내가 아닌 다른 어떤 것에서도 안식을 찾는도다. 그들은 내가 아닌 서로에게서 기뻐하는도다. 그들은 내가 아닌 내 피조물과 규례를 즐거워하는도다. 참으로 그들은 자기의 수고와 의무를 통하여 안식을 구하지, 내게서 구하지 않는다. 그들은 나보다는 다른 어떤 곳에서 있기를 더 좋아한다. 이것이 그들의 신인가? 이것들이 그들을 구속했는가? 이것들이 이전의 나보다 혹은 이후의 나보다, 그들에게 더 나은가?" 만일 당신과 사귀기보다 다른 데 있기를 더 좋아하고, 그대로부터 아주 멀리 갈 때 가장 즐거워하는 아내나 남편이나 아들이 있다면 당신은 그것을 아파하지 않겠습니까? 우리 하나님도 틀림없이 그리 하실 것입니다.

2. 당신은 하나님이 이 즐거움을 주시는 **목적을 거부합니다**. 하나님은 자신에게 바치는 데 도움이 되도록 그것들을 주셨는데, 그대는 하나님 대신 그것들을 취합니까? 하나님은 그대의 여로에 힘이 나게 하려고 그것들을 주셨는데 그대는 그대의 여관에 머물며 더 나아가지 않으려 합니까? 이스라엘 백성에게 "여호와의 언약궤가 앞서 가며 그들의 쉴 곳을 찾았고"(민 10:33)라고 말하듯이 우리의 모든 위로와 규례에도 마찬가지입니다. 여기서 받는 하나님의 모든 긍휼도 그렇습니다. 하나님의 모든 긍휼이 곧 안식은 아니지만 — 요한이 자신이 그리스도가 아니라고 고백했듯이 — 그것들은 우리로 우리의 참된 안식을 예비하라고 명령하는 "광야에서 외치는 소리"(요 1:23)입니다. "왜냐하면 하나님 나라가 가까이 왔기"(막 1:15) 때문입니다. 그러므로 여기서 안식하는 것은, 모든 긍휼을 그 목적에 반대되게 하고, 우리 자신의 유익에 어긋나게 하며, 마땅히 우리를 도와야 할 그것으로 우리 자신을 파멸시키는 것입니다.

3. 그것은 우리가 구하는 긍휼을 하나님이 거부하게 하시거나, 우리가 즐

기는 그것들을 우리에게 **빼앗아** 가시게 하는, 혹은 적어도 우리에게 그것이 **쓴 것**이 되게 하는 길입니다. 만일 당신 아내가 당신 자신보다 더 사랑하는 종이 있다면, 당신은 그런 아내를 부도덕하다고 보고 그 종을 집에서 내쫓지 않겠습니까? 그처럼 주님이 보실 때 당신이 이 세상에 안주하기 시작하며 "여기서 나는 안식하리라" 하고 말하면 하나님이 곧 질투하셔서 당신이 안주하지 못하게 하시더라도 전혀 놀랍지 않습니다. 만일 하나님이 당신을 사랑하신다면, 하나님이 보시기에 당신이 스스로를 파멸시키면서 쓰고 있는 그것을 당신에게서 **빼앗으시는** 것은 전혀 놀랍지 않습니다.

오랫동안 나는 많은 사람들에게서 이런 점을 보아 왔습니다. 사람들이 큰 일을 시도하고 그것을 막 끝냈을 때, 혹은 세상에서 큰 일을 목적으로 하고 막 그것을 얻었을 때, 혹은 큰 괴로움 가운데 살았다가 막 그것을 극복하고는 자신의 형편을 만족스럽게 바라보며 그 안에 안식하기 시작할 때, 그들은 종종 사망이나 파멸에 가까이 가곤 합니다. 사람이 일단 "내 영혼아 평안하라"고 말하면, 그 다음 소식은 종종 이렇게 됩니다. "네 영혼을 도로 찾으리니 그러면 네 준비한 것이 누구의 것이 되겠느냐"(눅 12:20). 이 어리석은 자가 거하지 못하는 집은 대체 무엇입니까? 당신과 나는 각자의 형편이 그렇지 않은지 살펴봅시다.

하나님의 많은 종이 지나치게 높이 되고 지나치게 사랑을 받으므로 오히려 이 땅에서 멸망당해 왔습니다. 나는 우리가 즐거운 상태에서 지나치게 달콤하게 즐기고 거기 안식하는 것이 우리의 불만과 불평보다 하나님을 더 진노하시게 한다고 확신합니다. 만일 하나님이 아내나 자녀나 재물이나 친구에 대하여 그들이나 그들의 위로를 **빼앗아** 가심으로써 당신을 십자가에 못 박으시면, 그 이유가 이것 때문이 아닌지 시험해 보십시오. 당신의 욕망이 멈추는 곳마다 당신은 "이제 나는 좋다" 하고 말하고 그 형편을 당신의 신으로 만듦으로 하나님이 그것을 반대하여 질투하시게 합니다. 당신은 하나님께 친구인지 원수인지 상관없이 하나님이 당신더러 조용히 우상을 즐기게 허용하실 것이라고 결코 기대할 수 없습니다.

4. 당신이 이 세상에서 안식을 취하도록 하나님이 허락하신다면, 그것은 당신에게 떨어질 수 있는 가장 큰 **저주** 가운데 하나입니다. 세상에서 편안한 날이 하루라도 없는 것이 더 낫습니다. 왜냐하면 그럴 때 당신은 연약하여 참된 안식을 추구할 것이기 때문입니다. 그러나 만일 당신이 여기 앉아서 안식할 수 있게 되면, 당신은 영원히 쉬지 못하는 불운한 상태를 맞게 될 것입니다. "이생에 자기 분깃을 갖는" 것은 가장 비참하고 멸망하는 죄인의 몫입니다. 그러므로 여기서 그렇게 많은 것을 기대하는 것이 그리스도인에게 적합합니까? 우리의 안식은 우리의 천국입니다. 그리고 우리는 안식을 취하는 거기서 천국을 만듭니다. 그러니 그대는 이 세상에서 천국을 가지려 합니까?

5. 그것은 안식을 **발견할 수 없는** 데서 안식을 찾는 것입니다. 당신의 수고는 소용없게 될 것입니다. 그리고 당신이 계속 나아가면 당신의 영원한 안식도 그러할 것입니다. 우리의 안식은 오직 우리의 궁극 목적을 충만히 얻는 데 있습니다. 그러나 그것은 이생에서 기대할 수 없는 것입니다. 그러므로 안식도 여기서 기대할 수 없습니다. 이곳의 가장 훌륭한 교회는 천국에서처럼 하나님을 향유합니까? 성도가 아무리 좋은 방도를 사용하더라도 하나님을 참으로 조금 향유하는 것을 그들의 불평이 입증합니다. 형편없는 위로물은 하나님이 없으면 가장 훌륭한 규례가 됩니다. 여행자가 길에서 안식을 취합니까? 그렇지 않습니다. 그의 고향은 여행길 끝에 있기 때문입니다. 당신이 이 세상 것들과 재물이 줄 수 있는 모든 것을 가질 때, 자신이 믿고 기도하고 위하여 고난 당한 것을 소유하는 것입니까? 나는 당신이 감히 그렇다고 말하지 못하리라고 생각합니다.

우리는 집에서 떠나 길 잃은 어린아이와 같고, 하나님은 지금 우리를 집으로 데려가고 계십니다. 그런데 우리는 어떤 집이든지 들어가서 거기 머물고 우리 길에 만나는 모든 것으로 장난치고 푸른 풀 있는 둑이라면 앉아서 집에 있는 양 온통 법석을 떨기 십상입니다. 또한 우리는 수고하고 위험한 형편

가운데 있습니다. 그러니 이곳에 무슨 제대로 쉬는 것이 있겠습니까? 우리 형제들과 우리 영혼과 하나님께 대하여 행할 무슨 고통스러운 의무가 우리 손에 있겠습니까? 그리고 우리 형제들과 우리 영혼과 하나님께 대하여 각각 행할 무슨 힘든 일이 우리 앞에 있겠습니까? 그리고 우리는 우리의 모든 활동 가운데서 안식할 수 있겠습니까? 마치 언약궤가 "요단 가운데서 잠시 조금 쉬었던" 것처럼 실로 우리는 땅에 쉴 수 있습니다. 혹은 아브라함이 자기 장막에 "천사들이 들어와 쉬기를" 바랐을 때처럼 우리는 땅에서 쉴 수 있습니다. 사실 천사들은 아브라함의 장막에서 거하기를 싫어했을 것입니다.

정말 이스라엘이 뱀과 원수와 피곤과 기근 가운데서 광야를 안식처로 삼으려고 했습니까? 노아가 방주를 자기 집으로 삼고, 물이 빠졌을 때 나가기를 싫어했습니까? 뱃사람은 바다에 살기로 작정하고, 바위와 모래와 거센 폭풍우 가운데서 거처를 두려고 합니까? 군인은 적들이 빽빽이 있는 곳을 안식처로 여길까요? 그리스도인은 그런 여행자나 뱃사람이나 군인이 아닙니까? 당신은 속으로 두려움이 있고, 바깥으로 괴로움이 있는 것이 아닙니까? 우리는 계속 위험 가운데 처하지 않습니까? 우리는 오직 올무 가운데라면 먹을 수도, 마실 수도, 잠잘 수도, 일할 수도, 기도할 수도, 들을 수도, 이야기할 수도 없습니다. 그러니 우리가 이곳에서 안식할 수 있습니까?

오, 그리스도인이여! 그대의 일을 꾸준히 행하고, 그대 위험을 쳐다보고, 끝까지 붙잡고, 전장에서 승리하고, 안주하지 말고 그 땅에서 일어나십시오. 그대가 이 땅에서 안식을 말하는 때마다 변화산에서 베드로와 같이 "자기가 하는 말을 자기도 알지 못합니다"(눅 9:33). 만일 "오늘 네가 나와 함께 낙원에 있으리라"(눅 23:43) 하고 회개한 강도에게 말씀하지 않으시고 그가 십자가에서 안식하리라고 말씀하셨다면 강도는 그것을 조롱으로 여기지 않았을까요? 아마 그것은 병과 고통과 핍박과 비탄 가운데서 고약하게 안식하는 것일 것입니다. 우리를 그토록 마음대로 공격하는 죄의 찌꺼기들은 이곳이 신자의 안식이 아니라는 것을 곧 절감하게 만들 것이 분명합니다. 그러므로 나는 이 땅에서 안식을 생각하는 모든 사람에게 말합니다. "일어나 떠나십시오. 이곳은 더러워졌으니 당신의 안식이 아니기 때문입니다."

이런 것들은 본성상 참된 그리스도인의 안식이 될 수 없습니다. 그것들은 너무 형편없어서 우리로 부유하게 하지 못하며, 너무 천박하여 우리를 올려 행복에 이르게 하지 못하며, 너무 공허하여 우리의 영혼을 채우지 못하며, 너무 짧게 지속하므로 우리의 영원한 내용이 되지 못합니다. 번영과, 우리가 여기서 바라는 그 무엇이라도 너무 천하여 신(神)이 될 수 없으며, 그것들은 너무 낮아서 우리의 안식이 될 수 없습니다. 영혼의 안식은 영원한 만족을 줄 수 있을 정도로 충분해야 합니다. 그러나 피조물이 주는 만족은 낡아지며, 잠시 향유한 다음에는 약해집니다. 만일 하나님이 천사의 음식을 비처럼 내리신다면 우리는 만나를 곧 싫어할 것입니다. 만일 색다른 것이 내려 돕지 않으면 이 땅에서 우리의 즐거움은 무미건조해질 것입니다.

모든 피조물과 우리의 관계는 꽃과 벌의 관계와 같습니다. 벌은 꽃마다 꿀이 매우 적기 때문에 수박 겉핥기로 맛볼 수밖에 없어 다음 꽃으로 날아갑니다. 세상을 알면 알수록 세상에서 만족을 덜 얻습니다. 세상의 내면적 공허를 분별하지 않고서 그 외적인 아름다움만 보는 사람은 세상에 사로잡힙니다. 우리가 다른 사람의 형편을 철저하게 알고, 선한 것뿐만 아니라 악한 것을 장점뿐만 아니라 결점을 알 때, 우리는 더 이상 찬탄하지 않습니다.

6. 하나님이 없이 피조물과 수단에서 안식을 갖는 것은 **우리의 비참을 심하게 만드는 것**입니다. 하나님이 "나 말고 내 피조물과 내 말과 내 종과 내 규례를 취하라"고 말씀하시면 당신은 이것을 행복으로 보십니까? 만일 당신이 하나님의 말씀을 갖고 있으나 하나님이신 그 '말씀'을 모시지 않는다면, 혹은 주의 떡은 갖고 있으나 '참된 떡이신' 주님을 모시지 않는다면, 혹은 유대인처럼 '주의 성전'은 갖고 있는데 성전의 주님을 모시지 않으면 이것은 형편없는 행복입니다. 가버나움은 자신이 보았던 위대한 일을 보고 그리스도의 말씀을 들었기 때문에 더 행복했습니까, 아니면 더 비참했습니까? 분명 우리의

죄와 비참을 더 심하게 하는 것은 우리의 안식이 될 수 없습니다.

7. 이 모든 것을 확증하기 위하여 우리는 우리 자신과 다른 사람의 체험을 참고합니다. 수백만의 사람들이 시도했지만 이 땅에서 자기 영혼을 위한 충분한 안식을 발견한 사람이 있었습니까? 나는 그들이 발견한 기쁨을 부인하는 것이 아니라, 그들이 결코 발견하지 못한 안식과 만족을 부인합니다. 그러니 우리는 옛날 사람이 결코 발견할 수 없던 것을 발견했다고 생각할 것입니까? 아합의 왕국은 나봇의 포도원이 없이는 그에게 아무것도 아니었습니다. 그런데 아합이 그것을 얻었을 때 그것으로 만족했습니까? 당신은 노아의 비둘기처럼 안식할 데를 찾아서 땅을 두루 살펴보아야 했다면, 돌아와 안식할 수 있는 데를 찾을 수 없다고 고백할 것입니다. 가서 존귀를 구하십시오. 여기에 안식이 있겠습니까? 차라리 당신은 폭풍우 치는 산꼭대기나, 에트나 화산의 불길에서 안식할 수 있습니다. 부를 구하십시오. 여기에 안식이 있겠습니까? 그것도 가시방석에 앉는 것입니다.

만일 당신이 그 밖에 세상적 쾌락을 구하면 그것은 미끼를 삼키는 고기와 같습니다. 이 쾌락이 가장 달콤할 때 죽음이 가장 가깝습니다. 학문으로, 심지어 하나님의 규례로 가서 거기서 당신의 영혼이 안식할 수 있는지 알아보십시오. 실로 당신은 마치 그것들이 당신의 안식에 이르는 방도(수단)이며, 영원과 관계가 있는 듯이 그것들에서 소망의 감람나무 가지를 받을 것입니다. 그러나 그 자체에서 얻는 만족에 관하여 당신은 이전처럼 안식을 얻지 못한 상태로 있을 것입니다. 야곱이 라헬에게 "내가 하나님을 대신하겠느냐"(창 30:2) 하고 말했던 것처럼, 이 모든 것은, 당신이 내게 와서 영혼의 안식을 구하느냐고 말하지 않겠습니까? 세상에 있는 사람들의 모든 지위도, 법원도 나라도 마을도 도시도 가게도 들녘도 재화도 도서관도 고독도 단체도 연구도 강단도 이런 안식과 같은 것을 줄 수 없습니다.

만일 당신이 모든 세대의 죽은 자에게 혹은 모든 나라의 살아 있는 사람에게 물을 수 있다면, 그들은 모두 당신에게 이렇게 말할 것입니다. "여기에는 안식이 없소." 혹은 다른 사람들의 체험을 듣고 마음이 동하지 않으면 당신 자신의 체험을 살펴보십시오. 당신은 자신을 충만히 만족시켰던 상태를 기억할 수 있겠습니까? 혹은 당신이 그 상태를 기억할 수 있다면 그것이 지속되는 것으로 입증되겠습니까? 나는 우리가 모두 우리의 지상적 안식에 대하여 말할 때 바울이 우리의 소망에 대하여 말하듯이 말할 수 있다고 믿습니다. "이 세상의 삶뿐이면 우리는 모든 사람 가운데 더욱 불쌍한 자"(고전 15:19)입니다.

그러므로 성경이나 이성이나, 우리 자신과 온 세상의 체험이 우리를 확신시키는 것처럼, 우리는 여기서 안식하는 일이 없다는 것을 볼 수 있습니다. 그러나 우리 대부분은 이런 죄를 얼마나 지었습니까? 우리는 주님을 우리의 안식으로 삼기 전에 얼마나 많이 머뭇거리며 중단합니까? 우리가 여기 앉아서 안식하지 않도록 하나님은 얼마나 우리를 내몰고, 우리로 모든 상황에서 벗어나게 하셔야 합니까?

만일 하나님이 우리에게 번영이나 부나 존귀를 주신다면, 마치 이스라엘 백성이 송아지를 두고 "이것이 너희의 신이다" 하고 말하는 것처럼, 우리의 마음은 그 앞에서 춤추며 "여기 있는 것이 좋다"고 결론을 내립니다. 만일 하나님이 이 모든 것을 우리에게 쓰리게 하신다면, 우리는 전에 있던 데서 다시 앉아 쉬려고 해도 형편이 좋아질 때까지 쉬지 못합니다. 만일 하나님이 계속해서 치료하시며 피조물을 멀리 내쫓으시면, 우리는 그것을 다시 우리의 안식으로 삼으려고 그것을 회복하여 주시라고 하나님께 힘써 소리쳐 기도합니다. 그리고 우리가 이전의 우상을 빼앗기는 동안에도 하나님께 나아가지 아니하고, 그 우상을 회복할 소망으로 기뻐하고 그 소망을 우리의 안식으로 삼거나, 이 피조물 저 피조물을 살피며 방황합니다. 참으로 우리가 도움을 발견할 수 없으면 우리는 모든 것을 버리고 하나님께 가지 아니하고, 이 비참에서 차라리 안주하고 비참한 존재로 안식하려 할 것입니다.

오! 우리의 영혼은 하나님께 이처럼 저주스럽게 싫어하심을 받습니다. 만일 지옥에 있는 어떤 곳이라도 참을 수 있다면 영혼은 하나님께 가기보다 그 장소의 안식을 택하려 합니다. 참으로 하나님이 우리를 자신에게 데리고 오시며 하나님의 방법과 하나님께 대한 섬김의 가치를 우리가 확신한다면, 여기에는 이 모든 속임수가 존재하지 않습니다. 우리는 하나님에게 전적으로 나아가지 않고, 차라리 하나님께 이르는 길 그리고 하나님에 대하여 말하는 그런 규례와 하나님으로부터 나오는 은사에 안주하려 합니다.

그리스도인이여, 내가 이런 것에서 안식하는 것에 대하여 많은 말을 하는 것에 놀라지 마십시오. 그대의 경우가 이렇지 않도록 주의하십시오. 나는 그대가 부와 존귀와 쾌락의 헛됨을 그만큼 확신하므로 그대가 이것을 쉽게 포기할 수 있다고 생각합니다. 그리고 그렇게 할 수 있다면 좋습니다. 그러나 그대는 은혜의 수단을 덜 의심하며 바라보고, 특별히 대부분의 세상 사람들이 그 수단을 무시하는 것이나 지극히 싫어하는 것을 보면서도 그 수단을 더할 나위 없이 즐거워할 수 있습니다. 나는 이 수단들을 사랑하고 가치 있게 여겨야 한다는 것을 압니다. 그리고 이 은혜의 수단보다 그 어떤 세상적인 것을 사랑하는 사람은 그리스도인이 아닙니다.

그러나 우리가 하나님이 없이 규례로 만족하고, 하늘에 있는 것보다 공적 예배에 있는 것을 더 좋아하고, 위에 있는 완전한 교회보다 이곳 교회의 지체가 되는 것을 좋아할 때, 이는 서글픈 실수입니다. 지금까지 하나님이 규례와 함께 하시므로 그대 영혼은 규례에서 위로를 얻는 것입니다. 이것이 하늘이 아니며 첫 열매임을 기억하면서 우리가 "몸으로 있을 때에는 주와 따로"(고후 5:6) 있습니다. 우리가 하나님과 떠나 있는 동안은 우리의 안식에서 떠나 있습니다. 만일 우리가 하나님과 떠나 있는 것처럼 하나님이 우리와 떠나 계시기를 바란다면, 그리고 우리가 하나님 안에서 안식하는 것을 싫어하듯이 하나님이 우리의 안식이 되기를 싫어한다면, 우리는 영원히 쉬지 못하는 '하나님과의' 분리 상태에 내동댕이쳐질 것입니다. 한 마디로, 당신이 이 땅에서 하는 불만이 죄악되다는 것을 민감하게 느끼는 것처럼, 당신이 갖는 이상한 만족이 죄악되다는 것을 민감하게 느끼고 그것들을 더욱 용서해 주시기를 하나님께 기도하십시오. 그리고 이쪽 지옥에 나타나는 모든 재난보다도 당신이 천국이 아닌 그 어떤 곳에서 안주하고, 하나님보다 못한 것에 당신의 영혼이 쉬게 하는 것을 살피고, 그렇게 되지 않도록 기도하십시오.

셋째로, 그 다음에 고찰해야 할 것은 **우리가 성도의 안식을 소유하기 위하여 죽지 않으려 하는 부당함**입니다. 우리는 소돔에 살던 롯과 같이 "우리를 긍휼히 여기시는 주께서" 우리의 뜻을 무시하고 억지로 뽑아내실 때까지 꾸물거립니다. 나는 죽음 자체는 바랄 만한 것이 아니라고 고백합니다. 그러나 영혼이 하나님과 더불어 갖는 안식은 바랄 만한 것입니다. 그런데 죽음은 이 안식으로 가는 일반적인 길입니다. 우리가 이 죄를 가볍게 여기는 경향이 있으므로 나는 당신 앞에 이 죄의 성격과 치료책을 다양한 고찰로 제시하겠습니다.

이 죄에는 **불신**이 많이 있습니다. 만일 이 영광의 약속이 하나님의 말씀이며 하나님이 말씀하실 때 참으로 그런 뜻으로 말씀하시고 그것을 선으로 만들려는 뜻을 충분히 가지신다는 것을 우리가 참으로 믿으면, 만일 우리가 신자를 위해 예비된 그처럼 복된 상태가 있음을 참으로 믿는다면, 분명 우리는 지금 죽음을 두려워하는 것처럼 사는 것을 참지 못하고 우리의 마지막 날들이 올 때까지 하루를 일 년처럼 생각할 것입니다. 죽음이 우리를 비참에서 그와 같은 영광으로 데려갈 것이라고 참으로 믿을 수 있지만 죽기를 싫어할 수 있겠습니까? 만일 그 영광에 참여할 수 있는 우리의 소유권에 대하여 의심하므로 우리가 두려워하면, 이 안식의 확실함과 탁월함에 대하여 참으로 우리는 믿음으로 그 안식을 얻을 권리가 분명해질 때까지 쉬지 않을 것입니다. 우리가 입으로는 믿음과 기독교를 많이 말하지만, 우리 마음에는 불신과 이교 사상이 가득합니다. 이 불신과 이교주의는 우리가 죽기를 그렇게 싫어하게 만드는 주된 이유입니다.

이는 또한 **우리의 사랑이 상당히 냉랭하기** 때문입니다. 만일 우리가 친구를 사랑하면 그와 사귐을 사랑합니다. 그가 있다는 것이 위로가 되며, 그가 없는 것은 고통스럽습니다. 그가 우리에게 올 때 우리는 기쁘게 그를 맞이합니다. 그가 죽을 때 우리는 슬퍼하며 종종 지나치게 슬퍼합니다. 신실한 친구와 헤어지게 되는 것은 우리의 몸에서 한 지체를 떼어내는 것과 같습니다. 우리가 참으로 하나님을 사랑하면 하나님을 향한 우리의 바람은 그러하지 않겠습니까? 아니, 모든 친구 가운데 하나님이 가장 사랑스러우시므로 그 바람은 그보다 더해야 하지 않겠습니까? 주님, 우리에게 마음을 면밀히 살피라고 가르치시고, 이 점에서 스스로 속지 않도록 가르쳐 주소서.

우리가 아버지나 어머니나 남편이나 아이나 친구나 부나 생명 자체를 그리스도보다 더 사랑한다면, 아무리 우리가 꾸며대도 '그리스도의' 참된 '제자가 아닙니다.' 심판이 있을 때, 누가 가장 많이 전했고, 혹은 가장 많이 들었고, 혹은 가장 많이 말했는가는 문제가 아닐 것입니다. 문제는 누가 가장 사랑했느냐 하는 것일 것입니다. 그리스도는 설교나 기도나, 금식이나, "내게 있는 모든 것으로 구제하고 내 몸을 불사르게 내주는 것'(고전 13:3)도 아니고 사랑을 보실 것입니다. 그리고 우리가 그리스도를 사랑하면서도 그렇게 그리스도로부터 멀리 벗어나는 것을 괘념치 않습니까? 애굽에서 요셉의 얼굴을 보는 것이 야곱에게 그렇게 기쁜 일이 아니었습니까? 그러니 우리는 영광 가운데 그리스도를 보지 않고서 만족하며 그를 사랑한다고 하겠습니까? 나는 감히 우리가 죽기를 그렇게 싫어할 때 전혀 사랑하지 않는다고 결론을 내리지 않습니다. 감히 말하거니와 우리의 사랑이 더한다면 우리는 더욱 기꺼이 죽어야 합니다. 만일 이 거룩한 불이 우리 마음에 속속들이 켜지면, 우리는 다윗처럼 이렇게 외쳐야 합니다. "내 영혼이 주를 찾기에 갈급하나이다. 내 영혼이 하나님 곧 살아계시는 하나님을 갈망하나니 내가 어느 때에 나아가서 하나님의 얼굴을 뵈올까"(시 42:1-2).

우리가 죽기를 원치 않으려 하므로 우리는 **죄를 그다지 싫어하지 않는 것**처럼 보입니다. 우리가 죄를 가장 큰 악으로 느낀다면 그처럼 오래 죄와 동행

하려 하지 않아야 합니다. "오 어리석고 죄악된 마음이여, 그대는 참으로 오
랫동안 모든 불결한 욕망의 우리였으며 쓰디쓴 죄악의 물을 끊임없이 솟아
내는 샘이었는데, 그대 아직 지치지 않았는가? 비참한 영혼이여, 그대는 그
대의 모든 능력으로 그렇게 오래 해를 입고 그대의 모든 행함으로 그렇게 근
심스럽게 쇠약해지고 모든 부정을 풍성히 맺는 토양이었는데, 그대 아직 좀
더 지치지 않았는가? 그대는 여전히 그대의 불완전 아래 있는가? 그대의 죄
는 그토록 유익한 것이며 그토록 필요한 동행이며 그렇게 즐거운 일이므로
그대는 헤어지는 날을 그토록 두려워하는가? 하나님이 그대의 소원을 정당
하게 허락하시며 하나님으로부터 바라는 만큼 멀어지도록 허용하시고, 당신
의 귀를 비참의 문에 못 박고 영원히 당신의 영광으로부터 추방하시지 않겠
는가?"

　이는 우리가 이 땅의 **헛됨**에 **무감각함**을 보여 줍니다. 그때 우리는 이 땅을
떠난다는 것을 듣거나 생각하는 것을 아주 싫어합니다. "아, 어리석고 비참
한 영혼이여, 모든 죄수가 자유를 바라고 근심하고 모든 종이 희년을 바라고
모든 병자가 건강을 간절히 바라고 배고픈 사람마다 음식을 바라는데, 그대
홀로 구원을 싫어하는가? 뱃사람은 땅을 보기를 바라지 않는가? 농부는 추
수를 바라며, 일꾼은 그 임금 받기를 원하지 않는가? 여행자는 집에 도착하
기를 바라며, 달리는 자는 상을 받기를 바라며 군인은 전쟁터에서 승리하기
를 바라지 않는가? 그런데 그대는 그대의 수고가 끝나는 것을 보고 그대의
믿음과 고난의 종국을 맞이하기를 싫어하는가? 그대의 근심은 한갓 꿈이었
는가? 만일 그대의 근심이 한갓 꿈이라면 아마 당신은 깰 것을 두려워하지
말아야 한다. 혹 모두 꿈과 허상에 불과한 세상의 기쁨이 아닌가? 혹은 세상
은 후에 그렇게 되지 않겠는가? 우리는 위태로울 때 세상과 화해할 수 있지
만 세상은 우리와 결코 화해하지 않을 것이다. 오 부끄러운 영혼이여, 그대
는 예수 그리스도와 더불어 안식하기보다 이 어둠의 땅에 거하며 이 불모의
광야에서 방황하기를 더 좋아하는도다. 그대는 천군 천사와 더불어 주님을

찬양하기보다 늑대 가운데 지내고, 매일 전갈의 침을 맞기를 더 좋아하는도 다."

이처럼 죽지 않으려 하는 것은 실제로 우리가 주님을 거슬러 크게 반역하는 것입니다. 그것은 하나님 앞에서 이 땅을 택하고, 현재의 것을 우리의 행복으로 여기고, 따라서 그것들을 우리의 신(神)으로 여기는 것이 아닙니까? 만일 우리가 실로 하나님을 우리의 목적과 우리의 안식과 우리의 분깃과 우리의 보화로 삼는다면, 우리가 하나님을 즐거워하지 않을 수 있겠습니까? 게다가 이는 위선을 드러냅니다. 당신은 죽어 그리스도의 현존으로 들어가기보다, 주님을 당신의 유일한 소망이라 부르고 그리스도를 만물 속의 전부라고 말하고, 그리스도의 현존에 있는 즐거움에 대하여 말할 때, 다른 사람이 당신을 믿게 하면서도 살려고 발버둥치려 합니까? 세상과 육신에 대하여 불평하지 않고 죄와 고난에 대하여 근심하고 불평하지만 우리에게 최종적 자유를 가져다주리라고 기대하는 날을 두려워하는 것은 자기모순이 아닙니까. 천국을 위하여 애쓰고 싸운다고 고백하고는 거기 가기를 싫어하며, 갖지 않으려는 것을 위하여 시간을 들여 기도하는 것은 위선이 아닙니까.

이리하여 우리는 주님과 그 약속을 오해하고, 세상이 보는 앞에서 그분의 길을 부끄럽게 합니다. 마치 우리가 세상 사람으로 하여금 하나님이 자신의 말씀을 지키시는지 지키지 않으시는지, 즉 성경이 언급하는 그런 영광이 있는지 의심하게 하려는 듯이 말입니다. 세상 사람들이, 믿음으로 살겠다고 고백했고 다른 세상에 소망을 둔 것을 자랑하고 위에 있는 것과 비교하여 아래 있는 모든 것을 부끄러움을 느끼며 말했던 자들이 현재의 것들을 그렇게 놓치지 않으려 하는 것을 볼 때, 이리하여 그들의 불신과 쾌락적 태도가 세상에 얼마나 견고하게 드러납니까. 그들은 말합니다. "분명 이 신앙 고백자들이 그토록 하늘 영광을 바라고 자기네 생각대로 세상을 그렇게 천하게 본다면, 변화하기를 그렇게 싫어하지 않을 것이다." 오 어떻게 우리는 하나님과 영혼에게 행하는 잘못된 일을 고칠 수 있겠습니까? 그리고 그리스도인들이 이런 일에 자신의 신앙 고백이 일치하게 행하고, 즐겁게 안식의 소식을 받아들이면, 얼마나 하나님을 존귀하게 하며, 신자에게 힘을 불어넣어 주며, 불신자에게 확신을 주겠습니까.

이는 또한 우리가 **사소한 목적**에 많은 시간을 사용했음을 보여 줍니다. 우리는 죽기를 준비하기 위하여 일평생을 지내지 않았으며, 마지막 한 시간의 죽음을 준비하기 위하여 많은 세월을 보내지 않았습니까? 그런데 우리는 그렇게 준비되지 않고 아직 죽지 않으려 합니까? 우리는 무엇을 했습니까? 왜 우리는 살아 왔습니까? 우리는 마음에 더 큰 문제를 갖고 있습니까? 우리는 좀 더 잦은 경고를 받으려 했습니까? 죽음은 얼마나 자주 우리 이웃에게 찾아갔습니까? 우리의 몸은 얼마나 많은 질병으로 괴로움을 당했던지 사망 선고를 받지 않으면 안 되게 되지 않았습니까? 그런데 우리는 이 모든 것에 대하여 준비되지 않고 그것을 받아들이지 않으려 합니까? 오 부주의하고 마음이 죽은 죄인이여, 하나님의 경고를 무가치하게 무시하는 그대여, 자신의 영혼을 믿음 없이 파는 그대여!

죽지 않는 것이 결코 행복한 것이 아님을 알도록 하십시오. 하나님이 에녹과 엘리야처럼 우리를 변화시키실 것이라면 모르되, 죽음을 피하는 것은 복된 상태를 놓치는 것입니다. 그런데 하나님은 에녹과 엘리야 이전이나 이후에 그런 일을 결코 하지 않으셨습니다. "만일 그리스도 안에서 우리가 바라는 것이 다만 이 세상의 삶뿐이면 모든 사람 가운데 우리가 더욱 불쌍한 자이리라"(고전 15:19). 만일 당신이 죽어 천국으로 가기를 바라지 않는다면, 미식가나 짐승보다 나은 것이 무엇이겠습니까? 우리가 장차 올 생명을 바라지 않는다면 왜 우리는 기도하고 금식하고 슬퍼합니까? 왜 우리는 세상의 조롱을 당합니까? 왜 우리 그리스도인은 이교도나 믿음 없는 자와 다릅니까? 그리스도인이여, 그대는 그대의 믿음과 행한 일을, 즉 그대의 모든 의무와 고난, 그대 삶의 모든 목적, 그리스도의 모든 피를 버리고 속물이나 짐승의 분깃으로 만족하려 합니까?

오히려 사람이 죽음의 침상에서 하듯이 기꺼이 죽을 것인지 그러지 않을 것인지 질문을 받을 때 이렇게 말하십시오. "그리스도와 함께 있기를 싫어하는 자는 죽기를 싫어합니다." 하나님은 죽음으로 우리를 영화롭게 하려 하시는데, 우리는 영화롭게 되기 위하여 죽지 않으려 합니까? 아마 군주가 당신을 상속자로 삼으려 한다면 당신은 아마 그것을 받지 않으려고 하지 않을 것입니다. 그런 친절을 거부하는 것은 배은망덕이며 무가치한 태도를 드러냅니다. 그리스도께 올 때 변명하는 자들에게 하나님이 마음을 굳히며 "전에 청하였던 그 사람들은 하나도 내 잔치를 맛보지 못하리라"(눅 14:24) 하고 말씀하시듯이, 우리가 영광에 이를 때 핑계를 꾸미면 하나님이 우리를 거슬러 마음을 굳게 하시는 것은 공정합니다.

주 예수 그리스도는 우리를 위하여 기꺼이 하늘에서 이 땅에 오시려 했는데 우리는 우리 자신과 그리스도를 위하여 이 땅에서 하늘로 가기를 거절해야 하겠습니까? 그렇게 하면 그리스도는 이렇게 말씀하셨을 것입니다. "이런 죄인이 고통 받는다고 한들 내게 무슨 상관이냐? 그들이 자신의 육신을 영혼보다 더 귀하게 여기고, 자신의 욕망을 내 아버지의 사랑보다 귀하게 여긴다면, 그들이 아무것도 아닌 것을 위하여 자기 영혼을 팔 것이라면 손해보는 사람은 누구이겠는가? 그들에게서 해를 입은 내가 아닌가? 그들은 고의로 내 법을 범하는데 내가 그들이 받을 고통을 받아야 하는가? 내가 금한 한 가지 작은 것을 참지 못하고 자기 영혼을 위태롭게 하기를 좋아할 비참한 벌레들을 위하여 내가 하늘에서 땅으로 내려와 인간의 육신을 입고 사람에게 침 뱉음과 조롱을 당하고 금식하고 울고 땀 흘리고 고난 당하고 피 흘리고 저주의 죽음을 맞아야 하는가? 그들이 그렇게 소홀하게 자신을 내팽개치는데 나는 그들을 그렇게 소중하게 구속해야 하는가?" 그래서 우리는 그리스도께서 그렇게 하시지 않아도 될 충분한 이유가 있으셨음을 압니다. 그러나 그리스도는 자발적으로 낮아지셨습니다.

그러나 우리는 그리스도께로 가는 것을 반대할 만한 이유가 없습니다. 그리스도는 우리를 높이기 위하여 내려오셨다는데 우리는 그리스도가 자신의 피와 수고를 잃어버리고 우리 없이 돌아가시게 하렵니까? 그리스도는 그렇게 값지게 우리의 안식을 사시지 않았습니까? 우리의 유업은 "그의 피로 사신" 것이 아닙니까? 이 모든 일 후에 우리는 거기에 들어가기를 싫어합니까? 아 선생들이여, 싫어할 이유를 지닌 것은 그리스도이시지 우리가 아니었습니다. 주님이 이 어리석은 배도자를 용서하시고 치유하시기를!

우리는 죽어 하늘로 가는 것을 싫어하는 동안 **우리의 가장 잔인한 원수들**이 만든 가장 악의적인 계획에 휩쓸려 그들과 **연합**하지 않습니까? 마귀가 매일 하는 일은 무엇입니까? 그것은 우리의 영혼을 하나님으로부터 떼어놓는 것이 아닙니까? 그리고 우리는 이것으로 만족할 것입니까? 사탄의 욕망과 그대 그리스도인의 욕망이 그렇게 일치하는 이것은 사탄에게 얼마나 즐거운 일이겠습니까. 사탄이 그대를 지옥으로 데려갈 수 없는 것을 알더라도 그렇게 오랫동안 그대를 천국에서 떨어지게 할 수 있고, 그대가 자신을 위하여 천국을 열심히 기원하도록 만드는 이 일은 사탄에게 얼마나 즐거운 일이겠습니까. 오! 그대 자신을 해쳐서 마귀를 그렇게 기쁘게 만들지 않도록 하십시오. 매일 죽음에 대한 두려움 때문에 우리의 생활은 계속 고통스럽지 않습니까? 우리는 장차 올 생활에 대한 매일의 묵상과 지복에 대한 달콤하고 즐거운 생각으로 충분한 기쁨을 맛볼 수 있는 이생에서, 생각이 없으므로 공포를 얼마나 많이 느낍니까. 그래서 우리는 자신의 위로를 소멸하고, 자신의 가장 참된 쾌락을 없애 버립니다.

우리는 마음에 하나님의 즐거움으로 가득하여 눕고 일어나고 바깥으로 걸어다닐 수 있을 때, 혼란스럽게 하는 두려움을 우리 마음에 끊임없이 채웁니다. 왜냐하면 죽기를 두려워하는 그는 죽음을 예상할 만한 이유를 언제나 갖고 있어서 언제나 두렵기 때문입니다. 그리고 자신의 위로를 놓칠까 끊임없이 두려워하면서 사는 그 사람의 생활이 얼마나 안락할 수 있겠습니까? 마치 하나님이 우리에게 고난을 당할 만큼 주지 않으셔서 스스로 더 고통을 받아야 하는 것인 양 죽음에 대한 이런 두려움은 스스로 만들어 낸 고난이 아닙니까? 죽음 자체가 육신에게 충분히 비통한 것이 아니라서 우리는 그 비통함을 두 배, 세 배로 늘려야 합니까?

하나님이 우리에게 주신 고난은 모두 행복한 결말에 이릅니다. 그 진행은 시련에서 인내로, 인내에서 체험으로, 그런 후에는 소망으로, 마지막에는 영광으로 나아갑니다. 그러나 우리가 스스로에게 끼치는 고난은, 죄에서 고난으로, 고난에서 죄로, 또다시 고난으로 돌고 도는 순환적이며 끝없는 것입니다. 그리고 그 뿐만 아니라 그 과정에서 고난은 심해집니다. 모든 죄는 이전보다 더 커지며, 그래서 모든 고난도 그렇습니다. 그러므로 하나님이 우리를 스스로에게 고통을 주는 자가 되게 만드신 것으로 우리가 생각하는 것이 아니면 우리는 죽음에 대한 두려움을 키울 이유가 별로 없습니다. 그리고 그 두려움은 쓸데없고 유익하지 못한 두려움이 아닙니까? 우리가 근심한다고 "한 터럭도 희고 검게 할 수 없고"(마 5:36) "그 키를 한 자라도 더할 수 없는"(마 6:27) 것처럼 우리의 두려움이 우리의 고난을 막지 못하고, 우리의 죽음은 한 시간도 지체시키지 못합니다. 원하든 원하지 않든 우리는 사라져야 합니다. 많은 사람의 두려움은 자신의 종국을 재촉했지만, 누구도 그것을 돌리지 못했습니다.

참으로 죽음 이후의 위험에 관한 교묘한 두려움은 많은 사람에게 유익을 주었고 그 위험을 막는 데 아주 유용합니다. 그러나 그리스도의 지체와 천국의 상속자가 자기의 유업에 들어가는 것을 두려워하는 것은 죄악되며 쓸데없는 두려움입니다. 그러니 죽는 것에 대한 우리의 두려움이 우리의 영혼을 올무에 사로잡히게 하고, 많은 시험을 이기기 더욱 힘들게 하지 않습니까? 무엇 때문에 베드로는 자기의 주님을 부인했습니까? 무엇 때문에 배도자들은 고난을 당할 때 진리를 거부했습니까? 왜 뿌리 없는 믿음의 푸른 잎사귀는 박해의 열기 앞에 시듭니까? 투옥과 가난에 대한 두려움은 위력이 크겠지만, 죽음에 대한 두려움은 더 위력이 큽니다. 우리가 죽음을 크게 두려워하듯이 우리는 하나님의 대의명분에서 종종 아주 비겁한 겁쟁이가 됩니다. 게다가 이 죄는 많은 불신의 계략과, 하나님의 지혜로운 처분에 대한 불만과, 그의 섭리에 대해 완악한 생각으로 죄를 짓게 합니다.

더 나아가 우리 대부분의 **시간이 얼마나 충분히** 남았는지 살펴봅시다. 왜 결국 죽을 사람이 하나님이 보실 때 좋다면 일흔 살이나 여든 살 때처럼 서른 살이나 마흔 살에 죽는 것을 꺼려합니까? 시간이 길다고 해서 부패가 정복되지 않습니다. 부패는 한 세대 동안 결코 시들거나 사라지지 않습니다. 우리는 시간 외에 은혜를 별도로 받지 않는 한 자연히 더 나빠집니다. "오 내 영혼아, 평안 가운데 떠나라. 그대가 부와 존귀에서 무한정 상태에 있기를 바라지 않을 것처럼 시간에서도 무한정 상태에 있기를 바라지 말라. 만일 얼마나 그대가 향유했던 그 인내의 한 시간을 가질 자격이 없는지 민감하게 깨닫는다면, 그대는 많은 것을 가졌다고 생각할 것이다. 그것은 경계를 설정하는 하나님의 지혜가 아닌가? 하나님은 다양한 사람과 시대를 통하여 자신을 존귀하게 하실 것이지, 한 사람이나 한 시대로 자신을 존귀하게 하지 않으실 것이다. 그대가 자신의 몫을 다하고 정해진 과정을 마쳤는지 보고서, 그대처럼 변화해야 하는 다른 사람들이 이어갈 수 있도록 만족하며 내려오라. 시간이 많다는 것은 할 일이 많다는 것이다. 그러므로 일을 더 잘할 수 있도록 은혜를 구하라. 그러나 그대가 가진 시간의 몫으로 만족하라."

그대는 **삶의 위로**를 누릴 능력을 또한 갖고 있습니다. 그대가 지금 생명을 잃을 것을 두려워하는 것처럼 그 생명을 소유하는 것이 싫증날 때까지 하나님은 그대의 삶을 짐으로 만드셨을 수도 있습니다. 하나님은, 그대가 그리스도에 대한 참된 지식이 없이 그대의 시간을 무지 가운데 낭비하게 하셨을 수 있습니다. 그러나 하나님은 그대의 눈을 열고 거듭나게 하셨습니다. 그대의 하늘 아버지는 당신이 아시아나 아프리카가 아니라 유럽에 살도록 하셨고, 스페인이나 이탈리아가 아니라 영국에 살게 하시지 않았습니까? 하나님은 그대의 전 생애에 긍휼을 가득 채우셨는데 이제 그대는 자신의 몫이 심히 적다고 생각합니까? 그대의 생애는 위로의 시간과 즐거운 안식일과 유쾌한 연구와 고귀한 사귐과 놀라운 구원과 탁월한 기회와 열매 많은 일과 즐거운 소식과 달콤한 체험과 놀라운 섭리에 얼마나 많이 참여했습니까. 그대의 생애가 그렇게 유쾌하여 그대는 그 생애를 떠나기를 싫어합니까? 그렇게 그대를 하나님 자신의 유쾌함으로 이끄시는 하나님께 대한 감사가 이것입니까?

오 어리석은 영혼이여, 그대는 시들어가고 소멸하는 생명을 향하듯이 영원을 향하여 소망할 것인가? 그리고 이 땅에서 계속 살기를 바라듯이 영광 가운데 하나님 앞에 나아갈 것인가? 그러면 그대는 이렇게 소리칠 것이다. "왜 하나님의 마차는 이리 더디 오는가? 왜 하나님의 마차의 바퀴는 늦어지는가? 주님, 얼마나 오래 기다려야 합니까? 얼마나 오래 기다려야 합니까?" 하나님이 그대를 오랜 세월 살게 하셨지만 그대가 지금까지 누린 긍휼을 부인하다니 어찌 된 일입니까? 하나님이 불평하는 이스라엘 백성에게 메추라기를 주셨듯이 그대에게 생명을 주시지 않을 수 있지 않았습니까? 하나님은 그대가 살기를 싫어하고 유다나 아히도벨처럼 자살을 즐거워하기까지 그대에게 생명을 주실 수 있습니다. 그리고 난폭한 손으로 스스로를 치기를 거의 참지 못하는 그대를 세상에서 비참한 많은 피조물처럼 만드실 수 있습니다.

그러므로 생명에 대하여 그렇게 목매지 마십시오. 왜냐하면 그것이 복이 아니라 심판이 될 수 있기 때문입니다. 모든 시대와 장소에서 그대 앞서 간 하나님의 고귀한 종이 얼마나 많습니까. 그대는 아무도 걷지 않은 길로 들어가는 것도 아니고, 맨 먼저 얼음을 부수라고 정해진 사람도 아닙니다. 에녹과 엘리야 외에 죽음을 피한 성도가 있겠습니까? 그러니 그대가 그들보다 낫습니까? 죽은 성도가 수백만이며, 지금 땅에 남아 있는 사람들보다 더 많습니다. 지금 일을 행하고 있는 당신의 사랑하는 친구와 동료 가운데 얼마나 많은 사람이 죽었습니까. 그러나 그대는 왜 그들을 따르기를 싫어합니까? 아니 예수 그리스도는 이 길로 가시지 않았습니까? 그분은 우리에게 무덤을 신성하게 만들어 주시고, 자기 몸으로 먼지를 뿌리셨는데, 그대는 그를 따르기

를 싫어합니까? 오히려 도마처럼 이렇게 말하십시오. "우리도 주와 함께 죽
으러 가자"(요 11:16).

만일 앞에서 말한 것이 설득력이 없다면 성경과 이성은 별 효력을 갖지 못
합니다. 그리고 나 자신과 다른 사람에게 아주 필요하다는 것을 발견하고서
— 그리스도를 위하여 많은 것을 행하고 고난 받을 수 있는 아주 많은 그리
스도인 가운데서, 그리고 다른 부패를 다소나마 정복한 많은 사람 가운데서
이 점을 정복한 사람이 거의 없다는 것을 발견하고서 — 나는 이 주제에 대
하여 더 많이 이야기했습니다. 나는 경건하지 못한 자를 설득하여 죽음을 두
려워하지 않도록 하게 하는 것이 아닙니다. 그들이 죽음을 더 이상 두려워하
지 않고 끊임없는 공포 가운데서 자신의 시간을 보내지 않는 것은 놀라운 일
입니다.

제11장

이 땅에서 천상적 생활을
영위하는 것의 중요성

성도의 안식에 대한 생각을 즐거워하는 것의 합당함. 그리스도인은 다음과 같은 점을 살핌으로써 성도의 안식에 대한 생각을 즐거워할 것을 권고 받음.

1. 그것은 그리스도인의 참된 경건을 입증해 줄 것임.

2. 그것은 그리스도인의 품성 가운데 가장 탁월한 것임.

3. 그것은 가장 안락한 생활에 이름.

4. 그것은 죄의 유혹을 막는 가장 훌륭한 예방약이 될 것임.

5. 그것은 그리스도인의 덕목과 의무를 활기차게 할 것임.

6. 그것은 고난을 당할 때 가장 좋은 강심제가 될 것임.

7. 그것은 그리스도인이 다른 사람들에게 유익을 가장 크게 끼치게 할 것임.

8. 그것은 하나님을 존귀하게 할 것임.

9. 그것이 없이 우리는 명령을 순종하지 못하고 하나님의 말씀을 가장 은혜롭고 즐겁게 발견하지 못함.

10. 하나님의 마음이 우리에게 있듯이 우리의 마음이 하나님과 더불어 있는 것은 더욱 합당함.

11. 우리가 그토록 많은 관심을 갖고 또 관계를 맺는 하늘에서 그러함.

12. 게다가 우리의 마음을 둘 데는 하늘 말고는 없다.

우리에게는 그런 안식처가 있습니까? 그런데 왜 우리의 마음은 그곳을 더욱 생각하지 않습니까? 왜 우리의 마음은 늘 거기에 있지 못합니까? 왜 우리는 늘 명상하며 그곳에 거하지 않습니까? 이렇게 게으른 이유는 무엇입니까? 우리가 이렇게 게으른 것은 합당합니까, 그렇지 않습니까? 영원하신 하나님은 우리에게 그런 영광을 주셨고 우리를 데려다가 자신과 함께 거하게 하겠다고 약속하셨는데, 그런 생각을 할 가치가 있습니까? 우리 마음의 가장 강렬한 바람은 안식을 따르는 것이어야 하지 않습니까? 우리는 이것을 믿지만 그것을 잊고 무시합니다. 만일 하나님이 이 빛에 가까이 갈 수 있도록 우리에게 허락하지 않으시면, 하나님의 모든 진지한 초대는 도대체 무슨 뜻이겠습니까? 왜 하나님은 이 땅으로 향하는 우리의 마음을 그렇게 정죄하시고, 우리로 위의 것에 마음을 고정하라고 명령하십니까?

아 비열한 마음이여! 하나님이 그것을 반대하시면 우리는 그것을 찬성하려 합니다. 하나님이 마음을 하늘에 두라고 명령하실 때 우리의 마음은 조금도 움직이지 않습니다. 마치 하나님이 가나안으로 행진하게 하시려 했을 때 반항하고 움직이지 않으려 하던 우리의 선배, 저 죄악된 이스라엘 백성과 같습니다. 만일 하나님이 "이 세상이나 세상에 있는 것들을 사랑하지 말라"(요일 2:15)고 말씀하시면 우리는 세상을 끔찍이 사랑합니다. 우리는 우리의 쾌락과, 우리의 친구와, 우리의 수고와, 우리의 육신과 그 정욕과, 참으로 우리의 잘못과 비참과 우리의 두려움과 고난을 얼마나 제 마음대로, 그리고 얼마나 자주 생각합니까.

그러나 자신의 안식에 마음을 두는 그리스도인은 어디 있습니까? 그 문제는 무엇입니까? 우리는 너무 즐거워 더 이상 필요한 것이 없는 상태가 아닙니까? 혹은 우리의 즐거운 생각에 도움을 줄 만한 것이 하늘에 전혀 없습니까? 좀 더 정확하게 말하면, 우리의 마음은 육적이고 어리석지 않습니까? 그리스도와 영광을 더 이상 품지 않는 이런 육욕적인 마음을 낮춥시다. 만일 이 세상이 우리의 대화를 이루는 유일한 주제라면, 모든 사람이 우리를 경건하지 않다고 할 것입니다. 그러므로 왜 우리는 그리스도와 하늘을 그다지 즐거워하지 않는 자신의 마음을 불경건하다고 부르지 않는 것입니까? 그러나 나는 오직 하나님께 분깃이 있고 거기에 소망이 있는데도 이 영광을 전혀 즐기지 않으려 하는 그대에게 말하고 있습니다.

그러니 나는 그런 사람들을 설득하여 천상의 마음을 가지라고 할 때 낙담할 것입니까? 동료 그리스도인이여, 만일 여러분이 나의 말을 듣고 순종하지 않으려 하면, 누가 듣고 순종하겠습니까? 우리는 암매하고 불경건한 세상을 권할 때 낙담하여 모세처럼 이렇게 말하기 쉬울 것입니다. "이스라엘 자손도 내 말을 듣지 아니하였거든 바로가 어찌 들으리이까"(출 6:12).

독자여, 그대가 이 영광에 참여할 소망을 갖고 있으므로 그대에게 요구하노니, 즉시 그대의 마음을 쏟아 일을 행하고, 그대 마음이 하나님에게 고의로 낯설게 대하면 꾸짖고, 그대 생각이 헛된 것을 추구하는 데서 벗어나 그대 영혼이 영원을 연구하게 하고, 장차 올 생활에 관하여 열심을 내고 그런 명상에 침잠하고, 그런 생각을 좀처럼 하지 않거나 하더라도 피상적으로 하지 말고 그대 영혼을 하늘의 기쁨에 잠기도록 하십시오. 그리고 그대의 게으른 영혼이 시들해지고 그대 생각이 흩어지기 시작하면 그것들을 되돌려 놓고, 본무를 행하게 하고 나태한 것을 참지 말고 조금의 태만이라도 묵인하지 마십시오. 그리고 그대가 하나님께 순종하며 이 일을 시도하고, 그 일에 익숙하고 그대의 생각이 순종하는 버릇을 획득할 때까지 그대의 생각을 지킬 때, 그대는 천국의 주변에 있게 되고, 참으로 하나님의 일과 길이 유쾌하고 그리스도인의 생활이 기쁨의 생활임을 발견할 것입니다. 그대는 기도하고 바라고 숨가쁠 정도로 열망했던 그 넘치는 위로, 이 땅에서 그리스도인이 걷는 길을 모르든지, 아니면 그 가운데 행하는 것을 알지 못하므로 거의 얻지 못하는 바 이 넘치는 위로를 얻게 될 것입니다.

이렇게 말하지 마십시오. "우리는 마음을 하늘에 둘 수 없다. 이는 하나님 만이 하실 수 있는 일이다." 하나님이 가장 탁월하게 여러분의 마음을 좌우

하시는 분이지만, 그 다음으로는 하나님의 다스림을 받는 여러분이 자신의 마음을 가장 마음대로 움직입니다. 여러분이 그리스도가 없이는 아무것도 할 수 없지만 그리스도의 다스림을 받으면 많은 것을 할 수 있습니다. 그렇게 하지 않으면 일이 이루어지지 않고 여러분은 태만하여 멸망할 것입니다. 그리스도인이여, 여러분의 영혼이 건강하고 활기 넘치면, 가장 튼튼한 배가 그 음식에서 혹은 가장 민감한 감각기관이 그 대상을 향유하는 데서 감지하는 것보다 비교할 수 없이 더욱 많은 기쁨과 달콤함을, 여러분의 영혼은 여러분이 장차 받을 복된 상태를 믿는 즐거운 생각에서 느낄 것입니다. 또 이일은 여러분에게 그다지 고통스럽지 않을 것입니다.

그러나 우리에게는 육신이 있고 이 고상한 일과 "하나님과 원수되는 육신의 생각"(롬 8:7)의 찌꺼기가 있는 반면, 모든 동기가 참으로 보잘것없음을 앎으로, 여러분이 편견 없는 판단으로 신중하게 재면 의심할 나위 없이 마음에 효과를 보며, 이 탁월한 의무를 행하려는 마음을 먹게 만들 몇 가지 고찰을 여기 쓰고자 합니다. 좀 더 구체적으로 이런 점을 살펴보십시오. 그것은 그리스도인의 참된 경건을 입증해 줄 것입니다. 그것은 그리스도인의 품성 가운데 가장 탁월한 것입니다. 그것은 가장 안락한 생활에 이릅니다. 그것은 죄에 대한 유혹을 막는 가장 훌륭한 예방약이 될 것입니다. 그것은 그리스도인의 덕목과 의무를 활기 있게 할 것입니다. 그것은 고난을 당할 때 가장 좋은 강심제가 될 것입니다. 그것은 그리스도인이 다른 사람들에게 가장 유익을 끼치게 할 것입니다. 그것은 하나님을 존귀하게 할 것입니다. 그것이 없이 우리는 명령을 순종하지 못하고, 하나님의 말씀을 가장 은혜롭고 즐겁게 발견하지 못합니다. 하나님의 마음이 우리에게 있듯이 우리의 마음이 하나님과 더불어 있는 것은 매우 합당합니다. 우리가 그토록 많은 관심을 갖고 또 관계를 맺는 하늘에서 그렇습니다. 게다가 우리의 마음을 둘 데는 하늘나라밖에 없습니다.

1. 천국에 정해진 마음이 **여러분의 진지함에 대한 가장 명백한 증거 가운데 하**

나이며, 구원의 은혜가 여러분의 영혼에 미치는 참된 역사(役事)가 분명하게 드러난 것임을 살펴보십시오. 여러분은 종종 이렇게 묻습니다. "어떻게 우리는 참으로 성화되는지 알게 되는가?' 여기 여러분에게 예수 그리스도의 입에서 나오는 무오한 표시가 하나 있습니다. "네 보물 있는 그곳에는 네 마음도 있느니라"(마 6:21). 하나님은 성도의 보화이며 행복입니다. 천국은 성도들이 틀림없이 하나님을 충만하게 향유하는 곳입니다. 그러므로 천국에 정해진 마음은 하나님께 정해진 마음입니다. 그리고 확실히 그리스도로 말미암아 하나님께 정해진 마음은 구원하는 은혜의 가장 참된 증거입니다. 학문이 은혜를 증거하지 못할 때, 지식과 의무와 은사가 폐할 때, 그대의 입이나 손에서 나오는 주장이 논박당할 수 있을 때, 그대의 마음은 그 성향에서 그대가 참되다는 것을 입증할 것입니다.

깨닫는 것이 빈약하고 기억력이 희미하고 말을 더듬는 가련한 그리스도인을 보십시오. 그러나 그의 마음은 하나님께 정해졌고 하나님을 자신의 분깃으로 택했으며, 그의 생각은 영원에 있고, 그의 바람도 거기에 있습니다. 그는 이렇게 소리칩니다. "오 내가 거기 있다면!" 그는 영원을 새롭게 보지 못한 날을 옥에 갇힌 날로 봅니다. 나는 가장 탁월한 은사를 가지고 행하는 일로 사람들에게 가장 큰 찬사를 받을지라도, 그 마음이 하나님께 사로잡히지 않은 사람처럼 되기보다 이 사람의 형편처럼 되어 죽고 싶습니다. 그리스도께서 종말에 '혼인 예복'이 없다고 정죄하실 사람은 이런 마음 태도가 없는 사람일 것입니다. 그러므로 문제는 여러분이 얼마나 알았는가 혹은 얼마나 고백했는가 혹은 얼마나 말했는가가 아니라 여러분이 그리스도를 얼마나 사랑했으며 여러분의 마음이 어디에 있었는가입니다. 그리스도인이여, 여러분이 영광에 이를 권리를 입증하려 할 때 그대 마음을 위에 두도록 힘쓰십시오. 죄와 사탄이 여러분의 마음을 거기서부터 막지 못하면 결코 그대가 천국에 들어가는 것을 막지 못할 것입니다.

2. 하늘에 있는 마음은 **그리스도인의 품성 가운데 가장 탁월한 것입니다.** 그리

스도인이 세상과 구별되는 일반적인 탁월함이 있듯이 다른 사람과 더욱 탁월하게 구별되는 정신의 이런 독특한 존엄이 있습니다. 피조물 가운데 가장 고상한 피조물처럼 그리스도인 가운데 가장 고상한 그리스도인은 그 얼굴을 무엇보다도 하늘로 향한 자들입니다. 하나님을 묵상하면서 하나님께 사로잡혀 올라가서 새롭게 그리스도를 보고 내려온 그런 천상적 성도는 그런 높은 영역에서 무엇을 발견하겠습니까. 그의 대화는 얼마나 높고 거룩하든지, 주님을 보았고 주님과 함께한 것이 아니라면 누구도 그런 말을 할 수 없다고, 지각 있는 청중으로 하여금 확신하게 만들기에 충분합니다. 이 사람, 바로 이 사람이 고상한 그리스도인입니다. 가장 유명한 산과 나무는 하늘에 가장 가까이 이른 산과 나무이듯이, 가장 자주 그리고 가장 즐거워하며 하늘에 마음을 두는 그 사람은 가장 뛰어난 그리스도인입니다. 만일 사람이 왕의 주위에 살거나, 페르시아의 술탄이나 위대한 터키 황제를 본 적이 있다면, 그는 이웃보다 한 단계 높은 사람으로 간주될 것입니다. 그러므로 우리는 하늘까지 매일 여행하며, 거기서 만왕의 왕을 뵙고, 자주 하나님 앞에 나아가며 생명나무에서 그 영혼을 살찌우는 그 사람을 어떻게 판단해야 합니까? 나로서는 이 사람을 세상에서 가장 고상한 자와 가장 부유한 자와 가장 학식 있는 자보다 더 높이 평가합니다.

3. **천상적인 마음은 위로의 생활에 이르는 가장 가깝고 가장 참된 길입니다.** 저 북쪽 나라들은 차갑고 꽁꽁 얼어 있습니다. 왜냐하면 이 나라들은 태양에서 멀기 때문입니다. 무엇 때문에 그처럼 꽁꽁 얼고 심기 불편하고 하늘나라에서 그렇게 떨어져 사는 그리스도인이 있겠습니까? 그리고 무엇이 다른 사람을 그렇게 따스한 위로 가운데 있게 하고, 그 삶을 더 고상하게 하고, 하나님께 더 가까이 가게 합니까? 봄에 태양이 이 지역에 더 가까이 올 때 만물은 태양의 다가옴을 얼마나 반깁니까. 땅은 푸른빛이 되고, 나무들은 높이 자라나고, 풀은 다시 돋고, 새는 노래하고, 모든 것이 우리에게 웃음을 보냅니다. 만일 우리가 이 하나님과 더불어 사는 생활을 시험해 보고 이 마음을 위로

향하게만 하려 하면, 우리 안에는 기쁨이 얼마나 샘솟듯 하겠습니까. 우리는 겨울 같은 자신의 슬픔을 얼마나 잘 잊습니까. 우리는 우리의 위대한 창조주를 찬송하려고 얼마나 일찍 일어납니까.

오 그리스도인이여, 위로 향하십시오. 거기에 가 본 자들은 그곳이 더 따뜻한 것을 발견했습니다. 그리고 나는 그대가 때때로 그렇게 해보려 했음을 의심하지 않습니다. 그대는 언제 가장 큰 위로를 받습니까? 그대가 하나님과 대화를 나누고, 좀 더 높은 세계에 사는 자들과 이야기를 나누고, 그들의 집을 보고, 영광을 미리 생각하는 것으로 그대 영혼이 가득 찼을 때가 아닙니까?

만일 그대가 이 일이 무엇인지 체험으로 안다면 나는 그대가 신령한 기쁨이 무엇인지 안다고 담대히 말합니다. 다윗이 고백하는 것처럼 "주께서 내 마음에 두신 기쁨은 그들의 곡식과 새 포도주가 풍성할 때보다 더하니이다"(시 4:7). 천국에 가장 가까이 다가가고 그것을 가장 많이 보는 것이 이 기쁨 가운데 가장 충만한 것이 분명합니다. 그러므로 우리는 그처럼 평안이 없고 게을러터진 마음뿐인데 누구를 비난합니까? 하나님은 우리에게 영광의 면류관을 준비하셨고, 그것을 곧 우리 손에 두시겠다고 약속하셨는데, 우리는 그것을 그다지 생각하지 않으려 합니다. 하나님은 우리에게 보고 즐거워하라고 명령하시는데, 우리는 그것을 그다지 보지 않으려 합니다. 그리고는 위로가 없다고 불평합니다. 우리는 믿음으로써 "기쁨과 평안이 충만"할 것인데도 계속 믿지 않습니다. 성도는 소망 가운데 즐거워하는데 더 이상 소망하지 않습니다.

하나님의 영은 이 약속 위에서 행하도록 우리가 마음을 먹게 하시고, 우리가 우러러 우리의 위로처를 생각하게 하심으로써 우리로 위로를 얻게 하십니다. 여러분이 금을 보여 줌으로써 탐욕스러운 사람을 즐겁게 만들려는 것처럼, 하나님은 그 백성을 말하자면 하늘로 이끌어 그들에게 하나님 자신과, 그들이 하나님과 함께 할 안식을 보여 주심으로써 그들을 기쁘게 하십니다.

우리가 게으르거나 다른 일에 사로잡혀 있는 동안 하나님은 우리에게 기쁨을 주지 않으십니다. 우리가 땅을 갈고 씨를 뿌리고 잡초를 제거하고 물을 주고 다듬고 인내로 하나님의 복 주심을 기대하는 동안 하나님은 이 땅의 열매를 주십니다. 그래서 하나님은 영혼의 기쁨을 주십니다.

독자여, 그대가 끊임없는 기쁨의 생활과 끊임없는 잔치를 벌이는 선한 양심을 높이 보므로 나는 주의 이름으로 그대가 이 일을 진지하게 행하고, 천국에 마음을 향하는 기술을 익히기를 간청합니다. 그러면 그대는 백 배의 증가를 발견하고 그대 수고에 지극히 넘치는 유익을 발견하게 될 것입니다. 그러나 인간의 본성은 다음과 같이 비참합니다. 모든 사람이 본성적으로 슬픔을 싫어하고 아주 즐겁고 기쁜 생활을 사랑하지만, 기쁨에 이르는 길을 사랑하거나 그것을 얻을 때 겪는 수고를 하려는 사람이 별로 없다는 것입니다. 그들은 손에 맨 처음 들어오는 것을 취하고, 이 땅의 쾌락으로 만족할 것입니다. 천국을 추구하기 위하여 천국으로 올라가지 않는 것입니다. 그러나 모든 것이 끝났을 때, 그들은 천국에 그것을 갖지 못하고, 천국 없이 지낼 것입니다.

4. 천국을 생각하는 마음은 **죄에 대한 유혹을 막는 가장 좋은 예방약**이 될 것입니다. 이 예방약 때문에 마음의 평정을 유지할 것입니다. 우리가 게으를 때 우리는 마귀의 시험을 자초합니다. 생각 없는 사람이 도둑을 부르듯이 말입니다. 하늘을 생각하는 마음은 느헤미야처럼 시험하는 자에게 이렇게 대꾸할 수 있습니다. "내가 이제 큰 역사를 하니 내려가지 못하겠노라"(느 6:3). 이 마음에는 정욕적이거나 방탕하거나 야심적이거나 세속적인 안일이 없습니다. 만일 여러분이 단순히 합법적인 소명을 부지런히 행하고 있다면, 그다지 시험에 귀 기울일 마음이 생기지 않을 것입니다. 더욱이 여러분이 특별히 하나님과 더불어 부지런하다면 더더욱 그런 마음이 생기지 않을 것입니다. 생명과 사망의 사건을 맡고 있는 재판관더러 법정에서 일어나 나가서 아이들과 더불어 거리에서 놀라고 하면 설득당하겠습니까? 그리스도인이 영

원한 안식을 추구하고 있을 때, 그는 더 이상 사탄의 유혹하는 소리에 귀를 기울이지 않습니다. 하나님 나라의 자녀는 특별히 그 나라의 일에 매달려 있을 때 사소한 일로 결코 시간을 보내지 말아야 합니다. 그리고 이 일은 성도가 시험을 막는 제일 중요한 강심제 가운데 하나입니다.

천상적인 마음은 죄에서 가장 자유롭습니다. 왜냐하면 이 마음은 신령한 것들을 좀 더 참되고 생생하게 파악하기 때문입니다. 이 사람은 죄악과 피조물의 헛됨과 육신적이고 육욕적인 기쁨의 야수성을 아주 깊게 살필 통찰력을 갖고 있으므로 시험이 그에게 별로 힘을 발휘하지 못합니다. 솔로몬은 이렇게 말합니다. "새가 보는 데서 그물을 치면 헛일이겠거늘"(잠 1:17). 그리고 종종 사탄은 빤히 올무를 놓고 있는 것을 보는 영혼을 사로잡으려고 하나 헛될 따름입니다. 이 땅은 그의 시험 장소이며 일반적인 미끼입니다. 그러니 이 올무가 이 땅을 떠나 하나님과 동행하는 그리스도인을 어찌 사로잡을 것입니까? 지혜롭고 학식 있는 사람과 이야기를 나누는 것이 사람을 지혜롭게 만드는 길이 아닙니까? 하나님과 이야기를 나누는 것은 더더욱 그렇습니다. 만일 여행자가 지혜와 경험을 쌓고 집으로 돌아온다면, 하늘로 여행하는 사람은 얼마나 그 지혜와 경험이 더하겠습니까.

만일 우리 몸이 공기에 적합하고 우리 대부분이 사는 기후에 적합하다면, 빛의 아버지와 함께 사는 사람의 이해는 더욱 충만히 빛날 것이 분명합니다. 아래 거하며 세상적인 대화 말고는 전혀 모르는 세상 사람들은 그 '명철이 어두워지고' 사탄이 '마음대로 사로잡더라도' 놀라지 않습니다. 항상 이 땅을 거처로 삼는 벌레나 사마귀를 어찌 할 수 있겠습니까? 이 먼지가 그들의 눈에 있는 동안, 그들이 소득을 경건으로, 죄를 은혜로, 세상을 하나님으로, 자신의 뜻을 그리스도의 법으로, 결국 지옥을 천국으로 착각하는 것은 놀랍지 않습니다.

그러나 그리스도인이 세상적인 생각에서 물러나 하늘에서 하나님과 더불어 대화하기 시작할 때, 아마 그는 들짐승의 상태에서 왕위로 돌아오게 된

느부갓네살과 같이 그 "총명이 다시 돌아온 것입니다"(단 4:34). 그가 영원을
흘깃 보고 세상을 다시 내려다볼 때, 어떻게 어리석게 그리스도를 무시하고
육신적 쾌락과 세상 염려를 짊어지겠습니까? 참으로 그는 자기 웃음에 대하
여 그것은 미쳤다 하고, 자기의 희락에 대하여 그것이 헛되다고 말하지 않겠
습니까? 실로 그는 고의적인 죄인만큼 참으로 미친 사람이 없고, 그리스도와
영광을 무가치하게 얕보는 자가 없다고 생각합니다. 이리하여 죽어가는 사
람은 종종 다른 사람보다 더 지혜롭습니다. 왜냐하면 그 사람은 영원이 가까
운 것을 보고, 건강하고 번영할 때보다 영원을 더욱 뼈저리게 생각하기 때문
입니다. 그러므로 성도를 대적하는 가장 모진 원수들 가운데 많은 원수가 눈
을 열어 발람처럼 이렇게 외칩니다. "나는 의인의 죽음을 죽기 원하며 나의
종말이 그와 같기를 바라노라"(민 23:10). 하지만 그 사람들을 돌이켜 장차
올 생활에 대한 이해력을 잃어버리게 하십시오. 그러면 그들은 그 생활에 대
한 이해력을 참으로 빨리 잃습니다.

　죽어가는 죄인에게 세상의 부요나 존귀나 쾌락에 대하여 말해 보십시오.
그러면 그는 이렇게 대답하지 않겠습니까? "곧 하나님 앞에 뵈어 내 전 생애
를 해명해야 할 나에게 이 모든 것이 무엇인가?" 그리스도인이여, 영원이 가
까움을 감지하여 경건하지 못한 자들에게 그처럼 기이한 효과가 나고, 그들
이 이전보다 더 지혜롭게 된다면, 그대가 늘 하나님을 보고 그대의 영원한
상태에 대하여 생생하게 생각할 수 있을 경우, 그 결과 그대 속은 얼마나 풍
성하겠습니까. 분명 신자가 자기의 믿음을 증진한다면, 보통 불신자가 죽을
때보다 장차 올 생활을 더욱 빨리 깨달을 수 있을 것입니다.

　천상적인 마음은 시험에 맞서 든든해집니다. 왜냐하면 그 마음이 다른 세
상의 고상한 즐거움으로 속속들이 미리 채워져 있기 때문입니다. 단지 가장
많이 아는 사람이 아니라 가장 많이 사랑하는 사람이 죄의 움직임을 가장 쉽
게 저지할 것입니다. 지성이 진리를 좋아하듯이 의지는 선을 달콤히 여기며
좋아합니다. 여기에 그리스도인의 큰 힘이 있습니다. 그대가 천국을 신선하

고 기쁘게 맛볼 때, 그대는 쉽사리 설복되어서 거기로부터 벗어나지 않을 것입니다. 아이가 입으로 맛을 느끼는 동안은, 맛있는 고기를 그만 먹으라고 설득해도 소용없습니다. 오, 그대가 숨은 만나를 흡족히 먹고 하늘의 기쁨을 자주 맛보았으면! 그리하면 그대는 참으로 결의가 굳어지고 세상의 어리석은 짓을 무시하게 되며, 그런 유치한 장난감으로 속아 놀아나는 것을 비웃을 것입니다.

만일 베드로가 모세와 엘리야가 그리스도와 더불어 이야기를 나누고 있는 것을 보았을 때 마귀가 변화산에서 베드로에게 임했다면, 베드로가 간단하게 이끌려 가서 주님을 부인하게 되었을까요? 그의 눈에 있는 그 모든 영광을 보고도 그러겠습니까? 그렇지 않습니다. 만일 믿는 영혼이 그리스도와 더불어 그 산에 올라갔을 때 마귀가 그에게 임하다면 그 영혼은 무엇이라 말하겠습니까? "사탄아 내 뒤로 물러가라. 너는 사소한 쾌락으로 나를 꾀어 나의 생각으로 나의 이 안식에서 벗어나게 하려는구나. 너는 내가 이 즐거움을 팔아 버리고 아무것도 얻지 못하게 하려는구나. 이런 존귀나 즐거움이 대체 있느냐? 혹은 내가 이것을 버리게 하는 그런 것이 유익이 될 수 있는가?' 그러나 사탄은 우리가 밑으로 내려가 입에서 하늘의 맛이 사라지고, 우리가 본 영광을 잊어버릴 때까지 기다리며, 그런 다음에 우리의 마음을 쉽게 속입니다. 이스라엘 백성이 아래서 먹고 마시며 일어나 자기네 우상 앞에서 놀지만 산에 있는 모세는 그러지 않으려 합니다. 오 우리의 영혼이 위에 있는 달콤함으로 늘 즐겁게 되도록 하려면, 우리는 죄의 미끼를 참으로 경멸하며 뱉어 내어야 합니다.

게다가 마음이 천국에 정해 있는 동안 사람은 하나님의 보호를 받습니다. 그럴 때 만일 사탄이 우리를 공격하면 하나님은 우리를 보호하기 위하여 더욱 적극적으로 개입하셔서 의심할 나위 없이 우리 곁에 서신 다음 "내 은혜가 네게 족하다"(고후 12:9)라고 말씀하실 것입니다. 사람이 하나님의 복을 받는 중일 때는 죄가 유혹하는 위험을 덜 당합니다. 그리스도인 독자여, 그대가 시험받는 중에 이 강력한 치료책을 사용하십시오. 천상적인 마음으로 하나님과 친하고 그리스도와 더불어 위에 있는 여러분의 일을 계속 행하십시오. 그리하면 여러분은 이것이 그 어떤 것보다 확실한 도움임을 발견하게 될 것입니다. "지혜로운 자는 위로 향한 생명 길로 말미암음으로 그 아래에 있는 스올을 떠나게 되느니라"(잠 15:24). 이것을 기억하십시오. "노아는 의인이요 당대에 완전한 자라"(창 6:9). 이는 그가 "하나님과 동행하였기" 때문입니다. 그리고 하나님이 아브라함에게 말씀하신 것을 기억하십시요. "너는 내 앞에서 행하여 완전하라"(창 17:1).

5. 부지런히 여러분의 마음을 하늘에 두면 **여러분의 모든 덕행이 여전히 활기차고 여러분의 모든 의무에 생기가 돌 것입니다.** 천상적인 그리스도인은 생동감 넘치는 그리스도인입니다. 우리가 그렇게 무미건조하게 되는 것은 우리가 천국을 잘 모르기 때문입니다. 불확실하고 소멸하는 보화를 생각할 때 군인이 자기 목숨을 위태롭게 하겠으며, 뱃사람이 폭풍우와 파도를 헤치고 나가겠습니까. 그러므로 그리스도인이 자신의 영원한 보화를 자주 생각한다면 그 보화 때문에 얼마나 생명을 다 바쳐 노력하겠습니까. 우리는 너무 느리게 달리며 너무 게으릅니다. 왜냐하면 우리는 그 상을 마음에 별로 두지 않기 때문입니다.

하늘에 마음이 많이 가 있는 사람을 보기만 하십시오. 그러면 여러분은 그가 다른 그리스도인과 같지 않음을 볼 것입니다. 그 사람이 위에서 보았던 것 가운데 어떤 것이 그의 거룩한 의무와 대화 속에 모두 나타납니다. 만일 설교자라면 그의 설교는 참으로 천상적입니다. 만일 일반 그리스도인이라면 대화와 기도와 처신이 참으로 천상적입니다. 여러분은 이 일에 착념하십시오. 그러면 다른 사람이 여러분의 대화가 환히 빛나는 것을 보고 이렇게 말할 것입니다. 분명 그는 "산에서 하나님과 함께" 있었다고.

그러나 여러분이 죽은 상태와 무미건조한 상태를 불평하고 있다면, 다시 말해 여러분이 그리스도를 사랑할 수 없고 그의 사랑을 기뻐할 수 없다면,

즉 여러분이 기도하거나 다른 거룩한 의무를 행할 때 생동감이 없고, 이 활기 넘치게 하는 일을 무시한다면, 여러분은 자신 때문에 불평하는 것입니다. 그대의 생명은 "그리스도와 함께 하나님 안에 감추어졌습니까?"(골 3:3). 그대는 그것을 위하여 그리스도 말고 어디로 가야 합니까? "그리스도가 계시는 곳"이 천국이 아니고 어디입니까? "그대는 생명을 얻기 위해 그리스도에게 나아오지 않았습니다." 만일 그대가 빛과 열을 얻으려 하는데 왜 햇빛을 더 받지 않겠습니까? 이처럼 천국을 의지하지 않으므로 그대의 영혼은 켜지지 않는 등불과 같고 그대의 거룩한 의무는 불 없는 제사와 같습니다.

이 제단에서 매일 석탄을 하나 가져다가 그대의 제물이 타는지 타지 않는지 살펴보십시오. 이 불로 그대의 등불을 켜고, 매일 거기서 기름을 그대의 등불에 대십시오. 그리고 그 등불이 찬란하게 빛나는지 살펴보십시오. 이 회복시키는 불을 가까이 하여 그대의 마음이 따뜻해지는지 살펴보십시오. 그대가 하나님에 대한 사랑이 부족할 때에는 그대의 믿음의 눈을 들어 천국을 보고, 하나님의 아름다우심을 보고 그의 뛰어나심을 묵상하고, 그의 사랑스러우심과 완전히 선하심이 그대의 마음을 황홀하게 하지 않는지 보십시오. 운동을 하면 몸에 입맛과 힘과 활력을 주는 것처럼 이런 천상적 훈련은 은혜와 신령한 생명을 속히 커가게 합니다.

게다가 당신이 당신의 제물을 위하여 하늘에서 가져오는 것은 거짓되거나 이상한 불이 아닙니다. 하늘에 대한 묵상으로 타오르는 열정은 천상적 열정과 아주 비슷합니다. 어떤 사람의 열정은 그의 책에서 나올 뿐이며, 어떤 이의 열정은 뼈아픈 고난에서 나오며, 어떤 이의 열정은 주의하여 듣는 데서 나옵니다. 그러나 하늘로 가는 이 길을 알고 매일 참된 원천에서 그 길을 이끌어 내는 사람의 영혼은 생명수로 다시 살고, 성도에게만 있는 그와 같은 생명의 공급을 즐길 것입니다. 이 믿음으로 그대는 일반 사람들의 제사보다 뛰어난 아벨의 제사를 드릴 수 있습니다. "더 나은 제사를 하나님께 드림으로 의로운 자라 하시는 증거를 얻었으니 하나님이 그 예물에 대하여 증언하심이라"(히 11:4). 그 예물은 참됩니다. 다른 사람들이 자기네 제사가 타지 아니하므로 바알의 선지자들처럼 '자신을 벨' 채비를 할 때, 그대는 엘리야의 영을 불러내며 묵상의 병거를 타고 높이 솟아 올라 그대 영혼과 제사가 영광스럽게 탈 때까지 합니다. 물론 육신과 세상은 대적하는 적의 그 제물이 타지 못하도록 물을 뿌리겠지만 말입니다. 어떻게 죽을 인생이 하늘로 올라갈 수 있는가 하고 말하지 마십시오. 믿음에는 날개가 있고 그 마차는 묵상입니다. 믿음은 그대의 제물을 태우는 렌즈이며, 묵상은 제물이 태양의 얼굴에 닿게 합니다. 너무 일찍 그 제물을 떼어 놓지 말고 잠시 거기 두십시오. 그러면 그대의 영혼은 복된 결과를 느낄 것입니다.

독자여, 그대는 생동감 넘치는 그리스도인을 보고 그의 열정적인 기도와 덕을 세우는 대화를 들을 때 이런 생각을 하게 되지 않습니까? "오 이 사람은 얼마나 행복한가. 오 내 영혼이 이 복된 상태에 있었으면." 여기서 나는 하나님으로부터 그대에게 충고하노니, 그대 영혼이 양심적으로 이 일에 착념하고, 그대가 이 요단 강에 자주 씻으십시오. 그러면 몹쓸 병에 걸려 죽은 그대의 영혼이 다시 살아날 것입니다. 그리고 그대가 자신의 긍휼을 고의적으로 무시하지 않으면 그대는 이스라엘 중에 하나님이 계신 줄 알게 될 것입니다. 그리고 그대는 활기차고 유쾌한 생활을 할 수 있을 것입니다.

6. 자주 영광을 믿고 보는 것은 고난을 당할 때 가장 좋은 강심제가 될 것입니다. 이 강심제는 우리의 영혼을 즐겁게 함으로써 우리의 고난을 아주 쉽게 만들고, 우리로 인내와 즐거움으로 고난을 참을 수 있게 하고, 우리의 결의를 굳게 다지므로 우리는 괴로움을 두려워하면서 그리스도를 거부하지 않습니다. 만일 그 길이 그토록 험하다 해도, 그것이 하늘에 이를 경우 지루하겠습니까? 우리의 장차 안식을 이렇게 맛볼 때 병과 책망과 갇힘과 죽음이라도 오히려 달콤하리라! 이리하여 영혼은 고난을 막고, 육신만 고난과 상관하게 할 수 있습니다.

내가 안식에 대하여 저렇게 적은 — 애석하게도 너무도 적은 — 맛이라도 느끼지 않았다면 나의 고난은 근심스럽고 죽음은 더욱 두려웠을 것입니다. 나는 이렇게 말할 것입니다. "내가 산 자들의 땅에서 여호와의 선하심을 보게 될(시 27:13) 것을 믿지 않았다면 나는 혼절했다." 이 약속된 안식이 "나의 즐거움이 되지 아니 하였다면 내가 내 고난 중에 멸망하였으리라. 내가 여호와께 바라는 한 가지 일 그것을 구하리니 곧 내가 내 평생에 여호와의 집에 살면서 여호와의 아름다움을 바라보며 그의 성전에서 사모하는 그것이라. 여호와께서 환난 날에 나를 그의 초막 속에 비밀히 지키시고 그의 장막 은밀한 곳에 나를 숨기시며 높은 바위 위에 두시리로다. 이제 내 머리가 나를 둘러싼 내 원수 위에 들리리니 내가 그의 장막에서 즐거운 제사를 드리겠고 노래하며 여호와를 찬송하리로다"(시 27:4-6). 우리가 이렇게 힘 솟게 하는 즐거움을 갖고 있는 한 그 어떤 고난이라 할지라도 우리에게는 아무것도 아닙니다. 박해와 두려움이 문을 닫을 때 그리스도는 들어오셔서 가운데 서서 제자들에게 "너희에게 평강이 있을지어다"(요 20:19) 하고 말씀하실 수 있습니다.

　바울과 실라는 깊은 옥에 던져져 그 몸이 "많이 맞고 그 발을 차꼬에 든든히 채여" 괴롭게 되었을 때도 하늘에 있을 수 있습니다. 순교자들은, 과시하고 횡포를 부리는 박해자보다 불 가운데서 더 안식을 발견합니다. 왜냐하면 그들은 자신이 그 불을 피하고 그 사나운 병거가 자신을 안식으로 데리고 가는 것을 미리 보기 때문입니다. 하나님의 아들이 우리와 함께 행하시면 우리는 불 가운데서도 안전하리니 이 불이 우리를 그 가운데 던진 자들을 삼킬 것이기 때문입니다. 아브라함은 "갈 바를 알지 못하고"(히 11:8) 본토를 떠났는데, 이는 "이는 하나님이 계획하시고 지으실 터가 있는 성을 바랐음이라"(히 11:10). 모세는 "그리스도를 위하여 받는 수모를 애굽의 모든 보화보다 더 큰 재물로 여겼으니 이는 상 주심을 바라봄이라. 믿음으로 애굽을 떠나 왕의 노함을 무서워 아니하고 곧 보이지 아니하는 자를 보는 것 같이 하여 참았으며"(히 11:26-27), 또 어떤 이들은 더 좋은 부활을 얻고자 했습니

다. 예수님도 "믿음의 주요 또 온전하게 하시는 이로서 그 앞에 있는 기쁨을
위하여 십자가를 참으사 부끄러움을 개의치 아니하시더니 하나님 보좌 우편
에 앉으셨느니라"(히 12:2).

이는 믿음의 고귀한 유익입니다. 믿음은 수단과 목적을 함께 볼 수 있습니
다. 우리가 참지 못하고 하나님을 비난하는 큰 이유는, 악을 응시하고 그 악
너머 있는 것에 우리의 생각을 고정시키지 않기 때문입니다. 그리스도가 십
자가에 달리시거나 무덤에 있으신 것만 본 자들은 고개를 흔들며 그가 멸망
했다고 생각했지만, 하나님은 그가 죽고 장사되고 부활하여 영화롭게 되시
는 것으로 보셨습니다. 그리고 이 모든 것을 한눈에 보셨습니다. 여기서 믿
음은 이런 일을 도와 줄 수 있는 약속의 안경을 갖고 있는 한 하나님처럼 볼
것입니다. 우리는 하나님이 우리를 땅에 묻으시는 것을 보지만, 우리는 우리
모두가 다시 살 것임을 미리 내다보지 못합니다.

우리가 천국을 하나님이 우리를 다루시는 모든 섭리의 목적으로 분명하게
볼 수 있다면, 확실히 하나님이 행하시는 모든 것이 결코 한탄스러울 수 없
습니다. 만일 하나님이 일단 우리를 일으켜 이 생명을 얻게 하신다면, 우리
는 천국과 죄는 멀리 떨어져 있더라도, 천국과 감옥이나, 추방, 천국과 고래
뱃속이나 사자 굴, 천국과 소멸하는 병이나 침노하는 죽음은 그다지 멀지 않
다는 것을 발견할 것입니다. 그러나 "아브라함은 그리스도의 날을 보고 기뻐
했습니다"(요 8:56). 우리는 가장 절망적인 상태에서 그리스도께서 우리에게
안식을 주실 날을 보고 그날을 즐거워할 수 있습니다.

그리스도인이여, 나는 복음의 명예를 위하여 그대 영혼의 위로를 위하여
그대가 아주 극심한 상황에서 사용해야 할 아주 절박한 처지에 있는 이 천상
의 기술을 버리지 말라고 간청합니다. 스데반처럼 "하나님의 영광과 및 예수
께서 하나님 우편에 서신 것을 보는"(행 7:55) 그 사람은 돌이 무더기로 날아
와도 편안하게 견딜 것입니다. "여호와로 인하여 기뻐하는 것이 너희의 힘이
니라"(느 8:10). 여호와의 그 기쁨은 우리의 기쁨이 있는 곳에서 나옴에 틀림

없습니다. 그리고 우리가 우리의 힘이 없이 걷는다면 얼마나 견딜 것 같습니까?

7. **천상에 속한 대화를 하는 그 사람은 주위의 모든 사람에게 유익을 끼치는 그리스도인입니다.** 사람이 낯선 나라에 있을 때 그가 자기 나라 사람을 만나면 얼마나 즐겁습니까. 자기 나라를 아는 사람과 고향 일에 대하여 이야기하는 것이 얼마나 즐겁습니까. 요셉은 형제들과 이야기 나누며 아버지와 동생 베냐민에 대하여 물었을 때 얼마나 기뻤겠습니까. 위에 있는 형제와 더불어 이야기를 나누고, 성부 하나님과 자신의 주 되신 그리스도에 대하여 묻는 것이 그리스도인에게 얼마나 기쁜 일이겠습니까? 세상적인 사람이 오직 세상에 대하여, 정치가가 국가 일에 대하여, 한갓 학자가 인간 학문에 대하여, 일반 신앙고백자가 자기의 거룩한 의무에 대하여 말할 때, 천상적인 사람은 하늘나라와 그의 믿음이 보았던 기이한 영광과 그곳에서 있을 우리의 복된 모임에 대하여 말하고 있을 것입니다. 그의 표현은 얼마나 신선하고 유익합니까. 그의 말은 마음을 꿰뚫고 들어가서 녹이며, 듣는 이를 다른 사람이 되게 하지 않습니까. 그의 "교훈은 비처럼 내리고 그의 말은 맺히는 이슬처럼 맺히나니 연한 풀 위의 가는 비 같고 채소 위의 단비 같도다"(신 32:2). 반면에 그의 입술은 주의 이름을 반포하고 자기의 하나님을 크시다 합니다. 하늘에 대한 그의 달콤한 이야기는 '향유 옥합'과 같아서, "그리스도의 머리에 부으니 향유 냄새가 집에 가득하더라"(요 12:3). 가까이 있는 모든 것이 그것으로 인하여 새롭게 될 것입니다.

천상적인 사역자를 둔 성도들은 행복합니다. 천상적인 아버지나 주인을 둔 아이나 종은 행복합니다. 그대의 길을 감독하며 그대가 연약할 때 힘을 북돋워 주며 그대가 풀이 죽을 때 즐겁게 하고 '이로써 그 위로를 가지고 그대를 위로하는' 천상적인 동무가 있는 사람은 행복합니다. 그대의 신령한 생활이 타오르게 불을 놓고 그대의 영혼을 하나님께로 이끌고, 사마리아 여인처럼 그대에게 "내가 행한 모든 일을 내게 말한 사람을 와서 보라 이는 그리스도가 아니냐'(요 4:29), 죽기까지 우리의 영혼을 사랑하신 사람을 와 보라 하고 말할 사람은 이런 사람입니다. 하나님과 그리스도를 아는 지식은 영생이 아닙니까? 성도의 영광은 그리스도의 영광을 보는 것이 아닙니까?

이 사람의 집에 와서 그의 상에 앉으십시오. 그러면 그 사람이 천국의 진미로 그대 영혼을 즐겁게 할 것입니다. 그 사람과 함께 여행하십시오. 그러면 그 사람은 천국에 이르는 길을 가는 그대의 발걸음을 곧고 빠르게 할 것입니다. 세상에서 그 사람과 거래하십시오. 그러면 그 사람은 그대가 '가장 귀한 진주'를 사도록 권면할 것입니다. 만일 그대가 그 사람에게 잘못하면, 그 사람은 그리스도가 더 큰 범죄를 용서하셨음을 기억하고 그대를 용서할 수 있습니다. 만일 그대가 화나면, 그 사람은 천상의 모범이신 분의 온유하심을 살펴서 온유합니다. 혹은 그 사람이 당신과 다투면, 그는 하늘에서 당신이 영원한 친구가 될 것을 생각하고 곧 사과합니다. 이것은 그리스도인의 올바른 상(像)이며, 그 주변의 모든 사람이 그에게 더 잘합니다. 이런 그리스도인상(像)과 비교할 때, 다른 모든 그리스도인의 사회는 얼마나 유익을 끼치지 못합니까.

만일 어떤 사람이 하늘에서 온다면, 사람들은 그 사람이 다른 세상과 그가 보았던 것과 거기서 복된 사람들이 즐기는 것에 관하여 전하여 주는 소식을 얼마나 오랫동안 듣겠습니까. 그들은 이 사람을 아주 훌륭한 동무로 생각하고 그와의 대화를 아주 유익하다고 생각하지 않을까요? 그러므로 왜 여러분은 성도의 교제를 더 가치 있게 여기지 않고, 그들에게 더 묻지 않고 그들의 대화를 더 맛보지 않습니까? 모든 성도는 각자 천국으로 갈 것이며, 지금 영(靈)으로 자주 거기 가며, 종종 복음의 안경으로 하늘을 보았기 때문입니다. 나로서는 가장 많이 배운 논쟁가나 군주들과의 사귐보다 천상적인 마음을 가진 그리스도인과의 사귐을 더 갖고 싶습니다.

8. 천상적인 대화를 나누는 사람처럼 **하나님을 더 존귀하게** 하는 사람은 없습니다. 자녀가 쥐엄 열매를 먹고 자라고 누더기를 걸치고, 사고뭉치나 거

지에 불과한 사람들과 어울릴 때 그 부모는 부끄럽지 않겠습니까? 그리고 스스로 하나님의 자녀라 부르는 우리가 이 땅을 먹고 살고, 우리 영혼의 옷이 이 세상의 옷과 같고, 우리 마음이 하나님 아버지의 앞에 늘 서기보다는 먼지 같은 세상과 친절하게 대화하고 '티끌에 붙어 있을' 때 우리의 하늘 아버지는 부끄럽지 않으시겠습니까? 확실히 우리는 우리의 높은 소망과 우리 아버지 집의 양식과 성도들에게 마련된 것들을 누리며 가장 크신 왕의 자녀로 살지 못합니다. 하늘 아버지는 자녀가 누더기를 입고 주님께 불명예를 끼쳐도 사랑으로 오래 참으십니다.

만일 그 아버지가 먼저 우리에 대한 자신의 관심을 보이지 않으면 우리 자신도 다른 사람도 우리가 그의 백성임을 알 수 없습니다. 그러나 그리스도인이 위에서 살고, 보이지 않는 것으로 그 영혼을 즐겁게 할 때, 하나님은 그런 사람을 인하여 참으로 존귀하게 되십니다. 주님은 그 사람을 인정하여 이렇게 증거하실 것입니다. "이 사람은 나를 믿으며 나의 말을 따른다. 그는 내 약속이 성취되어 그것을 갖기 전에 그 약속을 즐거워한다. 그는 육신의 눈으로 보지 못한 것을 감사할 수 있다. 그는 육신을 즐거워하지 아니한다. 그의 마음은 나와 더불어 있다. 그는 나의 임재를 사랑하며 분명 나의 나라에서 영원히 그것을 즐거워할 것이다." "보지 못하고 믿는 자들은 복되도다"(요 20:29). "나를 존중히 여기는 자를 내가 존중히 여기리라"(삼상 2:30). 갈렙과 여호수아가 약속의 땅으로 들어가서 그 열매의 맛을 형제들에게 알리고 그 좋은 땅에 대하여 좋게 말하고 백성들을 격려했을 때, 하나님은 그들을 인하여 참으로 존귀하게 되었다고 여기셨습니다. 그들은 얼마나 큰 약속과 상급을 받았습니까.

9. 위의 것에 마음을 두지 않는 영혼은 **하나님의 명령을 순종하지 못하고 하나님의 말씀을 가장 은혜롭고 즐겁게 발견하지 못합니다.** 그대더러 믿고 그리스도인이 되라고 명령하신 그 하나님은 "위의 것을 찾으라. 거기는 그리스도께서 하나님 우편에 앉아 계시느니라. 위의 것을 생각하고 땅의 것을 생각지

말라"(골 3:1-2) 하고 명령하셨습니다. 그대더러 살인하거나 도둑질하거나 간음하지 말라고 금하신 그 하나님은 그대가 이 위대한 의무를 게을리하지 말라고 명령하셨습니다. 그런데 그대는 일부러 그 하나님에 순종하지 않습니까? 왜 다른 것(땅의 것)처럼 바로 이 의무를 깨닫지 못합니까? 하나님은 그것을 그대가 위로 받는 수단으로 만드셨을 뿐만 아니라 그대의 의무로 만드셨으니, 이 이중적 끈으로 그대가 하나님의 은혜를 저버리지 않게 하려 함입니다. 게다가 하늘에 대한 가장 영광스러운 서술과 우리의 장차 복된 상태에 대한 그 모든 발견과 우리의 안식에 대한 고귀한 약속은 무엇입니까? 그러나 그대에게는 그것들이 없지 않습니까? 이것들은 성경이라는 궁창에 빛나는 별이 아니며 하나님의 책에 기록된 황금 구절이 아닙니까?

하늘이 우리가 받은 모든 하나님의 은혜의 완전이듯이, 복음 안에 있는 하늘에 대한 약속들은 복음의 정신입니다. 하나님의 입에서 나오는 위로의 말씀은 세상에 있는 모든 위로를 아무것도 아닌 것이 되게 할 정도로 가치 있지 않습니까? 그런데 그대는 그 많은 것을 무시하고 간과합니까? 하나님이 당신의 경륜을 그렇게 많이 계시하시고 우리가 소유할 기쁨을 미리 말씀하신 이유는 우리로 우리의 기쁨을 위하여 알게 하시는 것 말고 또 달리 있겠습니까? 만일 미리 복되지 않은 상태의 즐거움을 우리에게 가득 채워 주시는 것이 아니었다면, 하나님은 그 목적으로 혼자만 알고 계셨을 것이며 우리가 그것을 즐거워하게 될 때까지 우리에게 알게 하지 않으셨을 것입니다. 참으로 우리가 안식을 소유했을 때 하나님은 그 안식의 영원을 우리에게 여전히 숨기셨을 수 있고, 그러면 그 안식을 잃어버릴지 모른다는 두려움 때문에 우리의 달콤한 즐거움은 줄어들었을 것입니다.

그러나 우리 아버지는 당신의 경륜을 펴시기를 기뻐하셨고, 우리의 즐거움이 충만하고 우리가 그 나라의 상속자로서 살 수 있도록 하려고 우리로 그 마음의 뜻을 알게 하셨습니다. 그런데 우리는 지금 그 모든 것을 간과해서야 되겠습니까? 우리는 세상 근심과 슬픔 가운데 살며 하나님이 결코 기록해 놓지 않으셨던 것처럼 이 발견을 기뻐하지 말아야 하겠습니까? 만일 그대의 군주가 상당히 힘 있는 통치자의 자격을 그대에게 인쳐 주었다면, 그대는 그 존엄한 지위를 얻을 때까지 그것을 쳐다보며 즐거운 마음으로 그것을 살펴보지 않겠습니까. 그리고 하나님은 하늘에 대한 권리를 그대에게 인쳐 주셨는데 그대는 그것을 잊어버린 양 옆에 제쳐 둡니까? 오 우리 마음이 우리의 소망처럼 높고, 우리의 소망이 이 절대로 확실한 약속처럼 높았으면!

10. **하나님이 우리에게 그토록 마음을 쏟으실 때 우리도 하나님께 그처럼 마음을 쏟아야 합니다.** 만일 영광의 주님이 이 죄악된 티끌에게 마음을 쏟기까지 낮추실 수 있다면, 아마 우리는 가벼운 마음으로 그리스도와 영광에 마음을 고정시켜야 하고, 매일 사랑의 마음으로 우리에게 그토록 내려오신 그에게 올라가야 할 것입니다. 그리스도인이여, 그대는 하나님의 마음이 그대에게 정해져 있고, 그대가 그대 자신과 하나님을 잊을 때에도 여전히 부드러운 사랑으로 그대를 생각하고 계시는 것을 깨닫지 못합니까? 하나님은 매일 그대에게 긍휼을 베푸시고, 그대 영혼에 역사하시고, 그대의 몸에 필요한 것을 공급하시고, 영혼과 몸을 보존하고 계시지 않습니까? 하나님은 사랑의 팔로 그대를 늘 안으시고, "모든 것이 합력하여 선을 이루느니라"(롬 8:28) 하고 약속하시고, 그대에게 가장 유리하도록 그 모든 일을 행하시고, "천사들이 손으로 그대를 받들도록" 하시지 않습니까? 그런데 그대는 아래의 즐거움에 사로잡혀서 그대를 잊지 않으시는 그대의 주님을 잊을 수 있겠습니까? 몰인정한 배은망덕이 아니겠습니까!

하나님은 우리에 대한 자신의 인자에 대하여 말씀하시니 그 말씀하시는 것을 들으십시오. "오직 시온이 이르기를 여호와께서 나를 버리시며 주께서 나를 잊으셨다 하였거니와 여인이 어찌 그 젖 먹는 자식을 잊겠으며 자기 태에서 난 아들을 긍휼히 여기지 않겠느냐? 그들은 혹시 잊을지라도 나는 너를 잊지 아니할 것이라. 내가 너를 내 손바닥에 새겼고 너의 성벽이 항상 내 앞에 있나니"(사 49:14-16).

그러나 우리가 하나님을 어떻게 보는가에 대하여 말씀하실 때는 달리 말씀하십니다. "처녀가 어찌 그 패물을 잊겠느냐? 신부가 어찌 그 예복을 잊겠느냐? 오직 내 백성은 나를 잊었나니 그 날 수는 셀 수 없거늘"(렘 2:32). 마치 하나님이 이렇게 말씀하시는 것 같습니다. "너희는 어느 날 아침 일어나지 못할 것이나 네 헐벗음을 덮은 것을 기억할 것이며 네 옷의 헛됨을 잊지 못할 것이다. 그리고 이 모든 것이 네 하나님보다 더 귀하며 네 영생보다 더 중하냐? 그러나 너희는 날마다 이것을 잊는도다." 하나님이 우리에게 이렇게 충고하시지 않게 하십시오. 오히려 우리 영혼이 매일 아침 올라가서 하나님을 뵙고, 우리의 마음이 매순간 그분을 향하게 하십시오.

11. **하늘에 대한 우리의 관심과 그 나라에 대한 우리의 관계** 때문에 우리의 마음은 거기에 있어야 합니다. 거기서 우리 아버지는 우주를 주재하시는 궁중 회의를 인도하십니다. 우리는 그분을 "하늘에 계신 우리 아버지"라고 부릅니다. 그런 아버지께 마음을 두지 않을 정도로 노는 데 정신을 파는 자녀는 얼마나 쓸데없는 자입니까. 또한 우리의 머리와 우리의 남편과 우리의 생명이신 그리스도가 또한 계십니다. 그러니 우리는 얼굴과 얼굴로 뵈올 때까지 그분을 향하여 할 수 있는 대로 그분께 말씀을 아뢰야 하지 않겠습니까? 왜냐하면 "만물을 회복하실 때까지는 하늘이 마땅히 그를 받아"(행 3:21) 둘 것이기 때문에 하늘이 그분과 더불어 우리의 마음을 받게 하십시오. 또한 "우리 모두의 어머니인 새 예루살렘"이 있습니다. 그리고 우리의 형님 되는 성도가 수없이 많습니다. 우리의 친구와 오랜 지인이 있으니, 우리는 육신으로 그들과 사귀며 크게 즐거워했고, 그들이 떠날 때 그렇게 슬퍼했습니다. 그러니 그대는 이런 것을 생각할 마음이 생기지 않습니까? 만일 그대가 이 땅에서 그들을 만날 수 있다면 그대는 가서 그들을 방문하려 합니다. 그러니 왜 그대는 영으로 그들을 더 자주 만나고, 거기서 그들과 만날 생각을 미리 하지 않습니까?

경건한 한 사역자는 이렇게 말했습니다. "소크라테스는 호메로스와 헤시오도스와 다른 훌륭한 사람들을 볼 것을 믿었기 때문에 죽을 것을 기뻐했습니다. 지혜롭고 거룩하고 유명한 족장과 선지자와 사도들을 제쳐 놓고서라도 내 구주시며 영원한 하나님의 아들 그리스도를 그 취하신 육신으로 확실히 뵈올 나는 더욱 그러해야 하지 않겠습니까." 한 신자는 하늘을 바라보며 성도의 복된 상태를 묵상하고 혼자 이렇게 생각해야 합니다. '내가 여러분과 함께 있는 것만큼 행복하지는 않지만 이것이 나의 매일의 위로입니다. 여러분은 그리스도 안에서 나의 형제요 동료 지체이므로, 여러분의 기쁨이 나의 기쁨이며, 이같이 가까운 관계 때문에 여러분의 영광이 나의 영광입니다. 특별히 내가 동일한 그리스도를 믿으며, 여러분이 믿고 순종하여 그처럼 위엄 있게 되었던 그 믿음과 순종을 굳게 잡고, 매일 묵상하면서 여러분의 행복을 축하할 때 그러합니다.'

게다가 우리의 집과 가정은 위에 있습니다. "만일 땅에 있는 우리의 장막 집이 무너지면 하나님께서 지으신 집 곧 손으로 지은 것이 아니요 하늘에 있는 영원한 집이 우리에게 있는 줄"(고후 5:1) 알기 때문입니다. 그러므로 왜 우리는 그것을 더 자주 바라보지 않으며 "탄식하며 하늘로부터 오는 우리 처소로 덧입기를 간절히 사모"(고후 5:2)하지 않겠습니까? 만일 우리의 집이 훨씬 비천하다 해도 분명 우리는 그것이 우리의 가정이므로 기억해야 합니다. 여러분이 낯선 땅에 버림당하면, 얼마나 집 생각을 많이 하겠습니까? 그러니 하늘에 관해서는 어찌 그러지 않겠습니까? 우리가 언제라도 다시 보지 못하는 이 집보다 우리가 영원히 거해야 할 그곳이 더욱 참되고 고유한 우리의 집이 아닙니까?

우리는 나그네이며 그곳은 우리의 본향입니다. 우리는 상속자이며 그곳은 우리의 유업입니다. 심지어 "썩지 않고 더럽지 않고 쇠하지 아니하는 유업을 잇게 하시나니 곧 너희를 위하여 하늘에 간직하신 것"(벧전 1:4)입니다. 여기서 우리는 늘 괴로움과 부족 가운데 있으나, 거기에는 우리의 산업, "더 낫고 영구한 소유"(히 10:34)가 있습니다. 참으로 우리 영혼의 소망은 거기 있습니다. 즉 우리의 괴로움에서 벗어날 것이라는 모든 소망과, 여기서는 우리가 비참하지만 장차 행복해질 것이라는 모든 소망과, "우리를 위하여 하늘에 쌓아둔 모든 소망"이 거기 있습니다.

사랑하는 그리스도인이여, 왜 우리는 여기에 그토록 많은 관심을 갖고 그곳을 별로 생각하지 않으며, 여기에는 그렇게 가깝고 거기에는 그렇게 사랑이 없습니까? 우리의 아버지와 우리의 주님을 잊을 만큼 나그네의 사귐에 그렇게 즐거워하는 것이 우리에게 어울리는 일입니까? 혹은 우리의 가장 훌륭하고 소중한 친구들을 잊고 우리를 미워하고 근심하게 하는 자들을 그렇게 기뻐하는 것이, 또한 우리의 영원한 기쁨과 안식을 잊고 두려움과 부족에 그토록 감동을 받는 것이 우리에게 어울리는 일입니까?

하나님은 우리 속에 자신의 것을 종종 주장하시며, 그래서 우리가 온 세상에서 택하여 내신 자신의 백성이므로 우리에게 선한 일을 행하겠다고 결론을 내리십니다. 그분이 우리의 하나님이며, 그곳이 우리의 소유이므로 우리는 어찌 그분에 대한 관심을 간절히 말하며 우리 마음을 위로 향하지 않겠습니까? 사람들은 보통 자신의 것을 지나치게 사랑하고 지나치게 높이며 그것들을 너무 생각합니다. 오 우리가 하늘의 유업에 마음을 쓰고 그것의 참된 가치를 절반이라도 쳐 줄 수 있다면!

12. **우리의 마음을 둘 곳은 하늘 말고 없음을** 다시 한 번 살펴보십시오. 만일 하나님이 우리의 마음을 하늘에 두게 하지 않으시면 누가 하겠습니까? 그대가 만일 그대의 안식을 생각지 않으면 무엇을 생각하겠습니까? 그대는 다른 신을 혹은 그대가 안식 말고 섬길 다른 것을 발견해 내었습니까? 그대는 이 땅에서 영원한 행복을 발견했습니까? 그것이 어디 있습니까? 어떤 것으로 구성되어 있습니까? 그것을 발견한 사람은 누구였습니까? 그것을 마지막으로 즐긴 사람은 누구였습니까? 그 사람은 어디 거했습니까? 그의 이름은 무엇이었습니까? 오 그대는 이 땅에서 하늘을 발견한 최초의 사람입니까?

아 비참한 자여, 그대의 발견을 신뢰하지 마십시오. 확인할 때까지 그대의 얻은 것을 자랑하지 마십시오. 그대가 영혼을 잃고서 경험을 얻지 않도록, 마음이 흔들려 이 땅에 있지 않는 것을 찾지 마십시오. 왜냐하면 그대는 더 쉽게 경험을 얻을 수 있었을 것이며, 하나님의 말씀에 나오는 하나님의 경고와 그대 앞에 갔던 많은 사람들의 멸망을 보고 얻을 수 있었을 것입니다. 만일 사탄이 시험의 산에 그대를 데려가서 "천하 만국과 그 영광을 보여"(마 4:8) 주더라도, 그는 가치 있는 것을 그대 생각에 보여 줄 수 없으며, 더욱이 그대 안식보다 더 선호할 만한 것을 보여 줄 수 없을 것입니다. 실로 오직 우리는 의무와 필요성 때문에 아래 있는 것을 생각하는 것에 만족해야 합니다. 그러나 세상 것들에 자신을 가두는 사람은 누구입니까? 그러나 우리가 우리의 근심과 생각을 그렇게 부지런히 절제하면, 우리는 비통하고 무거운 것을 거의 발견하지 못할 것입니다.

그리스도인이여, 이 모든 것의 공허함과 위의 것의 고귀함을 보십시오. 만일 그대의 생각이 부지런한 벌처럼 이 꽃에서 저 꽃으로, 이 피조물에서 저 피조물로 온 세상을 돌아다니면, 영원과 관련하여 얻은 것 말고 집으로 가지고 올 꿀이나 달콤한 것은 없을 것입니다. 하나님의 모든 진리가 고귀하고 변호해야 할 것이므로, 진리에 대한 우리의 모든 연구는 여전히 우리의 안식을 향해야 할 것입니다. 왜냐하면 이 말은 역시 참되기 때문입니다. "종교의 논쟁을 좋아하는 사람은 하나님의 사랑의 불꽃 하나로 결코 따뜻해지지 않았습니다." 그리고 '교회와 국가의 일'에 관하여 말하면, 그것들이 하나님의 섭리를 보여 주는 한, 그리고 복음이 말하는 그리스도의 통치를 따르고, 따라서 우리 자신의 영혼과 우리 후손의 영혼을 구하는 데 일치하는 한에만 영원과 관계가 있습니다. 세상에 있는 우리의 모든 관계, 즉 사고파는 일과 먹고 마시는 일과 집을 짓고 혼인하는 일과 우리의 평화와 전쟁이 내세와 관계가 없고 오직 육신을 즐겁게 하려는 한, 그리스도인은 그것을 자주 생각해야 할 가치가 없습니다. 그리고 이제 그대의 양심은 하늘나라와 거기에 이르는 길 말고 그대가 생각할 가치가 있는 것이 없다고 말하지 않습니까?

이제 독자여, 이런 고찰이 중요합니까 그렇지 않습니까? 나는 그대의 마음을 위의 것에 두는 것이 그대의 의무임을 입증했습니다. 만일 그대가 말하기를 그렇게 하지 못했다고 한다면, 그대는 양심을 거슬러 말하는 것이 분명합니다. 만일 그대가 이 의무를 확신한다는 것을 인정할 경우, 그대가 고의로 고백한 의무를 무시하면 그대 입술은 그대를 정죄하며, 그 고백이 그대의 양심을 거슬러 말한 것입니다. 철저히 자원하는 심정이 되십시오. 그러면 절반은 한 셈입니다. 이제 나는 이 큰 일에 여러분을 돕기 위하여 몇 가지 분명한 지침을 말하겠습니다. 하지만 애석하게도 그대가 그것을 기꺼이 실천하지 않으면 아무리 언급해 봐야 소용없습니다. 하지만 나는 그대에게 그것을 제안합니다. 그리고 하나님이 당신을 설득하여 그 일을 하려는 마음을 주시기를 바랍니다.

제12장

이 땅에서 천상적 생활을 영위하는 방법에 대한 지침

I. 천상적 생활을 막는 장애물들

    1. 어떤 알고 있는 죄 가운데 사는 것

    2. 세상적인 마음

    3. 경건하지 못한 동무들

    4. 개념뿐인 종교

    5. 교만한 마음

    6. 나태한 마음

    7. 천상적 생활 자체가 아닌 천상적 생활의 준비물에 안식하는 것

II. 천상적 생활을 장려할 의무들

    1. 하늘이 유일한 보화와 행복이라는 것을 확신함

    2. 하늘에 대한 당신의 이해 관계를 알려고 힘씀

    3. 하늘이 얼마나 가까운지 알려고 힘씀

    4. 자주 그리고 진지하게 하늘에 대하여 이야기함

    5. 모든 의무에서 하늘에 마음이 더 가도록 노력함

    6. 같은 목적을 위하여 모든 대상과 사건을 이용함

    7. 천사처럼 찬송하는 일을 더 많이 함

8. 하나님의 무한한 사랑에 대하여 믿는 생각을 영혼에 가짐

9. 조심스럽게 하나님의 영의 활동을 보고 소중히 마음에 담아 둠

10. 마땅히 가져야 할 몸의 건강에 대한 관심도 소홀히 하지 않음

그대가 천상적 대화에 담긴 위로를 가치 있게 여길 때, 여기서 나는 하나님의 말씀으로부터 그대가 몇 가지 위험한 장애물을 조심해서 피하라고 요구합니다. 그런 후에 신실하고 부지런히 천상적 생활에 이르도록 그들을 특별히 도울 그런 의무를 실천하십시오.

첫째로, 할 수 있는 대로 조심하여 피해야 할 **장애물**을 살펴봅시다.

1. **어떤 알고 있는 죄 가운데 사는 것**은 천상적 생활을 가로막는 큰 장애물입니다. 이것 때문에 그대 영혼은 얼마나 황폐해집니까. 이 때문에 즐거움이 얼마나 파괴되며, 사람들의 덕이 얼마나 파멸되며, 영혼을 힘 있게 하는 의무는 얼마나 방해 받습니까. 그리스도인 독자여, 그대는 양심에 폭력을 휘두른 자입니까? 그대는 공적이든 사적이든, 혹은 은밀한 것이든 알려져 있는 의무이든, 고의적으로 무시하는 사람이 아닙니까? 그대는 식욕이나 다른 주도적인 감각기관에 노예가 되지 않았습니까? 그대는 자신의 명예를 교만하게 추구하는 자가 아닙니까? 그대는 모든 말과 보는 것에, 혹은 자신을 얕잡아 본다고 추측하는 것에 공격을 퍼부으려고 벼르고 있는 뾰로통하고 성 잘내는 사람이 아닙니까? 그대는 관계를 맺고 있는 다른 사람을 속이는 자가 아니며, 옳건 그르건 물불을 가리지 않고 부유해지려는 자가 아닙니까?

만일 그대가 그런 사람이라면 나는 하늘과 그대 영혼이 서로 잘 모르는 나그네라는 것을 말합니다. '그대 눈의 들보'로 인하여 그대는 하늘을 보지 못할 것입니다. 그 들보는 '그대와 그대 하나님 사이를 가르는 구름'이 될 것입니다. 오직 그대가 영원을 연구하고 장차 올 생활에서 원기를 얻으려 할 때

당장 그대의 죄가 그대를 똑바로 쳐다보고 이렇게 말할 것입니다.

"이런 것은 그대에게 속한 것이 아니다. 육신의 정욕에서 쾌락을 그렇게 많이 찾는 그대가 어떻게 하늘에서 위로를 취하겠는가? 이런 태도 때문에 그대의 즐거움이 줄어들고, 그날과 그 상태에 대하여 생각할 때 그대는 참으로 괴롭고 즐겁지 못하게 될 것이다. 모든 고의적인 죄와 그대의 즐거움의 관계는 물과 불의 관계와 같을 것이다. 그대가 더욱 즐겁게 되려고 생각할 때 이 죄는 즐거움을 줄어들게 할 것이다. 이 죄가 그대를 싫증나게 하고 무력하게 만들어, 그대는 날개가 잘려 날 수 없는 새처럼 하나님에 대한 명상으로 올라갈 수 없다. 죄는 이 천상적 생활의 근육을 끊는다. 오 사람이여, 그대는 어떤 생활을 잃은 것인가. 그대는 야비한 정욕을 위하여 그와 같은 매일의 즐거움을 팔아 버렸단 말인가."

만일 하늘과 지옥이 서로 만날 수 있다면, 그리고 하나님이 죄를 사랑하는 자가 된다면, 그대는 죄 가운데 살면서 영광을 미리 맛보며, 부패를 간직하면서 하늘에 대하여 이야기할 수 있을 것입니다. 그러니 죄가 그대 마음을 하늘에서 추방하듯이 그대를 하늘에서 추방하지 않도록 주의하십시오. 그리고 그대가 죄를 짓지 아니하고 죄가 그대 영혼에서 다스리는 죄를 알지 못한다 할지라도, 그대의 형편이 이와 같게 되면 얼마나 슬픈 일인지 생각해 보십시오. 그러므로 주의하십시오. 특별히 죄를 지을 기회에서 벗어나고 시험의 길에서 벗어나려는 결의를 다지십시오. 매일 우리는 참으로 이렇게 기도할 필요가 있습니다. "우리를 시험에 들게 하지 마시옵고 다만 악에서 구하시옵소서"(마 6:13).

2. **세상적인 마음**은 조심해서 피해야 할 또 하나의 장애물입니다. 하나님과 맘몬, 이 땅과 하늘, 둘 다가 그대 마음의 기쁨이 될 수 없습니다. 천상적인 신자가 자기 하나님 안에서 자신의 복을 빌고 장차 올 영광의 소망 가운데서 즐거워하고 있을 때, 아마 그대는 세상적 번영 가운데서 자신의 복을 빌고 이곳에서 자신이 번성하는 것을 소망하며 즐거워하고 있습니다. 천상적인

신자가 그리스도와, 그리스도와 영원히 함께 살 천사와 성도를 바라보며 자신의 영혼에 위로를 받고 있을 때, 그대는 그대의 현금과 채권이나 그대의 재화나 그대의 가축이나 그대의 집을 살펴보며, 그리고 위대한 사람의 호의를 입는 것이나, 풍성한 재산의 즐거운 것이나, 그대가 죽은 후 자식에게 더 많은 것을 물려 줄 것이나, 그대 가문이 발전하는 것이나, 그대 식솔이 많아지는 것을 생각하면서 자신의 부로 만족합니다. 만일 그리스도께서 "영혼아, 여러 해 쓸 물건을 많이 쌓아 두었으니 평안히 쉬자"(눅 12:19)고 말하는 자를 어리석은 자라고 선포하신다면, 알면서 그런 말을 속으로 하는 그대는 얼마나 어리석은 자이겠습니까? 내게 말하십시오. 이 어리석은 자의 표현과 그대의 마음이 무슨 차이가 납니까?

그대가 마음을 살피는 분과 상관있음을 기억하십시오. 확실히 그대가 이 땅에서 그대의 안식을 기뻐하고 안식을 취하는 만큼 하나님 안에서 누리는 그대의 즐거움은 줄어듭니다. 그대의 세상적인 마음은 그대의 외적인 고백과 일반적 의무로 이루어질 것이지만, 그것은 이 천상적 의무와 일치하지 않습니다. 그대는 자신이 위에 있는 즐거움에 대하여 얼마나 드물고 냉랭하게, 얼마나 엉성하고 삼가서 생각하는지 압니다. 왜냐하면 그대는 세상을 위하여 그토록 열렬히 사고팔았기 때문입니다.

종교적인 체하는 많은 사람은 얼마나 저주스러운 광기에 사로잡혀 있습니까. 그들은 수많은 활동에 몸을 던지되, 수고의 짐을 너무 무겁게 지고 근심의 옷을 겹겹이 입어서 그들의 영혼은 마치 산과 등지고 이야기하는 사람처럼 하나님과 대화를 나눌 형편이 되지 못하며, 몸을 날려 태양으로 오르려 하는 것처럼 묵상으로 솟아오르지 못합니다. 그리고 그들이 이 땅에서 가지려면 가질 수 있었던 천국을 잃어버렸을 때, 그것을 변명하는 몇 가지 형편 없는 논리를 주장합니다. 물론 그것들은 실제로 아무것도 입증하지 못합니다.

나는 천상적 생활의 쾌락을 맛본 그리스도인에게, 그대가 그 쾌락을 좀 더 맛보기 원한다면 세상적 생각의 마구 삼키는 심연을 피하라고 충고합니다. 만일 그대가 일단 '부유하려고' 하면, 그대는 시험과 올무에, 그리고 많은 어리석고 상처 입히는 정욕에 떨어집니다. 이런 것들을 그대의 외투처럼 벗어 던지십시오. 그러나 그 다음으로, 하나님과 영광이 그대 마음에 있게 하십시오. 늘 이런 것을 기억하십시오. "세상과 벗된 것이 하나님과 원수 됨을 알지 못하느냐 그런즉 누구든지 세상과 벗이 되고자 하는 자는 스스로 하나님과 원수 되는 것이니라"(약 4:4). "이 세상이나 세상에 있는 것들을 사랑하지 말라 누구든지 세상을 사랑하면 아버지의 사랑이 그 안에 있지 아니하니"(요일 2:15). 이것이 분명한 태도입니다. 이 태도를 신실하게 받아들이는 자는 행복합니다.

  3. **경건하지 못한 자와 사귐을 주의하십시오.** 나는 그대가 필요한 대화를 하지 말라거나, 사랑의 많은 봉사를 행하지 말라고 설득하려는 것이 아닙니다. 그대가 무슨 소망의 기회를 갖고 있는데 사람들의 영혼에 유익을 끼치는 데 노력하지 말라고 설득하려는 것은 더욱 아닙니다. 또 나는 그대가 책망받을 일을 피하기 위하여 그들을 개와 돼지로 결론을 내리라거나, 심지어 더 나아질 수 있는 소망이 있는데 그들을 그런 자로 판단하라고 하려는 것이 아닙니다. 신실하게 애정을 갖고 사람들에게 권고하기 전에, 혹은 그들을 알거나 이야기하기 전에 그들을 개나 돼지로 결론을 내리려는 것은 용납될 수 없습니다. 그러나 내가 여러분더러 멀리하라고 설득하고자 하는 것은 경건하지 못한 자들의 불필요한 공동체이며 유익을 끼치지 못하는 동무와 너무 친하게 지내는 일입니다. 세속적인 자와, 저주하는 소리를 하는 자와, 술주정뱅이와 경건의 원수들이 우리에게 상처를 입히는 사람들일 뿐만 아니라 ― 물론 이런 자들을 무엇보다 피해야 합니다 ― 단지 예의 바르고 도덕적이지만, 공허하고 덕을 세우지 못하는 말을 하는 사람들과 너무 자주 사귀어도 우리는 하늘을 많이 생각하지 못할 것입니다.

  우리는 너무 뒤쳐져 있기 때문에 아주 항구적이고 강력한 도움이 필요합니다. 돌이나 흙이 공중으로 올라가 저절로 날아가지 못하듯이, 우리의 마음은 본성적으로 하늘로 향하여 움직이지 못합니다. 여러분은 바위가 하늘로 날아올라가는 것을 막을 필요가 없듯이, 그들을 돕지 않아도 됩니다. 그리고 분명 우리의 마음이 결코 방해물을 만나지 않더라도 큰 도움을 받지 못하면 위로 향하지 못하기가 쉽습니다. 어떤 사람과 사귈지 선택할 때 이것을 생각하십시오. 여러분의 마음이 하늘로 향하는 성향이 아주 많아서 단순히 마음이 위로 향하게 하는 데 별다른 도움이 필요 없고, 당신이 불꽃처럼 언제나 올라가고 당신의 길에 있는 모든 것을 가지고 있을 때, 실로 여러분은 교제에 대하여 그다지 조심하지 않아도 됩니다. 그러나 그때까지 여러분이 천상적 생활의 즐거움을 사랑하므로 조심하십시오.

어떻게 시장이 돌아갈 것인지 혹은 날씨가 어떤지 혹은 어떻게 될 것인지 혹은 무슨 시끄러운 소식이 있는가 하는 것을 듣는다고 해서 거룩한 생활에서 그대에게 무슨 유익이 있을 것입니까? 세상적인 사람들의 이야기는 이렇습니다. 이 사람은 유능한 사역자라는 둥 저 사람은 탁월한 그리스도인이라는 둥 이것은 탁월한 설교라는 둥 혹은 저것은 탁월한 책이라는 둥 이런 이야기를 듣거나, 까다롭지만 중요하지 않은 논쟁을 듣는다고 해서, 그대 마음이 하나님께로 올라가는 데 이르도록 도움이 되겠습니까? 하지만 대개 그대가 형식적이고 사변적이고 마음이 죽어 굳은 신앙고백자들에게서 듣기 십상인 아주 달콤한 대화는 이런 식입니다.

그러나 위에 있는 복된 기쁨에 대한 묵상으로 새롭게 그대의 마음이 따뜻해지고 있었다면, 이 대화는 그대 감정을 마비시키고 그대 마음을 다시 급속히 얼어 붙게 하지 않을까요? 나는 그런 것을 시험해 보고 자기의 마음 상태를 관찰하는 사람의 판단에 호소합니다. 본래 사람들은 이야기는 이렇게 하고 생각은 저렇게 생각할 수 없으며, 서로 다른 본성을 가진 것들에 대해서는 특별히 그렇습니다. 이런 시험을 받기가 아주 쉬운 젊은이들이여, 내가 말하는 것을 신중히 생각해 보십시오.

여러분은 맥주집이나 선술집에서 시끄럽게 떠드는 동무들 가운데서 천국에 마음을 둘 수 있겠습니까? 혹은 당신이 대개 저주나 '누추함과 어리석은 말이나 희롱의 말'을 하는 가게에서 일할 때 천국에 마음을 둘 수 있겠습니까? 그렇게 하지 못합니다. 만일 여러분이 그런 교제를 택하고, 그런 데서 가장 큰 기쁨을 발견한다면 여러분이 천상적 대화에서 너무 멀리 떨어져서 아직 여러분이 천국에 들어갈 자격이 전혀 없다고 나는 말하고자 합니다. 만일 여러분의 보화가 거기 있다면, 여러분의 마음은 하늘 위에 있는 것에 있을 수 없습니다. 한 마디로 우리의 사귐은 천국에 있는 우리의 행복의 일부가 될 것이며, 이는 천국으로 더 나아가는 일의 일부이거나, 하나님에게서 멀어지도록 방해하는 일의 일부입니다.

4. **좀 더 낮은 진리에 관한 잦은 논쟁과 오직 사람들의 의견에 놓여 있을 뿐인 종교를 피하십시오.** 종교의 구체적인 것에 관하여 심한 논쟁을 벌이는 자들은 천상적인 생활을 거의 모르는 경우가 많습니다. 자신의 의견에만 불과한 종교를 갖고 있는 사람은 자신의 의견을 매우 자주, 그리고 열정적으로 말할 것입니다.

그리고 하나님과 그리스도에 대한 지식과 사랑에 그 종교가 있는 사람은 그 지식과 사랑을 즐기는 그 행복한 시간에 대하여 가장 즐겁게 말할 것입니다. 그는 잘 알려져 있는 진리를 증진하는 일을 잘하는 드물고 고귀한 그리스도인입니다. 그러므로 나는 천상적인 생활을 간절히 바라는 그대에게 여러분의 영혼에 별로 관계가 없는 생각이나 시간이나 열정이나 말을 여러분의 논쟁에 쓰지 말라고 권합니다. 위선자들이 쥐엄 열매나 껍질을 먹고 살고 있을 때 여러분은 위에 있는 즐거움을 먹고 삽니다.

나는 여러분이 하나님의 모든 진리를 변호할 수 있기를 바랍니다. 그리고 이 목적을 위하여 읽고 연구하기를 바랍니다. 그 가운데 영원에 대한 생각을 놓치지 말고, 복음의 중심 진리를 붙드십시오. 논쟁되지 않는 점들은 가장 중요한 것인 경우가 많으며, 우리 영혼에 가장 필요하고 자주 사용되는 것입니다. 그러므로 이러한 성경의 교훈을 잘 연구하십시오. "믿음이 연약한 자를 너희가 받되 그의 의견을 비판하지 말라. 어리석고 무식한 변론을 버리라. 이에서 다툼이 나는 줄 앎이라. 주의 종은 마땅히 다투지 아니하니"(롬 14:1 ; 딤후 2:23-24). "그러나 어리석은 변론과 족보 이야기와 분쟁과 율법에 대한 다툼은 피하라 이것은 무익한 것이요 헛된 것이니라"(딛 3:9). "누구든지 다른 교훈을 하며 바른 말 곧 우리 주 예수 그리스도의 말씀과 경건에 관한 교훈을 따르지 아니하면 그는 교만하여 아무것도 알지 못하고 변론과 언쟁을 좋아하는 자니 이로써 투기와 분쟁과 비방과 악한 생각이 나며 마음이 부패하여지고 진리를 잃어버려 경건을 이익의 방도로 생각하는 자들의 다툼이 일어나느니라"(딤전 6:3-5).

5. **교만하고 높은 마음을 주의하십시오.** 이 죄와 하나님 사이에는 그 같은 반감이 있으므로 그대는 이 죄가 그대 마음에 판치고 있는 한 결코 그대 마음을 하나님께 가까이 가게 하고, 하나님을 그대 마음 가까이에 모시지 못할 것입니다. 만일 이 죄가 천사를 하늘에서 내쫓은 죄라면, 그대 마음은 하늘에서 멀리 있음에 틀림없습니다. 만일 이 죄가 우리의 시조 부모를 낙원에서 내쫓고, 주님과 우리를 갈라지게 하고, 이 아래 있는 모든 피조물에게 하나님의 저주를 받게 한다면, 분명 우리 마음을 낙원에서 멀어지게 하고, 우리 하나님으로부터 저주스럽게 더 멀어지게 할 것입니다. 하나님과 교제하면 사람이 겸손하게 되고, 그처럼 낮아지면 사람들과의 교제가 증진될 것입니다. 사람이 하나님과 함께 하고 하나님의 영광스러운 속성에 대한 연구에 사로잡힐 때, 그는 먼지와 티끌 가운데 있는 자신을 혐오합니다. 그리고 그와 같은 자기 혐오는 그가 하나님께 다시 나아감을 얻게 하는 가장 좋은 준비 행위입니다. 그러므로 영혼을 겸손하게 하는 날, 혹은 영혼이 가장 낮아지는 괴로운 때에 영혼은 가장 자유롭게 하나님께 나아가곤 하며, 위에 있는 생활을 가장 많이 맛보곤 했습니다.

하나님의 즐거움은 "마음이 가난하고 심령에 통회하며 내 말을 듣고 떠는 자"(사 66:2) 안에 있습니다. 그리고 그런 영혼의 즐거움은 하나님 안에 있습니다. 그리고 서로의 즐거움이 있는 곳에 아주 자유로운 들어감과 아주 친절한 환영과 아주 잦은 대화가 있을 것입니다. 그러나 하나님은 교만한 영혼에게서 거하기를 아주 꺼려하시므로 그 영혼이 가까이 다가옴을 허락하지 않으실 것입니다. "여호와께서 멀리서도 교만한 자를 아심이니이다"(시 138:6). 하나님은 교만한 자를 물리치시고 겸손한 자에게 은혜를 주십니다. 교만한 마음은 자부심과 자존심과 육적인 열망에 높고, 겸손한 마음은 하나님의 존귀와 거룩한 열망에 높습니다. 대부분의 전쟁이 군주와 군주 사이에서 벌어지지 군주와 농부 사이에 벌어지지 않는 것을 우리가 보듯이, 이 두 종류의 높은 마음 상태는 서로 가장 적대적입니다.

그러면 그대는 스스로 볼 때 가치 있는 사람입니까? 그대는 사람들에게 존경의 말을 들을 때 즐겁고 사람들이 얕보는 말을 들을 때 아주 비참한가요? 그대는 그대를 존귀하게 여기는 자를 가장 사랑하고, 경건하고 정직한 사람일지라도 그러지 않는 자를 비천하게 생각합니까? 그대는 기분에 따라 행동하고 그대의 판단이 그대 주변의 모든 사람에게 규범이 되고 그대의 말이 그들에게 법이 되어야 합니까? 그대의 말이나 뜻이 반대에 부딪히면 그대는 화가 납니까? 그대는 사람을 더럽고 천박하다고 마음대로 판단하고, 그대가 하나님을 대적하여 죄를 짓거나 형제를 모욕했을 때 겸손한 고백에 순복하는 법을 알지 못합니까? 그대는 경건하고 가난한 자를 낯선 눈으로 바라보고 그들의 동무가 되는 것을 부끄럽게 여기는 자가 아닙니까? 그대는 높은 곳뿐만 아니라 낮은 곳에서 섬길 수 없습니까? 그대는 겸손해서 자랑을 줄이기보다는 사려와 모략에 의하여 자랑을 줄이지 않습니까? 그대는 모든 사람으로 그대를 보게 하고 "이 사람이 그가 아닙니까?" 하는 말을 듣기를 바랍니까? 그대는 그대 마음의 속이고 불의한 상태를 모릅니까? 그대는 스스로를 책망하고 자신의 잘못을 고백하기보다 그대의 무흠을 변호하는 데 더 마음이 가지 않습니까? 그대는 친구의 책망을 참거나 솔직한 비판을 듣기 싫어하지 않습니까?

　만일 이런 증상이 그대 마음에 분명하게 드러나면 그대는 교만한 사람입니다. 그대는 속에 지옥 같은 것이 너무 많아서 천국에 대하여 거의 알지 못합니다. 그대의 영혼은 너무 마귀 같아서 하나님과 도무지 친해질 수 없습니다. 교만한 사람은 자신을 자신의 신으로 만들고 자신을 우상으로 세웁니다. 그러면 어떻게 그의 마음이 하나님께 정해질 수 있겠습니까? 어떻게 그가 하늘에 마음을 둘 수 있겠습니까? 허구를 지어내고 기억을 되살려 입으로 겸손하고 천상적인 표현을 담을 수 있지만, 그의 마음에는 겸손이 없듯이 하늘도 없습니다. 나는 그 점을 더 말하려 합니다. 왜냐하면 그것이 도덕에서 가장 일반적이고 위험한 죄이며, 불신의 큰 죄를 가장 크게 조장하기 때문입니다.

　오 그리스도인이여, 그대가 주님 앞에서 늘 살려면 먼지 속에 누우십시오. 그러면 주님이 그대를 들어올리실 것입니다. "나는 온유하고 겸손하니 내게 배우라 그리하면 너희 마음이 쉼을 얻으리라"(마 11:29). 그렇지 않으면 그대 영혼은 "그 물이 진흙과 더러운 것을 늘 솟구쳐 내는 요동하는 바다와 같으니라"(사 57:20). 그리고 그대의 교만은 하나님을 이처럼 달콤하게 즐거워하지 않고 그대에게 영원한 불안을 채울 것입니다. 어린아이처럼 낮아지는 자가 이후에 하늘에서 가장 큰 자가 되는 것처럼, 이제 그 사람은 그 나라를 가장 많이 미리 맛볼 것입니다. 하나님은 "통회하고 마음이 겸손한 자와 함께 있나니 이는 겸손한 자의 영을 소생시키며 통회하는 자의 마음을 소생시키려 함이라"(사 57:15). 그러므로 "주 앞에서 낮추라 그리하면 주께서 너희를 높이시리라"(약 4:10). 그리고 다른 사람들이 아래로 떨어질 때, "네가 낮춤을 받거든 높아지리라고 말하라. 하나님은 겸손한 자를 구원하시느니라"(욥 22:29, KJV).

　6. **나태한 마음은 이 천상적 생활을 가로막는 또 하나의 장애물입니다.** 그리고 나는 잘 깨닫는 사람에게서 이런 나태한 마음보다 참으로 천상적 생활을 방해하는 것이 없다고 생각합니다. 만일 그것이 몸의 훈련으로 입술을 움직이

고 무릎을 꿇는 것에 불과하다면, 사람들은 친구를 만나러 가듯이 모두 하늘로 발걸음을 향하려고 할 것입니다. 그러나 우리의 생각과 감정을 세상과 떼어놓고, 우리의 모든 덕행을 내놓고 그 덕의 고유한 대상에서 그 덕을 더 크게 발휘하고 우리 손에서 그 일이 번영할 때까지 그 대상에 마음을 쏟는 것은 어려운 일입니다.

독자여, 하늘은 그대 위에 있는데, 그대는 수고와 결심이 없이 그 험준한 경사지를 올라가려고 생각합니까? 그대는 가만히 누워 편안히 쉬고 있는 동안, 그런 세상적인 마음을 하늘로 데려가고, 그런 뒤처진 마음을 하나님께로 가져갈 수 있겠습니까? 만일 언덕 기슭에 누워서 꼭대기를 바라보며 우리가 거기 있기를 원한다면, 우리는 매일 하늘을 향하여 길을 나서야 합니다. 그러나 "천국은 침노를 당하나니 침노하는 자는 빼앗느니라"(마 11:12). 풍성한 추수를 얻을 때처럼 이 첫 열매를 얻으려면 침노해야 합니다. 내가 그대에게 말하지 않을지라도 그대는 그렇게 해야 한다고 느끼지 않습니까? 그대가 다그치지 않는데 그대의 마음이 위로 향하겠습니까?

그대는 하늘이 그대의 모든 소망이며 아래 있는 것으로서 그대에게 안식을 줄 수 있는 것이 없고, 그러므로 하늘을 별로 생각하지 않는 마음이 별다른 위로를 줄 수 없다는 것을 압니다. 그러나 그대는 위를 향하여 걷고 하나님과 더불어 살아야 할 때에 그대를 잃어버리고 아래 누워 있겠습니까? 그대는 천상적 생활의 달콤함을 칭송하며 그 생활을 활용하는 자들을 가장 훌륭한 그리스도인이라고 판단하면서도 스스로는 시도하지 않습니까? 침대에 쭉 뻗어 "오 이렇게 되었으면" 하고 소리치는 게으름뱅이처럼, 그대는 안락하게 걸으며 사소한 데 시간을 보내며 살면서 "오 내 마음이 하늘에 닿을 수 있다면" 하고 말합니다.

성경에서 발견하는 것보다 좀 더 쉬운 길에 대하여 이야기를 듣거나, 안락에 이르는 지름길을 만나기를 기대하면서 얼마나 많은 책을 읽고 설교를 듣습니까. 혹은 그들은 천상적 생활을 위한 지침을 구하며, 만일 그 지침을 듣고 유익을 얻으면 그들은 천상적인 그리스도인이 되려고 할 것입니다. 그러나 만일 우리가 그들에게 그들의 일을 보여 주고 이런 기쁨을 쉽사리 얻을 수 없다고 말하면, 슬퍼하며 그리스도를 떠난 그 젊은 관원처럼 그들은 우리를 떠납니다.

독자여, 만일 그대가 이 일이 그대의 위로에 필요하다고 확신하면, 마음을 굳게 먹고 그 일을 행하십시오. 만일 그대의 마음이 뒤로 물러나면 이성의 명령으로 그대의 마음을 다그치십시오. 만일 그대의 이성이 논쟁하기 시작하면, 하나님의 명령을 내놓고 앞 장에서 제시한 다른 고찰과 더불어 그대의 궁핍한 상황을 간곡히 말하십시오. 그처럼 비교할 수 없는 보화를 그대 앞에 두고 팔짱만 끼고 가만히 두고 있지 말며, 그대의 생활이 끊임없는 잔치가 될 수 있을 때, 오직 그대가 혼신의 힘을 쏟지 못하므로 그대의 생활이 끊임없는 고민거리가 되게 하지 마십시오. 그대 눈앞에서 위로가 커지는 동안, 화원에 있는 사람처럼 일어나 그 꽃을 따다가 그 달콤함을 맛보고 같이 허전한 마음으로 가만히 앉아 있지 마십시오.

그리스도는 샘이십니다. 그러나 그 우물은 깊으니 그대가 그 물로 원기를 회복할 수 있으려면 먼저 이 물을 길어 올려야 합니다. 나는 여러분이 영적인 한, 이 모든 애쓰는 것과 침노하는 것이 필요하지 않다는 것을 압니다. 그러나 부분적으로 여러분이 육적이고 그런 것이 있는 한, 여러분은 애쓰지 않을 수 없습니다. 파르티아(Parthia) 사람들은 아침에 자녀가 어느 정도 일하여 얼굴에 땀을 흘리고 나면 고기를 주었습니다. 그러니 여러분은 자녀가 땀 흘려 찾기 전에는 자신의 기쁨을 맛보게 하지 않는 것이 하나님의 통상적인 절차임을 발견할 것입니다.

그러므로 천상적 생활이 나은지 그대의 육적인 안락이 나은지 판단하십시오. 그리고 지혜로운 사람처럼 그에 따라 그대는 선택하십시오. 하지만 나는 그대를 격려하기 위하여 몇 가지를 덧붙이고자 합니다. 그대는 지금 하는 것 이상으로 생각할 필요가 없습니다. 좀 더 낮고 많은 유쾌한 대상에 생각을 집중하기만 하면 됩니다. 그대가 지금 세속적인 일에 참으로 헛되고 당치 않는 일에 쏟는 만큼 내세의 탁월한 영광을 매일 진지하게 생각하기만 하십시오. 그러면 그대의 마음이 곧 하늘에 있을 것입니다. 대체로 "패역한 자의 길에는 가시와 올무가 있습니다. 게으른 자의 욕망이 자기를 죽이나니 이는 자기의 손으로 일하기를 싫어함이니라. 게으른 자는 길에 사자가 있다 거리에 사자가 있다 하느니라. 문짝이 돌쩌귀를 따라서 도는 것 같이 게으른 자는 침상에서 도느니라"(잠 22:5: 26:14). 물론 생명의 양식을 먹을 수 있는데도 말입니다. 우리의 위로를 내던지고, 따라서 이 위로를 샀던 보혈을 내던지는 이것이 대체 무엇입니까? 이는 "자기의 일을 게을리하는 자는 패가하는 자의 형제"(잠 18:9)이기 때문입니다. 이를 그대의 신령한 일에 적용하고 그 의미를 잘 연구하십시오.

7. 우리가 천상적 생활에 완전히 낯선 나그네인 동안 이 생활을 이르기 위한 준비물로 만족하는 것은 위험하고 은밀한 장애물입니다. 우리가 천상의 것들과 그것들의 개념을 순수하게 연구하거나, 그것들에 관하여 서로 이야기하는 데 몰입할 때, 마치 이것은 우리를 넉넉히 천상적이게 만드는 것 같습니다. 다른 사람의 경건 생활을 이끌기 위하여 고용된 사람들, 특별히 복음의 설교자들만큼 이 올무에 빠질 위험에 처한 사람은 없습니다. 오 그 사람들은 얼마나 쉽게 속습니까. 그들이 하늘에 대하여 읽고 연구하고 하늘에 대하여 설교하고 기도하고 이야기하는 것만큼 행하지 않는데, 이것은 천상적 생활이 아니지 않습니까? 애석하게도 이 모든 것은 준비물에 불과합니다. 이것은 건물을 세우는 것이 아니라 건축 재료를 모으는 것에 불과합니다. 그것은 다른 사람의 만나를 모으는 것에 불과하지 그 만나를 먹고 소화하는 것이 아닙니다.

집에 앉아 있는 사람이 나라의 지도를 정확하게 그릴 수 있지만 결코 그곳을 보거나 여행해 보지 않은 것처럼, 여러분은 하늘의 기쁨을 다른 사람에게 설명할 수 있지만 자신의 마음으로 결코 그곳에 가까이 가지 못할 수 있습니다. 눈먼 사람이 배워서 빛과 색에 대하여 논할 수 있습니다. 그처럼 여러분은 그대 영혼을 밝힌 적이 없는 저 천상의 빛을 다른 사람들에게 내놓고, 여러분의 마음을 따뜻하게 데워 준 적이 없는 불을 여러분의 교인에게 가져다 줄 수 있습니다.

발람이 예언으로 천상의 말을 했지만 그의 마음에는 그 말이 참으로 없었습니다. 그러나 우리는 우리를 이 천상적 생활에서 벗어나게 하는 그 어떤 것보다 더 미묘한 시험 아래 있습니다. 하늘을 연구하고 전하는 것은 세상에 대하여 말하고 이야기하는 것보다는 천상적 생활과 비슷합니다. 그리고 그처럼 비슷하므로 우리는 속기 쉽습니다. 이것은 가장 비참한 죽음입니다. 우리가 식탁에 빵을 두고 있으면서도 심지어 굶주리고, 다른 사람에게 물을 가져다주는 동안 목말라 죽는 것입니다. 우리가 영혼의 원기를 회복하기 위하여 결코 마시지 않을지라도 매일 그 물을 떠다가 남에게 갖다 주는 일을 깊이 생각하십시오. 나는 이 일을 가로막을 장애물이 어떤 것인지 살펴보았습니다. 나는 그대가 그 장애물을 이겨내리라고 마음을 먹고 그것들을 진지하게 고찰하고 성실하게 피할 것을 기대합니다. 그렇지 않으면 그대의 일은 헛수고가 될 것입니다.

둘째로, 나는 여기서 그대가 이처럼 하늘을 미리 맛보아 즐거운 것을 귀중하게 여기므로, 다음과 같은 의무를 깨닫고 행하겠다고 그대가 약속하기를 기대합니다. 구체적으로 그 **의무**는 다음과 같습니다.

1. **하늘이 유일한 보화와 행복임**을 확신하고 그것이 어떤 보화와 행복인지 알려고 힘쓰십시오. 만일 그대가 하늘이 최고선(最高善)임을 믿지 못하면, 그대는 결코 거기에 마음을 두지 않을 것입니다. 그리고 이 확신은 그대의 감정에 스며들어야 합니다. 왜냐하면 그 확신이 개념에 불과하면, 별 효과를 내지 못할 것이기 때문입니다. 만일 하와가 하나님에 대한 사랑과 향유보다 금하신 열매를 더 소중하게 본다고 생각하면, 하와의 마음이 하나님보다 그

열매에 있을 것은 놀라운 일이 아닙니다. 만일 여러분의 판단이 하나님의 임재의 즐거움보다 육신의 즐거움을 더 좋아하면, 여러분의 마음은 하늘에 있기가 불가능합니다. 사람이 아래에 있는 것들을 지나치게 높이 보게 하는 것은 그것들의 공허함을 모르기 때문이듯이, 사람이 위에 있는 높은 즐거움을 그다지 보지 않는 것은 그 즐거움을 모르기 때문입니다. 만일 여러분이 금이 담긴 지갑을 보고서 그것이 위조 화폐에 불과하다고 믿으면, 여러분의 마음이 거기에 끌리지 않을 것입니다.

욕구가 생기도록 부추기는 것은 사물의 실제적인 탁월함이지 그 사물의 알려진 탁월함이 아닙니다. 만일 무지한 사람이 기술과 과학의 비밀이 담긴 책을 본다 해도, 그 사람은 흔한 두루마리처럼 봅니다. 왜냐하면 그 사람은 그 속에 무엇이 있는지 모르기 때문입니다. 그러나 그것을 아는 사람은 그것을 높이 평가하고 그것을 읽으려고 음식과 마실 것과 잠까지도 삼갈 수 있습니다. 유대인이 메시아를 기다리고 있었으면서 메시아를 알아보지 못해서 메시아를 죽였던 것처럼, 세상은 안식을 알지 못하므로 안식을 향하여 외치면서도 부지런히 즐거움과 행복을 추구합니다. 그들이 자신이 구하는 바가 무엇인지 철저하게 안다면 영원한 보화를 그렇게 무시할 수 없을 것입니다.

2. 천국이 **그대의 행복임**을 알려고 또한 힘쓰십시오. 우리는 천국을 향유하지 못한다고 절망하면서도 천국이 가장 좋은 곳임을 고백할 수 있습니다. 그리고 우리는 천국을 아마 얻을 수 있을 것이라고 본다면 천국을 바라고 추구할 것입니다. 그러나 우리는 천국에 들어갈 권리를 크게 확신하기 전에는 천국을 결코 즐겁게 누릴 수 없습니다. 헐벗은 사람에게 다른 사람의 화려한 옷을 보는 것이 무슨 위로가 되겠습니까? 집이 없는 사람에게 다른 사람의 사치스런 건물을 보는 것이 무슨 즐거움입니까? 이 모든 것은 그의 고뇌를 깊게 하고, 그가 자신의 비참함을 더욱 느끼게 하지 않겠습니까? 그래서 사람이 하늘의 탁월함을 알지만 자신이 그것들을 누리게 될 것인지 모르고서 바라고 추구할 수 있지만 기쁨은 별로 얻지 못할 것입니다. 누가 다른 사람의

소유에 마음을 두겠습니까? 만일 여러분의 집과 여러분의 재화와 여러분의 가축과 여러분의 자녀가 여러분의 것이 아니라면 여러분은 그것들에게 마음이 덜 가고 덜 기뻐할 것입니다.

오 그리스도인이여, 여러분은 이 안식이 여러분 자신의 안식이라고 부를 때까지 쉬지 마십시오. 그대의 마음을 심판대 위에 올려놓으십시오. 성도의 자격을 한편에 두고, 그대 영혼을 다른 편에 두어 그 둘이 얼마나 비슷한지 판단하십시오. 그대는 마치 그 큰 날에 심판받아야 하듯이 동일한 말씀으로 지금 자신을 판단합니다. 성경이 말하는 성도에 대한 내용을 바로 보십시오. 그대는 그 내용을 잘못 보고서 자신을 용서하거나 정죄하지 마십시오. 왜냐하면 근거 없는 소망이 혼란에 이르기 쉽고 대부분의 사람들이 멸망하게 된 가장 큰 이유이듯이, 근거 없는 의심이 혼란에 이르기 쉽고 성도들이 당혹해하고 괴로워하게 되는 가장 큰 이유가 되기 때문입니다. 그러므로 그대가 재판할 근거를 안전하게 놓고, 신중하고 마음을 굳게 먹고서 계속 그 일을 해나가도록 하십시오. 그대가 이 안식에 들어갈 권리를 가지고 있다거나 없다거나 말할 수 있을 때까지 확인해 보십시오.

오 하나님이 자기의 아버지시며, 그리스도가 자신의 유일한 구속주와 머리이시며, 그분들이 자신의 영원한 거처이며, 거기서 자신이 영원히 거하고 행복할 것이 분명하다는 것을 참으로 알면, 어떻게 그들은 그곳을 미리 생각하는 데 도취하지 않을 수 있겠습니까. 만일 그리스도인이 해와 달과 별을 우러러 볼 수 있고, 그리스도 안에 있는 자신의 모든 것을 헤아리며 "이것들은 내 주님이 내게 주신 복이며 이것들에 비하여 더 큰 것은 없다"고 말할 수 있다면, 그대는 참으로 거룩한 환희를 느낄 것입니다.

자신의 불신을 내세우고 하나님에 대하여 의심하고 자신의 구속주에 대하여 모욕적인 생각을 품고 있는 사람은, 또 언약이 행위에 속한 것이지 은혜에 속한 것이 아니며, 그리스도가 구주가 아닌 원수이며, 그분이 그들을 늘 그렇게 자주 그리고 그렇게 애정어리게 초대하고 그들이 겪어야 할 번민을 겪으셨을 때, 그들이 믿지 않으므로 그들이 마땅히 죽었으면 하고 진정으로 바라는 분인 양 그분을 표현하는 사람은, 복음의 은혜에 대적할 뿐만 아니라 자신의 위로에 대적하여 더욱 죄를 짓습니다.

우리가 그의 사랑을 마땅히 즐거워하고 있어야 할 때 우리 주님의 질투심을 쌓는다면 우리는 얼마나 비참합니까. 마치 그리스도가 어떤 사람을 선택하기 이전에 그 사람이 그리스도를 선택할 수 있는 것처럼, 혹은 그리스도께서 어떤 사람을 행복하게 하실 수 있는 것보다 그 사람이 더 행복해지려고 하는 것과 같습니다. 신성모독은 아닐라도 이런 모욕적인 생각을 집어치우십시오. 만일 그대가 마음에 그런 생각을 담고 있다면 그것을 내팽개치고, 그대가 그것을 더 받아들이지 않는지 주의하십시오. 여러분이 여러분의 재산에 자신의 이름이나 표시를 해두듯이 하나님은 하늘에 자기 백성의 이름을 기록하셨습니다. 그러니 우리는 하늘에 새겨진 자신의 이름을 지우고 지옥문에 우리의 이름을 적으려고 해서야 되겠습니까? 그러나 하나님을 찬송할지라. 그의 견고한 터는 섰도다. "우리는 구원을 얻기 위하여 믿음으로 말미암아 하나님의 능력으로 보호하심을 받았느니라"(벧전 1:5).

3. **그대의 안식이 얼마나 가까운지** 파악하려고 힘쓰십시오. 우리는 멀리서 보는 것보다 가까이 있다고 생각하는 것을 더욱 민감하게 느낍니다. 심판이나 긍휼이 멀리 있을 때, 우리는 별 관심 없이 그것들에 대하여 말합니다. 그러나 그것들이 가까이에 올 때 우리는 그것들을 보고 떨거나 즐거워합니다. 이리하여 사람들은 하늘을 그다지 민감하게 생각하지 않습니다. 왜냐하면 그들은 그것이 너무 멀리 떨어져 있다고 보기 때문입니다. 그들은 20년, 30년, 40년 뒤에 있을 것으로 방관합니다.

"우리는 우리 자신이 사형 선고를"(고후 1:9) 받고 영원이 가까이 온 줄로 보는 것이 얼마나 더 낫겠습니까. 내가 영원에 대하여 생각하고 글을 쓰는 동안 영원은 신속히 가까이에 오며, 나는 스스로 알아채기도 전에 그리로 들어가고 있습니다. 그대가 어떤 사람이든지 이 글을 읽고 있는 동안 시간은 지나가며 그대의 생명은 '한순간에' 사라질 것입니다. 여러분이 만일 내일 죽을 것이라고 참으로 믿으면, 오늘 밤 천국에 대하여 얼마나 진지하게 생각하겠습니까. 사무엘이 사울에게 "내일 네가 나와 함께 있으리라"(삼상 28:19)고 말했을 때 그 말에 사울은 정신이 번쩍 들었습니다. 그러니 그리스도가 믿는 영혼에게 "내일 네가 나와 함께 있으리라"고 말씀하시면 그는 그 말을 인하여 영으로 미리 천국에 갈 것입니다. 여러분이 천국에 들어가고 있음을 생각하십시오. 그러면 천국을 좀 더 진지하게 생각하는 데 큰 도움을 얻게 될 것입니다.

4. 특별히 마음으로 말할 수 있고 천상의 성품을 드러내는 자들과 더불어 그대의 영원한 안식을 **자주 그리고 진지하게 대화를 나누는 주제로** 삼으십시오. 그리스도인이 헤어지기 전에 천국에서 함께 만날, 혹은 천국에 가는 길에 대하여 대화가 없다면 안된 일입니다. 헛된 대화와 쓸데없는 논쟁에 많은 시간을 그렇게 많이 보내고, 천국에 대하여 진지한 이야기가 없다면 안된 일입니다. 아마 우리는 자신의 안식에 대하여 이야기하여 마음을 훈훈하게 할 목적으로 만나야 할 것입니다. 그리스도인이 복음의 약속에서 나오는 생명과 힘으로 그 복되고 영광스러운 상태를 말하는 것을 들으면 아마 우리는 이렇게 말할 것이 분명할 **것입니다.** "우리에게 말씀하시고 우리에게 성경을 풀어 주실 때에 우리 속에서 마음이 뜨겁지 아니하더냐"(눅 24:32). 벨릭스 같은 사람이 자신의 심판에 대한 강력한 말을 들을 때 두려워한다면, 신자가 영원한 안식에 대한 말을 들을 때 마땅히 소생되지 않겠습니까? 불의한 사람들은 자신의 불의함에 대하여 함께 이야기하는 것을 즐거워할 수 있습니다. 그러나 그리스도인은 그리스도에 대하여 말하는 것으로 기뻐하고, 천국의 상속자가 그 유업에 대하여 말하는 것으로 기뻐해야 하지 않겠습니까? 야곱이 고센으로 부르는 전갈을 듣고 자신을 요셉에게 데려다 줄 병거를 보고 소생하였듯이, 이리하여 우리의 마음은 소생할 것입니다.

오, 우리가 사람들의 일상적인 대화의 흐름을 이와 같이 좀 더 고상하고 고귀한 것으로 향하게 할 수 있는 능력과 결심이 구비되었으면! 그리고 사람들이 유익하지 못한 것을 이야기하기 시작할 때 우리가 천국에 대한 말을 하며, 베드로가 자신의 육신적 음식에 대하여 말하듯이 이렇게 말할 수 있었으면! "속되고 깨끗하지 아니한 것을 내가 결코 먹지 아니하였나이다"(행 10:14).

오, 우리가 이리하여 선을 행하고 받을 수 있었으면! 그리스도가 우리를 유익하지 못한 대화에서 벗어나게 하지 않으셨다면 우리가 "심판 날에 무익한 말을 할 것"이라고 말씀하지 않으실 것입니다. 그러므로 시편 기자와 같이 여러분이 사람들과 함께 있을 때 "내가 예루살렘을 기억하지 아니하거나 내가 가장 즐거워하는 것보다 더 즐거워하지 아니할진대 내 혀가 내 입천장에 붙을지로다"(시 137:6). 그러므로 여러분은 "온순한 혀는 곧 생명나무임"(잠 15:4)을 발견하게 될 것입니다.

5. 모든 의무에서 **하늘에 마음이 더 가게 하려고** 힘쓰십시오. 하나님이 규례를 정하신 목적은, 이 규례가 우리로 안식에 나아가게 하는 계단이 되게 하려 함이며, 그로써 우리가 그리스도께 복속하여 마음으로 매일 천국으로 오르려 함입니다. 이것이 그대가 하나님의 규례를 사용하는 목적이 되게 하십시오. 그러면 의심할 나위 없이 이 규례들은 성공할 것입니다. 여러분이 친구를 얼굴과 얼굴로 볼 수 없을 때 친구가 써 보낸 몇 줄의 글로 얼마나 기뻐했습니까. 그러니 우리는 몸이 그렇게 떨어져 있더라도 하나님의 규례로 하나님과 사귀지 않겠습니까? 우리의 마음이 우리의 유산과 천국 허가서를 담고 있는 글을 읽는 것을 기뻐하지 않을 수 있겠습니까? 우리가 아직 하나님의 사랑과 우리의 천상 본향을 바라보는 행복을 얻지 못하지만, 그 사랑의 표현을 읽고 우리의 천상 본향에 대하여 들을 때 얼마나 즐겁고 승리감에 찹니까. 바다와 육지 때문에 갈라진 사람들은 편지로 크고 유익한 사업을 거래할 수 있습니다. 그리스도인은 지혜롭게 의무를 수행하면서 안식을 위하여 이 행복한 활동을 추진할 수 있지 않을까요? 그러므로 격식과 관습과 사람의

찬사를 내던지고, 하나님께 마음을 더 쏟으려는 소망을 품고 무릎을 꿇어 은 밀한 기도나 공적 기도를 드리고 그런 다음 일어서십시오. 그대가 성경을 펼치거나 다른 책을 펼칠 때 하나님의 진리가 담긴 글을 만나기를 바라고, 그대에게 하늘의 더 충만한 복을 줄 성경의 축복을 그 글과 더불어 만나기를 바라십시오.

그대가 하나님의 집에 나아가고 있을 때 이렇게 말하십시오. "나는 돌아가기 전에 하나님께서 내 마음을 고양시키는 것을 보고 싶다. 나는 성령님이 내게 임재하시며 그 천상적 즐거움으로 내 마음을 유쾌하게 하시기를 바란다. 나는 그리스도가 '그런 식으로 내게 나타나사 하늘로부터 내 주위에 빛을 비추시기'를 바란다. 나로 그리스도의 교훈하시고 다시 살게 하는 음성을 듣게 하시고, 내가 전에 보지 못한 그 영광을 좀 더 볼 수 있게 내 눈에서 비늘이 떨어져 나가게 하소서. 나는 돌아가기 전에 내 주님이 내 마음으로 안식을 기대하게 하시고, 주님의 아버지의 앞에 내 마음을 두셔서 나로 '듣고 본 모든 것으로 인하여 하나님을 영화롭게 하고 찬송하며' '목자'가 되어 하늘의 전망에서 돌아오게 하시기를 바란다."

처음에 인디언은 영국인이 편지로 서로 대화할 수 있는 것을 보았을 때 그 편지에 어떤 영이 담겨 있는 것으로 생각했습니다. 그래서 그리스도인이 의무를 행하면서 하나님과 교제를 나눌 때, 그리스도인의 마음을 그렇게 기쁨으로 가득 차게 하고, 그래서 그 마음을 위로 오르게 하는 것이 그 성경과 그 설교와 이 기도에 있는 것을 옆에서 쳐다보던 자들은 감탄하곤 했습니다. 분명 우리가 자신을 저버리지 않으면 하나님은 우리를 저버리지 않으실 것입니다. 그러므로 항상 여러분의 사역자(목사)를 위하여 기도하되, 하나님이 여러분의 마음에 하늘의 맛을 남겨 줄 수 있는 하나님의 메시지를 그의 입에 두시기를 잊지 말고 기도하십시오.

6. 그대 영혼이 다가오는 자신의 안식을 상기하도록 **모든 대상과 모든 사건을 이용하십시오.** 모든 섭리와 피조물이 우리의 안식 수단이듯이, 그것들은 그

안식을 자신의 목적으로 우리에게 가리켜 보여 줍니다. 하나님이 지금 우리를 아주 유쾌하게 대하시는 일은 좀 더 깊은 즐거움을 암시해 주지 않으면 원래의 절반도 못될 것입니다. 그대는 긍휼을 받고서 자신의 면류관을 잊을 때 겨우 진지해지더라도 일의 전모를 빠뜨립니다. 그리스도인이 이런 데 능숙하였으면! 여러분은 성경을 열 수 있습니다. 창조와 섭리의 책을 열고 거기서 하나님과 영광에 대하여 읽는 법을 배울 수 있습니다. 그래서 우리는 대부분의 사람들이 성례전에서 맛보는 것보다 모든 일상적인 영적 식사에서 그리스도와 하늘에 대하여 좀 더 충만히 맛볼 수 있습니다. 만일 그대가 세상에서 번영하면, 그리하여 그대의 영원한 번영에 대하여 좀 더 민감해지십시오. 만일 그대가 일에 지쳤으면, 그리하여 그대의 영원한 안식에 대하여 좀 더 즐겁게 생각하십시오. 만일 일이 꼬인다면, 그대는 슬픔과 고난이 영원히 그치도록 좀 더 열심히 사모하십시오.

그대의 몸은 음식이나 잠으로 원기를 회복합니까? 그리스도로 인하여 알지도 못한 사이에 원기를 얻음을 기억하십시오. 그대는 무슨 좋은 소식을 듣습니까? 하나님의 비법과 그리스도의 동의하는 말씀을 듣는 것이 얼마나 복된 소식인지 기억하십시오. 그대는 성도들과의 교제를 즐거워합니까? 하늘에 있는 성도들의 교제가 어떠한지 기억하십시오. 하나님이 그대의 마음에 자신을 전하고 계십니까? 그대의 교제와 기쁨이 충만해지는 그 때가 최고로 발전하는 때임을 기억하십시오. 그대는 불의한 자의 들끓는 소란과 세상의 혼란에 대하여 듣습니까? 하늘에 있는 복된 조화에 대하여 생각하십시오. 그대는 전쟁의 소동에 대하여 듣습니까? 평강의 왕의 날개 아래 완전한 평화가 영원히 있을 날을 기억하십시오. 그래서 우리가 모든 형편과 피조물을 이용하려는 마음만 있으면 그것들은 우리에게 천상적 생활에 대한 이점을 우리에게 줍니다.

7. **천사처럼 찬송하는 일을 더 많이 하십시오.** 행하는 일이 천상적일수록, 그로 인하여 마음은 더욱 천상적이게 될 것입니다. 하나님을 찬양하는 것은 하

늘에서 천사와 성도가 하는 일이며, 장차 우리의 영원한 일이 될 것입니다. 그리고 만일 우리가 지금 더욱 찬양하면, 장차 우리의 모습을 더욱 닮게 될 것입니다. 소원과 믿음과 소망이 사랑과 기쁨보다 더 계속되지 않듯이, 설교와 기도와 규례와 우리의 믿음과 소망을 표현하고 확증하는 모든 수단은, 사랑과 기쁨에 대한 우리의 승리에 찬 표현이 영원히 거할 때 그칠 것입니다. 내가 이 땅에서 알고 있는 천국의 가장 생생한 상징은, 하나님의 백성이 하나님의 아름다우심과 관대하심을 깊이 느끼면서 사랑과 기쁨으로 가득 찬 마음에서 생각과 말로 하나님을 찬양하는 즐겁고 선율 고운 노래로 하나가 될 때입니다. 성령님의 증거와 마찬가지로 이 즐거움은 하나님께 속한 것으로 드러나며, 천상에 속한 것이라는 증거를 지닙니다.

우리는 기도에서 하나님을 찬양하지 않음으로써, 혹은 흔히 그러듯이 찬양의 여유를 갖지 못하고 고백과 기원을 많이 드림으로써 얼마나 잘못하는지 별로 알지 못합니다. 독자여, 그대에게 간청하는데 이 점을 제발 기억하십시오. 그대가 하는 일에서 찬양의 비중을 늘리십시오. 고백과 기원을 드려야 할 이유뿐만 아니라 그대의 찬양을 만족스럽게 할 이유를 늘 가까이 지니십시오. 이 목적을 위하여 그대의 부족과 무가치함처럼 주님의 아름다우심과 선하심을 자주 연구하십시오. 그대가 받은 긍휼과 약속하신 것들을 그대가 범한 죄만큼 자주 연구하십시오.

"여호와를 즐거워하라. 찬송은 정직한 자들이 마땅히 할 바로다. 감사로 제사를 드리는 자가 나를 영화롭게 하나니 여호와를 찬송하라. 여호와는 선하시며 그 이름이 아름다우니 그 이름을 찬양하라. 항상 찬미의 제사를 하나님께 드리자 이는 그 이름을 증언하는 입술의 열매니라"(시 33:1; 히 13:15). 이 천상적 일을 그렇게 많이 행한 다윗은 매우 천상적인 마음을 갖지 않았습니까? 우리가 모세의 노래와 다윗의 시편만 읽더라도 우리 마음이 때때로 높아지지 않습니까? 이 일에 능숙하고 이 일을 자주 행할 때 우리는 얼마나 더 고양되고 힘을 회복하겠습니까.

오, 몸의 정력을 함부로 쓰고 헛된 즐거움과 육신의 정욕에 마음을 두는 젊은이들의 광기여, 이것이 사람의 가장 고상한 일에 어찌 어울리겠습니까? 그리고 늘 슬픔 가운데 마음이 잠겨 있고, 불평과 근심으로 그날을 허비하고, 몸과 마음을 이 달콤하고 천상적인 일에 부적합하게 만드는 많은 성도들의 저 죄악된 어리석음이여! 그들은 하나님을 찬양하는 일에 하나님의 백성과 함께 하기보다 자신의 가치로움을 의심하고 자신의 비참함을 궁구하고 있습니다. 그래서 하나님에게서 영광을 빼앗고 자신에게서 위로를 빼앗습니다. 그러나 이 일을 행하는 우리의 위로를 가장 크게 파괴하는 것은, 우리가 하나님을 찬양하는 곡조와 선율을 다루면서 마음을 게을리하는 것입니다. 그러나 우리의 마음은 그 일의 가장 중요한 일을 행하고, 그 선율을 다시 살려 명랑하게 되도록 해야 합니다.

8. **영혼이 하나님의 무한한 사랑에 대하여 믿는 생각을 늘 갖도록 하십시오.** 사랑이 사랑을 끌어당깁니다. 자신을 사랑하는 사람을 사랑하지 않을 야비한 사람은 그다지 없습니다. 의심할 나위 없이 하나님에 대하여 불쾌한 생각을 갖고 하나님이 우리를 구원하시는 분이라기보다 우리를 정죄하려는 분으로 보는 것은 우리의 천상적 생활이 죽은 것입니다. 이는 복되신 하나님을 사탄과 비슷한 존재로 놓는 것입니다. 우리의 무지와 불신이 우리의 상상력 속에 하나님에 대하여 아주 추한 그림을 그려 놓고, 우리는 하나님을 사랑할 수 없고 그를 즐거워할 수 없다고 불평합니다. 많은 그리스도인의 형편이 그렇습니다. 애석하게도 그렇게 해서 우리가 하나님의 신성을 모독하고, 자신의 기쁨을 시들게 만든다는 것입니다. 성경은 이런 사실을 우리가 확신하게 합니다. "하나님은 사랑이심이라. 악인이 죽는 것을 기뻐하지 아니하고 악인이 그의 길에서 돌이켜 떠나서 사는 것을 기뻐하노라"(요일 4:8; 겔 33:11). 하물며 하나님이 택하신 자들에 대한 자신의 사랑과 그들을 구원하려는 충만한 그 결의를 더욱 보이셨지 않습니까.

우리가 언제나 친구를 생각하듯이 하나님을 생각할 수 있었으면! 우리가 자신을 사랑하는 것보다 우리를 꾸밈없이 더 사랑하시는 분으로 생각하였으면! 하나님의 마음은 우리에게 유익을 끼치려고 하시며, 그러므로 우리로 영원히 자신과 함께 거하도록 해놓으셨습니다. 그러므로 우리 마음이 하나님과 함께 하는 것은 그토록 불쾌한 일이 되지 않을 것입니다. 우리는 정말이지 진심으로 사랑하는 때에 가장 달콤하고 자유롭게 생각할 것입니다. 두렵건대 대부분의 그리스도인이 하나님에 대한 사랑보다는 마음이 통하는 친구에 대한 사랑을 더 높이 생각합니다. 그러니 그들이 하나님보다 친구를 더 사랑하고, 하나님보다 그들을 더 믿고, 하나님과 더불어 살기보다 그들과 살기를 더 좋아한다 해도 뭐 그리 놀라운 일입니까?

9. **하나님의 영의 활동을 주의 깊게 관찰하고 소중히 간직하십시오.** 만일 그대의 영혼이 이 땅 위로 올라가서 이 천상적 생활에 익숙해지면, 분명 하나님의 영이 그대에게 엘리야의 병거처럼 되실 것입니다. 참으로 그대가 타고 움직이며 올라갈 수 있는 생명의 원리가 되실 것입니다. 그러므로 그대의 인도자를 근심하게 하지 말고, 그대의 생명을 소멸하지 말고, 그대의 병거 바퀴를 차 버리지 마십시오.

여러분은 자신의 모든 은혜와 자기 영혼의 행복이 성령께 즉각적이고 마음으로 순종하는 일에 얼마나 의존하고 있는지 별로 생각하지 않습니다. 성령님이 그대더러 은밀히 기도하라고 촉구하시거나, 그대의 범하는 것을 금하시거나, 그대가 가야 할 곳을 지시하시는데 그대가 주의하지 않을 때, 하늘과 그대 영혼이 서로 낯선 것이 되더라도 전혀 놀랍지 않습니다. 만일 성령님이 그대를 하늘로 인도하시려 할 때 그대가 성령님을 따르지 않으려 하면, 어떻게 성령님이 그대를 하늘로 인도하시고 그대 마음을 하나님 앞에 드리시겠습니까? 성령께 늘 순종하는 영혼은 전능자에게 다가갈 때 얼마나 뛰어난 초자연적인 도움과 담대함을 얻습니까. 그런데 자신을 인도하려 하셨던 성령님으로부터 종종 벗어났던 사람은 이런 말을 들을 때 얼마나 뒤처지고 얼마나 무미건조하고 얼마나 부끄럽겠습니까.

그리스도인 독자여, 그대는 세상으로부터 물러나고 하나님께 더 가까이 가야 한다는 강력한 인상을 느끼지 않습니까? 불순종하지 말고 하나님의 제안을 받아들이며 이 복된 바람을 받을 수 있을 동안 닻을 올리십시오. 우리가 성령님을 거역하면 할수록 상처를 심하게 받을 것이며, 우리가 순종할수록 우리의 평안은 빠를 것입니다.

10. 나는 이 천상적 생활을 더욱 지지하는 도움으로 이런 것을 충고합니다. **마땅히 가져야 할 그대 몸의 건강에 대한 관심을 소홀히 하지 마십시오.** 그대의 몸을 그저 제대로 돌보면 그것은 쓸모 있는 종입니다. 그러나 그대 몸이 부당한 욕망에 이끌리게 내버려 두면 그대 몸은 뭐든지 삼켜 버리는 폭군입니다. 그리고 그대가 그대 몸을 지탱하는 데 필요한 것을 부적절하게 거부하면, 그것은 무딘 칼처럼 쓸데없습니다. 얼마나 자주 사람들이 양극단으로 몸을 해치는지, 그리고 자기의 몸을 제대로 사용하지 못하는지 우리가 살필 때, 우리는 그들이 하늘에 대하여 이야기할 때 큰 방해를 입더라도 놀랄 리 없습니다. 대부분의 사람들은 마땅히 하나님과 하늘에 대하여 생각해야 할 때 육체의 욕구에 노예가 되어 자신의 육신이 원하는 대로 이끌려서 자의적으로 오락이나 쾌락이나 헛된 사귐에 내맡깁니다.

여러분이 자신의 영혼을 사랑하는 것처럼 "정욕을 위하여 육신의 일을 도모하지 마십시요"(롬 13:14). 그리고 이 점을 기억하십시오. "육신의 생각은 사망이요 영의 생각은 생명과 평안이니라. 육신의 생각은 하나님과 원수가 되나니 이는 하나님의 법에 굴복하지 아니할 뿐 아니라 할 수도 없음이라. 육신에 있는 자들은 하나님을 기쁘시게 할 수 없느니라. 그러므로 형제들아 우리가 빚진 자로되 육신에게 져서 육신대로 살 것이 아니니라 너희가 육신대로 살면 반드시 죽을 것이로되 영으로써 몸의 행실을 죽이면 살리라"(롬 8:6-8, 12-13).

몸에 필요한 것을 거부하고, 그래서 몸이 자신을 섬길 수 없도록 만듦으로써 자신의 천상적 기쁨을 크게 방해하는 사람들이 있습니다. 만일 그처럼 자

신의 육신에만 잘못 행하면, 큰 문제가 되지 않을 것입니다. 그러나 그들은
자신의 영혼에도 잘못 행합니다. 집을 망치는 사람이 그 거주자를 해치는 것
과 같습니다. 몸이 병들고 영혼이 약해질 때, 우리는 천국에 대한 생각과 기
쁨을 누리는 것이 힘들어집니다.

제13장

천상적 묵상의 본질, 천상적 묵상을 위한 가장 적합한 시간과 장소와 마음의 상태

이 글에서는 천상적 묵상을 권하고 규정한다. 그 정의는 예를 통하여 설명된다.

 I. 천상적 묵상을 위한 가장 적합한 시간은 다음과 같다.

  1. 정해 놓은 시간에 한다.

  2. 자주 한다.

  3. 시기적절해야 한다 ― 매일 하되, 특별히 주일마다 한다. 그러나 좀 더 특별하게는 우리 마음이 하나님의 일을 느끼고 마음이 뜨거워질 때, 혹은 우리가 고난을 받거나 시험을 받을 때, 혹은 우리가 죽음에 가까울 때 한다.

 II. 천상적 묵상을 위한 가장 적합한 장소.

 III. 천상적 묵상을 위한 가장 좋은 상태.

  1. 우리 마음이 세상으로부터 가장 깨끗할 때.

  2. 가장 엄숙하고 진지한 상태

독자들이여 다시 한 번 간청하지만, 그대가 계시된 의무를 깨닫고 감히 고의로 성령을 거역하지 않을 때, 즉 그대가 성도의 높은 기쁨과 영혼을 황홀하게 만드는 천상적 묵상의 연습을 고귀하게 여길 때 부지런히 궁구하고 다음과 같은 지침을 신속하고 성실하게 행하십시오. 이로써 그대가 자신의 모든 덕이 늘어나는 것을 보지 못하고, 일반 그리스도인의 상태를 넘어서서 장성하지 못하며, 자신이 있는 곳에서 더욱 남을 돕기 좋아하는 사람이 되지 못하고, 모든 분별력 있는 사람의 보기에 더 고귀해지지 않으면, 즉 그대 영혼이 하나님과의 교제를 좀 더 향유하지 못하고, 그대 생명이 위로로 더 풍성해지지 않고, 죽어갈 때 별로 도움을 받지 못하면, 이 지침을 내던져 버리고 영원히 나를 속이는 자로 비난하십시오.

내가 그대에게 그토록 성실하게 요구하고 이제 어떻게 실천할 것인지 그 지침을 주는 의무는 이렇습니다. "그대의 영원한 안식에 관하여 묵상할 때 그대 영혼의 모든 능력을 단호하고 엄숙하게 발휘하십시오." 이 의무의 성격을 좀 더 충분히 설명하기 위해 나는 여기서 간단한 이야기를 예로 들어 설명하려 합니다. 그런 다음에 그 의무를 위하여 가장 적합한 시간과 장소와 마음 상태를 지적할 것입니다.

우리가 이런 묵상의 의무, 혹은 신령한 것에 관하여 고찰하고 묵상하는 일을 서술했던 방식을 약간의 예를 통하여 설명하는 것은 부적절한 일이 아닙니다. 그것은 모든 사람이 **고백해야 할 의무**이지만 실제로 대부분의 사람이 부인하는 것입니다. 많은 사람이 다른 의무는 자각하면서도 이 의무는 쉽게 무시합니다. 그들은 공적으로나 개인적으로 설교나 금식이나 기도를 빠뜨리면 괴로워하지만, 모르긴 해도 바로 오늘까지 자신의 전 생애에서 묵상을 빠뜨리고도 결코 괴로워하지 않았을 것입니다. 이 의무를 행하므로 다른 모든 의무도 더욱 잘해 나가고 영혼이 자신의 양식과 위로를 위하여 진리를 구할지라도 그렇습니다. 이 의무는 하나님이 여호수아에게 주신 명령입니다. "이 율법 책을 네 입에서 떠나지 말게 하며 주야로 그것을 묵상하여 그 가운데 기록한 대로 다 지켜 행하라"(수 1:8). 음식을 먹고 소화하면 활력 있는 건강에 필요한 유미(乳糜:소장 내의 림프액)와 피가 생기듯이 진리를 묵상하여 속

으로 받아들이고 기억하면 따스한 감정과 굳은 결의와 거룩한 대화가 생겨
납니다.

이 묵상은 영혼의 모든 능력이 작용하는 것입니다. 이는 살아 있는 자의
활동이지 죽은 자의 활동이 아닙니다. 이는 가장 신령하고 숭고한 활동이며,
따라서 단순히 육적이고 세상적인 마음으로는 제대로 수행할 수 없는 것입
니다. 사람은 하늘에 관하여 잘 알고 이야기할 수 있으려면 반드시 먼저 하
늘과 어떤 관계를 맺어야 합니다. 내가 안식에 관한 묵상을 즐거워하라고 권
할 때는 그들이 안식할 권리를 가진 사람이라고 가정합니다. 그리고 나는 그
대가 그리스도인이라고 가정하고 이제 그대에게 적극적인 그리스도인이 되
라고 권합니다. 그리고 내가 그대를 계속 행하게 하려는 것은 바로 이와 같
은 영혼의 활동입니다. 왜냐하면 육신의 연습은 이 땅에서 조금밖에 유익이
없기 때문입니다. 그리고 이 의무는 틀림없이 영혼의 모든 능력으로 하여금
일반적인 묵상과 천상적 묵상을 구별하게 만듭니다. 왜냐하면 지성만이 영
혼에 있지 않고, 따라서 지성만 모든 일을 할 수 있는 것이 아니기 때문입니
다.

몸에서 위가 음식을 유미로 만들고 간에 도움을 주듯이 영혼에서 지성은
진리를 받아들여서 의지에 맞게 그리고 감정에 맞게 진리를 준비시킵니다.
그리스도와 하늘은 다양한 탁월함을 갖고 있으며 그러므로 하나님은 이 탁
월한 것을 감지하도록 여러 가지 능력을 영혼에 만들어 놓으셨습니다. 우리
가 냄새를 맡지 못한다면 향기로운 꽃이 우리에게 뭐 그리 좋은 것이 되겠습
니까? 혹 우리가 들을 수 없다면 말이나 음악이 우리에게 무슨 유익을 주겠
습니까? 혹 미각이 없으면 고기나 음료수에서 대체 무슨 만족을 누리겠습니
까? 그러므로 우리가 사랑과 기쁨의 감정이 없었다면 하늘의 모든 영광이 우
리에게 무슨 유익을 끼칠 수 있으며, 하나님의 완전에서 우리가 무슨 즐거움
을 누리겠습니까? 그리고 그대가 이 유쾌함과 힘을 감지할 수 있도록 하는
영혼의 이런 특성을 발휘하지 않는 한 영원에 대한 묵상으로 무슨 힘이나 유

쾌함을 누릴 수 있단 말입니까?

묵상이 이해와 암기의 활동에 불과하다고 생각하면 그것은 그리스도인의 착각입니다. 왜냐하면 학생이라면 누구나 이해하고 암기할 수 있으며 사람은 자신이 생각하는 것을 미워하기도 하기 때문입니다. 그러므로 하늘에 대하여 단순히 기억하고 생각하는 것으로 그쳐서는 안 된다는 것을 당신은 발견합니다. 어떤 일꾼이 손이나 발을 움직일 뿐만 아니라 온 몸을 활동시키듯이 묵상은 온 영혼을 움직입니다. 죄인의 사랑이 세상에 있고 우상을 향하고 하나님으로부터 떨어져 있었듯이, 이제 그들의 감정은 하나님을 좋아하는 감정으로 바뀌어야 합니다. 그리고 전에 그들의 온 영혼이 죄로 가득 차 있었듯이 이제 그 온 영혼은 하나님으로 가득 차 있어야 합니다. 다윗이 복된 사람을 어떻게 서술하는지 보십시오. "오직 여호와의 율법을 즐거워하여 그의 율법을 주야로 묵상하는 자로다"(시 1:2).

이 묵상은 **정해서 하는 것이고 엄숙한 것**입니다. 우리가 기도의 의무에 전적으로 마음을 정할 때 엄숙한 기도가 있고, 다른 일을 하는 가운데 짧은 소원을 하나님께 올릴 때 갑작스럽게 하는 기도가 있듯이, 우리가 묵상에 마음을 전적으로 쏟을 때 엄숙한 묵상이 있으며, 다른 일을 하는 가운데 마음으로 하나님에 대하여 선한 생각을 품고 있을 때 하는 일시적인 묵상이 있습니다. 엄숙한 기도가 늘 의무를 행하는 과정이나 이따금 행하는 과정이나 특별한 시기에 하는 것처럼 묵상도 그러합니다. 그런데 나는 당신의 일반적인 활동과 뒤섞여 있으며 또한 특별한 기회를 당하여 당신이 행하게 되는 묵상을 당신에게 권하고 있지만, 마음 같아서는 당신이 말씀을 듣고 기도하고 성경을 읽는 일처럼 묵상을 늘 행하는 의무로 여기게 되었으면 좋겠습니다. 그리고 다른 엄숙한 일 말고는 기도하거나 묵상할 때 일체 끌어들이지 말았으면 좋겠습니다.

이 묵상은 **그대의 영원한 안식에 대한** 것입니다. 나는 당신의 다른 묵상을 내버리게 하고 싶지 않습니다. 하지만 분명 하늘이 완전이라는 점에서 두드러지므로 하늘은 우리 묵상에서도 두드러져야 합니다. 우리로 가장 행복하게 만드는 것을 묵상할 때 우리는 가장 즐겁게 될 것입니다. 다른 묵상은 성경의 구절이나 우주의 피조물이나 세상 나라에서 나타나는 특정한 섭리처럼 수없이 많습니다. 그러나 이 묵상은 시온 산을 향하여 가는 것입니다. 이 세상의 나라에서 성도의 나라로, 이 땅에서 하늘로, 시간에서 영원으로 가는 것입니다. 이는 해와 달과 별 위를 걷는 것이며 하나님의 뜰과 낙원에서 걷는 것입니다. 멀리 떨어져 있는 것처럼 보여도 영혼은 빠릅니다. 몸에 있든지 몸 바깥에 있든지 영혼의 움직임은 재빠릅니다. 당신은 세상 사람들처럼 이 생각으로 미치지 않을까 두려워할 필요가 없습니다. 나는 당신을 천국에서 걸으라고 설득하지 지옥을 걸으라고 설득하지 않습니다. 내가 당신더러 발휘하라고 하는 것은 기쁨이지 슬픔이 아닙니다. 나는 당신에게 흉한 사물을 보라고 권하지 않고, 오직 성도의 넘치는 영광과 영광의 하나님의 말할 수 없이 탁월하심과 그 아들의 얼굴에서 비취는 광채를 보라고 권합니다.

이 묵상이 비참한 자들로 자비를 생각지 못하게 하거나, 죄수들로 구원을 바라보지 못하게 하거나, 가난한 자로 다가올 부와 존귀를 생각하지 못하게 정신을 혼란시키겠습니까? 아마 지복 가운데 그리스도와 함께 사는 것을 생각하는 것보다, 고생스런 세상에서 살고 가난과 병 가운데 거하고 불의한 자의 격노 가운데 거하는 일을 생각하는 것이 사람을 미치게 만들 것이 틀림없을 것입니다.

그러나 "지혜는 자기의 모든 자녀로 인하여 옳다 함을 얻느니라"(눅 7:35). 지식에는 원수가 없고 무지한 자만이 있습니다. 이 천상적 과정을 반대하여 말하는 자는 그 과정을 결코 알지 못하거나 사용하지 않은 사람밖에 없었습니다. 나는 그 과정을 반대하고 반박하는 것보다 그 과정을 인정하지만 무지한 사람을 더 두려워합니다.

첫째로, 천상적 명상을 위한 가장 적합한 시간에 관하여 나는 정해진 시간에 자주, 그리고 시기적절하게 하라고 충고하고자 합니다.

1. **정해진** 시간에 하십시오. 그대가 그 시간에 다른 종교 활동을 하지 말고 이 활동의 유익을 위하여 시간을 들이면, 미신을 두려워할 필요가 없습니다. 정해진 시간은 의무를 행하도록 보호하는 울타리이며, 묵상을 **빼먹게** 만드는 많은 유혹에서 그 의무를 보호합니다. 어떤 사람들은 시간을 마음대로 사용하지 못해서 시간을 정할 수 없습니다. 그리고 많은 사람은 너무 가난하여 가족의 필요 때문에 이런 자유를 얻지 못합니다. 그런 사람은 할 수 있는 대로 많은 시간을 가질 수 있도록 주의해야 하며, 자신에게 주어진 한가한 기회를 잡아서 특별히 자신의 소명을 이루는 일과 더불어 할 수 있는 대로 묵상과 기도에 많은 시간을 들여야 합니다. 하지만 세상적 필요에서 아끼는 시간이 많고 시간을 마음대로 사용할 수 있는 사람에게는 이 의무를 정해진 시간에 행하도록 여전히 충고합니다. 그리고 사실상 하루의 모든 일을 정해진 시간에 해야 한다면 시간을 아끼고 의무를 행하는 일에 더 능숙해야 합니다.

2. 정해서 하는 만큼 **자주** 하십시오. 얼마나 자주 해야 할지 나는 결정할 수 없습니다. 왜냐하면 사람의 형편이 다르기 때문입니다. 그러나 일반적으로 성경은 주야로 묵상하라고 언급할 때 자주할 것을 요구합니다. 그러므로 편리한 대로 다른 일을 하지 않을 수 있는 사람에게는 적어도 하루에 한 번 묵상할 것을 충고합니다.

천상적 묵상을 자주 한다는 것은 하나님과 그대의 영혼 사이에 어색함을 막는 데 특별히 중요합니다. 교제가 잦으면 친밀해지고, 친밀해지면 사랑과 기쁨이 커지고 말할 때 담대해집니다. 천상적 묵상의 주된 목적은 하나님을 알고 교제를 나누는 것입니다. 그러므로 그대가 천상적 묵상을 별로 하지 않으면 여전히 나그네로 남을 것입니다. 사람이 하나님에 대한 필요를 느끼고 필요한 경우 하나님의 도움을 구해야 할 때, 우리가 알고 친숙한 하나님께로 가는 것이 큰 격려가 됩니다.

천상적인 한 그리스도인은 이렇게 말했습니다. "나는 어디로 가며 누구에

게 가야 할지 안다. 나는 지금까지 이런 길로 여러 번 갔다. 나는 매일 같은
하나님과 대화를 나누며 그 길은 내가 매일 걷는 길이었다. 하나님은 나를
잘 아시고 나도 하나님을 꽤 잘 안다." 반면에 궁핍하여 하나님께로 피하지
않을 수 없는 상황에서, '애석하지만 어디로 가야 할지 나는 모른다. 이전에
는 그 길로 간 적이 없다. 나는 하늘의 궁정을 전혀 알지 못하며 나의 영혼은
말씀드려야 할 그 하나님을 알지 못한다. 그리고 나는 그 하나님이 나를 모
르시는 것이 아닐지 두렵다' 하고 생각하게 된다면 그 얼마나 두렵고 낙담되
는 일입니까. 그러나 특별히 우리가 죽게 되어 곧바로 이 하나님 앞에 서야
하고 그의 영원한 안식에 들어갈 것을 기대할 때 그 차이는 명백하게 드러날
것입니다.

그러므로 이렇게 생각한다면 얼마나 기쁠 것입니까. '나는 매일 이야기하
던 곳으로 가고 있다. 내가 그토록 자주 기쁨을 맛보던 곳으로, 내가 묵상 가
운데 그렇게 자주 만나 뵙던 그 하나님께로 가고 있다. 나의 마음은 지금까
지 하늘에 있었고 하늘의 소생시키는 유쾌함을 자주 맛보았다. 그리고 내가
한 번 맛보고도 나의 눈이 그토록 빛나고 나의 영혼이 그렇게 새로워졌다면,
그것을 자유롭게 먹을 때는 과연 어떻게 되겠는가?'

반면에 이렇게 생각하면 얼마나 두려울 것입니까. '나는 틀림없이 죽지만
어디로 가야 할지 모른다. 내가 잘 알고 있는 곳에서 친숙하지도 않고 알지
도 못하는 곳으로 나는 간다.' 하나님과 하늘에 대하여 낯설다고 생각하는
것은 죽어가는 사람에게 말할 수 없이 두려운 일입니다. 이 의무를 게을리하
면 심지어 경건한 사람에게도 죽음이 달갑지 않고 불쾌하게 되기 십상일 것
입니다. 나는 이 의무를 자주 행할 것을 주장합니다. 그리고 이 의무는 그대
와 하나님 사이에 어색함을 막는 것처럼, 그 의무를 능숙하게 하지 못하는
일을 또한 막을 것입니다. 별로 해보지 않은 일에 손을 대는 것이 얼마나 선
부릅니까. 그러나 그 일을 자주하면 그대의 마음이 익숙해지고, 그 일이 더
쉽고 즐겁게 됩니다. 처음에 언덕을 오르면 숨이 차지만, 일단 언덕 오르는

일이 익숙해지면 쉽게 언덕을 달려 올라가게 됩니다.

자주 하는 것은 열심과 생명을 잃지 않도록 막을 것입니다. 그대가 2, 3일에 한 번 먹을 뿐이라면 힘을 급속히 잃을 것입니다. 거룩한 묵상으로 그리스도께 다가가고 사랑의 열기로 그대 가슴이 따뜻해졌는데 가끔씩 밖에 하지 않으면 이전의 냉랭함이 곧 다시 찾아올 것입니다. 그 일이 아주 영적이며 부패한 본성의 경향을 거스르는 것이면 더더욱 그렇습니다. 참으로 다른 의무, 특별히 은밀한 기도를 함께 하면 그대 마음이 위의 것을 향하도록 유지하는 데 큰 도움을 줄 것입니다. 그러나 묵상은 대부분의 다른 의무의 생명이며, 천국을 바라보는 것은 묵상의 생명입니다.

3. 또한 가장 **시기적절한** 때를 택하십시오. 모든 일은 적절한 자기 때에 가장 아름답고 탁월합니다. 시기가 적절하지 못하면 그대의 일이 열매를 맺지 못할 것이며, 일이 까다로워질 것이며 의무가 죄로 바뀔 것입니다. 같은 시간이라도 어떤 사람에게는 적절하고, 어떤 사람에게는 적절하지 않을 것입니다. 종과 일꾼은 일하는 중이거나 여행 중이거나 밤에 누워 깨어 있을 때든지 자신이 하는 일에서 가장 나은 시간을 잡아야 합니다. 원하는 대로 시간을 택할 수 있는 사람은 자신의 영혼이 가장 활동적이고 묵상에 적절한 때를 알아 놓았다가 그 시간을 정해진 시간으로 삼아야 합니다. 내게는 해가 지고 여명이 되기 전의 저녁 시간이 늘 가장 적합한 시간이었습니다. 내가 이 시간을 군이 언급하는 것은 훌륭하고 지혜로운 사람이 이때가 좋다고 하기 때문입니다. 왜냐하면 성경에 이렇게 분명히 언급되어 있기 때문입니다. "이삭이 저물 때에 들에 나가 묵상하다가"(창 24:63).

주일은 이 일을 위하여 지극히 적절한 때입니다. 우리에게는 우리의 안식을 상징하는 그 안식의 날보다 자신의 안식을 명상하기에 더 적절한 때가 있겠습니까? 주일이 영적 의무를 행하기에 적합한 날이라면 역시 탁월하게 영적인 이 천상적 묵상의 의무를 빠뜨려서는 안 됩니다. 나는 이 일이 기독교 안식일의 주된 일이며, 그날을 적극적으로 제정하신 계획에 아주 일치하는 것이라고 참으로 생각합니다. 주일만큼 우리 주님과 대화하기에 적합한 날이 있겠습니까? 주님이 땅에서 부활하시고 사망과 지옥을 완전히 이기신 주일만큼 하늘에 오르기에 적합한 날이 있겠습니까? 참된 그리스도인에게 가장 적절한 상태는 요한처럼 "주의 날에 성령에 감동되는"(계 1:10) 것입니다. 그리고 우리의 다가오는 영광을 영적으로 지켜보는 것 말고 성령 안에서 이 기쁨을 우리에게 가져다 줄 수 있는 것이 있겠습니까? 이 점을 주목하십시오.

주일을 오직 공적 예배에만 보내는 여러분이여, 당신이 묵상이라는 이 영적 의무를 게을리하면 당신의 영혼이 해를 크게 입습니다. 또한 주일을 게으름과 헛된 대화에 허비하는 여러분이여, 당신이 이 묵상의 의무에 친숙하다면 다른 여가가 필요치 않을 것입니다. 당신은 가장 긴 날을 짧게 생각할 것이며, 밤이 와서 천국의 즐거움이 줄어들어 섭섭해할 것입니다.

그리스도인이여, 안식일에 천국을 더 생각하십시오. 왜냐하면 당신은 곧 거기서 영원한 안식을 지켜야 할 것이기 때문입니다. 안식을 영광에 이르는 계단으로 사용하되, 그 계단을 다 지나서 영광에 이를 때까지 하십시오. 특별히 가난하여 원하는 대로 주중에 시간을 가질 수 없는 여러분이여, 자신이 이 날을 잘 사용하는지 살피십시오. 당신의 몸이 일에서 쉬는 것처럼 당신의 영혼은 하나님으로부터 안식을 구합니다.

매일 늘 적절한 시간을 갖고, 특별히 주일마다 적절한 시간을 갖는 것 외에도, 천상적 명상을 위하여 아주 특별한 시기가 있습니다. 예를 들면, 하나님이 그대의 영혼을 위로부터 오는 열기로 넘치도록 뜨겁게 하셨을 때, 그대는 좀 더 큰 자유로 솟아오를 것입니다. 이런 때에는 조금만 노력하더라도 그대 마음이 진보하게 될 것입니다. 반면에 다른 때에는 노력해 봐도 목적을 별로 이루지 못할 것입니다. 성령의 바람을 관찰하십시오. 그리고 그리스도의 영이 얼마나 그대 영혼을 움직이시는지 살펴보십시오. "그리스도가 없으면 우리가 아무것도 할 수 없습니다"(요 15:5). 그러므로 그리스도가 일하시

는 동안 일하십시오. 그리고 그리스도가 오실 때 길에서 벗어나거나 곯아떨
어지지 않았는지 확인하십시오. 성령님이 베드로처럼 옥과 철장에 갇혀 있
는 그대의 마음을 발견하고 그대를 때리시며 "급히 일어나 나를 따르라"고
말씀하실 때 그대는 일어나 따르는지 확인하십시오. 사슬이 떨어져 나가고
문이 열리는 것을 보면 그대는 알아차리기도 전에 하늘에 있을 것입니다.

이 의무를 행하는 또 하나의 특별한 시기는 그대가 **고난**, 곧 괴롭거나 시험
받는 상태에 있을 때입니다. 기절하는 때 말고 강심제를 취할 때가 있겠습니
까? 마음의 위로를 얻고 세상 어디서 살아야 할지 모를 때 말고 하늘을 향하
여 걷기에 더 적절한 때가 있겠습니까? 혹은 이 아래에서 근심밖에 없을 때
보다 우리의 생각이 위의 것을 사귀어야 할 때가 있겠습니까? 노아의 물이
온 땅을 덮고 노아의 비둘기는 발꿈치 놓을 여유를 발견할 수 없었을 때 방
주 말고 어디를 가겠습니까? 우리는 세상의 껍데기조차 먹을 수 없을 때 우
리 아버지의 집 말고 무엇을 생각하겠습니까? 참으로 하나님은 이 목적을 위
하여 그대에게 고난을 주십니다.

그대가 가난을 이렇게 사용하면 그대 가련한 사람은 행복합니다. 그리고
그대 병든 자여, 그대가 병을 그렇게 잘 선용하면 그대는 행복합니다. 우리
의 짐이 애굽에서 많아지고 광야에서 곤경을 당할 때 약속의 땅으로 가는 것
은 잘하는 일입니다. 독자여, 그대가 영광을 진지하게 바라보는 것이 자신의
근심을 더는 큰 강심제라는 것을 안다면, 이 해롭지 않은 괴로움을 덜 두려
워하고 저 보존하고 부활하게 하는 치료약을 더 많이 사용하려 할 것입니다.

다윗은 이렇게 말했습니다. "내 속에 근심이 많을 때에 주의 위안이 내 영
혼을 즐겁게 하시나이다"(시 94:19). 바울은 이렇게 말했습니다. "생각하건
대 현재의 고난은 장차 우리에게 나타날 영광과 비교할 수 없도다"(롬 8:18).
"그러므로 우리가 낙심하지 아니하노니 우리의 겉사람은 낡아지나 우리의
속사람은 날로 새로워지도다 우리가 잠시 받는 환난의 경한 것이 지극히 크
고 영원한 영광의 중한 것을 우리에게 이루게 함이니 우리가 주목하는 것은

보이는 것이 아니요 보이지 않는 것이니 보이는 것은 잠깐이요 보이지 않는 것은 영원함이라"(고후 4:16-18).

그리고 이 천상적 의무에 유난히 적합한 또 다른 시기는 하나님의 사자가 불러 우리가 **죽을** 때입니다. 이 삶이 거의 끝났다는 것을 알 때, 다른 삶이 예비되어 있다는 소식을 들으면 그보다 더 기쁜 일이 어디 있겠습니까? 죽어가는 사람보다 도움의 기쁨을 필요로 하는 사람은 없습니다. 그리고 이 기쁨은 우리의 영원한 즐거움에서만 나올 수 있습니다. 세상적인 것이 천상적 기쁨에 합쳐지지 않을 때 천상적 기쁨이 가장 달콤한 것처럼, 죽어가는 그리스도인의 기쁨은 종종 그 어느 때 맛보던 것보다 달콤합니다. 죽어가는 이삭과 야곱은 자기 아들들을 위하여 참으로 예언적인 축복을 했습니다. 모세는 참으로 천상적인 노래와 하나님의 축복으로 자신의 생명을 마감합니다. 주님이 제자들을 떠나려 하실 때 제자들은 주님으로부터 참으로 천상적인 충고와 기도를 받았습니다. 바울이 "벌써 부음이 되었을"(딤후 4:6) 때 빌립보 사람들과 디모데와 에베소 장로들에게 얼마나 천상적인 권고와 충고를 주었습니까. 요한이 하늘로 가기 전에 잠깐이지만 밧모 섬에서 얼마나 하늘에 가까웠습니까. 하늘에 가장 가까울 때 성도는 일반적으로 가장 천상적인 상태에 있습니다.

독자여, 만일 그대가 죽어가는 때가 가까운 것을 깨닫는 경우라면, 그대의 마음은 지금 그리스도 말고 어디에 가 있어야 하겠습니까? 아마 그대는 그리스도가 옆에 서 계시는 것을 보고 그대 아버지나 남편이나 의사나 친구들에게 하듯 그리스도에게 말씀드릴 것입니다. 말하자면 그대는 그대 영혼을 위하여 마지막으로 직분을 수행하고 있는 천사들을 주위에서 볼 것입니다. 심지어 아브라함의 품에 거지 나사로의 영혼을 데리고 가기를 멸시하지 않았던 천사들도 그대를 그곳으로 인도하려고 할 것입니다. 야곱이 요셉의 마차를 탔을 때 그랬던 것처럼, 그대의 고통과 병을 보고 그대 영혼이 그대 속에 부활하여 "충분합니다. 그리스도는 여전히 살아 계십니다. 그분이 살아 계시므로 저도 살 것입니다" 하고 말하십시오.

그대는 가장 좋은 강심제가 필요합니까? 여기 세상이 줄 수 있는 것보다 더 좋은 강심제가 있습니다. 여기 하늘의 모든 즐거움이 있으며, 심지어 하나님과 그리스도를 보는 일과, 복 받은 자들이 여기서 소유하는 그 모든 것이 있습니다. 그리스도께서 이 우아한 것들을 그대에게 건네 주십니다. 그리스도는 복음의 약속에서 확인증을 써 놓으셨습니다. 그분은 하늘에 알맹이를 준비해 놓으셨습니다. 오직 믿음의 손을 벌려 그것을 먹고 누리며 사십시오. 주님은 엘리야에게 말씀하시듯 당신에게 이렇게 말씀하셨습니다. "일어나 먹으라. 네가 갈 길을 다 가지 못할까 하노라"(왕상 19:7). 길지 않은 듯이 보여도 그 길은 진흙투성이입니다. 그러므로 그분의 음성에 복종하여 일어나 먹고 "그 음식물의 힘을 의지하여 하나님의 산 호렙에 이르라"(왕상 19:8). 그리고 모세처럼 그대도 "올라가는 이 산에서 죽는다"(신 32:50). 그리고 시므온처럼 이렇게 말하십시오. "주재여, 이제는 종을 평안히 놓아 주시는도다 내 (믿음의) 눈이 주의 구원을 보았사오니"(눅 2:29-30).

둘째로, 천상적 묵상에 가장 좋은 장소에 관해서는 **개인적으로 조용한 곳이** 가장 편하다고 말하는 것으로 충분합니다. 우리의 영혼은 언제나 도움이 필요하며, 일에서 생기는 모든 장애에서 자유로워야 합니다. 그리스도께서 개인적인 기도를 드릴 때 "기도할 때에 네 골방에 들어가 문을 닫고 은밀한 중에 계신 네 아버지께 기도하라. 은밀한 중에 보시는 네 아버지께서 갚으시리라"(마 6:6)고 하신 것처럼 우리의 묵상도 그렇게 해야 합니다. 그리스도께서는 산이나 광야나 다른 외딴 곳으로 얼마나 자주 물러나셨습니까.

나는 이따금 하는 묵상에 대해서 이렇게 충고를 하는 것이 아니라 정해 놓고 엄숙하게 하는 묵상에 대하여 이렇게 충고합니다. 그러므로 그대의 주님과 교제를 잠시 즐기기 위하여 모든 교제에서, 심지어 경건한 사람과의 교제에서 물러나십시오. 오직 창의력과 기억력을 발휘하는 학생도 군중 가운데서 공부할 수 없다면, 그대 영혼의 모든 능력을 발휘해야 하고 자연을 훨씬 넘어서는 것에 집중해야 할 그대가 군중 가운데 있어서는 더더욱 안 됩니다. 우리는 미신적인 은둔을 싫어했습니다. 그러다 보니 홀로 하는 묵상적 기도도 내버렸습니다. 우리는 군중 가운데 있는 어떤 선지자나 성도에게 하나님이 직접 혹은 그 천사를 통하여 계시하시는 일을 읽어 보는 경우가 드뭅니다. 그러나 그들이 홀로 있을 때는 그런 일이 일어나는 것을 자주 읽습니다.

그러나 집안에 있든지 바깥에 있든지 그대 영혼이 가장 알맞은 장소를 스스로 찾아라. 이삭이 '들에 나가 묵상하는' 예는 대부분의 사람에게 가장 알맞다고 확신합니다. 우리의 주님은 고요한 동산을 자주 찾으셨으므로, 유다도 주님을 배반하러 왔을 때 어디 계신지 알고 있었습니다. 그리고 예수님이 제자들을 데리고 그곳으로 가셨을 때에도 예수님은 좀 더 은밀한 기도를 위하여 "따로 그들에게서 물러나" 계셨습니다. 그리고 예수님이 묵상하신다는 말이 직접 언급되지 않고 기도하신다고만 되어 있어도 사실 묵상이 분명히 함축되어 있습니다. 왜냐하면 그의 영혼은 먼저 자신의 고난과 죽음에 대한 쓰라린 묵상으로 슬프게 되고, 그런 후에 기도로 그 마음을 토해 내셨기 때문입니다. 그래서 그리스도께서 늘 가시던 곳으로 가셔서 늘 하시던 의무를 행하셨던 것처럼 우리도 그렇게 해야 합니다. 그리스도께서 외딴 곳을 정해 두셔서 그곳으로 물러나시고 심지어는 제자들로부터 물러나셨던 것처럼, 우리도 그렇게 해야 합니다.

그리스도는 우리 죄가 받아야 하는 고난에 대하여 묵상하셨는데 이는 자신의 모든 영혼으로 하나님의 진노를 다 겪으시기 위함이었습니다. 그러나 우리는 그리스도께서 값 주고 사신 영광에 관하여 묵상하는데, 이는 아버지의 사랑과 성령님의 기쁨이 우리의 생각에 들어오게 하고, 우리의 사랑이 되살아나게 하고, 우리의 영혼에 넘치게 하려 함입니다.

셋째로, 나는 다음에서 이 천상적 묵상을 위한 그대 **마음의 준비**에 관하여 충고하고자 합니다. 이 일의 승패는 그대의 마음 자세에 크게 좌우됩니다. 사람의 마음은 성령님을 근심하게 하는 것이 없었을 때 조물주의 즐거운 거처였습니다. 하나님은 사람이 합당하지 못하게 분노하게 하여 하나님을 몰아내기까지 그곳의 거처를 물러나지 않으십니다. 마음이 점점 죄악되기까지는 부끄러움이나 주저함이 없었지만, 그 후에는 너무 구역질나는 구덩이가 되어 하나님이 기뻐하실 수 없습니다. 그리고 이 영혼이 이전의 무흠한 상태로 돌아가면 하나님은 곧바로 이전의 거처로 돌아오십니다.

그렇습니다. 영혼이 성령님에 의하여 새롭게 되고 고침을 받고 그 정욕에서 깨끗하게 되고 하나님의 형상으로 아름다워지는 한, 주님은 그 영혼을 자기 것으로 인정하실 것입니다. 그리스도는 그 속에 자신을 드러내실 것이며 성령님은 그 영혼을 자신의 성전과 거주지로 여기실 것입니다. 마음이 하나님과 대화할 자격을 갖추는 한, 하나님을 자주 즐거워하는 한 그렇습니다. 그러므로 "무릇 지킬 만한 것보다 더욱 네 마음을 지키라 생명의 근원이 이에서 남이니라"(잠 4:23).

1. 그대 마음을 할 수 있는 대로 **세상에서 깨끗하게 하십시오.** 자신의 사업과 괴로움과 즐거움과 그대 영혼에서 조금이라도 차지할 만한 모든 것을 온전히 제쳐놓으십시오. 그대 마음을 할 수 있는 대로 텅 비워, 그대 영혼이 하나님으로 더욱 충만할 수 있도록 하십시오. 만일 그대가 약간의 외적 의무를 수행하면, 영혼의 일부를 채울 수 있지만 전부를 채울 수는 없습니다. 그대는 묵상의 산으로 올라갈 때 황금 무더기를 본 탐욕스러운 사람과 같아질 것입니다. 이 사람은 할 수 있는 만큼 금을 많이 주웠지만 더 가져갈 수 없어서 한탄합니다. 그대는 자신의 좁은 마음이 담을 수 있는 만큼 하나님과 영광을 발견하게 될 것입니다. 그리고 그대 영혼의 무능력 말고는 그대가 충분히 소유하지 못하게 막는 것은 거의 없습니다.

그러므로 그대는 이렇게 말할 것입니다. "오, 이 이해력과 이 감정이 좀 더 많이 담을 수 있었으면. 이곳이 나의 천국이 되지 못하는 것은 무엇보다도 나의 자격 없음 때문이다. '하나님은 이곳에 계시나 나는 그것을 알지 못한다.' '불 병거가 산에 가득하지만' 나의 눈이 닫혀서 볼 수 없다. 그리스도께서 말씀하시는 사랑의 말과 그리스도께서 보여 주시는 사랑의 기적이 있으나 나는 그것을 볼 수 없다. 하늘이 나를 위하여 예비되었으나 나의 마음은 하늘에 준비되지 못했다."

그러므로 독자여, 이 묵상으로 그대가 하나님을 향유하는 것을 보는 일은 그대 마음의 능력과 성향에 따라 크게 좌우됩니다. 그러므로 온 영혼으로 여기서 하나님을 구하십시오. 그대가 큰 방에 더 나은 손님을 모시고 나서 그리스도를 마구간과 구유에 던지지 마십시오. 그리스도께서 제자들에게 "내가 저기 가서 기도할 동안에 너희는 여기 앉아 있으라"(마 26:36) 하고 말씀하시듯이, 아브라함이 이삭을 드리러 나갈 때 종에게 "너희는 여기서 기다리라. 내가 아이와 함께 저기 가서 경배하고 너희에게로 돌아오리라"(창 22:5)고 말하듯이, 그대의 모든 세속적 일과 생각에게 그렇게 말하십시오. 심지어 성전에서 웃시야 왕이 주제넘게 분향하려 할 때 나병이 발하는 것을 보고 "제사장이 웃시야 왕을 전에서 급히 쫓아냈던"(대하 26:20) 것 같이, 그대는 하나님이 금지의 표가 붙은 생각들을 마음의 성전에서 내쫓습니다.

2. **마음과 지성을 가장 엄숙히** 하여 이 일을 하도록 하십시오. 거룩한 일에는 소홀히 해서는 안 됩니다. "하나님은 자신을 가까이 하는 자 중에 거룩하다 함을 얻으신다"(레 10:3). 이 영적이고 탁월하고 영혼을 고양하는 의무들은 잘 사용하면 아주 큰 유익을 줍니다. 하지만 신실하지 못하게 사용하면 가장 해롭습니다. 그러므로 하나님의 앞과 그의 불가해한 크심을 아주 깊이 파악하려고 힘쓰십시오. 에스더는 "왕이 금 규를 내밀기"(에 4:11)까지 가까이 가지 못하였습니다. 그러므로 그대가 그 입의 말씀으로 세상을 지으시고 손바닥으로 땅을 드시고 해와 달과 별이 그 길을 계속 가도록 하고 격랑 이는 바다의 한계를 정하시는 그분께 가까이 갈 때, 참으로 크게 경외하는 마음을 가지고 가야 하지 않겠습니까. 그대는, 그 앞에 땅이 흔들리고 귀신이 떨고

그 심판대 앞에 그대와 온 세상이 곧 서서 마침내 심판을 받게 될 그분과 이 야기를 나누러 갈 것입니다. 오 이렇게 생각하십시오. '그때 나는 그 위험을 생생하게 파악하게 되리라. 그때 나의 졸린 영혼이 깨고 나의 불손한 마음이 없어지니, 어찌 내가 그 위대하심을 느껴서 각성하지 않고 그 두려운 이름에 내 영혼이 사로잡히지 않겠는가?'

또한 그대가 하려고 하는 그 일이 중요하고 탁월하다는 것을 깊게 느끼려 고 힘쓰십시오. 만일 그대가 이 땅의 재판장의 법정에서 자신의 목숨을 간절 히 구하고 있다면, 그대는 진지할 것입니다. 하지만 그 일은 '천상의' 일에 비 하면 사소한 것일 것입니다. 그대가 나라의 안녕이 걸려 있는 싸움에 골리앗 을 맞서 싸우는 다윗과 같은 일에 참여하고 있다 해도, 그 일 자체는 천상의 그 일에 비하면 아무것도 아닙니다. 그대가 야곱처럼 씨름하고 있거나, 세 제자가 산에서 보았던 광경을 본다고 해봅시다. 그러면 그대는 얼마나 진지 하고 존경하는 마음으로 다가가서 보겠습니까. 만일 하늘에서 천사가 그대 가 묵상하는 그곳에서 그대를 만나려고 약속한다면, 그대는 얼마나 두려운 마음으로 가득 차겠습니까. 그러므로 그대는 어떤 정신으로 주님을 만나며, 얼마나 진지하고 두려워하는 마음으로 주님과 매일 이야기 나누어야 하겠습 니까.

또한 이 일을 이룰 경우 그 일이 복된 것임을 살피십시오. 그 일은 그대가 하나님의 앞에 들어감을 얻는 것이며, 그대가 이 땅에서 영원한 영광을 시작 하는 수단입니다. 그대가 다른 사람보다 더 훌륭하게 살도록 하며, 천사 다 음의 자리에 있도록 하는 일일 것입니다. 그래서 그대는 살아도 기쁘고 죽어 도 기쁠 것입니다. 그 상이 너무 크므로 그대의 예비한 일은 틀림없이 응답 을 받을 것입니다. 이 땅에 사는 그 누구도 이 천상의 대화에 익숙한 사람들 만큼 즐겁고 복된 생활을 하지 못합니다. 다른 모든 사람의 즐거움은 어린아 이의 장난감이나 바보의 웃음이나 병든 사람이 꿈꾸는 건강과 같습니다. 천 국을 위하여 일하는 사람만이 천국을 얻으며, 단지 그 일을 게을리하는 사람

만이 천국을 잃을 것입니다. 그러므로 이 일은 얼마나 진지하게 해야 하겠습
니까.

제 14 장

천상적 묵상은 고찰과 감정과 독백과 기도를 어떻게 이용하는가

I. 고찰의 사용 그리고 고찰이 마음에 미치는 큰 영향.

II. 명상은 감정에 의하여 촉진된다. 특별히,

　　1. 사랑에 의하여

　　2. 욕구에 의하여

　　3. 소망에 의하여

　　4. 용기 혹은 담대함에 의하여

　　5. 기쁨에 의하여 촉진됩니다.

III. 천상적 묵상에서 독백과 기도의 유용함.

　　우리는 그대의 마음을 정리해 놓았으니 이제 음악을 살펴보도록 합시다. 구미가 당기면 이제 잔칫상으로 가서 골수와 기름진 것으로 그대 영혼을 기쁘게 하십시오. 오십시오. 모든 것이 이제 준비되었습니다. 하늘과 그리스도와 지극한 영광이 여러분 앞에 있습니다. 이 초대를 경솔히 여기지 말고 변명하려 들지 마십시오. 그대가 누구든지, 가령 부자든지 가난한 자든지, 구빈원에 있든 병원에 있든, 부유한 가운데 있든지 곤란 가운데 허덕이든지 간에 나는 가능하다면 그대를 억지로라도 들여보내는 일을 맡았습니다. 그리고 하나님 나라에서 떡을 먹을 자들은 복됩니다. 만나가 그대의 장막 주위에 있습니다. 바깥으로 나가 만나를 모아 집으로 가져와서 드십시오. 이 일을 위하여 나는 어떻게 고찰과 감정과 독백과 기도를 사용하는지 방향을 지시해 주면 그만입니다.

첫째로, 고찰(상고)은 이 천상적 일을 수행하는 데 크게 쓰이는 도구입니다. 이 일은 자발적이어야 하지 억지로 하는 일이어서는 안 됩니다. 어떤 사람은 마지못해서 고찰합니다. 그래서 하나님은 '그들 보는 앞에 그 죄를 두실' 것처럼 불의한 자가 자기 죄를 살피도록 하실 것입니다. 그러므로 저주받은 자는 그리스도의 탁월하심을 살펴보게 될 것입니다. 한때 그들은 그리스도를 모욕하여 어리석게도 영원한 기쁨을 잃어버렸습니다. 고찰이 감정을 움직이고, 마음에 일들을 새기기 위하여 발휘하는 힘은 큽니다. 그 점은 우리가 다음과 같은 세부 사항을 살피는 데서 이렇게 드러납니다.

1. 말하지만 고찰은 **머리와 가슴** 사이의 문을 열어 줍니다. 지성이 진리를 받아들인 다음 기억에 저장하면, 고찰은 그것을 기억에서 감정으로 나릅니다. 머리와 가슴 사이에 장애물이 치워져서 감정이 지성과 주고받으면 많은 학문과 지식이 얼마나 탁월해지겠습니까? 빠르고 분명하고 확실하게 파악하는 그 사람은 종종 아주 훌륭한 학자입니다. 그러나 아주 깊고 다감하게 파악하고 귀에서 뇌로 전달되는 것보다 귀에서 가슴으로 전달되는 것이 아주 빠른 사람은 종종 아주 훌륭한 그리스도인입니다. 그리고 성령님이 가장 중요한 원인이시지만, 우리의 경우에는 틀림없이 고찰에 의하여 귀에서 가슴으로 가는 길이 열립니다.

2. 고찰은 아주 중요한 일을 감정에 제시합니다. 아무리 즐거운 대상이라도 눈으로 보지 못하면 누리지 못하며, 아무리 즐거운 소식이라도 듣지 못하는 사람에게는 영향을 주지 못합니다. 그러나 고찰(상고)은 없는 것을 우리

눈에 보이게 하고, 그것을 영혼의 눈과 귀에 가지고 갑니다. 그리스도와 영광은 대상에 영향을 주지 않습니까? 우리가 그들을 분명하게 발견하고 우리가 그들을 어느 정도 파악하는 능력이 그 가치에 상응한다면, 그들로 인하여 영혼에 기적이 일어나지 않겠습니까? 그들을 우리에게 제시하는 것은 고찰입니다. 고찰은 그리스도인이 땅에서 하늘을 볼 수 있는 전망입니다.

3. 고찰은 또한 **가장 크게 영향을 끼치는 방식**으로 가장 중요한 것들을 제시합니다. 고찰은 마음으로 그 사건을 추론합니다. 신자가 자신의 마음을 이끌어 천상적 묵상에 이르게 하려 할 때, 하나님과 그리스도로부터, 하나님의 각 속성으로부터, 우리의 이전 상태와 현재 상태로부터, 약속으로부터, 현재의 고난과 향유로부터, 지옥과 하늘에서부터 스스로 제시되는 주장이 얼마나 많을 것입니까! 모든 일이 우리의 기쁨을 촉진하기 위하여 드러나고, 고찰은 그 모든 것을 이끌어 내는 손입니다. 고찰은 그럴 이유를 하나씩 더하다가 저울이 기울 때까지 합니다. 고찰은 이 일을 행할 때 기뻐하라고 설득하며, 우리의 모든 불신과 슬픔을 잠재울 때까지 그 일을 합니다.

그리고 우리가 기뻐할 이유는 우리 앞에 분명히 있습니다. 다른 사람이 우리에게 소식을 전하려 하는지 속이려 하는지 상관없이 그 사람의 추론이 우리에게 강력하게 영향을 준다면, 우리가 확신하지 못할지라도 우리가 자신의 의도를 아주 잘 알고 있을 때라면 우리는 자신의 추론을 얼마나 확고하게 믿겠습니까. 그러니 하나님의 추론은 얼마나 크게 우리를 설득하겠습니까. 확신하건대 하나님의 추론은 속이거나 속임을 당할 수 없습니다. 그런데 고찰은 하나님의 추론을 우리 마음에 거듭 읽어주고 반복하는 것에 불과합니다. 탕자가 왜 아버지 집으로 돌아가야 하는지 스스로에게 간청해야 할 확실한 이유가 많았던 것처럼, 우리는 자신의 감정을 설득하여 우리 아버지의 영원한 집으로 이끌기 위하여 그 감정에게 간청해야 합니다.

4. 고찰은 **이성을 그 정당한 자리로 올립니다.** 고찰은 이성이 포로 상태에서 풀려서 감각기관으로 가도록 돕고, 다시 영혼의 왕좌에 놓습니다. 이성은 침

묵할 때 언제나 종속됩니다. 왜냐하면 이성이 잠들 때 감각기관이 지배하기 때문입니다. 그러나 고찰은 우리의 이성을 일깨우되, 삼손처럼 이성이 분발하여 감성의 속박을 부수고 육신의 속임수를 압도할 때까지 일깨웁니다. 사자가 잠잘 때 무슨 힘을 쓸 수 있겠습니까? 왕이 왕위를 빼앗길 때 다른 사람보다 나은 것이 무엇입니까? 영적인 이성은 환상이나 육적인 감각이 아니라 묵상에 의하여 자극되어 천상적 즐거움의 재판관이 되어야 합니다. 고찰은 믿음의 대상을 높이고 상대적으로 감각의 대상을 부끄럽게 합니다. 가장 무분별한 사람들은 가장 감각적입니다. 지식을 거슬러 죄를 짓는 것은 너무 쉽고 일반적입니다. 그러나 건전하고 강력하고 인내하는 고찰을 거슬러 공격하는 사람은 드뭅니다.

5. 고찰은 이성을 **강하고 활동적이게** 만듭니다. 전에는 이성이 고여 있는 물이었지만, 이제는 자기 앞에 있는 모든 것을 격렬하게 쳐 넘어뜨리는 시내입니다. 전에는 이성이 개천의 돌이었지만 이제는 다윗의 물매에서 나오는 돌로 우리의 불신이라는 골리앗의 앞이마를 때립니다. 불의한 사람이 이성을 활동하고 발휘되게 하지 않으므로 계속 불의한 상태로 있듯이, 경건한 사람들이라도 자기의 이성과 믿음이 잠자게 하면 유쾌하지 못하고 묵상 활동을 통하여 이성과 믿음을 부추겨 활동하도록 만들지 못합니다. 꿈속에서도 두려움과 슬픔과 기쁨은 우리의 꿈을 얼마나 흥분시키겠습니까. 그러므로 진지한 묵상은 참으로 우리에게 많은 영향을 끼칠 것입니다.

6. 고찰은 이처럼 이성을 **지속적으로** 그리고 인내하며 사용할 수 있습니다. 묵상은 이성과 믿음이 자기 활동을 펼치게 하고, 그 활동이 완전히 불타오를 때까지 불을 지핍니다. 몇 걸음 달린다고 해서 열기가 나지 않겠지만 한 시간 걸으면 열이 날 수 있습니다. 그리고 갑자기 천국을 생각한다고 해서 우리의 감정이 어떤 영적 열기에 달아오르지 않겠지만, 묵상은 우리의 마음이 뜨거워지기까지 우리의 사고가 계속 되게 할 수 있습니다. 그래서 여러분은 천상적 묵상에서 이처럼 영혼을 크게 고양할 수 있는 고찰의 강력한 경향을

봅니다.

둘째로, 그 다음에 어떻게 이 천상적 활동이 감정의 특정한 발휘에 의하여 촉진되는지 살펴봅시다. 우리는 고찰에 의하여 먼저 기억을 의지하고, 거기로부터 묵상의 주제로 삼으려는 저 천상적 교리를 취합니다. 영생의 약속, 성도의 영광에 대한 서술, 부활 등과 같은 교리들입니다. 그런 다음, 우리는 이 교리를 판단력에 제시하는데, 이는 판단력이 그 교리를 신중하게 보고 정확하게 조사하여 육신과 감각의 모든 명령에 반대하여 우리의 천상적 행복의 완전에 관하여 올바르게 결정하되, 마음으로 주님을 높이기 위하여 우리가 거룩한 감탄으로 충만할 때까지 하게 하기 위함입니다. 그러나 제일 중요한 일은 우리의 판단력을 발휘하는 것뿐만 아니라 우리의 영원한 안식이라는 진리를 믿는 일입니다. 이 영원한 안식이라는 진리는 약속들의 진리, 우리 자신이 약속들에 관하여 개인적으로 관심을 갖고 거기에 대하여 권리를 갖고 있다는 진리를 뜻합니다.

우리가 참으로 그리고 확고하게 그런 영광이 있는 것과 얼마 있지 않으면 우리 눈이 그 영광을 볼 것을 믿는다면, 그 영광이 우리 속에 얼마나 큰 열정을 불러일으키겠습니까. 그 영광으로 인하여 얼마나 놀라운 감동을 불러일으키겠습니까. 그 영광은 우리 속에 얼마나 큰 사랑과 갈구를 불러일으키겠습니까. 오 그 영광으로 인하여 모든 감정이 얼마나 적극적으로 활동하겠습니까. 우리가 그 영광에 대한 우리의 권리를 아주 미미하게나마 확신할 때 그 영광은 우리에게 얼마나 큰 기쁨을 안겨다 주겠습니까. 그 길을 인도해야 할 믿음이 꼼짝하지 않고 서 있을 때, 사랑과 기쁨이 움직일 것으로 기대하지 마십시오. 그러므로 매일 믿음을 연습하고, 하나님이 약속을 거저 주심과 모든 사람더러 그 약속을 받아들이라고 촉구하심과 그리스도의 영광스러운 성품과 그리스도의 사랑을 입증하는 모든 증거와 그가 신실하게 개입하심과 우리 속에 있는 그리스도의 사랑에 대한 증거를 믿음 앞에 놓으십시오. 이 모든 것을 함께 놓고 이 모든 것이 우리의 구원에 관한 주님의 선한 뜻을 증거하는지, 그리고 우리의 불신에 거슬러 이 모든 것을 간구할 수 있는지 그렇지 않는지 생각하십시오. 그러므로 심판이 정해지고 믿음이 우리의 행복이라는 진리를 파악했다면, 우리의 묵상은 우리의 감정을 고양하되, 특별히 사랑과 욕구와 용기, 혹은 담대함과 기쁨을 고양할 것입니다.

1. **사랑**은 천상적 명상에서 맨 처음 일어날 감정입니다. 사랑의 대상은 선함입니다. 그리스도인이여, 여기 영혼을 부활시키는 그대의 활동이 있습니다. 그대의 기억과 판단력과 믿음에게 가서 그것들로부터 그대 안식의 탁월한 것들을 산출하십시오. 이것들을 사랑이라는 그대의 감정에 제시하십시오. 그러면 자신이 마치 다른 세상에 있는 것처럼 느껴질 것입니다. 소리치십시오. 그러면 사랑이 들을 수 있습니다. 이런 일들을 드러내기만 하십시오. 그러면 사랑이 볼 수 있습니다. 세상의 야수적인 사랑은 맹목적입니다. 하나님의 사랑은 지극히 눈이 밝습니다. 그대 믿음이 그대의 마음을 잡도록 하고 그대의 마음에 그대가 영원히 거할 화려한 집과 그대 아버지의 집에 있는 찬란한 보석과 그 나라의 존귀를 보여 주게 하십시오. 그대의 믿음이 그대의 마음을 하나님 앞으로 인도하게 하고, 그대가 할 수 있는 대로 가까이 그렇게 하고, 그대 마음에 이렇게 말하십시오.

"옛적부터 항상 계신 이이신 주 여호와를 보라. 그 이름은 '나는 스스로 있는 자'이다. 온 세상을 그 말씀으로 지으시고 땅을 붙드시고 민족을 다스리시고 모든 사건을 작정하시고 대적을 정복하시고 솟구치는 바닷물을 통제하시고 바람을 다스리시고 해가 그 길을 달리게 하시고 별이 그 길을 알게 하시는 분이 바로 이분이다. 그대를 영원부터 사랑하셨고 모태에서 그대를 조성하셨고 그대에게 이 영혼을 주셨고 그대를 내셨고 그대에게 빛을 보이셨고 그대를 그 만드신 땅의 피조물 가운데 으뜸이 되게 하신 분이며, 그대에게 지성을 부여하셨고 재능으로 그대를 아름답게 하셨으며, 그대의 생명과 그 모든 위로를 유지하시고 그대를 인간 가운데 가장 비참하고 비열한 자와 구별하시는 분은 바로 이분이다. 오 여기에 그대가 사랑할 만한 대상이 있다. 여기서 그대는 사랑으로 그대 영혼을 쏟아 부어야 한다. 이는 그 유익으로 그대에게 복 주셨고 '내 원수의 목전에서 내게 상을 차려 주시고 내 잔이 넘치게'(시 23:5) 하신 주님이시다. 이는 천사와 성도가 찬양을 드리며 천군이 영원토록 높이는 분이다."

그래서 그대는 하나님을 찬양하는 일에 관하여 상세히 설명하며 그의 탁월하심을 그대의 마음에 열어 보이되, 사랑의 거룩한 불이 그대의 심장에 피어오르기 시작할 때까지 합니다.

만일 그대가 자신의 사랑이 불붙는 것을 느끼지 못한다면, 그대 마음을 더 멀리 인도하여 사시는 하나님의 아들을 보여 주십시오. 그 아들의 이름은 "기묘자라, 모사라, 전능하신 하나님이라, 영존하시는 아버지라, 평강의 왕이라"(사 9:6). 그대 마음에 영광의 보좌에 앉은 성도의 왕을 보여 주십시오. "처음과 마지막이요, 이제도 계시고 전에도 계셨고 장차 오실 이이시며, 죽었다가 살아나신 이요. 볼지어다. 이제 세세토록 살아 있으며, 십자가의 피로 화평을 이루신"(계 22:13; 1:4; 골 1:20) 분입니다. 그대에게 화평의 처소를 예비하신 분입니다. 그의 직임은 크게 화평을 이루는 일입니다. 그의 나라는 평강의 나라이며, 그의 복음은 평안의 소식이며, 이제 그대에게 향한 그의 목소리는 평화의 음성입니다. 그에게 가까이 가서 보십시오. 그대는 그의 음성을 듣지 않습니까? 도마에게 가까이 와서 못 자국을 보고 상처난 곳에 손가락을 대 보라고 하신 그분입니다. 그분이 그대를 부르시며 "가까이 와서 네 구주이신 주를 보라. 그리하여 믿음 없는 자가 되지 말고 믿는 자가 되라. 내니 두려워하지 말라"(요 20:27, 6:20) 하고 말씀하십니다.

그분을 잘 보십시오. 그대는 그분을 알지 않습니까? 그분은 그대를 지옥 구덩이에서 이끌어 올려 그대가 당한 저주의 판결을 뒤집으시고, 그대가 당할 저주를 담당하시고 그대가 잃었던 복된 자리에 그대를 회복하고 그대가 영원히 상속해야 할 유업을 값 주고 사셨습니다. 그러니 그대는 그분을 아직 모릅니까? 그의 손은 찔렸고, 그 머리와 옆구리와 가슴이 찔리셨으니, 이는 그대가 이 표시로 언제나 그분을 알게 하심입니다. 그대는 그분이 "피 흘리며 누워 있는 그대를 발견하고 불쌍히 여겨 상처를 싸매 주고 그대를 집으로 인도하여 그대더러 살았는가 하고 말씀하셨을" 때를 기억하지 못합니까? 그분이 그대의 상처를 낫게 하려고 스스로 상하고, 그대의 흘리는 피를 멈추려고 자기 피를 흘리셨는데, 그대는 잊었습니까?

만일 그대가 얼굴과 음성과 손으로 그분을 알지 못한다면 그 마음으로 그분을 알 수 있습니다, 영혼을 불쌍히 여기는 그분의 마음을. 그분의 마음은 그런 마음일 수밖에 없습니다. 그 마음은 사랑과 자비를 분명히 갖고 있습니다. 이는 자기 생명보다 먼저 그대의 생명을 택하시고 자기 아버지 앞에 자기 피를 변호하시며 그대를 위하여 늘 중보의 기도를 드리는 분입니다. 그분이 고난당하지 않았다면 그대가 그 고난을 당했을 것입니다. 그분이 중간에 와서 매를 담당하셨을 때 그대와 지옥 사이에는 한 걸음밖에 없었습니다. 그러니 그대 사랑의 마실 것이 여기 충분하지 않았습니까? 그대의 고동치는 심장은 가라앉아 요셉처럼 "울 곳을 찾으려고" 여기서 멈추거나, 그대 눈물이 이처럼 뚝뚝 떨어지지 않습니까? 그러므로 앞으로 가십시오. 사랑의 밭은 넓습니다. 지켜보고 사랑하는 것이 그대의 영원히 할 일이 될 것입니다. 그대는 지금 묵상하기를 소원할 필요가 없습니다.

그대의 주님이, 하갈처럼 앉아서 울면서 자기 영혼을 잃은 것으로 포기하는 그대를 찾으시며, 그대의 눈을 열어 위로의 샘을 보게 하시는 일이 얼마나 많았습니까. 죽어 비참에서 벗어나기를 바라는 엘리야의 모습을 한 그대에게 예기치 않은 구제의 상을 펴시고, 그대에게 새로운 힘을 주고 그대를 격려하여 자신의 일을 하게 하시는 일이 얼마나 많았습니까. 선지자의 종의 경우처럼 "아아, 우리가 어찌하리이까 군사가 우리를 에워쌌는지라" 하고 소리치니 그분이 "그의 눈을 열어 우리와 함께한 자가 그들과 함께한 자보다 많음을 보게"(왕하 6:15-16) 하신 일이 얼마나 많았습니까. 요나처럼 그대가 삶에 짜증나고 싫증날 때, 그분이 온유하게 나에 대해 "너의 성내는 것이 옳으냐?"(욘 4:9), 혹은 나를 거슬러 불평함이 옳으냐 하고 말씀하신 일이 얼마나 많습니까. 그분은 그대더러 "깨어 기도하라" 회개하고 믿으라고 말씀하셨는데, "다시 오사 보신즉 그대가 자던" 때가 얼마나 많았습니까. 그러나 그분은 그대의 태만에 사랑의 겉옷을 덮어 주시고 인자하게 그대에게 "마음에는 원이로되 육신이 약하도다"(마 26:41) 하고 위로하셨습니다. 그대가 이런 일을 생각할 때 그대의 마음이 차가울 수 있겠습니까? 그대가 이 한없는 자비를 기억한다면 그대의 마음을 억누를 수 있겠습니까?

그러므로 독자여, 그대의 마음으로 그리스도의 선하심을 받아들이십시오. 그래서 그대의 얼어붙은 영혼에게 간청하되, 다윗처럼 "내 마음이 내 속에서 뜨거워서 작은 소리로 읊조릴 때에 불이 붙으니"(시 39:3) 하고 말할 수 있을 때까지 간청하십시오. 이리하여 그대의 사랑이 일어나지 않으면 그대는 그리스도의 모든 탁월하심을, 그의 모든 특별한 자비를, 그의 모든 유쾌하고 가까운 관계를 그대에게 더하고, 그와 영원히 거하는 행복을 취하십시오. 오직 이런 것들을 그대의 마음 가까이에 두고 따르십시오. 그리스도께서 베드로를 대하실 때처럼 다루십시오. 그때 예수님은 베드로에게 "네가 나를 사랑하느냐" 하고 세 번 물으시니, 베드로가 근심하여 "내가 주님을 사랑하는 줄을 주님께서 아시나이다"(요 21:17) 하고 대답했습니다. 그처럼 그대의 마음을 근심하며 부끄럽게 만들어 그 어리석음에서 나오게 하되, 그대가 참으로 "내가 주님을 사랑하는 줄을 내가 알고 내 주님이 안다"고 말할 수 있을 때까지 하십시오.

2. 천상적 명상에서 불러일으킬 그 다음 감정은 **욕구**입니다. 욕구의 대상은 없거나 아직 얻지 못한 것으로 보이는 선함입니다. 만일 사랑이 따스해지면 욕구는 차갑지 않을 것입니다. 스스로 이렇게 생각하십시오. "내가 무엇을 보았던가. 오 이해할 수 없는 영광이여. 오 초월적 아름다움이여. 오 이제 그것을 누리는 복된 영혼들이여. 내가 멀리서 그리고 사이에 놓인 캄캄한 구름을 뚫고 보았던 것을 수천 배나 더 분명하게 보는도다. 나의 상태와 그들

의 상태는 얼마나 다른가. 나는 한숨 쉬고 있으나 그들은 노래하고 있다. 나는 하나님께 범죄하고 있으나 그들은 하나님을 기쁘시게 하고 있다. 나는 욥이나 나사로처럼 불쌍한 꼬락서니지만 그들은 완전하고 흠 없다. 나는 여기서 세상에 대한 사랑에 얽매여 있으나 그들은 하나님에 대한 사랑에 사로잡혀 있다. 그들에게는 내가 갖고 있는 염려와 두려움이 조금도 없다. 그들은 숨어서 울지 않는다. 그들은 슬퍼하며 고뇌하지 않는다. 이 눈물이 그들에게서 씻겨진다.'

오, 행복한, 천 배나 행복한 영혼들이여. 아, 내가 분명 죄악된 육신에 거할 때 내 형제와 동료는 하나님과 함께 거합니다. 나는 여기 살면서 그들이 누리는 높은 수준에서 참으로 멀리 떨어져 그것을 볼 수 없을 정도입니다. 나는 하나님에 관하여 너무도 형편없고 연약한 생각을 품고 있습니다. 그를 향하여 참으로 차가운 감정을 갖고 있습니다. 그들이 살면서 갖는 그 생명과 사랑과 기쁨이 내게는 얼마나 적습니까. 그 적은 것마저 곧 나를 떠나 나는 더 깜깜한 어둠 속에 내버림을 당합니다. 때때로 섬광이 내 마음에 비쳐서 내가 그 섬광을 바라보나 그것은 사라집니다. 좀 더 정확하게 말하면, 나의 차가운 마음이 그 섬광을 꺼버립니다. 그러나 그들은 '자기 빛 속에 빛'을 갖고 끊임없이 기쁨의 샘에서 마십니다. 여기서 우리는 서로 싸우며 괴롭히고 있지만, 그들은 한 마음과 한 목소리이며 매일 완전한 화음을 이루며 하늘의 할렐루야를 부릅니다.

오 내 마음이 어떤 잔치를 봅니까. 하지만 나의 영혼은 얼마나 큰 기근입니까. 복된 영혼들이여, 나는 여러분의 행복을 시기할 수도 없고 감히 시기하지도 않습니다. 오히려 나는 형제의 잘되는 것을 즐거워하며 나도 여러분의 교제로 들어감을 얻을 그 날을 생각하며 즐거워합니다. 나는 그대 대신 들어가기를 원치 않고 그대와 함께 있어서 크게 기뻐하기를 바랍니다. 왜 나는 머물며 울고 기다리고 있어야 합니까? 내 주님은 가셨습니다. 내 주님은 이 땅을 떠나시고 자기 영광으로 들어가셨습니다. 나의 형제는 가 버렸습니다. 나의 형제는 거기 있습니다. 내 집과 내 소망과 내 모든 것이 거기 있습니다. 내가 나의 하나님과 그토록 멀리 떨어져 있을 때 무엇이 나를 괴롭게 하는지 생각하지 않습니다. 물론 내가 지금은 불평하지만 말입니다. 무지한 미가가 자기 우상을 위하여 그렇게 할 것입니다. 그러니 내 영혼이 살아 계신 하나님을 위하여 그렇게 불평해야 하겠습니까? 내가 향유의 소망이 없다면, 사막으로 가서 숨고 어떤 어두운 광야에서 나의 날을 보낼 것입니다. 그러나 그곳은 내게 약속하신 안식의 땅, 곧 내가 나아가야 하고 내 영혼이 가까이 가고 거의 다다른 상태이므로, 나는 사랑하고 바랄 것이며, 바라보고 소원할 것이며, 숨쉬며 '얼마나 오랫동안, 주님, 얼마나 오랫동안 이 영혼을 헐떡이고 근심하게 하며 당신과 함께 지내기를 기다리고 고대하는 자에게 길을 열어 주시지 않으시겠나이까?' 하고 말할 것입니다."

그러므로 그리스도인 독자여, 그대의 영혼이 다윗처럼 "누가 내게 마시게 할꼬"(대상 11:17) 하고 갈구하고, "여호와여 내가 주의 구원을 사모하였사오며"(시 119:174) 하고 말할 수 있을 때까지 열렬하게 생각하십시오. 그리고 그리스도의 어머니와 형제가 무리 때문에 그리스도께 갈 수 없어서 사람을 보내어 "당신의 모친과 동생들이 당신께 말하려고 밖에 섰나이다" 하고 말하는 것처럼 그대는 그리스도께 그런 전갈을 보내십시오. 그러면 그분이 당신을 소유하실 것입니다. 왜냐하면 그분이 이렇게 말씀하셨기 때문입니다. "내 말을 듣고 행하는 자가 내 모친이요 내 형제니라"(눅 8:21).

3. 천상적 명상에서 발휘되어야 할 또 하나의 감정은 **소망**입니다. 소망은 영혼이 고난을 받을 때 힘을 불어넣어 주고, 아무리 곤란한 일에서도 영혼이 활기를 띠게 하고, 아무리 호된 시련에서도 영혼이 굳세게 하고, 영혼이 생기 넘치게 의무를 행하게 하고 그 모든 바퀴가 움직이게 하는 원천입니다. 천국을 얻으려는 소망을 갖고 있지 않다면 누가 천국을 믿거나 천국을 위하여 애쓰려고 하겠습니까? 하나님과 더불어 잘 지내려는 소망이 아니고서 누가 기도하겠습니까? 여러분의 소망이 사라지면 여러분의 의무가 사라지고

노력이 사라지고 기쁨이 사라지고 영혼이 죽습니다. 그리고 여러분의 소망이 발휘되지 않고 잠자고 있다면 그 다음에는 죽습니다. 그러므로 그리스도인 독자여, 그대가 하늘을 향하여 감정을 발휘하고 있을 때 그대의 소망으로 나아가기를 잊지 마십시오. 그러므로 그대의 마음으로 이렇게 생각하고 추론하십시오.

"내 영혼이 그렇게 긍휼히 여기시는 구주의 손에 있을 때, 그 나라가 그렇게 풍요하신 하나님의 처분에 속할 때, 어찌하여 나는 확신 있고 평안하게 소망해서는 안 된단 말인가? 하나님은 나의 선에 저촉되는 가장 작은 것이라도, 나의 파괴를 향한 가장 작은 경향까지도 발견하지 않으셨는가? 그분은 '악인이 죽는 것을 기뻐하지 않고 그 길에서 떠나 사는 것을 기뻐한다'(겔 18:23)고 맹세하시지 않았는가? 그의 모든 활동은 동일한 일을 증거하지 않았는가? 내가 위험을 두려워하지 않았을 때 그분은 나에게 위험을 경고하시지 않았는가? 왜냐하면 그분은 나를 위험에서 피하게 하실 것이기 때문이다. 내가 나의 행복을 생각하지 않았을 때 그분은 나에게 행복에 관하여 말씀하시지 않았는가? 왜냐하면 그분은 내가 행복을 누리도록 하실 것이기 때문이다. 내가 뒤로 밀려났을 때 그분은 나를 얼마나 자주 자신과 자신의 그리스도에게로 이끄셨는가. 그의 성령은 참으로 끊임없이 나의 마음에 간청하셨다. 그리고 그분이 나를 파멸시키기로 작정하고 계셨다면 이 모든 일을 하셨겠는가? 한 정직한 사람이 그 힘으로 내게 무엇을 약속한다면 내가 소망하지 않을 것인가? 그러니 내게 하나님의 언약과 맹세가 있는데 나는 소망하지 않을 것인가? 참으로 영광은 보이지 않는다. 우리는 성도의 집을 보지 못했다. 그러나 하나님의 약속은 우리가 보는 것보다 더 확실하지 않은가?"

우리는 봄으로써 구원받는 것이 아니라 소망으로 구원받는 것이 분명합니다. 그리고 "보이는 소망이 소망이 아니니 보는 것을 누가 바라리요. 만일 우리가 보지 못하는 것을 바라면 참음으로 기다릴지니라"(롬 8:24-25). 나는 육신의 팔을 소망할 때는 부끄러웠지만 하나님의 약속에 대한 소망은 "부끄

럽게 만들지 않습니다." 나는 아무리 심한 고난을 받을지라도 이렇게 말할
것입니다. "여호와는 나의 기업이시니 내가 그를 바라리라. 여호와는 자신을
기다리는 자들에게나 구하는 영혼들에게 선하시도다. 사람이 주의 구원을
바라고 잠잠히 기다림이 좋도다. 이는 여호와께서 영원히 버리지 않으실 것
임이라. 그가 비록 근심하게 하시나 그의 풍부한 인자하심에 따라 긍휼히 여
기실 것이라"(애 3:24-26, 32).

내가 고뇌하고 죽을지라도 소망을 가질 것입니다. 왜냐하면 "의인은 그의
죽음에도 소망이 있기"(잠 14:32) 때문입니다. 내가 먼지와 어둠에 누울지라
도 "내 육체는 안전히 거하리라." 그리고 내 육체가 기뻐할 것이 없을 때 나
는 "소망의 확신과 자랑을 끝까지 굳게 잡으리라'(히 3:6). 왜냐하면 "의인의
소망은 즐거움을 이루기"(잠 10:28) 때문입니다. 실로 내가 스스로 하나님의
의를 만족시켜야 한다면 소망이 없었습니다. 그러나 그리스도로 인하여 "더
좋은 소망이 생기니 이것으로 우리가 하나님께 가까이 가느니라"(히 7:19).
혹 내가 연약한 피조물에게 소망을 둔다면 소망이 작습니다. 왜냐하면 그분
은 이 육체를 먼지에서 올리고 나를 태양보다 높이 올리실 수 있기 때문입니
다. 그러나 아무것도 없는 데서 하늘과 땅을 지으신 전능한 능력에 비하면
이것은 대체 무엇입니까? 그리스도를 죽은 자 가운데서 살리신 그 능력은 나
를 구원할 수 없으며, 그 머리를 영화롭게 한 그 능력은 그 지체를 영화롭게
할 수 없단 말입니까? "그 언약의 피로 말미암아 하나님은 네 갇힌 자들을 물
없는 구덩이에서 놓으실"(슥 9:11) 것입니다. 그러므로 나는 "갇혀 있으나 소
망을 품은 자들은 요새로 돌아갈"(슥 9:12) 것입니다.

4. **용기** 혹은 담대함은 천상적 묵상에서 발휘되어야 할 또 하나의 감정입
니다. 용기는 결단에 이르고 결국 행동으로 나타납니다. 당신이 사랑을 발휘
했다면, 소원하고 소망하고 더 나아가 스스로 이렇게 생각하십시오.

"참으로 하나님은 사람들과 함께 거하실까? 그리고 소망하는 바 그런 영
광이 있는가? 그러면 어찌하여 나는 그 영광을 붙잡지 않는가? 내 정신의 유

쾌한 활력은 어디 있는가? 어찌하여 나는 '마음의 허리를 동이지'(벧전 1:13) 않을 것인가? 어찌하여 사방에 있는 내 원수를 공격하고 모든 저항을 용감하게 쳐부수고 나가지 않을 것인가? 무엇이 나를 멈추게 하거나 겁나게 하겠는가? 하나님은 이 일에 나와 함께하시는가, 아니면 나를 대적하시는가? 그리스도는 내 옆에 계실 것인가 그렇지 않을 것인가? '하나님과 그리스도가 나를 위하시면 누가 우리를 대적하리요'(롬 8:31). 죄악된 활동에는 거의 모든 일이 우리를 도울 태세가 되어 있으며, 오직 하나님과 그 종만이 우리를 대적합니다. 하지만 그 일이 우리 손에서 얼마나 형편없이 이루어집니까. 그러나 내가 하늘로 가는 길에는 거의 모든 일이 나를 반대하지만 하나님은 나를 위하십니다. 그러므로 그 일은 얼마나 즐겁게 이루어집니까."

"나는 내 힘으로 이 일을 시작하는가 아니면 그리스도 나의 주님의 힘으로 하는가? '내게 능력 주시는 자 안에서 내가 모든 일을 할 수 없는가?' 그분은 원수에게 패배하셨는가? 그분은 공격 당하셨지만 정복하지 않으셨는가? 전능자에게 힘든 일이 있는가? 그리스도께서 명령하시니 베드로는 담대하게 바다를 걷지 않았는가? 베드로가 가라앉기 시작한다면 그것은 그리스도가 연약하시기 때문인가 아니면 베드로의 믿음이 적기 때문인가? 목숨의 위협으로 내가 지옥으로 내몰려갈 수 있다면 나는 지옥으로 들어가고도 남지 않는가? 내가 혀의 질책으로 겁이 나서 천국에서 멀어지면 천국에서 쫓겨나고도 남지 않는가? 세상에서 아버지나 어머니나 남편이나 아내나 가장 가까운 친구가 나를 저주로 이끌 사람이라면 나를 그리스도로부터 막는 그 모든 사람을 나는 버려야 하지 않는가?"

"그들의 우의(友誼)는 하나님에 대한 증오와 같을 것인가? 아니면 내 저주받은 영혼에 무슨 위로가 될 것인가? 나는 사람의 욕망에 굴복하고 주님을 대적하여 마음을 완악하게 할 것인가? 그들로 무릎을 꿇고 내게 간청해도, 나는 그들의 외침에 귀를 닫을 것이다. 그들이 아첨하거나 눈살을 찌푸려도, 그들이 나를 놀리고 대적하는 말을 해도, 나는 그리스도의 능력으로 그들을 이겨내고, 그들을 먼지와 같이 여기기로 작정했다. 그들이 승진으로, 심지어 세상의 나라로 유혹할지라도 나는 그들을 세상의 배설물로 밖에는 여기지 않을 것이다. 오, 복된 안식이여! 오 영광스러운 상태여! 누가 꿈과 환영을 바라고 그대를 팔려 하는가? 누가 그대를 버리고 그대를 두려워하는가? 누군들 그처럼 맹렬하게 최후의 힘이라도 쏟아 그대를 얻으려고 애쓰고 싸우고 지켜보고 달리지 않는가? 참으로 그대를 알지 못하고 그대의 영광을 믿지 않는 자 말고는 아무도 없을 것이다."

5. 천상적 묵상에서 마지막으로 발휘해야 할 감정은 **기쁨**입니다. 사랑과 욕구와 소망과 용기는 모두 우리의 기쁨을 고양시키는 경향이 있습니다. 기쁨은 본성적으로 모든 사람에게 아주 바람직하며, 우리의 행복을 형성하는 데 본질적으로 아주 필요하므로, 나는 당신의 삶을 즐겁게 만들 어떤 일을 하라고 당신에게 권할 때 그다지 많은 말을 할 필요가 없을 것입니다. 그러므로 이미 육체의 쾌락이 잔인하고 사멸하며 당신의 견고하고 영속적인 기쁨이 틀림없이 천국으로부터 오는 것임을 당신이 확신한다면 나는 설득하는 일보다 방향을 지시하는 일을 해나가야 합니다.

독자여, 그대가 앞의 일을 잘해 오고 있다면, 그대는 안식을 보았습니다. 그대는 안식의 진리를 믿습니다. 그대는 안식의 탁월한 것들을 확신합니다. 그대는 안식과 사랑에 빠졌습니다. 그대는 안식을 갈구합니다. 그대는 안식을 소망합니다. 그리고 그대는 안식을 얻으려고 용감하게 모험하려고 결심했습니다. 그러나 이런 일은 기쁨을 위하여 어떤 효과가 있겠습니까? 우리는 자신이 소유하는 가치 있는 것을 즐거워합니다. 현재의 가치가 기쁨의 대상입니다. 그리고 그대는 이렇게 말할 것입니다. "아, 나는 그것이 아직 없다." 그러나 좀 더 자신을 생각해 보십시오. 안식은 하나님으로부터 오는 은사의 행위와 전혀 상관이 없습니까? 그의 틀림없는 약속은 기쁨의 근거가 아닙니까? 안식은 매일 하나님 나라에 들어갈 기대를 가지고 사는 것과 아무 상관 없습니까? 내가 이후에 영화롭게 될 것이라고 믿는 확신은 말할 수 없는 기쁨의 충분한 근거가 아닙니까? 물론 지금은 종과 다를 바가 거의 없지만 한 나라를 상속할 사람이 자신이 곧 소유하게 될 것을 생각하면 기쁘지 않겠습니까? 우리에게는 "하나님의 영광을 바라고 즐거워하라"는 명령과 모범이 있지 않습니까?

그러므로 독자여, 여기서 그대의 마음을 붙들어 가장 높은 산꼭대기로 데려 가십시오. 그대의 마음에게 그리스도의 나라와 그 영광을 보여 주십시오. 그리고 그대의 마음에게 이렇게 말하십시오. "그대의 주님은 자기를 믿어 왔고 자기를 경배해 온 그대에게 이 모든 것을 주실 것이다. '아버지께서 그 나라를 너희에게 주시기를 기뻐하시느니라.' 그대는 그대를 넘어서는 이 놀라운 영광을 보는가? 이 모든 것은 그대의 유업이다. 이 면류관은 그대의 것이며 이 쾌락도 그대의 것이며, 이 교제, 이 아름다운 곳, 모든 것이 그대의 것이다. 왜냐하면 그대가 그리스도의 것이며, 그리스도가 그대의 것이기 때문이다. 그대가 그리스도에게 연합되었을 때 그대는 그리스도와 함께 이 모든 것을 가졌다."

그런 후에 그대의 마음을 약속의 땅으로 데려가십시오. 멋진 언덕과 열매 맺히는 계곡을 그대의 마음에게 보여 주십시오. 그대가 모아 두었던 포도송이를 그대의 마음에게 보여 주십시오. 그리하여 그것이 젖과 꿀보다 더 좋은 것이 흐르는 복된 곳임을 그대 마음이 확신하게 만드십시오. 거룩한 도성의 문으로 들어가 '새 예루살렘'의 거리를 걷고 "시온을 돌면서 그 곳을 둘러보고 그 망대들을 세어보라. 그 성벽을 자세히 보고 그 궁전을 살펴서"(시 48:12-13) 그대 영혼에 전하십시오. 그 성은 '하나님의 영광'을 가지지 않았으며 "그 빛이 지극히 귀한 보석 같고 벽옥과 수정같이 맑지" 않습니까? "열두 기초석이 있고 그 위에 어린양의 열두 사도의 이름이 있더라. 그 성곽은 벽옥으로 쌓였고 그 성은 정금인데 맑은 유리 같더라. 그 열두 문은 열두 진주니 문마다 한 진주요 성의 길은 맑은 유리 같은 정금이더라. 성 안에서 내가 성전을 보지 못하였으니 이는 주 하나님 곧 전능하신 이와 및 어린 양이 그 성전이심이라. 그 성은 해나 달의 비침이 쓸데없으니 이는 하나님의 영광이 비치고 어린 양이 그 등불이 되심이라. 만국이 그 빛 가운데로 다니리라. 이 말은 신실하고 참된지라. 주 곧 선지자들의 영의 하나님이 그의 천사를 보내셨도다." 그리고 그 아들을 보내셨으니 이는 "그의 종들에게 결코 속히 될 일을 보이시려" 함입니다(계 21:14, 18-19, 21-24).

이제 이 모든 것에게 말하십시오. "내 영혼아 이것이 그대의 안식이다. 그리고 이것은 분명 그대의 영원히 거할 곳이다." 시온의 모든 아들들이 기뻐하게 하라. "예루살렘의 딸들아 기뻐하라. 여호와는 광대하시니 우리 하나님의 성, 거룩한 산에서 극진히 찬송하리로다. 터가 높고 아름다워 온 세상의 기쁨 시온 산이 그러하도다. 하나님이 자기를 요새로 알리셨도다"(시 48:1-3).

하지만 계속 이렇게 하십시오. 사랑하는 영혼은 자주 위로 올라가고 천상의 예루살렘 거리를 친숙하게 달리며, 족장과 선지자를 방문하고 사도들에게 인사하고 순교자들을 찬탄합니다. 그처럼 그대는 그대의 마음을 이 거리 저 거리로 인도하십시오. 그대의 마음을 크신 왕의 궁정으로 이끄십시오. 말하자면 그대의 마음을 이 방 저 방으로 인도하십시오.

그대 마음에게 이렇게 말하십시오. "분명 나는 여기 거할 것이다. 여기서 살 것이다. 여기서 찬양할 것이다. 나는 여기서 사랑하고 사랑받을 것이다. 나는 곧 이 천상 찬양대의 일원이 될 것이며 좀 더 능숙하게 음악을 하게 될 것이다. 이 복된 무리 가운데서 나는 내 자리를 차지할 것이며, 내 목소리도 합하여 선율을 만들 것이다. 그때는 나의 눈물이 씻겨 사라질 것이며, 나의 한탄이 변하여 다른 소리가 되며, 나의 진흙 오두막이 이 궁전으로 바뀌며, 나의 죄수 누더기가 이 찬란한 의복이 될 것이다. 나는 더러운 육체를 벗고 해와 같이 빛나는 신령한 몸을 입을 것이다. '처음 것들이 다 지나갔기'(계 21:4) 때문이다.

'하나님의 성이여, 너를 가리켜 영광스럽다 말하는도다.' 내가 이 찬란한

323 제14장 천상적 묵상은 고찰과 감정과 독백과 기도를 어떻게 이용하는가

곳을 볼 때 땅은 형편없는 거름 더미와 토굴처럼 생각된다. 무덤에 있는 연약하고 고통당하고 한탄하고 죽어가고 있고 썩어가고 있는 사람과 이 승리를 거두고 빛나는 성도 가운데 한 사람은 얼마나 큰 차이가 있는가. 여기서 나는 '하나님의 성을 기쁘게 하는 시내 곧 희락의 강에서 마실' 것이다. 율법의 굴레 아래 있는 이스라엘이 '모든 것이 풍족하여 기쁨과 즐거운 마음으로 네 하나님 여호와를 섬겨야' 하지 않는가? 분명 나는 영광의 풍족함을 인하여 마음의 기쁨과 즐거움으로 여호와를 섬길 것이다. 핍박 당한 성도는 '산업을 빼앗기는 것도 기쁘게 당하지' 않았는가? 그러니 나는 잃은 모든 것을 그처럼 충만하게 보상하는 것을 즐겁게 받아야 하지 않겠는가? '유대인이 대적에게서 벗어난' 날은 '슬픔이 변하여 기쁨이 되고 애통이 변하여 길한 날이 되었기' 때문에 기념하는 날이 아니었던가? 내 영혼이 상상할 수 없을 정도로 더 안식하고 변화될 그날은 내 영혼에 어떤 날이겠는가! '박사가 그리스도께로 인도하던 별을 보았을 때' '가장 크게 기뻐하고 기뻐하더라.' 그러나 나는 곧 '광명한 새벽별'(계 22:16)이신 그분을 곧 뵐 것이다. 제자들이 오직 자기들의 주님이 '죽은 자 가운데서 부활하셨다'는 말을 들었을 때 '큰 기쁨으로 무덤을 빨리 떠났다면', 주님이 영광 가운데 통치하시는 것을 뵙고 그와 더불어 복된 교제의 상태로 올라갈 때 나의 기쁨은 어떠할 것인가? 그러므로 그때 나는 '화관을 주어 그 재를 대신하며 희락의 기름으로 그 슬픔을 대신하며 찬송의 옷으로 그 근심을 대신하고 시온은 영영한 아름다움과 대대의 기쁨이 될 것이다'(사 61:3; 60:15). 그러므로 어찌 내가 먼지에서 일어나지 않으며 내 불만을 버리지 않겠는가? 어찌 나는 헛된 기쁨을 무시하고 미리 본 영광의 기쁨을 맛보지 않겠는가? 어찌 나의 생활은 늘 기쁨이 되지 않으며 내 정신에 영원히 하늘의 맛이 나지 않겠는가?'

여기서 정확히 이런 순서로 이 감정을 발휘하거나 혹은 한 번에 이 모든 감정을 발휘해야 할 필요가 없습니다. 때때로 그대의 감정 가운데 하나는 다른 것보다 더 발휘될 필요가 있고 더 생동감 있게 될 수 있습니다. 혹은 그대

가 시간이 얼마 없다면, 하나를 이 날에 발휘하고, 다른 것을 다른 날에 발휘할 수 있습니다. 그대가 신중하게 결정하는 일만 남아 있습니다. 그대가 사용할 마음이 내키면 이 불멸의 기쁨을 그대의 영혼에게서 빼앗을 죄에 대한 미움, 그대가 자신이 받은 하나님의 은혜를 남용하지 않으려 하는 경건한 두려움, 그것을 남용했을 때 느끼는 경건한 수치심과 근심, 거짓 없는 회개, 자신에 대한 분노, 자기 마음에 대한 질투, 이 불멸의 기쁨을 잃어버릴 위험에 처해 있는 자들에 대한 불쌍히 여기는 마음 등 정반대되고 좀 더 복잡한 감정을 발휘할 기회가 있습니다.

셋째로, 우리는 천상적 묵상이 독백과 기도에 의하여 어떻게 촉진되는지 또한 주목해야 합니다. 고찰이 이 일에 주된 도구이지만, 고찰 자체는 마음에 영향을 줄 것 같지 않습니다. 이런 점에서 고찰은 설교와 같습니다. 설교를 통하여 전달하는 진리와 의무에 대한 단순한 설명에는 성공적으로 양심에 진리와 의무를 생동감 있게 적용하는 일이 따라오는 경우가 드뭅니다. 그리고 그처럼 적용할 수 있기 위하여 하나님의 복을 진지하게 추구할 때는 특별히 그렇습니다.

1. **독백** 혹은 자신에게 호소하면서 그대는 묵상할 때 자신의 마음이 활기를 띠게 해야 합니다. 마음과 진지하게 논쟁을 벌이십시오. 가장 감동적이고 애정이 넘치는 말로 마음에게 간청하고, 가장 강력하고 비중 있는 주장으로 마음을 격려하십시오. 이는 하나님의 거룩한 사람들이 만대에 실천해 오던 바입니다. 그래서 다윗은 이렇게 말합니다. "내 영혼아 네가 어찌하여 낙심하며 어찌하여 내 속에서 불안해 하는가 너는 하나님께 소망을 두라. 그가 나타나 도우심으로 말미암아 내 하나님을 여전히 찬송하리로다"(시 43:5). 또 "내 영혼아 여호와를 송축하라. 내 속에 있는 것들아 다 그의 거룩한 이름을 송축하라. 내 영혼아 여호와를 송축하며 그 모든 은택을 잊지 말지어다"(시 103:2).

이 독백은 영혼의 몇 가지 감정에 따라, 그리고 그 서너 가지 필요에 따라 사용된 것입니다. 이는 자신에 대한 설교입니다. 왜냐하면 모든 좋은 선생이나 가족의 아버지가 자기 가족의 좋은 설교자이듯이 모든 좋은 그리스도인은 자기 영혼의 좋은 설교자이기 때문입니다. 그러므로 사역자가 다른 사람에게 설교할 때 사용해야 하는 바로 그 방법을 모든 그리스도인은 자신에게 말할 때 추구해야 합니다. 마음에 가장 큰 영향을 끼치는 사역자의 주제와 방법을 관찰하십시오. 그를 흉내 낼 모범으로 삼고 그가 자기 교인의 마음에 영향을 미치는 방법을 그대도 자신의 마음에 사용하십시오.

그대가 천상적 묵상을 할 때 이렇게 하십시오. 그대가 묵상하는 그 일들을 자신에게 설명하십시오. 성경으로 그 일들에 대한 그대의 믿음을 확증하십시오. 그런 다음 그것들을 자신에게 적용하되, 그 일의 성격과 그대 자신의 필요에 따라 하십시오. 그대가 무능하다는 느낌을 가지고 이런 일을 반대할 필요는 없습니다. 하나님은 그대에게 이렇게 명령하지 않으십니까? "너희의 자녀에게 가르치며 집에 앉아 있을 때에든지 길을 갈 때에든지 누워 있을 때에든지 일어날 때에든지 이 말씀을 강론할 것이며"(신 11:19). 그러니 그대가 자기 자녀를 가르칠 수 있는 능력이 있다면 하물며 자신을 가르칠 능력이 없겠습니까? 그리고 그대가 다른 사람에게 거룩한 일들을 말할 수 있다면 어찌 자기 마음에 그렇게 할 수 없겠습니까?

2. 천상적 묵상은 독백으로 자신에게 말함으로써만 아니라 또한 **기도**로 하나님께 말함으로써 촉진됩니다. 간간이 하는 기도는 묵상의 일부분으로서 해야 마땅할 것입니다. 우리는 다윗이 같은 시편에서 때로는 자기 영혼에게 간청하고, 때로는 하나님께 간구하는 것을 얼마나 자주 봅니까. 사도는 우리에게 "시와 찬송과 신령한 노래들로 서로 화답하라"(엡 5:19)고 명령합니다. 그러니 우리는 의심할 나위 없이 시와 찬송과 신령한 노래로 하나님께 말씀드릴 수 있습니다. 이 일은 영혼이 하나님의 임재를 계속 느낄 수 있게 하며 영혼이 활기를 띠게 하고 고양되게 하는 데 크게 기여하는 경향이 있습니다.

하나님이 우리 사유의 가장 높은 대상이시듯이, 우리가 하나님을 바라보고 하나님께 말씀드리고 하나님께 간구하는 것은 묵상의 다른 어떤 것보다 영혼을 더욱 높이고 감정을 발휘합니다.

우리는 자신에게 탄원할 동안 아무런 영향을 받지 않은 상태로 있지만, 방향을 돌려 하나님께 말씀을 드릴 때 드리는 그 말씀으로 우리는 경외감을 느낄 수 있습니다. 그리고 우리가 말씀을 드리는 그분의 거룩하심과 엄위는 더욱 깊은 곳을 꿰뚫는 문제와 말씀을 일으킬 수 있습니다. 우리가 읽는 "이삭이 들에 나가 묵상하다가"(창 24:63) 하는 본문의 난외에는 '기도하다가'로 되어 있습니다. 이는 그 히브리어 낱말이 둘 다를 나타내기 때문입니다. 그래서 우리가 기도할 때 독백과 기도를 서로 섞어서 때로는 자신에게 이야기하고, 때로는 하나님께 말씀드리는 것은, 내가 파악하기로는 우리가 이 천상적 활동으로 나아갈 수 있는 가장 높은 단계입니다.

우리는 기도와 묵상이 구별되는 의무이므로 기도만 하고 묵상을 제쳐놓으려고 생각해서는 안 되고, 둘 다 행해야 합니다. 우리는 이것이 필요한 만큼 저것도 필요하며, 그러므로 하나를 태만히 함으로써 자신에게 잘못을 행하게 될 것입니다. 게다가 음악처럼 둘을 결합하면 하나가 다른 하나에 활기를 넣어 주므로 우리의 마음이 더욱 끌릴 것입니다,. 그리고 우리가 묵상할 때 자신에게 말하는 일은, 기도할 때 하나님께 말씀드리는 일보다 선행해야 합니다. 사람들은 이 합당한 순서를 지키지 못하여, 천사가 나타날 경우에 천사에게 말하거나, 자신의 생활을 변호할 경우 재판장에게 말하는 때보다 하나님께 말하면서 훨씬 존경과 애정이 없이 말합니다. 기도할 때 하늘의 하나님께 말씀드리는 것은 대부분의 사람이 의식하는 것보다 더 중요한 의무입니다.

제15장

감각적 대상이 천상적 묵상에 도움을 주며 거역하는 마음이 천상적 묵상을 방해하지 못하도록 함

천상적인 것에 대하여 생동감 있는 인상을 유지하기가 어려움. 그러므로

I. 천상적 묵상은 감각적 대상에 의하여 도움을 받을 수 있음.

　1. 우리가 감각으로부터 강한 상상을 끌어 올 경우

　2. 우리가 감각의 대상과 믿음의 대상을 비교할 경우.

II. 천상적 묵상은 다음과 같은 점을 고찰함으로써 거역하는

　마음의 방해를 받지 말아야 한다.

　1. 마음이 이 일에 크게 싫어하는 태도

　2. 마음이 이 의무를 소홀히 여김

　3. 마음이 이 의무에서 벗어나 방황함

　4. 마음이 너무 갑작스럽게 이 의무를 끝냄.

　천상적 묵상의 가장 힘든 부분은 천상적인 것에 대한 생동감 있는 느낌을 마음에서 유지하는 것입니다. 15분 동안 그런 생각을 생동감 있고 애정 있게 하는 것보다 하루 종일 단순히 천국을 생각하는 것이 쉽습니다. 우리가 부분

328 성도의 영원한 안식

적으로밖에 새로워지지 않았기에 믿음은 불완전하며, 반역하는 세상을 거슬러 진행합니다. 그리고 믿음은 초자연적이므로 끊임없이 발휘되지 않으면 쇠하고 약해지기 쉽습니다. 감각은 육체의 능력에 따라 강력합니다. 그리고 감각은 자연적이므로 자연이 계속되는 한 지속됩니다. 믿음의 대상은 너무 멀리 떨어져 있지만 감각의 대상은 가까이에 있습니다. 우리는 자신의 기쁨을 위하여 천국까지 멀리 가야 합니다. 우리는 결코 보지 못하고 사람들이 보았음을 결코 알지 못하는 것을 즐거워하되, 단순히 성경의 약속을 의지하여 즐거워하는 것은 우리가 보고 소유하는 것을 즐거워하는 것보다 쉽지 않습니다. 그러므로 감각을 믿음의 조력자로 부를 때는 영적으로 신중을 기해야 할 것입니다.

우리가 이 일반적인 원수를 친구로 삼을 수 있고 하나님께 올라가기 위하여 이 원수들을 도구로 삼을 수 있다면 그것은 좋은 일일 것입니다. 사실 이 원수들은 우리를 하나님으로부터 멀어지게 하는 도구가 되는 경우가 잦습니다. 감각이나 감각의 공통 대상이 하나님을 찬양하는 데 이바지할 수 없다면 어찌하여 하나님은 우리에게 감각이나 감각의 공통 대상을 주셨습니까? 어찌하여 성령님은 육체에 훨씬 즐거운 표현으로 새 예루살렘의 영광을 서술하십니까? 우리가 천국이 황금과 진주로 만들어져 있다고 생각할 수 있다는 것입니까? 혹은 성도와 천사가 먹고 마신다는 말입니까? 그렇지 않습니다. 그러나 우리가 능력만큼 그것들을 파악하는 데 돕기 위하여, 그리고 이 빌린 표현을 거울로 사용하여 우리가 직접 완전하게 볼 때까지 불완전하게 표현된 것들을 보아야 하므로 그렇게 하십니다. 이 장은 어떻게 천상적 묵상이 감각적 대상에게 도움을 받을 수 있는지 보는 것 외에도 어떻게 천상적 묵상이 방랑하는 마음으로부터 보전될 수 있는지를 보일 것입니다.

첫째로, 천상적 묵상이 감각적 대상의 도움을 받기 위하여 감각으로부터 상상을 이끌어 내고, 감각의 대상을 믿음의 대상과 비교하라고만 나는 충고합니다.

1. 천상적 명상에서 그대의 성정이 도우려면, 그대의 감각에서 할 수 있는 대로 **강한 상상**을 이끌어 내십시오. 성경이 표현했듯이 위에 있는 기쁨을 담대하게 생각하십시오. 그대의 관념을 감각의 영역으로 이끌어 내리십시오. 사랑과 기쁨은 친숙하게 아는 것에 의하여 촉진됩니다. 우리는 성경이 제시하는 방식이 없이 하나님과 영광을 생각하려 들 때 길을 잃고 우리의 생각을 고정할 곳이 없습니다. 우리가 하나님과 영광을 우리와 너무 멀리 떨어진 데 놓으므로 우리의 생각은 낯섭니다. 그리고 우리는 우리 위에 있는 것은 우리에게 아무것도 아니라고 기꺼이 말합니다. 하나님과 영광을 오직 우리의 관념을 넘어서는 것으로 생각하면 사랑이 별로 생기지 않을 것입니다. 혹은 우리의 사랑 위에 있는 것으로 생각하는 것은 기쁨을 별로 산출하지 못할 것입니다.

그러므로 신적 본성에 접근하지 못하지 않으려면 그리스도가 자신을 두신 곳보다 더 멀리 당신에게서 그리스도를 두지 마십시오. 그리스도를 우리 자신의 영화된 본성에 계시는 분으로 생각하십시오. 영화롭게 된 성도를 완전하게 된 사람으로 생각하십시오. 요한과 더불어 새 예루살렘을 둘러보고 그 보좌와 위엄과 천군과 요한이 보았던 빛나는 광채를 보고 있다고 상상하십시오. 요한의 동료 여행자로서 천상의 나라로 들어가서 흰옷을 입고 '손에 종려나무 가지를 든' 모든 성도를 보았고, 그들이 '모세와 어린양의 노래'를 부르는 것을 들었다고 해보십시오. 만일 그대가 이런 것을 참으로 보고 들었다면, 얼마나 큰 황홀에 사로잡혔을까요. 그리고 이런 상상을 진지하게 하면 할수록 그대의 묵상은 그대의 마음을 더 고양시킬 것입니다. 교황주의자와 같이 그것들을 그림으로 그리지 말고, 할 수 있는 대로 성경에서 말하는 그 이야기들을 묵상함으로써 그것들에 대한 가장 생동감 있는 그림을 얻되, 그대가 이렇게 말할 수 있을 때까지 하십시오.

"나는 영광을 흘긋 볼 것입니다. 기쁨과 찬양의 외침을 듣고 심지어 아브라함과 다윗과 베드로와 바울과 다른 승리한 영혼들 곁에 설 것입니다. 심지어 하나님의 아들이 구름 가운데 나타나시며 세상이 자신의 운명을 선고 받기 위하여 그의 재판대 앞에 서는 것을 보고 하나님의 아들이 '오라 내 아버지께 복 받은 자들이여' 하고 말씀하시는 것을 듣고 그들이 즐거워하며 주님의 기쁨으로 들어가는 것을 볼 것입니다. 이런 일들에 대한 나의 꿈이 때때로 나에게 큰 영향을 주었습니다. 그러니 이런 단순한 상상이 나에게 더 많은 영향을 주지 않겠습니까? 내가 바울과 함께 저 '말할 수 없는 것'을 보았다면 어떻겠습니까? 혹은 스데반과 더불어 '하늘이 열리고 인자가 하나님 우편에 서신 것'을 보았다면 어떻겠습니까? 분명 그 광경을 한 번 보았던 것이 돌 세례를 받을 만큼 가치 있었습니다. 미가야처럼 '여호와께서 그의 보좌에 앉으셨고 하늘의 만군이 그의 좌우편에 모시고 서 있는'(왕상 22;19) 것을 보았다면 어떻겠습니까? 이같이 하나님의 사람들은 그런 일을 보았습니다. 그리고 나는 그들이 나와 같이 육체에서 풀려날 때까지 보았던 것보다 훨씬 많은 것을 곧 보게 될 것입니다." 그래서 성령님이 겸손의 언어로 복된 상태를 표현하셨듯이, 당신은 복된 상태에 관하여 신체적 감각으로부터 강하고 친밀한 상상을 하면 당신의 마음이 이 천상적 활동에서 우리의 감정을 어떻게 발휘하는지 볼 수 있습니다.

2. 우리의 감각이 이 천상적 활동을 촉진할 수 있는 또 하나의 방법은 **감각의 대상을 믿음의 대상과 비교하는 것**입니다. 예컨대 당신은 **감각적인 사람의 부패한 즐거움**과 하늘의 기쁨을 비교해 보십시오.

"불의를 행하는 것이 죄인의 큰 기쁨이 아닙니까? 그러므로 참으로 하나님과 더불어 사는 것은 기쁜 일이 아닐까요? 술 취한 사람이 술잔을 그토록 즐거워하므로 정죄를 두려워하면서도 술잔을 버리지 않지 않습니까? 음탕한 사람은 명성과 재산과 구원을 버리고 짐승 같은 기쁨을 취하지 않습니까? 지옥으로 가는 길이 그런 쾌락을 줄 수 있다면 천국에 있는 성도의 쾌락은 어떠하겠습니까? 탐욕스러운 사람이 자신의 부를 그토록 즐거워하고 야심적인 사람이 권력의 자리와 존귀의 직함을 그렇게 즐거워한다면, 영원한 보화 가운데 그리고 천상의 존귀 가운데 있는 성도는 어떤 즐거움을 갖겠습니까? 천상에서 우리는 정사와 권세보다 높아지고 그리스도의 영광스러운 신부가 될 것입니다. 주색에 빠진 사람들은 아침부터 밤까지 오락을 따라가거나 밤낮으로 카드와 주사위 놀이를 할 때 얼마나 기뻐합니까. 그러나 우리가 안식에 이르러 사시는 하나님의 얼굴을 뵙고 그와 그 어린양께 찬양을 드릴 때 얼마나 큰 기쁨을 가지겠습니까."

또한 위에 있는 기쁨을 **감각의 합법적이고 온건한 기쁨**과 비교하십시오. "배고플 때는, 특별히 이삭이 말했듯이 '나의 즐기는' 것이라서 체질과 욕구가 끌리는 음식이라면 내 미각에 얼마나 달콤합니까. 그러므로 내 영혼이 '살아 있는 떡이신 그리스도'(요 6:51)를 먹고 '그의 나라에 있어 그의 상에서 먹을' 때 얼마나 기쁠 것입니까. 배고플 때 팥죽 한 그릇이 에서에게 얼마나 맛있었으면 그가 장자권을 줄 정도로 비싼 값으로 그것을 사려 했겠습니까? 그러므로 나는 결코 멸하지 않을 음식을 참으로 귀하게 여기지 않을 수 없습니다. 어찌나 목마른지 거의 표현할 수 없을 지경인데 물이 '삼손의 힘이 소생하게' 할 정도라면 얼마나 즐겁겠습니까. 내 영혼이 '영원히 목마르지 아니할 생수'를 마신다면 얼마나 기쁠 것입니까. 코가 향기로운 냄새를 맡고, 귀가 즐거운 음악을 듣고, 눈이 아름다운 광경을 볼 때 얼마나 즐겁습니까. 그러므로 우리의 영화롭게 되신 구주의 '머리에 부은 귀한 향유', 그리고 그의 모든 성도의 머리에 부어지고 온 하늘이 그 향기로 가득 차게 할 향유는 얼마나 향기롭습니까. '천군의' 음악은 얼마나 즐겁습니까. 위에 있는 그 참된 아름다움은 얼마나 만족스럽습니까. '손으로 짓지 않은 집' 곧 하나님이 거하시는 집과 '하나님의 도성'의 거리와 광경과 천상의 낙원은 얼마나 찬란하겠습니까."

또한 위에 있는 즐거움을 우리가 **자연적 지식**으로 갖는 기쁨과 비교하십시오. 이것들은 감각의 기쁨을 훨씬 넘어섭니다. 그러나 천국의 기쁨은 얼마나 더 하겠습니까. "아르키메데스가 자신의 수학적 발견에 그렇게 사로잡혀서 죽음의 위험에도 일을 중단하지 않고 명상 가운데 죽지 않았습니까? 나는 영광의 기쁨에 훨씬 사로잡혀서 내 영혼에 신선하게 영향을 미치는 이 묵상과 더불어 죽어야 되지 않겠습니까? 아르키메데스의 기쁨은 그의 죽음과 더불어 사라졌으나 우리의 죽음은 우리의 기쁨을 완전하게 합니다. 자연의 비밀로 뛰어들고 예술과 과학의 신비를 발견하는 것은 말할 나위 없이 참으로 즐거운 일입니다. 우리가 그 가운데 하나에서 새로운 것을 발견한다면 특별히 그렇습니다. 만일 인간 학문의 얼굴이 그토록 아름다워 감각적 쾌락이 낮고 저열하게 보이게 한다면, 하나님의 얼굴은 얼마나 아름다우실까요. 우리는 몇 가지 좋은 책을 만날 때 밤낮으로 읽으며, 음식이나 물이나 잠을 잊어버릴 수도 있습니다. 그러므로 하나님의 오른팔에는 얼마나 큰 기쁨이 있습니까. 거기서 우리는 한순간에 드러날 모든 것을 알게 될 것입니다."

위에 있는 **도덕적 즐거움과 자연적 감정**의 기쁨을 또한 비교하십시오. 많은 건전한 이교도가 도덕 의무의 규칙과 실천에서 크게 기뻐하므로, 그들은 사랑의 덕을 충분히 잘 실천하고 단순히 처벌을 두려워하여 행하지 않는 사람만을 정직한 사람으로 보았습니다. 그렇습니다. 이 윤리의 덕은 그처럼 아주 귀하므로 그들은 사람의 중요한 행복이 윤리적 덕에 있다고 생각했습니다.

"우리의 천상적 완전에는 그리고 우리가 볼 하나님의 저 창조되지 않은 완전에는 참으로 아름다움이 있습니다. 자녀에 대한 사랑이든 부모에 대한 사랑이든 직장 동료에 대한 사랑이든 친밀한 친구에 대한 사랑이든 자연적 사랑의 발휘에는 참으로 유쾌함이 있습니다. 다윗은 요나단에 관하여 '그대가 나를 사랑함이 기이하여 여인의 사랑보다 더하였도다'(삼하 1:26) 하고 말하지 않았습니까? '요나단이 다윗을 자기 생명같이 사랑하지' 않았습니까? 그리스도께는 '제자 중 하나 곧 그의 사랑하시는' 자가 있지 않았습니까? 그러므로 친밀하고 마음에서 우러나오는 우정이 그토록 크다면, 우리가 가장 높으신 분과 우정을 나누고 예수 그리스도와 서로 친밀하게 지내고 성도의 가장 고귀한 사랑 가운데서는 얼마나 기쁘겠습니까. 확실히 이것이 위에서 말한 것보다 더 엄밀한 우정이며, 태양 아래 그 어느 것보다 사랑스럽고 바람직한 친구일 것입니다. 그리고 우리 아버지와 구주에 대한 우리의 애정과, 특별히 우리에 대한 그분들의 애정은 우리가 여기서는 결코 알지 못했던 것일 것입니다. 한 천사가 무리를 파멸시킬 수 있다면, 영들의 애정은 그만큼 더 강력할 것이 틀림없고, 그래서 우리는 지금보다 천 배나 더 열정적으로 사랑하게 될 것입니다. 하나님의 모든 속성과 활동이 이해할 수 없는 것이듯이, 우리가 하나님께 가장 완벽하게 사랑하는 것보다 하나님은 무한히 우리를 더 사랑하실 것입니다. 그러므로 서로가 나누는 이 사랑에 거하는 일은 얼마나 좋은 것입니까!"

또한 하늘의 탁월한 것과 우리 눈이 지금 보는 이 영광스러운 **창조 작품들**을 비교해 보십시오. 그 속에는 참으로 탁월한 지혜와 힘과 선함이 드러나 있습니다. 창조주의 엄위가 이 세상의 틀 속에 찬란히 비칩니다. "여호와께서 행하시는 일들이 크시오니 이를 즐거워하는 자들이 다 기리는도다"(시 111:2). 사람이나 짐승의 몸을 형성하는 것은 얼마나 거룩한 기술입니까. 모든 식물에는 참으로 탁월함이 있습니다. 꽃에는 참으로 아름다움이 있습니다. 풀과 과일과 광물은 참으로 다양하고 쓸모 있습니다. 땅과 그 거주하는 것에는 얼마나 놀라운 일이 담겨 있습니까. 물이 있는 바다는 그 움직임이 얼마나 다양하며 그 면면이 얼마나 다채롭습니까. 그리고 봄과 가을, 여름과 겨울은 참으로 끊임없이 계속됩니다.

"죄악된 사람에게 종에 불과한 이것들은 신비로운 가치로 아주 충만하므로, 하나님이 거하시고 그리스도와 더불어 완전하게 된 의로운 사람들을 위하여 예비된 그 장소는 어떠할까요? 저쪽 별들 가운데 가장 작은 것에도 얼마나 큰 영광이 있습니까. 달과 모든 별 저편에는 얼마나 광대하고 찬연한 몸체가 있습니까. 태양은 참으로 헤아릴 수 없는 영광을 갖고 있습니다. 그러나 이 모든 것은 하늘의 영광에 비하면 아무것도 아닙니다. 저쪽에서는 태양이 쓸모없는 것으로 될 것입니다. 저쪽에서는 태양이 내 아버지의 집의 빛에 비하면 흑암에 불과합니다. 틀림없이 나는 저 태양처럼 찬란할 것입니다. 이 온 땅은 내 아버지의 발등상에 불과합니다. 이 천둥은 그분의 두려운 음성에 비하면 아무것도 아닙니다. 이 바람은 그 입의 호흡에 비하면 아무것도 아닙니다. 만일 '그 해를 악인과 선인에게 비추시며 비를 의로운 자와 불의한 자에게 내려주시는'(마 5:45) 일이 그토록 놀랍다면, 틀림없이 성도와 천사에게만 비칠 저 태양은 얼마나 더 놀랍고 찬란할 것입니까?'

또한 교회와 세상 속에 있는 **섭리의 경이**를 위에 있는 즐거움과 비교해 보십시오. "바다가 오른편과 왼편에 벽처럼 서고 마른 땅이 그 가운데 드러나고 이스라엘 백성이 온전히 지나가고 바로와 그 군대가 물에 빠지는 것을 보는 것이나 애굽의 열 재앙이나 반석이 물을 내는 것이나 하늘에서 만나와 메추라기가 비오듯 쏟아지는 것이나 땅이 입을 열어 불의한 자를 삼키는 일을 보는 것"은 놀라운 광경이 아닐까요? 그러나 우리는 이보다 훨씬 큰 일을 볼 것입니다. 더 놀라운 광경뿐만 아니라 더 즐거운 광경도 볼 것입니다. 그때는 피도 없고 진노도 뒤섞이지 않을 것입니다. 우리는 벧세메스 사람처럼 이렇게 소리치지 않을 것입니다. "이 거룩하신 하나님 여호와 앞에 누가 능히 서리요"(삼상 6:20). 태양이 창공에 여전히 달려 있는 것이나 "아하스의 해시계가 십도 물러가는 것"(왕하 20:11)을 보는 것은 얼마나 놀랍습니까. 그러나 우리는 태양이 없게 될 때를 볼 것입니다. 좀 더 정확하게 말하면, 무한히 더 밝은 태양을 영원히 볼 것입니다.

우리가 기도하여 가뭄이 있기도 하고 비가 내리게도 할 수 있다면 얼마나 놀라운 삶을 갖고 있는 것입니까. 혹은 엘리야처럼 우리의 원수를 대적하여 하늘의 불이 내리도록 할 수 있지 않겠습니까? 혹은 엘리사처럼 죽은 자를 살리게 하거나, 사도처럼 기적적으로 질병을 고치고 모든 방언을 할 수 있지 않겠습니까? 애석하게도 이것들은 우리가 하나님과 더불어 보고 소유할 경이들에 비하면 아무것도 아닙니다. 그리고 이 모든 것은 선함과 사랑의 경이에 비하면 아무것도 아닙니다. 우리는 이 모든 것보다 더 놀라운 자비를 베푸는 사람이 될 것입니다. 요나는 물고기 뱃속에서 불과 삼 일 동안 있다가 올리었지만, 우리는 수많은 세월의 부패와 먼지로부터 올리울 것입니다. 그리고 그 먼지는 태양의 영광으로 높아질 것이며 그 영광은 영원토록 계속될 것입니다. 확실히 우리가 태양의 운동과 바다의 조수와 땅의 서 있음과 화원에 물을 주듯 땅에 물을 주는 것과 불의하고 혼동스러운 세상을 질서 있게 하는 것과 그 밖의 많은 다른 것들과 같은 일반 섭리를 목격한다면, 그것들은 모두 경탄할 만합니다. 그러나 이것들은 하나님의 시온과 거룩한 위엄의 광경과 천군의 질서에 비하면 대체 무엇입니까?

이런 것들 외에도 그대가 살면서 **몸소 향유했고 기록했던 저 특별한 섭리들**을 살펴보고 그것들을 그대가 위에서 가질 자비들과 비교해 보십시오. 그대가 젊은 시절과 성숙한 시절, 순경(順境)과 역경의 시절 여러 곳에서 여러 관계를 통하여 받았던 자비를 훑어보십시오. 그것들은 탁월하고 셀 수 없으며 부요하고 매력 있지 않습니까? 하나님이 그대의 의심을 풀어 주시고 그대의 두려움을 흩으시고 그대가 자신의 경륜을 펴다가 당하곤 했던 불편한 일을 막으시고 그대의 고통을 줄이시고 그대의 병을 낫게 하시고 그대를 죽음과 무덤에서 올리듯 올리셨을 때 얼마나 유쾌했습니까.

“이 모든 것은 너무 유쾌하고 고귀하므로 그것이 없는 나의 삶은 영원한 비참이 아니었겠습니까? 하나님이 땅에서 펼치시는 섭리는 나를 아주 높이고 ‘주의 온유함이 나를 크게 하시지’ 않았습니까? 그러므로 그의 영광스러운 현존은 얼마나 유쾌할까요? 그의 영원한 사랑은 나를 얼마나 높이 올리겠습니까. 그리고 나는 그의 크심과 교제하여 얼마나 위대해질까요. 내가 순례의 길과 전쟁에서 그 같은 하나님의 은혜를 얻었다면 나의 본향과 승리에서 무엇을 발견하겠습니까? 만일 내가 죄인으로 있을 때 하나님이 나에게 그렇게 많은 것을 주신다면, 내가 완전해진 성도가 될 때 무엇을 주시겠습니까? 만일 내가 하나님으로부터 그렇게 멀리 떨어져서 그토록 많은 것을 받는다

면, 내가 영원히 서 있게 될 그분의 보좌 앞 곧 그분의 바로 앞에서는 무엇을
갖게 될까요?'

위에 있는 기쁨을 그대가 여기서 **규례**로 받았던 위로와 비교해 보십시오.
성경은 그대에게 밤낮으로 위로를 흘려보내는 넓은 샘이 아니었습니까? 그
대의 마음에는 얼마나 적합한 약속이 들어갔습니까. 그래서 다윗처럼 그대
는 이렇게 말할 수 있습니다. "주의 법이 나의 즐거움이 되지 아니하였더면
내가 내 고난 중에 멸망하였으리이다"(시 119:92). 그런 후에 이렇게 생각하
십시오. "만일 하나님의 말씀에 그토록 위로가 가득 차 있다면, 우리는 하나
님 자체에서 얼마나 넘쳐흐르는 샘을 발견하겠는가? 만일 그의 말씀이 그토
록 위로를 준다면 그의 앞의 영광은 어떠할까? 만일 그 약속이 그토록 달콤
하다면 그 실현은 어떠할까? 우리 주님의 언약과 그 나라에 들어갈 우리의
자격은 어떠할까?"

더 나아가 이렇게 말하십시오. "나는 전파한 말씀에서 얼마나 큰 기쁨을
발견했던가. 사람의 마음을 살피시는 하늘의 교사 아래 앉아 있었을 때 내
마음이 얼마나 따뜻했던가. 아마 천국에 있는 것처럼 느꼈을 것이다. 혼란한
마음으로 교회에 갔다가 즐겁게 돌아오는 적이 얼마나 많은가. 의심하며 갔
다가 하나님이 그리스도 안에 있는 자신의 사랑을 확신하게 하여 나를 집으
로 돌려보내신 적이 얼마나 많은가. 참으로 귀한 강심제를 얻어 모든 싸움에
서 힘을 크게 얻지 않았는가. 모세의 얼굴이 그토록 찬란하게 빛났다면 하나
님의 얼굴에서는 얼마나 큰 영광이 있겠는가. 만일 '평화를 공포하고 복된
좋은 소식을 가져오며 구원을 공포하는 자의 발이 아름답다면'(사 52:7) 평
화의 왕의 발은 얼마나 아름답겠는가. 만일 이 보화가 질그릇 안에서도 그렇
게 고귀하다면, 하늘에 쌓아둔 그 보화는 얼마나 귀하겠는가. 거기 보이는
것을 보는 눈은 복되고 거기 들리는 것을 듣는 귀는 복되다. 거기서 나는 엘
리야와 이사야와 예레미야와 요한과 베드로와 바울의 말을 들을 텐데, 그들
이 자신을 반박하는 자들에게 전하거나 감옥에서나 핍박을 받으며 전하는

것을 듣지 아니하고, 자신을 높여 존귀와 영광으로 올리신 그분을 찬양하는 승리의 노래를 들을 것이다."

또한 이렇게 생각하십시오. "기도로 나아감과 받아 주심을 얻는 것은 얼마나 기쁜 일인가. 이로써 나는 언제나 하나님께 나아갈 수 있고 가장 친한 친구에게 하듯 내 사정을 열어 보이고 내 영혼을 그분께 털어 놓을 수 있다. 그러나 구함이 없이 온갖 복을 받고 내 모든 필요와 비참이 사라지고 하나님이 내 영혼의 분깃과 기업이 되실 때는 더 말할 수 없는 기쁨이 있을 것이다."

주의 만찬에 관하여 말하면, "그의 식탁에 앉도록 허락하심을 받고 거기서 내게 그 언약을 인쳐 주심을 받는 것은 얼마나 큰 특권입니까. 그러나 그곳의 모든 생활과 위로를 생각하면 죽은 후에 얻을 위로를 확신하게 됩니다. 오 이 땅에서 있었던 그리스도의 마지막 만찬과 저 큰 날에 있을 어린 양의 혼인 만찬은 얼마나 다르겠습니까. 그때는 찬란한 하늘들이 그분의 방이 될 것이며 천사와 성도의 모든 무리가 그 참석자가 될 것이니 거기는 유다도 없고 예비되지 않은 하객도 없을 것입니다. 그러나 겸손한 신자는 그 옆에 앉아 있으며 그 잔치는 서로 사랑하고 즐거워하는 잔치가 될 것입니다."

성도의 교제에 관하여 그대는 이렇게 생각하십시오. "현명하고 천상적인 그리스도인들과 더불어 사는 것은 얼마나 큰 즐거움인가. 다윗은 그런 일에 관하여 그들이 '나의 모든 즐거움'이라고 말한다. 그러므로 내가 위에서 얼마나 큰 즐거운 교제를 누리겠는가. 만일 내가 거름 더미에 있는 욥을 보았더라면 참으로 인내의 모범을 보았겠지만, 영광 가운데서 그를 볼 때는 어떠하겠는가? 바울과 실라가 차꼬에 매여 노래하는 것을 듣는 일은 얼마나 큰 즐거움인가. 그런데 그들이 하늘에서 찬송하는 것을 들으면 얼마나 더 즐거울 것인가. 다윗이 수금으로 연주하는 선율은 얼마나 아름다웠던가. 그러나 천상의 찬양대의 노래를 들으면 가락이 얼마나 아름답겠는가. 바울이 셋째 하늘에서 막 내려왔을 때 그와 더불어 한 시간 자유롭게 이야기를 나누었다면 어떠했겠는가. 그러나 틀림없이 나는 이런 일들을 곧 보게 되고 내가 보는 것을 소유하게 될 것이다."

다시 한 번, 성도들과 한마음으로 하나님을 찬송하는 일을 생각해 보십시오. "'지극히 높은 곳에서는 하나님께 영광이요 땅에서는 하나님이 기뻐하신 사람들 중에 평화로다'(눅 2:14)라고 노래하는 천군을 보고 그 노래를 들은 목자 가운데 있었더라면 어떠했을까. 그러나 나는 그보다 더 찬란한 일을 보고 들을 것이다. 내가 그리스도께서 아버지께 감사의 기도를 드리는 것을 들었다면 내 생각이 얼마나 복되었을까. 만일 언약궤를 다시 돌려놓거나 성전을 다시 건축하는 일이 그렇게 즐거웠다면, 새 예루살렘에 있는 것은 어떨까? 만일 솔로몬의 대관을 보고 사람들이 즐거워했을 때 땅이 진동하였다면, 교회의 왕이 나타나실 때는 얼마나 즐거운 외침이 있겠는가. 만일 '땅의 기초를 놓을 때에 새벽 별들이 기뻐 노래하며 하나님의 아들들이 다 기뻐 소리를 질렀다면'(욥 38:4, 7). 영광의 세상의 터가 닦이고 그 일이 끝나고 머릿돌이 놓일 때, 그리고 '거룩한 성이 어린양의 아내인 신부로서 단장할' 때 얼마나 즐거운 노래가 있겠는가."

그대가 천국에서 누릴 기쁨과 **성도가 그곳으로 가는 길을 발견하는 것의 기쁨**이나 천국의 기쁨의 맛보기를 비교하십시오. 하나님이 모든 성도에게 자신의 가장 작은 것이라도 계시하신다면, 성도의 마음은 그 계시에 일치하여 기뻐하지 않겠습니까? 베드로가 변화산에서 얼마나 큰 황홀경에 사로잡혀 있었습니까. 그는 이렇게 말했습니다. "주여 우리가 여기 있는 것이 좋사오니 우리가 초막 셋을 짓되 하나는 주를 위하여, 하나는 모세를 위하여, 하나는 엘리야를 위하여 하사이다"(눅 9:33). 마치 베드로는 이렇게 말했던 것 같습니다. "오, 우리로 저기 박해하는 무리에게로 다시 내려가지 않게 하소서. 비열하고 고통을 주는 우리나라로 돌아가지 않게 하소서. 우리가 여기 있사오니 여기 머무는 것이 좋지 않겠나이까? 이곳보다 더 나은 교제와 더 달콤한 쾌락이 있겠나이까?" 바울은 자신이 보았던 것으로 인하여 얼마나 고양되었습니까. 모세가 하나님과 이야기를 나누고 있었을 때 그 얼굴은 얼마나 빛났습니까. 이런 것들은 모두 특이한 맛보기였습니다. 그러나 지복의 전망에 비하면 하찮은 것이었습니다.

우리는 죽어가지만 기쁨으로 충만한 성도들에 관하여 얼마나 자주 읽고 들었습니까. 그들의 몸은 극심한 병세와 고통을 느꼈을 때 그 영혼에 하늘이 아주 크게 자리 잡고 있어서 그 기쁨은 슬픔을 압도했습니다. 만일 이 불꽃이 역경의 바다 가운데서라도 그토록 찬란하다면, 그때 있을 영광 자체는 어떠합니까? 순교자가 화염에서 얼마나 큰 기쁨을 누렸습니까. 그들은 우리와 마찬가지로 혈육이었습니다. 그러므로 그들의 몸은 불타고 있었지만 그들의 영혼에 기쁨으로 가득 차게 했던 어떤 탁월한 것이 틀림없이 있었습니다.

독자여, 그대가 명상할 때 이렇게 생각하십시오. "분명 저 영광을 놀랍게 미리 맛본 일이 있었기에 그들은 불길을 쉽게 대하고 공포의 왕을 환영하게 되었다. 그때 있을 영광 그 자체는 어떤가? 바울이 복된 안식을 생각하고 떠나서 그리스도와 함께 있을 마음이 생기게 되었으니 그 얼마나 복된 안식이겠는가. 그리고 성도들은 이 안식을 인하여 죽을 때까지 스스로 평안하다고 생각하지 않는다. 손더스(Saunders:1500-1555, 영국 개신교 순교자)는 화형주를 받아들이며 '십자가여 오라!' 하고 소리치는데, 나는 좀 더 기쁘게 나의 복된 상태를 받아들이며 '면류관이여 오라!' 하고 소리치지 않겠는가? 브래드퍼드(Bradford:1510-1555, 영국 개신교 순교자)는 그 나뭇단에 입을 맞추는데, 나는 구주께 입 맞추지 않겠는가? 다른 가련한 여 순교자는 자신 앞에 필포트(Philpot:1516-1555, 영국 개신교 순교자) 목사가 차던 쇠고랑에 발이 묶이는 것을 기뻐하는데, 나의 영혼이 그리스도와 그 사도들이 내 앞에서 가셨던 영광의 자리에 살게 될 것을 나는 기뻐하지 않겠는가?'

천국의 영광을 이 땅에서 교회가 갖는 영광과 겸비한 상태에서 그리스도께서 가지신 영광과 비교해 보십시오. 만일 그리스도께서 죄인의 자리에서 받으신 고난이 그렇게 탁월하다면, 아버지 우편에 계시는 그리스도는 어떠하시겠습니까? 만일 교회가 죄를 지고 원수의 공격을 받으면서도 그렇게 아름답다면,

어린양의 혼인식에서는 어떠하겠습니까? 종의 모습을 하신 하나님의 아들은 얼마나 놀라우셨겠습니까. 그분이 태어나셨을 때 새 별 하나가 나타나 나그네를 인도하여 여관에 계신 그분을 경배하게 했고, 천군이 노래로 그 탄생을 기념했습니다. 어리실 때 그분은 박사들과 토론하셨습니다. 직무를 맡으실 때, 물을 포도주로 변하게 하시고, 떡 몇 덩어리와 물고기 몇 마리로 수천 명을 먹이시고, 나병환자를 깨끗하게 하시고, 병자를 고치시고, 저는 자를 회복하시고, 눈먼 자를 보게 하시고, 죽은 자를 일으키셨습니다. 그러므로 그의 천상 영광은 얼마나 놀랍겠습니까. 나귀를 타고 예루살렘으로 입성하시는 분을 위하여 나뭇가지를 꺾어 그 위에 옷을 깔고 호산나를 소리 높인 일이 그렇게 놀랍다면, 그 영광 가운데 자기 천사와 함께 그분이 오실 때는 어떻겠습니까?

만일 그분이 '천국의 복음'을 전파하시는 것을 들은 사람들이 "이와 같이 말하는 자가 없었다"고 고백한다면, 그때 그분의 나라에서 그분의 엄위를 보는 자들은 이렇게 말할 것입니다. "이 영광과 같은 것은 전에 없었도다." 그분의 원수들이 그를 체포하러 왔을 때 땅에 엎드러졌다면 ― 그분이 죽어가고 계실 때 땅이 흔들리고 성전의 휘장이 갈라지고 해가 가리우고 성도의 죽은 몸이 일어나고 옆에 섰던 자들이 "이는 진실로 하나님의 아들이었도다"(마 27:54) 하고 시인한다면 ― 죽은 자가 모두 일어나서 그분 앞에 서고, 그분이 "하늘뿐만 아니라 땅을 진동하시고", 이 해가 창공에서 사라지고 그분의 영광으로 영원히 어두워지고, 그리고 모든 입이 그분을 주와 왕이시라고 고백할 그날은 어떠할 것입니까.

만일 그분이 다시 일어나셨을 때 사망과 무덤이 그 힘을 잃었다면, 천사가 '돌을 굴려 버려' 지키던 자들을 '마치 죽은 자처럼' 두렵게 만들고 그 소식을 제자들에게 알렸다면, 그분이 제자들 보는 데서 하늘로 올라가셨다면, 지금 그분이 소유하시고 그분과 영원히 우리가 소유할 그 권세와 통치와 영광은 어떠하겠습니까! 그분이 가셨을 때, 몇몇 가련한 어부와 장막 깁는 자가 저는 자와 눈먼 자와 병든 자를 고치고 옥을 열고 순종하지 않는 자를 멸하고 죽은 자를 일으키고 그들의 원수를 놀라게 할 수 있지 않았습니까? 모든 사람이 이보다도 더 큰 일을 할 수 있는 세상은 어떠하겠습니까.

만일 복음의 전파에 마음의 비밀을 드러내고 교만한 죄인을 겸손하게 하고 아주 완고한 자를 떨게 만드는 힘이 따른다면, 복음의 전파가 사람들로 책을 태우게 하고 땅을 팔아 그 수익을 가져다가 전하는 자의 발 앞에 놓게 한다면, 복음의 전파가 수천 명을 회개시킬 수 있고 세상을 뒤집어 놓을 수 있다면, 재판대에 선 죄수로부터 나온 복음의 가르침이 재판석에 앉은 재판장을 떨게 할 수 있다면, 그리스도와 그의 성도가 낮아질 때에 그리고 그들의 고난과 수치를 위하여 정해진 날에 이런 힘과 존귀를 갖고 있다면, 앞으로 그들이 완전한 지배력을 갖고 영광의 나라에서 충만히 나아갈 때는 어떠하겠습니까?

그대가 마지막 날에 얻을 **찬란한 변화**를 성령님이 여기서 그대 마음에 이루어 놓으신 은혜로운 변화와 비교해 보십시오. 그대에게는 진정한 은혜가 없는 것과 마찬가지이지만 인도 제국의 부(富)보다 훨씬 값집니다. 그리스도를 향한 진실한 욕구가 없는 것과 마찬가지지만 세상 나라보다 값집니다. 변화된 본성은 바로 하나님의 형상입니다. 우리 안에 거하시는 하나님과 우리 안에 거하시는 하나님의 성령의 형상입니다. 그것은 하나님의 얼굴에서 나오는 빛이며, 우리 안에 머물러 있는 하나님의 씨이며, 이성적 영혼의 유일한 본래적 아름다움입니다. 이 형상이 인간을 모든 고상한 것보다 더 고상하게 하며, 그가 자기 조물주의 쾌락을 이해하고 그의 뜻을 행하고 그 영광을 받을 수 있음직하게 만듭니다.

만일 이 겨자씨 알이 그렇게 고귀하다면, "하나님의 낙원에 있는 생명나무"는 얼마나 고귀합니까. 오직 부패를 저항하여 애쓰고 몇몇 욕구와 신음을 활활 타듯 드러낼 생명의 불꽃이 그렇게 가치 있다면, 이 생명의 원천은 얼마나 찬란합니까. 만일 우리가 죄의 몸으로 눌릴 때 하나님과 같이 될 것이라는 말을 듣는다면, 확실히 우리는 우리 속에 죄 같은 것이 없을 때 훨씬 하나님과 같아질 것입니다. 천상에 대한 욕구와 사랑이 그렇게 탁월하면 천상 자체는 어떠하겠습니까? 우리가 미리 맛보고 믿으므로 그토록 달콤하게 기뻐한다면 완전한 소유의 기쁨은 어떠할까요? 그리스도인은 죄악된 불친절한 태도에 대한 생각이 자기 마음에서 녹아내리고 없어질 때 얼마나 기쁩니까. 이 세상의 슬픔조차 그에게 기쁨을 낳습니다. 그때 우리가 가장 높은 안전에서 알고 사랑하고 즐거워하고 찬송할 때는 어떠할까요? 스스로 이렇게 생각하십시오.

"수천의 죄가 나를 대적할 때 내가 태어나고 관습에 의하여 깊이 파묻혀 있던 상태에서 얼마나 큰 변화가 일어날 것인가. 그리고 내가 그런 상태로 죽었다면 영원히 저주를 받은 것이다. 이 모든 엄청난 범죄에서 그리고 이 모든 두려운 전염병에서 벗어나 의롭게 되고 하늘의 상속자가 되는 것은 얼마나 놀라운 변화인가. 자신의 중생을 생각할 때, 오 복된 날이여, 내가 뵌 주님을 찬양하라고 소리친 적이 얼마나 많은가. 그때 나는 하늘에서 이렇게 소리칠 것이다. 오 복된 영원이여, 나를 이곳에 부르신 주님을 찬양하라. 하나님의 천사들은 나의 회개를 보기를 즐거워하지 않았는가? 확실히 그들은 내가 구원받아 얻은 큰 행복을 축하할 것이다. 은혜는 재에서 찾은 불똥에 불과하다. 육신으로 세상이 보지 못하게 덮이고 때때로 부패에 의하여 나 스스로 보지 못하도록 덮인 불똥에 불과하다. 그러나 나의 영원한 영광은 덮이지 않을 것이며 나의 빛은 시온 산, 곧 하나님의 산에서도 '등경 아래 있지 않고 산 위에' 있을 것이다."

다시 한 번, 그대가 위에서 갖게 될 기쁨을 성령님이 이곳에서 그대에게 주신 그 기쁨의 **맛보기**와 비교해 보십시오. 하나님은 때때로 그대 영혼에 자신을 특이하게 계시하시고 그 영혼에 영광의 한 방울을 떨어지게 하시지 않았습니까? 그대는 "오, 내 영혼이 그렇게 계속 되었으면" 하고 기꺼이 말하려 하지 않았습니까? 그대는 오랫동안 슬픔에 잠겨 기대한 후에 순교자와 더불어 "그분이 오실까, 그분이 오실까?" 하고 소리치지 않았습니까? 그대는 하늘의 생동감 넘치는 설교를 듣거나 저 복된 상태에 대하여 물러나 명상할 때, 그대의 풀 죽은 영혼이 다시 살아나고 비참해진 마음이 그대의 머리를 높이고 하늘의 빛이 그대 영혼에 도는 것을 결코 파악하지 못했습니까? 스스로 이렇게 생각하십시오. "이 보증이 전체 유업에 대하여 무엇인가? 애석하게도 나를 그토록 놀라게 하고 기쁘게 하는 이 모든 빛은 하늘에 밝혀서 나를 이 흑암의 세상을 지나서 하늘로 인도하는 촛불에 불과하다. 만일 몇몇 경건한 사람이 기쁨에 압도되어 '주님, 당신의 손을 멈추소서. 제가 더 참을 수 없나이다' 하고 소리치기까지 했다면, 내 영혼이 하나님을 뵙고 즐거울 수 있는 하늘에서는 나의 기쁨이 어떠할 것인가? 그 빛이 태양보다 만 배나 더 밝다 해도 내 눈이 그것을 지켜볼 것이다."

혹은 그대가 이와 같은 맛보기의 달콤함을 아직 느껴 보지 않았다면 ― 왜냐하면 모든 신자가 그것을 느낀 것은 아니기 때문이다 ― 그대가 이미 느껴 보았던 그런 기쁨을 이용하십시오. 이는 그대가 앞으로 느끼게 될 것을 더 잘 분별할 수 있기 위함입니다.

둘째로, 나는 이제 천상적 묵상을 방황하는 마음에서 어떻게 보존하는지 보여 주고자 합니다. 여기서 우리의 주된 활동은 위험을 발견하고 그리하여 가장 나은 치료책에 이르는 것이 될 것입니다. 마음은 천상적 활동에서 뒤처짐으로써, 혹은 그 활동을 소홀히 함으로써, 혹은 자주 다른 일로 벗어남으로써, 혹은 시작을 제대로 하기 전에 갑자기 그 일을 멈춤으로써 천상적 활동을 가로막는 가장 큰 장애물이 될 것입니다. 당신이 이 활동이 주는 위로를 가치 있게 여기므로 다음과 같은 위험한 악을 충성스럽게 저지해야 합니다.

1. 그대는 그대의 마음이 이 활동에 **처지는** 것을 발견하게 될 것입니다. 아마 세상의 어떤 일에서도 마찬가지입니다. 그대의 마음은 얼마나 핑계를 잘

댑니까. 얼마나 도망갈 구멍을 잘 찾겠습니까. 그토록 확실한 때에도 얼마나 지체하고 이의를 말합니까. 그대의 마음은 그것이 의무인지 아닌지, 혹은 다른 사람에게 의무일지라도 그대 자신에게 의무인지 물을 것입니다. 그대 마음은 그대에게 이렇게 말할 것입니다. "이것은 달리 연구할 것이 없는 사역자들이나 그대보다 여유가 더 많은 사람들을 위한 일이다." 그대가 사역자라면 그대 마음은 그대에게 이렇게 말할 것입니다. "이는 사람들의 의무다. 그대는 그들에게 줄 교훈을 위하여 묵상하고 그들로 들은 바를 묵상하도록 하면 그만이다." 마치 그대의 의무가 고기를 구워 대접하는 것이며, 오직 그들이 그것을 먹고 소화하고 그 힘으로 살아야 하는 것처럼 말합니다. 만일 이 모든 것이 효과를 보지 못하면, 그대의 마음은 그대에게 다른 일을 알려 주거나, 그대에게 다른 의무를 짊어지웁니다. 왜냐하면 그대의 마음은 이 의무보다 다른 의무로 가기가 쉽기 때문입니다. 아마 그대의 마음은 그대에게 이렇게 말할 것입니다. "다른 의무가 더 크므로 이 의무를 미루어 두고 다른 의무를 먼저 해야 한다. 왜냐하면 그대는 둘 다 할 시간이 없기 때문이다. 공적인 일이 더 중요하다. 영혼을 구하기 위하여 공부하고 설교하는 것을 이런 개인적인 명상보다 더 바라야 한다."

그대가 다른 사람의 구원을 추구하느라 자신의 구원을 돌볼 시간이 없는 양, 혹은 그대가 다른 사람에게 자선을 베푸는 것이 너무 중요해서 자신의 영원한 행복을 태만히 하지 않을 수 없는 것인 양, 혹은 우리의 가르침을 이렇게 입증하는 것보다 우리가 다른 사람에게 더 쓸모 있게 되는 길이 없는 양 말합니다. 확실히 하늘은 우리의 촛불을 밝히는 가장 훌륭한 불이며 설교자가 연구하기에 가장 좋은 책입니다. 그리고 우리가 그것을 더욱 연구하겠다고 결심하게 된다면 교회는 좀 더 천상적인 빛을 받게 될 것입니다. 그리고 우리의 연구가 거룩하고 우리의 정신이 거룩할 때, 우리의 설교도 거룩해질 것이며 우리는 정말 성직자라고 불릴 것입니다. 혹은 그대의 마음은 이 일을 반대하여 말하지 않는다 해도, 그것을 차일피일 미루고 시간을 소홀히 낭비하면서 계속 이 일에서 거리를 둘 것입니다. 혹은 그대의 마음은 그대가 노골적으로 거부하는 태도를 갖게 하고 그대의 이성에 따르지 않으려 합니다. 그대의 마음이 여전히 세속적인 한 나는 그대의 마음에 관하여 이 모든 것을 말합니다. 왜냐하면 그대의 마음이 영적인 한 이 일이 세상에서 가장 유쾌한 일이라고 판단할 것으로 나는 알기 때문입니다.

이제 무슨 일을 해야 합니까? 내가 그대에게 말한다면 그대는 할 것입니까? 그대는 그와 비슷한 경우에 이렇게 말하지 않을까요? "나는 일하지 않는 종이나 여행하지 않으려 하는 말(馬)을 어떻게 해야 하는가? 그들이 빤히 쳐다보도록 그대로 두어야 하는가?" 그러므로 그대 마음을 신실하게 대하십시오. 그대 마음을 설득하여 그 일을 하게 하고 거부하지 말게 하십시오. 그리고 게으름 피우는 것을 꾸짖고 그대의 마음을 책망하십시오. 그대는 자신의 생각에 속수무책이었습니까? 그대가 묵상하는 것은 선택의 문제, 특별히 자신의 판단력에 따라 한 일이 아닙니까? 확실히 하나님은 그대에게 새 본성과 더불어 자신의 생각을 다스릴 힘을 주셨습니다. 그대는 다시 부패한 본성의 노예가 되었습니까? 자신의 권위를 회복하십시오. 그리스도의 영께 부탁하여 도움을 구하십시오. 그분은 결코 그처럼 선한 활동에 게으르지 않으시며 그와 같이 정당한 대의명분에 도움을 거절하지 않으실 것입니다. 그분께 이렇게 말씀드리십시오.

"주님, 주님은 제 이성에게 제 생각과 감정을 다스릴 힘을 주셨습니다. 제가 생각과 감정을 다스리라고 받은 권위는 주님으로부터 온 것입니다. 그리고 이제 보십시오. 그것들은 주님의 권위에 복종하지 않으려 합니다. 주님은 생각과 감정이 천상적 묵상의 활동을 하도록 만들라고 명령하십니다. 그러나 그것들은 반발하고 그 의무를 고집스럽게 거부합니다. 주님은 제게 주신 그 권위를 제가 발휘할 수 있도록 도와 주십시오. 오, 주님의 영을 내려 주소서. 그래서 제가 주님의 명령을 시행하고 효과 있게 제 생각과 감정이 주님의 뜻을 따르도록 하여 주옵소서." 그래서 그대는 자신의 마음이 순복하고 거역하는 태도가 무너지고 게으른 태도가 즐거운 순응의 태도로 바뀌는 것을 볼 것입니다.

2. 또한 그대의 마음은 효과 있게 묵상하고 있어야 할 때 **소홀히 여기는** 마음으로 그대를 배반하기 쉬울 것입니다. 아마 그대가 묵상할 시간이 한 시간 있을지라도 그대의 마음이 진지하지 않으면 그 시간을 버리게 될 것입니다. 마치 그대가 그 의무를 행하지 않는 듯이 행하면 그 의무를 빼먹는 것만큼 손해가 될 것입니다. 여기서 그대는 언제나 그대의 마음을 살피도록 하십시오. 그대의 마음이 이 의무에 쓰는 시간을 보지 말고 행하는 그 일의 양과 질을 보십시오. 당신은 종이 부지런했는지 그렇지 않았는지를 그가 한 일로 말할 수 있습니다. 스스로 이렇게 질문해 보십시오. "어떤 감정이 발휘되었는가? 나는 얼마나 천국에 더 가까운가?" 그대의 마음이 아주 소홀히 행하므로 그 마음을 홀로 내버려 두는 것이 좋겠다 하고 생각하지 마십시오. 왜냐하면 이리하여 그대는 확실히 모든 영적 순종을 떨쳐 버릴 것이기 때문입니다. 부분적으로 성화되었을 따름이기도 하지만 마음이 아무리 훌륭하다 한들 육적인 한 '그 의무를' 거부할 것이기 때문입니다. 그러나 대신에 그대의 본성의 부패를 잘 살펴보십시오. 그러면 그 본성의 죄악된 성향이 하나님의 명령을 대신하지 않을 것이며 한 죄가 다른 죄를 핑계대지 않을 것입니다. 그리고 하나님은 우리의 감정을 불러일으킬 수단을 정해 놓으셨습니다. 이와 같이 천상적 묵상이라는 스스로 생각하고 살피는 의무는 사랑을 불러일으키고 증진하는 데 가장 효과 있는 수단입니다. 그러므로 그대의 사랑이 그대를 억누른다고 느낄 때까지 이 의무를 태만히 하지 말고, 그대가 스스로 따뜻하다고 느낄 때까지 그 불에서 멀어지지 마십시오. 오히려 사랑이 일어나고 사랑이 좀 더 중요한 의무를 행하도록 그대를 강력하게 이끌 때까지 그 일을 행하십시오.

3. 또한 그대의 마음은 천상적 묵상에서 다른 대상으로 **벗어나고** 있습니다. 이는 부주의한 종처럼 지나가는 사람마다 붙들고 이야기하려고 몸을 돌리는

것일 것입니다. 그대의 마음이 하늘 외에 아무것도 없을 때 그대의 마음은 그대의 소명이나 고난이나 그대가 보는 모든 새나 나무를 생각하게 될 것입니다. 이럴 때의 치료책은 이전과 같습니다. 경계하고 경책하십시오. 그대 마음에게 이렇게 말하십시오. "내가 세상의 일이나 사람이나 장소나 소식이나 헛된 일이나 하늘 외에 그 어떤 선한 것을 생각하려고 여기까지 왔는가? '한 시간도 깨어 있을 수 없더냐?' 그대는 이 세상을 떠나 하늘에서 그리스도와 함께 영원히 거하고 묵상하며 그리스도와 거하기 위하여 한 시간도 세상을 떠나지 않을 것인가? '이것이 친구에 대한 그대의 사랑인가?' 그대는 그리스도와 그대의 영원한 복된 거처를 이보다 더 사랑하지 않는가?" 만일 방황하는 생각이라는 탐욕스러운 새가 하늘을 향하여 정해진 묵상을 삼키면, 그대 생각의 생명력과 기쁨을 삼키는 것입니다. 그러므로 그것들을 내몰아 희생을 면하고 그대의 마음을 엄격하게 그 일에 붙잡아 두십시오.

4. 제대로 해보기도 전에 **갑자기 그대의 묵상을 끝내는 것은** 그대의 마음이 그대를 속이는 또 한 가지 방법입니다. 그대는 다른 의무에서 이런 점을 쉽게 파악할 수 있습니다. 은밀한 기도에서 그대의 마음은 그대로 하여금 기도를 짧게 하라고 부추기고, 자주 기도를 다한 것처럼 시늉하지 않습니까? 그처럼 천상의 묵상에서 그대의 마음은 그 일에 지쳐서 그대가 꽤 따뜻해지기 전에 천상의 걸음을 멈추게 할 것입니다. 그러나 하나님의 이름으로 멈추지 말고 계속 행하고, 그처럼 큰 일을 얼치기로 하듯 하지 마십시오. 그대의 마음에게 이렇게 말하십시오.

"어리석은 마음이여, 그대가 잠시 구걸하다가 자선을 받기 전에 사라져 버린다면 그대의 구걸한 것이 헛된 일이 아닌가? 그대가 여로가 마치기 전에 멈춘다면 그대의 여행은 소용없는 일이 아닌가? 그대는 분명 유업으로 받을 영광을 볼 소망을 안고 여기까지 왔다. 그런데 그대는 산꼭대기에 거의 다다랐을 때, 멈추어 서서 전망을 보기도 전에 돌아가려는가? 그대는 하나님과 함께 이야기를 나누려고 여기까지 왔다. 그런데 그대는 하나님을 뵙기도 전에 가려 하는가? 그대는 위로의 시내에서 몸을 씻기 위하여, 그리고 그 목적을 위하여 세상의 생각을 벗기 위하여 여기까지 왔는데, 둑만 만지고 돌아가려 하는가? 그대는 '약속의 땅을 정탐'하러 왔다가 형제들을 격려하기 위하여 '그들에게 보여 줄 포도 한 송이'도 없이 돌아가려 하는가? 그대가 마음이 즐겁도록 포도주를 맛본 것을 그들로 보게 하라. 그리고 그대는 즐거운 얼굴로 기름을 바른 것을 보이고, 부드러운 마음과 즐거운 대화로 젖과 꿀을 먹은 것을 보여 주라. 이 천상적 불은 그대의 언 마음을 녹일 것이며 그 마음을 세련되고 신령하게 할 것이다. 그러나 그 불이 활동하려면 반드시 시간이 있어야 한다."

그래서 마음에 변화가 일어날 때까지, 그대의 은혜를 발휘하고 그대의 감정을 불러일으키고, 그대의 영혼이 위에 있는 즐거움으로 새롭게 될 때까지 그 일을 추구하십시오. 혹은 그대가 한꺼번에 이 목적을 얻을 수 없다면, 다른 때에 좀 더 노력하십시오. "주인이 이를 때에 그 종이 그렇게 하는 것을 보면 그 종은 복이 있으리로다"(눅 12:43).

제16장

천상적 묵상의 예와 이 책의 결론

독자의 관심을 불러일으켜 다음과 같은 묵상의 예들을 살피게 함.

1. 천상적 안식의 탁월함

2. 그 안식의 가까움

3. 죄인에게는 두려운 것임

4. 성도에게는 즐거운 것임

5. 그 안식의 값진 획득

6. 그 안식이 이 땅과 다름

7. 마음의 탄원

8. 불신을 내쫓음

9. 불쌍하고 사려 없는 세상

10. 천상적 안식은 사랑의 대상

11. 그리고 기쁨

12. 마음이 천상적 기쁨을 싫어하는 점에 대한 한탄

13. 천상적 안식은 욕구의 대상.

이제 독자여, 위의 방향에 따라 기도뿐만 아니라 묵상에서 그대의 덕을 매일 발휘해야 한다는 사실을 아십시오. 자신에게 가장 적합한 때에 은밀한 곳으로 물러가십시오. 그리고 모든 세상적인 생활을 옆으로 제쳐놓고 가능한 한 진지하고 경외하는 마음으로 하늘을 올려다보십시오. 그대의 영원한 안식이 있음을 기억하십시오. 그 안식의 탁월함과 실재함을 연구하십시오. 그리고 천상의 기쁨과 이 땅의 기쁨을 비교함으로써 감각에서 믿음으로 올라가십시오. 그런 후에 기도와 독백 가운데, 경외하는 마음으로 사정을 하나님께 간절히 알리고 진지하게 자신의 마음에게 간청하면서 그대가 힘써서 흙덩이에서 불길로 오를 때까지, 망각하는 죄인과 세상을 사랑하는 자로부터 하나님을 열렬하게 사랑하는 자로, 두려워하는 겁쟁이로부터 결의가 굳은 그리스도인으로, 열매 없는 슬픔의 상태에서 기쁨의 생활로 높아질 때까지 하십시오. 한 마디로 그대가 자신의 마음을 주장하여 이 땅에서 하늘로, 아래 것에 관하여 이야기하는 데서 하나님과 동행하는 것으로 높아질 때까지 하십시오. 그리고 그대가 이곳에서 도움을 받듯이 그대의 영원한 안식에 관한 묵상으로 그대의 마음이 그리스도의 품 안에 있듯이 안식할 수 있을 때까지 하십시오.

1. "**안식하십시오!** 얼마나 달콤한 말입니까. 이는 내 귀에 음악입니다. 이는 내 마음에 힘이 솟구치게 하는 강심제로 있으며, 그로부터 내 영혼의 모든 맥박을 진동시키는 살아 있는 정신을 보냅니다. 안식하십시오. 이 땅에서 쉬는 돌이나 무덤에 쉬는 이 육신처럼 쉬지 마십시오. 세속적 세상이 바라는 그런 안식을 누리지 마십시오. 우리가 '밤낮으로 쉬지 않고 거룩하다, 거룩하다, 거룩하다 주 하나님 전능하신 이여'라고 말할 때 우리가 죄로부터는 쉬지만 예배로부터는 쉬지 않고, 고난과 슬픔으로부터는 쉬되 기쁨으로부터 쉬지 않는 때에 누릴 오, 복된 안식이여 ! 내가 하나님과 더불어 안식할 때 내가 내 주님의 품에서 안식하며, 알고 사랑하고 기뻐하고 찬송하면서 안식하며, 나의 완전한 영혼과 몸이 가장 완전한 하나님을 함께 완전히 누리며, 내가 하나님에 대한 사랑 안에 쉴 때와 같이 사랑 자체이신 하나님이 완전히 나를 사랑하시고 나에게 대한 자신의 사랑 안에 쉬시고, 내가 하나님을 기뻐

하듯 기쁨을 가지시고 나를 기뻐하시며 노래로 나를 즐거워하실 오, 복된 날이여 ! ”

2. “가장 복되고 기쁜 그날은 얼마나 **가깝습니까**. 그날은 속히 옵니다. ‘오실 이가 오시리니 지체하지 아니하시리라‘(히 10:37). 나의 주님이 오시기를 늦추시는 듯 보여도 얼마 있지 않아 여기 오실 것입니다. 그날이 이르기까지 몇백 년이 대체 무엇입니까? 그의 징표는 참으로 확실히 나타날 것입니다. 그분이 깨어 있지 않은 세상에 얼마나 갑자기 임하실 것입니까. 마치 ‘번개가 하늘 아래 이쪽에서 번쩍이어 하늘 아래 저쪽까지 비침‘(눅 17:24)과 같습니다. 그러므로 가신 그분은 가신 대로 오실 것입니다. 그분의 나팔 소리가 들리는 듯합니다. 천사를 데리고 엄위와 영광 가운데 구름으로 오시는 그분을 보는 듯합니다.”

3. “오 **안심하는 죄인이여**, 이제 여러분은 무엇을 합니까? 어디에 숨으며 무엇으로 자신을 덮을 것입니까? 산들이 사라지고 전에 있던 하늘들과 땅이 사라져 없어지고 삼키는 불이, 여러분을 제외하고 영원히 그 연료가 될 모든 것을 소멸했습니다. 오, 여러분이 땅과 같이 타고 하늘처럼 녹아져 없어질 수 있었으면. 이런 소원은 이제 헛될 따름입니다. 만일 그랬다면 어린 양은 당신의 친구이셨을 것입니다. 그분은 당신을 사랑하고 다스리셨을 것입니다. 그래서 이제도 당신을 구원하셨을 것입니다. 그러나 당신이 그렇게 되지 않았다면 이제 너무 늦습니다. ‘주여, 주여’ 하고 소리치지 마십시오. 너무 늦습니다. 왜 그대는 주위를 둘러봅니까? 누가 그대를 구원할 수 있습니까? 그대는 어디로 달려 갑니까? 누가 그대를 숨길 수 있습니까? 오 비참한 자여, 그대는 그것 때문에 여기에 이르렀습니다.”

4. “이제 믿고 순종한 **복된 성도들이여**, 이것은 믿음과 인내의 결국입니다. 여러분이 기도하고 기다린 것이 바로 이것이었습니다. 이제 여러분은 자신의 고난과 슬픔과 자기 부인과 거룩한 행보를 회개합니까? 여러분의 회개의 눈물은 이제 비통합니까 아니면 달콤합니까? 어떻게 재판장께서 여러분을

보고 웃으시는지 보십시오. 그 얼굴에는 사랑이 있습니다. 구속자와 남편과 머리라는 칭호가 그 사랑스럽고 빛나는 얼굴에 쓰여 있습니다. 들으십시오. 그분이 여러분을 부르십니다. 그분은 자기 오른편에 여러분을 서라고 명하십니다. 오 즐거운 선고여! '나아와 창세로부터 너희를 위하여 예비된 나라를 상속받으라'(마 25:34). 그분은 여러분의 손을 잡으시며 문은 열립니다. 그 나라는 그분의 것이므로 여러분의 것이기도 합니다. 그 보좌 앞에 여러분이 설 자리가 있습니다. 아버지께서는 여러분을 자기 아들의 배필로 받아들이시고 영광의 면류관을 받으라고 명하십니다. 그토록 가치 없는 여러분은 영광을 써야 합니다. 이것은 거저 주시는 구속의 은혜가 비추어 주었던 것입니다. 영원한 사랑의 목적입니다. 오 복된 은혜여, 오 복된 사랑이여. 오 사랑과 기쁨이 얼마나 일어날 것인가요. 그러나 나는 그것을 표현할 수 없습니다. 나는 그것을 파악할 수 없습니다."

5. "이것은 **슬픔으로 얻은** 기쁨이며 십자가로 얻은 면류관입니다. 내 주님은 우셨습니다. 이는 이제 나의 눈물이 씻겨 사라지게 하려 함입니다. 그분은 피를 흘리셨습니다. 이는 이제 내가 기뻐할 수 있게 하려 함입니다. 그분은 버림을 받으셨습니다. 이는 이제 내가 버림받지 않게 하려 함입니다. 그분은 그때 죽으셨습니다. 이는 이제 내가 살도록 하려 함입니다. 그토록 비열하고 불행한 자를 높일 수 있는, 오 거저 주시는 자비여. 그리스도께는 값비쌌지만 내게는 거저 주시는 것입니다. 수천 사람이 버림을 당했을 때 나를 택한 거저 주시는 은혜여. 죄 가운데 있는 내 동료들이 지옥에서 불타고 있을 때 여기서 나는 안식을 즐거워할 것입니다. 여기서 나는 이 모든 성도와 더불어 살 것입니다. 오, 옛 지인을 만나는 안락한 만남이여. 나는 이들과 더불어 기도하고 울고 고난 받고 이날과 이곳에 관하여 자주 이야기했습니다. 나는 무덤이 여러분을 더 붙들 수 없음을 봅니다. 동일한 사랑이 여러분을 구속하고 구원했습니다."

6. "이는 우리의 진흙 집, 우리의 감옥, 이 땅의 우리 거처와 **다릅니다.** 이

기쁨의 소리는 우리의 옛적 불평이나 우리의 참지 못하는 신음과 한숨과는 다릅니다. 이 아름다운 찬송은 우리가 이 땅에서 들은 조롱과 욕설 혹은 맹세나 저주와 다릅니다. 이 몸은 우리가 전에 갖고 있던 것과 다르며, 이 영혼은 우리가 갖고 있던 것과 다르며, 이 생활은 우리가 살았던 생활과 다릅니다. 우리는 우리의 자리와 상태, 우리의 옷과 생각, 우리의 용모와 언어와 교제를 바꾸었습니다. 전에는 한 성도가 약하고 모욕을 받았지만 우리는 너무 교만하고 불평을 잘해서 자주 그의 덕을 분별하지 못한 적이 많습니다. 그러나 이제 성도는 얼마나 영광스러운가요. 이제 전에 그들과 그 주위 사람들을 지치게 하던 그들의 죄의 몸은 어디 있겠습니까? 이제 우리의 달라진 판단과 질책하는 욕설과 분열하는 정신과 격노하게 하는 정념과 이상한 모습과 자비롭지 못한 징책은 어디에 있겠습니까? 이제 우리는 하나의 판단과 하나의 이름과 하나의 마음과 집과 영광을 모두 소유합니다.

오, 달콤한 화목이여. 행복한 통일이여. 이제 복음은 우리의 어리석음을 통하여 더 이상 부끄러워지지 않을 것입니다. 내 영혼아, 더 이상 그대는 성도의 고난이나 교회의 황폐를 한탄하지 않고 그대의 고난당하는 친구들을 슬퍼하지 않고 자신의 죽어가는 침상이나 무덤을 두고 울지 않을 것이다. 그대는 이전에 사탄이나 세상이나 그대 육신으로부터 받은 시험을 결코 당하지 않을 것이다. 그대의 고통과 병은 모두 정죄 받았다. 더 이상 그대는 몸으로 인하여 연약함과 피로함을 짊어지지 않을 것이다. 그대의 지끈지끈한 머리와 아픈 가슴, 배고픔과 목마름, 그대의 잠과 노동이 모두 사라졌도다.

오, 거름 더미에서 보좌로, 박해하는 죄인에서 찬양하는 성도로, 비천한 몸에서 '궁창의 밝음처럼 빛나는' 이 몸으로, 하나님이 기뻐하지 않으심을 느끼는 데서 사랑으로 그분을 완전히 향유하는 데로, 나의 모든 의심과 두려움에서 나를 의심에서 몰아내는 이 소유로, 죽음에 대한 나의 모든 두려움에서 이렇듯 즐거운 생활로 오르는 이 변화는 얼마나 강력한 것입니까. 복된 변화여. 죄와 슬픔이여, 영원히 안녕입니다. 나의 완고하고 교만하고 믿지 않는 마음, 즉 나의 세속적이며 관능적이며 육적인 마음은 안녕입니다. 그리고 이제 나의 가장 거룩하고 천상적인 본성을 환영합니다. 회개와 믿음과 소망은 안녕이며, 사랑과 기쁨과 찬송을 환영합니다. 이제 나는 밭을 갈거나 씨 뿌림이 없이 추수할 것이며, 설교자나 약속이 없이 내 기쁨을 얻을 것입니다. 심지어 하나님의 얼굴에서 모든 것을 얻을 것입니다. 시내에는 온갖 것이 섞여 있을지라도, 샘에는 순전한 기쁨뿐입니다."

"여기서 나는 영원에 둘러싸일 것이며 영원히 살 것이며 영원히, 영원히 주를 찬송할 것입니다. 내 얼굴은 주름지지 않고 내 머리는 희어지지 않을 것입니다. '이 썩을 것이 썩지 아니함을 입고 이 죽을 것이 죽지 아니함을 입을 때에는 사망을 삼키고 이기리라고 기록된 말씀이 이루어지리라 사망아 너의 승리가 어디 있느냐 사망아 네가 쏘는 것이 어디 있느냐 (고전 15:54-55). 나의 몸의 임차일이 더 이상 만료되지 않고, 내가 죽음에 대한 생각으로 걱정하지 않고, 기쁨을 잃을까 두려워함으로 그 기쁨을 잃지 않을 것입니다. 수백만 시대가 지나갈지라도 나의 영광은 시작일 따름입니다. 그리고 수백만 시대가 더 지나갈지라도 나의 영광은 조금도 끝으로 다가가지 않습니다. 모든 날이 항상 정오이며, 모든 달이 추수이며, 모든 해가 희년이며, 모든 시대가 완전한 성년기이며, 이 모든 것이 하나의 영원입니다. 오 복된 영원이여, 내 영광의 영광이여, 내 완전의 완전이여!"

7. "오 졸려 하는 이 땅의 마음이여, 그대는 이 부활의 날을 얼마나 **냉담하게** 생각하는가. 그대는 하나님의 궁정에서 걷는 것보다 더러움 가운데 앉아 있고자 하는가? 그대는 이제 세상적인 일을 기억하거나 자신의 욕망과 이 땅의 기쁨과 즐거운 교제를 생각하고 있는가? 여기 있는 것이 위에서 하나님과 함께 있는 것보다 나은가? 그 교제가 더 나은가? 그 쾌락이 더 큰가? 내다버리라. 변명하거나 미루지 말라. 하나님께서 명령하시며 내가 그대에게 명령한다. 그대의 허리띠를 매라. 산을 오르라. 믿음과 진지함을 갖고 자신의 주위를 살펴라. 하나님의 나라와 바람이 휘몰아치는 사막을 비교할 양이면 모

르되, 광야의 길을 돌아가 보지 마라. 좀 더 민감하게 그 광활한 차이를 파악하라. 저 너머에 그대 아버지의 영광이 있다. 저기, 오 내 영혼아, 그대는 이 몸을 떠날 때 나누일 것이다. 그리고 그때 주님의 능력이 그 몸을 다시 일으켜 그대로 그 몸에 결합시키실 때 틀림없이 거기서 그대는 하나님과 영원히 함께 살 것이다. 영광스러운 새 예루살렘 곧 진주 문과 진주 기초와 정금으로 된 거리와 보도가 있다. 이 모든 세상을 비치는 해는 거기서 쓸모없을 것이다. 그대 자신도 저기 빛나는 해만큼 빛날 것이다. 하나님은 거기서 태양이 되시고 그리스도는 그 빛이 되시고, 그 빛에서 그대는 빛을 얻을 것이다."

8. "오 내 영혼아, 그대는 '**불신**으로 하나님의 약속에 대해 망설이는가?' 나는 그대를 크게 의심한다. 참으로 믿으면 그대는 그로 인하여 좀 더 큰 영향을 입을 것이다. 그것이 하나님의 손과 인(印)과 맹세 아래 있지 않은가? 하나님이 거짓말하실 수 있는가? 진리이신 그분이 거짓될 수 있는가? 하나님이 그대에게 아첨하거나 그대를 속일 필요가 무엇이겠는가? 왜 하나님은 행하실 것보다 더 많은 것을 약속하시겠는가? 지혜로우시고 전능하시고 신실하신 하나님께 이것을 비난하려 들지 말라. 그대가 회개할 때 얼마나 많은 약속이 그대에게 실행되었는가. 하나님은 거짓된 말로 그렇게 강력하게 일하시려 하겠는가?

오 비참한 불신의 마음이여, 하나님은 안식의 약속을 그대에게 하셨는데 그대는 그 약속에 미치지 않으려 하는가? 하나님의 약속이 그대를 속일 리는 없고, 그대의 눈과 그대의 귀와 그대의 모든 감각기관이 속히 거짓을 드러낼 것이다. 그대는 그대 눈으로 보거나 그대 손으로 느끼듯 하는 것보다 말씀에 기록되어 있는 것을 더욱 확신하게 될 것이다. 그대는 자신이 살아 있다거나, 이것이 당신이 디디고 서 있는 땅이라거나, 그대의 눈이 해를 본다는 것을 확신하는가? 이 모든 영광이 성도에게 확실하듯이, 나는 '불신의 악한 마음'에 갇혀서 '사시는 하나님을 떠나려고' 하지 않는 한, 저 멀리 별보다 더 높아지고, 거룩한 도성에 영원히 살고, 기쁨으로 내 구속주를 찬송하게 될 것이 확실하다.”

9. “그리고 이 안식은 그토록 달콤하고 확실합니까? 그러므로 **부주의한 세상**은 무엇을 뜻합니까? 그들은 자신이 무엇을 무시하는지 압니까? 그들이 그것을 들었거나 아니면 아직 잠자거나 아니면 죽었습니까? 그들은 면류관이 자기들 앞에 있으나 자신이 아직 조용히 앉아 있거나 사소한 일을 따르고 있음을 확실히 압니까? 의심할 나위 없이 그들은 다른 세상으로 그렇게 빨리 서두르고 있을 때 정신이 나가서 도중에서 자신의 식량을 많이 생각하므로 그들의 영원한 행복은 위태롭습니다. 이성의 불꽃이 하나라도 남아 있으면 그들은 결코 자신의 안식을 팔아 수고를 사지 않을 것이며, 자신의 영광을 팔아 세상적 허영을 사지 않을 것이며, 하늘을 버리고 죄악된 쾌락을 추구하지 않을 것입니다. 가련한 사람입니다. 오, 여러분이 스스로 무엇을 위태롭게 하는지 한번 살피고 그런 후에 이 유혹하는 미끼를 경멸하게 되었으면. 나를 호리는 이 흑암에서 구출한 저 사랑을 영원히 찬송할지라.”

10. “하지만 그대의 **가장 뜨거운 사랑**으로 더 가까이 가십시오. 여기에 행할 만한 일이 있습니다. 그대가 사랑할 만한 것이 있습니다. 오, 아름다움이 그 모습을 얼마나 찬연히 드러내는지 보십시오. 세상의 모든 아름다움이 여기서 통일되지 않습니까? 다른 모든 아름다움은 흉물에 불과하지 않습니까? 이제 그대는 확신하는 마음으로 사랑해야 하지 않겠습니까? 여기 그대의 눈과 그대 영혼의 모든 능력을 위한 잔치가 있습니다. 그대는 그 잔치에 배불릴 수 있도록 간청해야 하지 않겠습니까? 그대는 빛을 발하나 하찮은 흙, 걸어다니는 진흙을 사랑하면서 그토록 참되고 측량할 수 없이 사랑스러운 그 하나님, 그 그리스도, 그 영광을 사랑할 수 없습니까? 그대는 친구가 그대를 사랑하기 때문에 친구를 사랑할 수 있습니다. 그런데 친구의 사랑이 그리스도의 사랑과 같습니까? 그들이 그대를 위하여 우는 것이나 피 흘리는 것이 그대의 마음을 편하게 하지 않으며 그대의 눈물이나 피의 흐름을 막지 못합니다. 그러나 그대의 주님으로부터 떨어진 눈물과 피는 주권적이고 치유하

는 덕을 갖고 있습니다."

"사랑이 합당하고 사랑을 낳는다면 여기 그대 앞에는 도무지 헤아릴 수 없는 사랑이 있습니다. 여기 그대가 축적한 모든 감정을 쏟아 부으십시오. 그래서 그 모든 것이 너무 하찮습니다. 오, 그것이 더 많았으면. 오, 그것이 수천 배나 더 많았으면. 그대를 먼저 섬기신 그분을 섬기십시오. 그분께 그대 영혼의 만물과 힘을 드리십시오. 그분은 그대를 위하여 힘과 생명과 사랑을 내어 놓으셨습니다.

그대는 **탁월함**을 사랑합니까? 저 멀리 빛의 영역이 있습니다. 이곳은 흑암의 땅입니다. 저 멀리 반짝거리는 별과 빛나는 달과 빛을 발하는 해, 모두가 그대 아버지의 집에서 내건 손전등에 불과하여 그대가 이 어두운 세상에서 걸을 때에만 그대를 비춥니다. 그러나 그대는 그 속에 있는 영광과 복된 상태를 얼마나 모릅니까."

"그대는 **적합함**을 사랑합니까? 그리스도보다 더 적합한 사람이 있겠습니까? 그의 신성과 인성, 그의 충만과 자유로우심, 그의 자원하심과 변함없으심, 그 모든 것이 그분이 그대의 가장 적합한 친구라고 선포합니다. 하나님의 은혜보다 그대의 비참에, 존귀와 완전보다 그대의 죄와 오염에 적합한 상태가 있겠습니까? 천국보다 그대에게 적합한 장소가 있겠습니까? 이 세상은 그대의 바람에 일치합니까? 그대는 세상의 시련을 충분히 맛보았습니까? 혹 그대는 이해와 가까운 관계를 사랑합니까? 천국보다 그대가 더 관심을 기울일 데가 있겠습니까? 그곳보다 더 가까운 관계가 있겠습니까?"

"그대는 익히 **아는 것과 친숙함**을 사랑합니까? 그대의 눈이 주님을 결코 뵙지 않았을지라도 그대는 그 음성을 듣고 그 혜택을 받고 그 품에서 살았습니다. 그분은 그대가 자신과 그대를 알도록 가르치셨습니다. 그분은 그대에게 그 첫 창문을 열어 주셨는데, 그 창문으로 그대는 하늘을 꿰뚫어 보았습니다. 그대의 마음이 부주의하여 그분이 그 마음을 일깨우시고, 그대 마음이 굳었을 때 부드럽게 하시고, 완고할 때 복종하게 만드시고, 태평할 때 혼란하게 만드시고, 온전할 때 부수시고, 상했을 때 다시 고쳐 주심을 잊었습니까? 그분이 눈물 흘리는 그대를 발견하셨을 때, 그분이 그대의 은밀한 한숨과 근심을 들으시고 모든 것을 제쳐 두고 그대를 찾아와 위로하셨을 때, 그분이 말하자면 자기 팔로 그들을 안으시고 그대에게 '가련한 영혼아, 무엇 때문에 아파하느냐? 내가 그렇게 울었는데 네가 우느냐? 즐거운 마음을 가져라. 네 상처는 구원 받는 것이지 치명적인 것이 아니다. 그것은 내가 만든 상처인데 이는 너를 해하려는 것이 결코 아니다. 내가 너를 피 흘리게 하였지만 네 생명을 **빼앗으려는** 것이 아니다' 하고 말씀하실 때를 잊었습니까?'

"나는 그분의 음성을 기억합니다. 그분이 나를 얼마나 온유하게 붙드셨습니까. 얼마나 조심스럽게 내 상처를 치료하셨습니까. 그분은 여전히 내게 이렇게 말씀하시는 듯합니다. '가련한 영혼아, 네가 나를 친절하지 않게 대하고 나를 버렸을지라도 나는 네게 그렇게 하지 않는다. 네가 나와 내 모든 자비를 대단치 않게 여길지라도 내 모든 자비와 나는 모두 너의 것이다. 네가 갖고 싶어하면 내가 주리라. 네가 바라는 것 중에 내가 네게 줄 수 없는 것이 무엇이냐? 만일 내가 가지고 있는 어떤 것이 네게 기쁨을 준다면 너는 그것을 갖게 될 것이다. 너는 용서를 받으려 하느냐? 나는 네 모든 빚을 거저 용서한다. 너는 은혜와 평안을 가지려 하느냐? 너는 둘 다 갖게 될 것이다. 너는 나를 가지려 하느냐? 보라. 나는 네 것이며 네 친구이며 네 주이며 네 형제와 남편과 머리이다. 너는 아버지를 모시려 하느냐? 나는 너를 아버지께 데려가리니 너는 내 안에서 그리고 나를 인하여 그분을 모실 것이다.' 이것이 내 주님의 소생시키는 말씀이었습니다."

"결국 내가 그분의 사랑을 의심했을 때도 나는 그분의 압도하는 주장을 기억하는 듯합니다. '죄인이여, 나는 나의 사랑을 입증하려고 그렇게 많은 일을 했건만 너는 아직 의심하느냐? 나는 나 자신과 사랑을 그토록 오랫동안 주었건만 너는 아직 나의 기꺼운 마음이 네 것임을 의심하느냐? 너는 나의 쓰라린 고통이 사랑에서 나온 것임을 믿지 않으려 하느냐? 나는 복음으로 네 원수에 대하여 사자가 되고 네게는 어린 양이 되었는데 너는 어린 양 같은 나의 본성을 무시하느냐? 내가 너를 멸망하도록 내버려 두려고 했다면 내가 그토록 많은 일을 행하고 겪을 필요가 무엇이겠느냐? 그토록 인내하고 끈질기게 너를 보살필 필요가 무엇이겠느냐? 왜 너는 네 소원을 내게 말하느냐? 나는 나와 너를 위하여 충분히 갖고 있지 않느냐? 아니면 네 자격 없음에 관하여 내게 왜 말하느냐? 네가 스스로 자격 있다면 나의 자격 있음과 무슨 상관있겠느냐? 내가 언제 자격 있고 의로운 자를 초대하거나 구원했느냐? 너는 아무것도 없었고 길 잃고 비참하고 도울 이 없고 버림받지 않았느냐? 너는 내가 모든 것이 풍족한 구주임을 믿으며, 나를 소유하려 하느냐? 보라. 나는 네 것이다. 나를 가져라. 네가 원하면 나도 원한다. 그리고 죄나 사탄이 그 끈을 끊지 못할 것이다.'

이것들, 오 이것들은 그분의 영이 그분의 복음으로부터 온 복된 말씀이었습니다. 그분의 영은 내게 말씀하되 결국 나를 그분 발 앞에 던지시고 나로 다음과 같이 울부짖게 하시기까지 하셨습니다. '내 구주 내 주님이여, 주님은 제 마음을 무너뜨리시고 나의 마음을 소생하게 하셨습니다. 주님은 제 마음을 정복하여 얻으셨습니다. 그것을 취하십시오. 그것은 주님의 것입니다. 만일 그런 마음이 주님을 기쁘게 할 수 있다면 그 마음을 취하십시오. 그렇게 할 수 없다면 주님이 갖고자 하는 대로 그것을 만드십시오.'"

"그래서 그대는 그대가 그리스도와 아는 그 달콤한 친숙함을 기억하십시요. 그러므로 지식으로 인하여 마음이 생길 것이라면 그대의 마음을 그분에게 쏟도록 하십시오. 그대의 병상에 서 계시고, 그대의 고통을 누그러뜨리시고, 그대의 지친 마음에 힘이 나게 하고, 그대의 두려움을 제거하신 것은 바로 그분입니다. 그대가 성실히 그분을 찾았을 때, 그분은 언제나 준비를 갖추고 계셨습니다. 그대가 공적으로나 개인적으로 그분을 만났을 때, 교회에서나 그대의 집에서나 그대의 다락방에서나 들녘에서나, 걸을 때나 밤에나 가장 위험한 때에 그분을 만났을 때 그분은 언제나 당신을 만날 준비를 갖추고 계셨습니다."

"만일 관대함과 긍휼히 여김이 사랑을 끌어당긴다면, 나는 얼마나 그분을 사랑해야 하는지 측량할 길이 없습니다. 내 삶을 가득 채운 모든 자비와 그간 내가 거한 모든 장소와 내가 함께 대화를 나누었던 모든 단체와 사람들과 나의 모든 활동과 관계와 내가 처한 모든 상황과 내가 겪은 모든 변화, 이 모든 것이 그 원천은 넘쳐흐르는 선함이라고 내게 말합니다. 주님, 제가 주님께 얼마나 많은 사랑의 빚을 졌는지요. 그러나 제가 주께 보답하거나 저의 사랑으로 주님의 모든 사랑을 보상하려고 어찌 생각하겠습니까? 제 지극히 적은 것이 주님의 황금 광산에 비할 때 주께 보답이 되겠습니까? 제 연약한 소원이 주님의 끊이지 않는 부요로움에 비하면 주께 보답이 되겠습니까? 아무것도 아닌 나의 것이든지, 나의 것이 아닌 것이든지, 그 무엇이라도 무한하신 주님의 것, 바로 주님 당신의 것에 비하면 주께 보답이 되겠습니까? 제가 주님과 사랑으로 경쟁하거나, 차용한 무기력한 저의 불똥을 사랑의 태양에 비기겠습니까? 제가 사랑 그 자체처럼 높고 깊게 넓고 길게, 그리고 나를 만드시고, 나를 사랑하게 하시고, 내가 가지고 있는 어떤 사소한 것이라도 내게 주신 그분만큼 많이 사랑할 수 있겠습니까? 저는 능력의 활동에서 주님과 겨룰 수 없고 세상을 만들거나 보존하거나 다스릴 수 없듯이 사랑에서도 주님과 겨룰 수 없습니다. 아니 주님, 저는 굴복합니다. 저는 졌습니다. 오, 복된 정복이여. 승리에 차서 계속 행하고 여전히 이기시고 주님의 사랑 가운데 승전하십시오."

"사랑의 포로는 주님의 승리를 선포하겠습니다. 주님이 이 땅에서 하늘로, 흑암에서 생명으로, 시련에서 보좌로 저를 인도하실 때 그 승리를 보는 저와 모든 것이 주님이 이기신 것을 인정하며 모든 것이 '보라. 그분이 그를 얼마나 사랑했는가' 하고 말할 것입니다. 하지만 제가 주님의 사랑에 순복하여 사랑하게 하소서. 주께 비길 수 있는 자가 아니라 주님의 구속받은 포로로서 사랑하게 하소서. 저는 주님의 기준에 다다를 수 없다 하여 모든 사람을 사랑하지 않아야 합니까? 오, 제가 친구와 자신을 사랑할 때에도 '주님을 사랑합니다' 하고 마음으로부터 말할 수 있었으면. 제가 사도처럼 감히 '내가 주님을 사랑하는 줄 주께서 아시나이다' 하고 말할 수 없더라도, '주님, 저는 주님을 사랑하기 원하는 줄 주께서 아시나이다'라고 말할 수 있습니다. 저는 주님을 사랑하지 않는 제 마음에 화가 납니다. 저는 제 마음을 꾸짖지만 제 마음은 태도를 고치지 않습니다. 저는 제 마음과 사리를 따지며 기꺼이 확신을 불어넣어 주려 하지만 제 마음이 움직이는지 알지 못합니다. 저는 규례를 사용하여 제 마음을 문지르고 녹이지만 제 속에서 마음이 따뜻한지 느끼지 못합니다."

"자격 없는 영혼이여, 그대의 눈은 이제 유일하게 사랑스러운 대상을 향하지 않는가? 그대는 성도의 황홀하게 하는 영광을 지켜보고 있지 않는가? 그리고 그대는 사랑하지 않는가? 그대는 이성적 영혼이 아니며, 이성은 이 땅이 천상적 영광에 비하면 구덩이라는 것을 그대에게 말하지 않는가? 그대는 영이 아니며 하나님을 사랑하지 않는가? '누가 영이며 영들의 아버지인가?' 왜 그대는 그대의 멸망하는 진흙을 그렇게 사랑하며 천상적 영광을 더 사랑하지 않는가? 그대는 거기 갈 때 사랑하지 않겠는가? 주님이 그대의 몸을 무덤에서 취하사 그대를 영원히 영광 가운데 해처럼 빛나게 만드실 때 그대는 사랑할 것인가 사랑하지 않을 것인가? 그곳은 사랑하는 자의 집회소가 아닌가? 그 생활은 사랑의 상태가 아닌가? 그것은 어린양의 혼인날이 아닌가? 영혼들이 그리스도와 더불어 충만해지는 그곳의 활동은 사랑의 활동이 아닌가?"

"그런데 내 영혼아, 여기서 시작하라. 이제 '사랑함으로 병이 낫도록 하라.' 이는 그대가 그곳에서 제대로 사랑할 수 있기 위함이다. 이제 '하나님의 사랑 안에 그대 자신을 지키라.' 그리고 '사망이나 생명이나 다른 어떤 피조물이라도 하나님의 사랑에서 끊을 자가 없도록' 하라. 그러면 그대는 영원토록 충만한 사랑 안에 지키심을 받고 아무것도 그대의 쾌락을 쓰리게 변하거나, 약해지게 하지 않을 것이다. 왜냐하면 주님은 사랑의 도성, 택하신 자에게 사랑을 전파할 장소를 준비하셨고 '그 이름을 사랑하는 자들이 거기서 거할 것'이기 때문이다."

11. "**깨어라.** 오 내 졸린 영혼이여! 은혜의 빛 아래 자는 것은 합당하지 못한데 하물며 영광의 빛이 다가올 때는 더욱 합당하지 못하다. 내 둔감하고 얼어붙은 영이여, 앞으로 나아오라. 그대의 주님이 그에게 '기뻐하라. 다시 말하노니 기뻐하라'고 명하신다. 그대는 육신의 감옥에서 있을 만큼 누워 있었다. 이 육신에서 사탄은 그대의 간수였고, 염려는 그대의 철장이었으며, 두려움은 그대의 채찍이었고, 그대의 음식은 고난의 떡과 물이었다. 거기서 슬픔이 그대의 거처였고, 그대의 죄와 원수는 그대의 침상이 되었고, 불신하는 마음은 그대를 가두어 두는 문과 빗장이었다. 언약의 천사가 이제 그대를 부르며 그대에게 '일어나서 나를 따르라'고 명한다. 일어나라 내 영혼아! 그리고 즐겁게 순종하라. 그러면 그대의 빗장이 모두 풀리리니 어린양이 가시는 곳으로 어디든지 따라가라. 그대는 그런 인도를 따르기를 두려워하는가? 태양이 그대를 흑암의 상태로 이끌리 있겠는가? 그대를 사망에서 건지기 위하여 죽으신 그분이 그대를 사망으로 인도하시겠는가? 그분을 따르라. 그러면 그분은 하나님의 낙원을 그대에게 보이실 것이다. 그분은 그대가 새 예루살렘을 보고 생명나무를 맛보게 하실 것이다."

"풀 죽은 내 영혼아, 앞으로 나아오라. 그리고 그대의 겨울옷을 벗어라. '기쁨과 찬송의 옷'을 입고 봄이 온 것을 보라. 그리고 그대는 이제 그대의 위로가 푸르른 것을 보므로 '희어져 추수할' 때를 곧 보게 될 것이며, 추수하라는 부르심을 받고 위로의 알곡을 모아 갖게 될 것이다. 나는 그때까지 내 기쁨을 중단하고 연기할 것인가? 추수의 기쁨이 있기 전에 봄의 즐거움이 사라져야 하지 않겠는가? 소유하기 전에는 자격이란 아무것도 아닌가? 상속자는 종보다 낫지 않은가? 내 주님은 자기 영광을 바라고 기뻐할 것과 감옥의 빗장을 통하여 그 영광을 어떻게 볼 것인지를 가르치셨다. 왜냐하면 그분은 내가 의를 위하여 박해 받았을 때 '기뻐하고 즐거워하라'고 명하시는데, 이는 '하늘에서 내 상급이 크기'(마 5:12) 때문이다."

"나는 그분이 내 기쁨을 내 슬픔보다 크도록 하실 것이고, 그분이 '겸비하고 통회하는 자'를 기뻐하시지만, 그것보다 '자기를 기뻐하는' 영혼을 더 기뻐하신다는 것을 압니다. 내 주님이 이 광야에서 내게 상을 베푸시고, 영원한 영광의 약속으로 차리시고, 내 앞에 천사의 음식을 마련하시지 않았습니까? 그분은 자주 끈덕지게 나를 초대하여 앉아 참여하고 아끼지 말라고 하시지 않습니까? 그분은 그 목적을 위하여 내게 이성과 믿음과 즐거운 기질을 주시지 않았습니까? 그러므로 그분이 나를 기뻐하도록 하시지 않을 리가 있겠습니까? 그것은 '주 안에서 기뻐하라'(빌 4:4)는 주님의 명령이 아니며, '네 마음의 소원을 네게 이루어 주시리로다'(시 37:4)고 하신 그분의 약속이 아닙니까? 그대는 '항상 기뻐하라', '큰 소리로 노래하고 기뻐하라'고 명령을 받지 않았습니까? 그런데 왜 나는 실망해야 합니까? 내 하나님은 내가 원하기만 하면 기꺼워하십니다. 그분은 내가 기뻐하는 것을 기뻐하십니다. 그분은 내가 믿고서 행하는 묵상으로 자신의 가까이에 있고, 자신의 선하심을 아주 기쁘게 생각하며 사는 것을 나의 변함없는 체질과 매일의 활동이 되게 하실 것입니다. 오 복된 활동이여, 하나님의 아들들에게 적합합니다."

"그러나 내 주님, 주님의 잔치라도 내가 입맛이 없으면 아무것도 아닙니다. 주님은 제 앞에 하늘의 진미를 두셨지만, 애석하게도 저는 눈멀어 그것을 볼 수 없습니다. 저는 병들어 그것을 향유할 수 없습니다. 저는 손이 너무 마비되어 손을 내밀어 그것을 잡을 수 없습니다. 그러므로 겸손히 이 은혜를 구하나니, 주님이 당신의 말씀으로 제게 하늘을 열어 주셨던 것처럼 제 눈을 열어 그것을 보게 하시고 제 마음을 열어 그것으로 인하여 즐거워하게 하소서. 그렇지 않으면 하늘은 내게 전혀 하늘이 아닐 것입니다. 오 생명의 성령이여, 내 안에 당신의 은혜를 불어넣으소서. 제 손을 잡고 저를 땅에서 들어 올리사, 제가 '주님을 사랑하는 자들을 위하여 예비된' 영광이 어떤지 보게 하소서.”

"그러므로 영혼을 괴롭게 하는 염려와 두려움과 마음을 성가시게 하는 슬픔이여 사라져라. 적어도 잠시 동안 참아라. 옆에 서 있고, 여기 저 아래 머물러 있어라. 내가 위로 올라가 내 안식을 볼 때까지. 그 길은 내게 낯설지만 그리스도께는 낯설지 않습니다. 거기 그 영광스러운 신성의 영원한 거처가 있었습니다. 그리고 저쪽에서 그분은 자신의 영화롭게 된 육신을 가지고 오셨습니다. 그것을 얻는 것은 그분의 활동이었습니다. 그것을 예비하는 것도 그분의 일이며, 나를 그것에 준비시키고 나를 그것으로 데려가는 것도 그분의 일입니다. 진리의 영원한 하나님은 나에게 약속을 주시고 인치시고 맹세하셨습니다. '그리스도를 믿을 때 나는 멸망하지 않고 영생을 얻을 것입니다.' 거기서부터 내 영혼은 속히 벗어나고 내 몸은 곧 따를 것입니다. 그리고 내 입은 내가 곧 하나님과 더불어 살 것이 분명하지만 내 마음이 속에서 뛰지 않는다고 말할 수 있겠습니까? 나는 믿음으로 그 점을 말하면서 기뻐하지 않을 수 있겠습니까?'

"아 믿음이여, 나는 이제 그대의 연약함을 참으로 뼈저리게 느낍니다. 그러나 불신으로 내 빛이 어둡고 내 생활이 무미건조하고 내 기쁨이 억눌리지만, 나는 불신에 정복당하거나 파멸되지 않을 것입니다. 불신이 내 모든 위로를 시기할지라도 나는 여기서도 위로를 얼마간 받을 것입니다. 그러니 그 불신이 방해하지 않으면 나는 얼마나 풍성함을 누릴까요. 하늘의 빛이 내 마음에 비칠 것이며 나는 땅에 있는 것처럼 거기서도 별반 다르지 않게 친숙할 수 있습니다. 그러므로 내 영혼아, 벗어나라. 무지한 불신앙의 언어에 귀를 닫아라. 그대는 그 모든 주장에 대답할 수 있습니다. 혹 그대가 그렇게 할 수 없다 해도 그대의 발 아래 그 주장을 밟아 버리십시오. 벗어나십시오. 저 무덤을 보거나 저 뼈를 뒤집거나 이제 먼지에서 그대의 교훈을 읽어 내지 마십시오. 이 교훈은 곧 지워질 것입니다. 그러나 그대의 머리를 높이 들고 하늘을 바라보고 그대의 이름이 '죽임을 당한 어린양의 생명책에' 황금 글씨로 쓰여 있는 것을 보십시오."

"천사가, 하늘에 그대를 위하여 예비된 집이 있고 그 집이 영원히 그대의 것이 될 것이 분명하다고 말하면 어떻겠습니까. 그런 메시지를 듣고 그대는 기뻐하지 않을 것입니까? 그대는 오류 없는 약속의 말씀을 경솔히 여깁니까? 그 말씀은 성령님이 전하시고 아들께서도 친히 전하신 말씀이었습니다. 그대가 자신을 위하여 불 마차가 와서 그대를 엘리야처럼 하늘로 데리고 가는 것을 본다고 해보십시오. 그러면 이 일로 그대는 즐거워하지 않겠습니까? 그러나 그대의 주님은 나사로의 영혼이 천사들의 호위를 받고 아브라함의 품으로 이끌려 간다는 것을 그대에게 분명히 말씀하십니다. 술 취한 사람은 술잔을 들고 그렇게 기뻐하고, 미식가가 맛있는 요리를 즐거워하는데, 곧 천국에 있게 될 나는 기뻐하지 않겠습니까? 내가 배고프고 목마를 때 고기와 음료가 나를 기쁘게 할 수 없습니까? 나는 산책과 뜰과 편한 거처에서 기쁨을 발견할 수 없습니까? 아름다운 것들이 내 눈을 즐겁게 하고, 좋은 향기가 내 코를 즐겁게 하고, 보는 능력이 내 귀를 즐겁게 할 수 있는데, 천상의 지복을 미리 생각할 때 나는 즐겁지 않겠습니까? 나는 내 책에서 달콤한 내용에 빠지고, 세상에게 안녕을 고하고, 이 행복을 모르는 부유하고 위대한 자를 불쌍히 여길 것입니다. 그러면 내 지식이 완전해질 천국에서 나의 행복은 무엇일까요?'

"만일 '스바 여왕이 솔로몬의 지혜로운 말을 들으려고 땅 끝에서 오고' 그 영광을 보았다면, 내가 영원한 엄위의 영광을 보고 높은 지혜를 얻으려고 땅에서 천국으로 가는 길은 얼마나 즐겁겠습니까. 이러한 지혜에 견주어 볼 때, 이 땅에서 아무리 배운 자라도 바보와 백치에 불과할 것입니다. 하나님이 나를 이 땅의 사령관으로 삼으신다면 어떻게 되겠습니까? 내가 '말 한마디로 산을 옮기거나 손을 한 번 대어 병을 고치거나 귀신을 쫓아'낸다면 나는 이와 같은 특권과 명예를 기뻐하지 않을까요? 그리고 내 이름이 하늘에 기록되는데 훨씬 더 기뻐하지 않을까요? 나는 여기서 상당한 기쁨이 없이는 내 부모나 가깝고 사랑하는 친구를 향유할 수 없습니다. 특별히 내가 마음을 친구에게 주었을 때 사랑의 발휘는 얼마나 달콤했습니까. 그러므로 하나님을 영원히 사랑하며 사는 삶은 어떠할까요? '형제가 연합하여 동거함이 어찌 그리 선하고 아름다운고'(시 133:1). 한 식구가 사랑 가운데 사는 것을 보는 것, 남편과 아내, 부모와 자식 그리고 종이 모든 것을 서로 사랑하는 가운데 행하는 것을 보는 것, 한 마을이 사랑 가운데 무슨 시기하는 일이나 말다툼이나 싸움이나 소송이나 분쟁이나 분열이 없이 모든 사람이 이웃을 자신처럼 사랑하고 서로를 위하여 아무리 해도 다함이 없다고 생각하고 사랑 가운데 서로 살피려 하면서 함께 사는 것을 보면 얼마나 기쁜 정경이겠습니까."

"오, 그러므로 하늘의 가족은 얼마나 복된 사회입니까. 분별이나 다른 판단이나 미워하는 것이나 낯선 것이나 속이는 친구 관계나 불친절한 표현이나 화난 얼굴이나 생각이 없는 새 예루살렘의 이 평화로운 거주민이여. 모두가 아버지와 하나이신 그리스도 안에서 하나이며, 모두 사랑이신 그분을 사랑하며 삽니다. 영혼은 자기가 사랑하는 곳보다 더 살 만한 데가 없습니다. 그러므로 내 영혼이 하나님과 연합할 날이 얼마나 가깝습니까. 그때 나는 마음으로 하나님을 강력하고 쉼 없이 사랑할 것입니다. 아 비참하고 믿지 못하는 마음이여, 그처럼 낮고 연약한 기쁨을 지닌 이와 같은 날과 일과 생활을 어찌 생각합니까. 그러나 나의 장차 활동은 더욱 생동감 넘칠 것입니다."

"창조의 이 좀 더 못한 작품들을 보고 연구하는 것이 내게 얼마나 기쁜 일입니까. 우리가 여기 거하는 세상은 얼마나 아름다운 모습입니까. 그 마루는 풀과 꽃과 나무로 덮여 있고 샘물과 강으로 물을 적시며, 그 지붕은 너무 넓고, 감탄할 정도로 너무나도 아름답게 장식되어 있습니다. 해와 달과 별과 바다와 바람은 얼마나 놀라운 경이를 품고 있습니까. 그리고 하나님은 소멸할 육신을 위하여 옥에 갇힌 영혼을 위하여 그런 집을 예비하셨으니, 그분은 원수에게 수백만 가지 경이를 그렇게 많이 베푸십니까? 오, 그분이 깊이 사랑하는 자녀를 위하여 예비하시는 집은 얼마나 놀랍습니까. 그리고 새 예루살렘의 영광은 이 땅의 현재 모든 영광보다 얼마나 뛰어납니까."

"그러므로 내 영혼아! 일어나 묵상하라. 그리고 저 영광에 대한 생각이 저 아래 탁월한 것에 대한 생각보다 훨씬 달콤하게 하라. 이 육신과 이 세상을 벗어나는 것을 두려워하지 말라. 그때 그대는 아주 행복하게 변화한다. 그러나 죽어가면서 '나는 즐겁고 뛸 정도로 기쁘다. 왜냐하면 내가 자연을 헤아리며 감탄할 정도로 엄위로우시고, 경배할 만큼 선하시고, 믿음으로 내가 바라고 숨을 헐떡이며 추구하는 힘 있는 여호와께서 이제 얼굴과 얼굴로 내게 자신을 보이실 때가 왔기 때문이다'라고 말하는 사람처럼 그렇게 말하라."

"섭리의 작품들은 또한 얼마나 놀랍습니까. 크신 하나님이 몇몇 겸손하고, 기도하지만 모욕당하는 사람들의 안전과 진보에 관심을 보이시는 일을 보노라면, 그리고 내 삶을 아름답고 유쾌하게 만들 저 특별한 자비를 다시 살피노라면 참으로 기쁩니다. 얼마나 자주 나의 기도를 들으셨고 내 눈물을 보셨고 내 괴로운 영혼을 안심하게 하셨던가. 내 주님은 얼마나 자주 나에게 참으로 기뻐하라고 명하셨던가. 이 체험, 내 아버지의 사랑에 대한 이 명료한 증거는 두려워하고 불신하는 내 마음에 얼마나 큰 힘이던가. 그러므로 내가 모든 자비와 자비의 완전을 얻고 자비의 주님을 충만히 향유할 그날은 얼마나 복된가. 그때 나는 해변에 서서 안전히 지나온 풍랑 이는 바다를 뒤돌아 볼 것입니다. 또한 내 고통과 슬픔과 두려움과 눈물을 다시 보고 그 결국인 영광을 가질 것입니다. 한 방울 생동감 넘치는 신앙이 이런 생각과 뒤섞이면, 내 마음은 하늘에 얼마나 매료되겠습니까. 아마 '내가 믿나이다. 주여 저의 믿음 없는 것을 도와주소서' 하고 말할 것입니다."

"내 영혼아, 그대에게 내리신 규례는 얼마나 유쾌했는가. 그대는 기도하고 감사할 때 천상의 설교를 듣고 성도와 교제하고 '주께서 믿는 자의 수를 더하시는' 것을 볼 때 얼마나 기뻤는가. 그러므로 내 마음은 하늘에서 완전해진 교회를 보고 천상의 성전에 들어감을 얻고, 천군과 더불어 영원히 주를 찬송하며 누릴 기쁨을 참으로 파악할 수 있는가? 하나님의 말씀은 욥에게 필요한 음식보다 더 달았고, 다윗에게 꿀과 송이꿀보다 더 달았고, 예레미야에게 마음의 기쁨과 즐거움이 아니었는가? 우리가 이 말씀의 주님을 충만히 향유하고, 이 기록된 교훈과 약속이 더 이상 필요치 않고, 영화로우신 하나님의 얼굴 외에 읽을 것이 없는 그날은 얼마나 복된가. 만일 그리스도께서 땅에서 말씀하시는 것을 들은 사람들이 '그 지혜와 대담함을 보고 놀라고 그 입에서 나오는 은혜로운 말씀에 놀랐다'면 그때 나는 엄위로우신 그분을 보고 얼마나 감동을 받겠는가."

"다른 사람들은 그 영광의 전망을 보고 십자가를 환영하고 위험을 벗어나기를 거절할 수 있는데, 그대는 고난을 덜 받으면서 그 영광을 인하여 즐거워할 수 없습니까? 그 영광이 순교자의 불꽃을 달콤하게 만들 수 있는데, 그대의 생활이나 병이나 자연적인 사망을 달콤하게 만들 수 없습니까? 그들과 내가 살게 될 천국은 같은 곳이 아닙니까? 그들의 하나님과 그리스도와 면류관이 나의 것이 아닙니까? 그리고 나는 그렇게 침침한 눈과 무감각한 마음과 낙담한 용모로 그 영광을 바라보아야 하겠습니까? 나는 그 영광을 이미 조금 맛보았습니다. 그러므로 맛본 그것들은 이 땅의 모든 것보다 훨씬 즐거웠습니다. 그러므로 완전한 향유는 어떠하겠습니까?"

"여기서 성령의 불완전한 은혜를 받고도 얼마나 아름답습니까. 애석하게도 이것들은 우리가 완전한 상태에서 누릴 것에 비하면 너무도 초라합니다. 내가 하고자 하는 만큼 하나님을 사랑할 수 있다면, 즉 내가 온전히 사랑하고 늘 사랑할 수 있다면 여기서도 얼마나 행복한 삶을 살겠습니까. 오 내 영혼아, 그대는 그런 삶을 위하여 무엇을 주려 하는가? 내가 하나님을 그처럼 깨달았다면, 원하는 만큼 그 말씀에 대한 그런 지식을 가졌다면, 내가 온갖 골짜기에서 그분을 완전히 의지할 수 있다면, 내가 하나님을 언제나 나의 소원과 기쁨으로 삼을 수 있다면, 나는 세상의 존귀나 기쁨을 시기하지 않을 것이다. 오 내 영혼아, 그대가 곧 맞을 상태는 얼마나 복된가. 그때 그대는 지금 바랄 수 있는 것보다 훨씬 많은 것을 가질 것이며, 하나님을 직접 뵈며 완전해진 그대의 덕을 발휘할 것이며, 지금처럼 어두운 데 있거나 멀리 떨어져 있지 않을 것이다."

"그리스도의 죄짓고 고난 당하고 핍박 당하는 교회는 그 어떤 존귀한 영혼보다 훨씬 더 탁월합니까? 교회는 완전히 모여 영화롭게 될 때, 눈물의 골짜기를 지나 시온 산에 오를 때, 더 이상 죄를 짓고 고난 당하지 않을 때 어떠할 것입니까? 옛 예루살렘의 영광은 새 예루살렘의 영광에 비하면 흑암이며 흉물일 것입니다. 우리가 천상의 성전이 참으로 찬란한 것을 보고 이 땅에서 교회의 비천함을 기억할 그때 우리는 누가 뭐래도 기뻐서 소리칠 것입니다."

12. "그러나 애석하게도 묵상 가운데서 **나는 얼마나 쩔쩔매는가.** 나는 마음을 내내 기울였다고 생각하지만 실상 그렇지 않았음을 본다. 애정이 없이 공허한 생각과 말뿐인 삶은 무엇인가? 하나님도 나도 그런 것들에서 쾌락을 발견하지 못한다. 가치 없는 마음이여, 내가 영원한 보화를 그대에게 열어 보이고 있는 동안 그대는 어디에 있었는가? 그대는 불안한 생활을 그렇게 불평하고, 슬픔으로 가득 찬 사실을 두고 하나님께 불만을 터뜨리는 것이 부끄럽지 않는가? 하나님이 그대에게 천사의 기쁨을 주셔도 소용없지 않는가? 이제 그대는 나를 좀 더 가까이 따랐다면 그로 인하여 그대는 소생하고 기뻐 뛰며 고통과 슬픔을 잊을 것이다. 내 마음이 즐거워하는 일을 그렇게 싫어할 줄 나는 생각했겠는가?'

13. "주님, 주님은 하늘을 향한 저의 완전한 기쁨을 유보하셨습니다. 그러므로 제가 소유할 때까지 **소원하도록 저를 도와주소서.** 그리고 제가 원하는 만큼 할 수 없을 때 저를 오래도록 기뻐하게 하소서. 오 내 영혼아, 그대는 슬퍼하며 안식에 아직 거하지 못한 것을 안다. 내가 이런 폭풍우와 파도와 위험이 하나도 없는 저 안전하고 고요한 항구에 도달하고, 지치고 쉬지 못하는 밤낮이 내게 없을 때는 언제인가? 그때 내 생각은 소망과 두려움, 기쁨과 슬픔처럼 혼합되지 않을 것이며, 육신과 영혼이 내 속에서 싸우지 않을 것이

며, 신앙과 불신앙, 겸손과 교만이 항상 싸우는 일이 없을 것이다. 오, 내가 영혼을 괴롭게 하는 두려움과 걱정과 근심으로부터 언제나 벗어날 수 있을까? 나는 영혼을 부정하고 올가미를 씌우고 속이는 육신으로부터, 이 썩을 몸과 이 헛되고 성가신 세상으로부터 언제나 벗어날까?"

"애석하게도 나는 서서 그리스도의 교회와 대의가 싸움 가운데 뒤흔들리고 개인적인 이해나 속은 환상에 이바지하게 된 것을 보아야 한다. 천상적 예루살렘에는 이런 무질서가 하나도 없다. 거기서 나는 자신의 영원하신 왕께 복종하고 그 왕께 찬송하는 완전해진 영들의 조화로운 연주를 들을 것이다. 이 소란스러운 세상의 사령관이 되는 것보다 그곳에서 문지기로 있는 것이 얼마나 더 낫겠는가. 나는 이 넌더리나는 것을 왜 더 이상 싫어하지 않겠는가? 나는 나의 안식처를 왜 그처럼 잊겠는가? 그러므로 내 영혼아, 그대의 가장 높고 뜨거운 소원 가운데 일어서라. 이 육신이 그대와 더불어 소원할 수 있을 때까지 멈추지 말라. 감각기관이 그대의 복된 대상을 파악하고, 그대에게 소원할 때와 소원할 것을 알려주기를 기대하지 말라."

"안식을 추구하는 그대의 소원이 둔감하므로 그대는 가장 진저리쳐지게 배은망덕하고 어리석다고 비난 받지 않습니까? 그대의 주님은 그토록 값비싸게 그대에게 안식을 주셨는데 그대는 그 안식을 그다지 귀하게 여기지 않아야 하겠습니까? 그분은 그처럼 비참한 자를 위하여 그렇게 찬란한 처소를 마련하기 위해 앞서 가시는데 그대는 가서 그 처소를 소유하기를 싫어해서야 되겠습니까? 영광의 주님이 그대와의 교제를 참으로 바라시는데 그대는 그분과의 교제를 싫어해서야 되겠습니까? 그대가 하나님과 더불어 있으려 하기 전에 땅이 바로 지옥이 되어서야 되겠습니까? 가장 사랑스러운 피조물 혹은 가장 바람직한 상태를 보고 하나님과 함께하지 아니하면 그대가 어디에 있으려 하는지 내게 말하십시오. 가난은 짐입니다. 부는 올가미입니다. 병은 유쾌하지 않습니다. 건강은 안전하지 못합니다. 이맛살을 찌푸리게 하는 세상은 그대의 발뒤꿈치를 상하게 합니다. 웃음 짓는 세상은 그대의 가슴

을 찌릅니다. 세상을 사랑하고 기뻐할수록 세상은 자기를 사랑하는 자를 해
치고 위태롭게 합니다. 그러니 세상을 사랑하지 않으면 세상을 바랄 이유가
무엇이겠습니까? 그대가 칭송을 받으면 그것은 가장 잘 옳는 감기로 드러납
니다. 그대가 천하게 되고 가혹하게 이용당하면 이것은 그대의 사랑을 끌지
않을 것입니다. 그대의 성공한 일과 그대의 친구들이, 하나님과 함께한 생활
보다 그대에게 더 나아 보이면, 그때 하나님은 그들을 당신에게서 빼앗아 가
실 것입니다."

"그대의 연구가 달콤했다 해도 또한 비통하지도 않았습니까? 그리고 기껏
해야 그 연구들은 진리의 하나님을 영원히 보는 것에 비하면 무엇입니까? 이
곳에서 그대의 친구는 그대의 기쁨이었지만 또한 그대의 성가신 것과 근심
이 아니었습니까? 그들은 지혜롭지만 또한 죄악되지 않습니까? 그들은 친절
하지만 또한 곧 실망스럽지 않습니까? 그들은 겸손하지만 애석하게도 얼마
나 교만합니까. 그들의 은혜는 아름답고 그들의 선물은 유익합니다. 그러나
그 부패함은 비통하고 불완전함은 해롭지 않습니까? 그리고 그대는 그들을
떠나 그대의 하나님께 가기를 그렇게 싫어합니까?'

"오 내 영혼아, 슬픈 이 세상의 위를 쳐다보라. 그대는 고난의 치는 매를
그토록 오래 맛보고 그 의미를 더 잘 이해하지 못했는가? 모든 매가 그대를
여기서부터 몰아붙이지 않는가? 그 소리가 엘리야에게 말씀하시는 소리가
아닌가? '네가 여기서 무엇을 하느냐?' 그대는 주의 이런 예언을 잊어버렸는
가? '세상에서는 너희가 환난을 당하나, 내 안에서 화평을 얻으리라.'"

"아 내 귀하신 주님, 저는 주님의 뜻을 느낍니다. 그 뜻은 제 육신에 쓰여
있고 제 뼈에 새겨져 있습니다. 주님은 제 마음을 겨냥하십니다. 주님의 매
는 저를 재촉합니다. 아름다운 주님의 사랑의 줄은 저를 끌어당깁니다. 그리
고 모든 것이 제 마음을 주께로 이끕니다. 주님, 그런 마음을 주께 드릴 만
한지요? 제 마음을 가치 있게 만드소서. 그것은 주님의 것입니다. 그것을 가
져가소서. 그런 후에 저를 취하소서. 이 흙덩이는 움직일 생명을 가졌으나

일어날 힘은 없습니다. 연약한 아이가 부드러운 어머니를 보듯, 제 마음은 주님을 우러러 보며 손을 뻗고 주께서 취하셨으면 합니다. 저는 '제 영혼이 주를 간절히 바라나이다' 하고 말할 수 없으나 이렇게는 말합니다. '저는 그처럼 갈구하는 마음을 바라나이다.' '마음은 원이로되, 육신이 약하도다.' 내 마음은 이렇게 소리칩니다. '나라가 임하시옵소서.' 혹은 저를 주님의 나라로 가게 하소서. 그러나 육신이 두려워하오니 주님은 제 기도를 들으시고 제가 말할 때 저를 취하소서. 주님의 은혜는 복됩니다. 이 은혜는 제 부패함이 스스로 죽도록 합니다. 왜냐하면 저는 제 두려움을 두려워하고 제 슬픔을 슬퍼하고 더 큰 갈구를 바라기 때문입니다. 그래서 제 소원을 얻는 고통스러운 수단은 저를 더 지치게 하고, 그리하여 저는 안식을 열망하게 됩니다."

"주님, 실로 제 영혼이 골짜기에 있으나 무엇을 택할지 모릅니다. 그러나 주님은 무엇을 주실지 아십니다. '떠나서 그리스도와 함께 있는 것이 훨씬 더 좋은 일이나'(빌 1:23) '육신에 거하는 것'이 필요해 보입니다. 주님은 제가 주님의 일을 싫증내지 아니하고 슬픔과 죄를 싫어하는 것을 아십니다. 주님이 저를 쓰시고 제 손에 두신 그 일을 신속히 해결하시는 동안 저는 기꺼이 머물러 있겠습니다. 그러나 주께 간절히 구하오니, 이 일이 이루어질 때 더 이상 머무르지 않게 하십시오. 그리고 제가 여기 있어야 하는 동안 저로 계속 잘못을 고치고 위로 오르게 하소서. 저를 계속 더 나아지게 하시고, 저를 가장 좋은 데로 이끄소서. 저는 주님이 제 시간을 앞당기고, 여기서 준비도 안 된 저를 데려가시도록 재촉할 정도로 서두르지 않겠습니다. 왜냐하면 저는 저의 영원한 상태가 이생의 진보 여하에 따라 상당히 좌우됨을 알기 때문입니다."

"제 일이 끝날 때 저는 머물러 있으면서 계속 이곳에서 죄를 짓지 않겠습니다. 그러는 동안 제 형제들은 승리하고 있습니다. 주님의 발자취는 이 구더기를 짓밟으며 저 별들은 영광의 궁창에서 빛납니다. 하지만 저는 그들처럼 주님의 자녀입니다. 그리스도는 그들이 머리이실 뿐만 아니라 저의 머리이시기도 합니다. 왜 그처럼 차이가 납니까? 그러나 저는 주님의 길이 공평함을 인정합니다. 우리가 모두 자녀일지라도 저는 탕자이며, 그러므로 이 멀리 떨어진 나라에서 쥐엄 열매를 먹을 자에 불과하고, 그들은 언제나 주님과 함께 있으며 주님의 영광을 소유합니다. 그들은 한때 저와 같은 형편에 있었고, 곧 저는 그들과 같은 형편에 있게 될 것입니다. 그들은 가장 높은 곳에 가기 전에 가장 낮은 모습을 하고 있었습니다. 그들은 다스리기 전에 고난을 받았습니다. 그들은 '큰 환난에서 나와 주님의 보좌 앞에 있습니다.' 그러니 저는 그들처럼 면류관을 받는 것과 '그 나라에서 그들과 함께 앉기 전에 그들의 잔을 마시는' 것을 만족하겠습니다."

"주님, 저는 주님의 때에 머물고 주님의 길을 가는 데 만족합니다. 그래서 주님은 주님의 때에 저를 또한 높이시고, 주님이 저를 추수할 만하다고 보실 때 저를 이끄실 것입니다. 반면에 저는 푸념하지 않고 소원할 것입니다. 저는 죄악되게 서두르지 아니하고 믿고 바랄 것입니다. 저는 주님을 기꺼이 기다리며 주님을 잃지 않을 것입니다. 그리고 주님은 제가 주님 없이 만족해하는 것을 보실 때 제 활기 없는 소원을 일깨우사 죽어가는 사랑의 불꽃을 불어 피우소서. 그리고 제가 거짓 없이 이렇게 소리칠 수 있을 때까지 저를 버려두지 마소서. '사슴이 시냇물을 찾기에 갈급함같이 내 영혼이 주를 찾기에 갈급하니이다. 내 영혼이 하나님 곧 살아 계시는 하나님을 갈망하나니 내가 어느 때에 나아가서 하나님의 얼굴을 뵈올까 그러나 우리의 시민권은 하늘에 있는지라. 나는 위의 것을 생각하니 거기는 그리스도께서 앉아 계시고 내 생명이 감추어졌음이라. 우리가 믿음으로 행하고 보는 것으로 행하지 아니하며 육신을 떠나 주와 함께 있는 것이 더욱 좋도다'"(시 42:1-2 ; 고후 5:7).

"이 텅빈 세상이 내 속에 무슨 상관이 있습니까? 내 하나님으로부터 내 소원을 멀어지게 유혹하거나, 나로 높이 오르기를 싫어하게 만들 정도로 사랑스러워 보이는 것이 세상에 있습니까? 제가 세심한 눈으로 세상을 굽어볼 때 세상은 바람이 몰아치는 광야이며 그 속에 사는 너무 많은 사람이 길들여지지 않은 괴물인 듯합니다. 저는 그 모든 아름다움을 추함으로 여길 수 있고 그 모든 쾌락을 몇 방울 참회의 눈물에 빠뜨릴 수 있습니다. 혹 한숨의 바람이 그들을 흩날려 버릴 것입니다. 이 육신이 주님의 보좌 근처에 있는 기쁨보다 이 지루한 세상을 내 영혼이 더 좋아하도록 만들 정도로 내 영혼을 유혹하지 않게 하소서. 그리고 본성상 사망이 달갑지 아니할지라도 주님의 은혜로 제가 주님의 영광을 아주 바람직하게 보게 하시사 공포의 왕이 제 기쁨의 사신이 되게 하소서. 제 영혼이 폭력에 쫓겨나지 않고 그 뜻에 어긋나게 자신의 거처를 잃지 않게 하소서. 오히려 제 영혼은 주님의 사랑의 신비한 힘으로 주께 이끄시되, 마치 봄의 햇살이 피조물을 그 겨울 은신처에서 나오게 하는 것처럼 하소서. 도중에 제 영혼을 만나 마치 자석이 철을 끌어당기듯, 더 큰 불길이 작은 불길을 끌어당기듯 제 영혼을 주께로 끌어당기소서. 그러므로 주님의 사랑을 제게 숨기는 구름을 흩으소서. 혹 제 눈이 주님을 보지 못하게 막는 비늘을 제거하소서. 주님의 얼굴에서 나오는 빛과 주님의 위대한 구원을 맛봄으로 영혼은 거짓 없이 이렇게 말하게 될 수 있기 때문입니다. '이제 주님의 종이 평안한 가운데 떠나게 하소서.'"

"그러나 주님의 일상적인 발견은 이곳에서 충분하지 않을 것입니다. 일이 더 크면 주님의 도우심도 더 큽니다. 이 두려움을 강한 소원으로 바꾸소서. 그리고 죽기를 싫어하는 이 태도를 주님을 구하는 갈망으로 바꾸소서. 제가 주님을 떠나 있을 동안 제 몸이 건강을 원하듯 제 영혼이 진심으로 근심하게 하소서. 만일 제가 땅에서 보낼 시간이 더 있기라도 하면, 제가 세상에서 때로 주님 없이 살았듯이 세상 없이 주님 안에서 살게 하소서. 제게 생각할 것이 있는 동안, 제가 주님을 잊지 않게 하소서. 혹 움직일 혀가 있다면 기쁨으로 주님을 언급하게 하소서. 혹 숨쉴 호흡이 있으면 주님을 향하여 주님을 위하여 하게 하소서. 혹 꿇을 무릎이 있으면 매일 주님의 발등상에 절하게 하소서. 그리고 주님이 질병으로 저를 가두실 때 주님은 '제 침상을 만드시고 제 고통을 헤아리시고 제 모든 눈물을 주님의 병(甁)에 담으소서.'"

"제 육신이 제 영이 싫어하는 것을 바랐듯이 이제 제 영은 제 육신이 싫어하는 그날을 바라게 하소서. 제 친구들이 제 영혼이 떠나는 것을 그렇게 슬퍼하며 기다리지 않듯이 내 영혼은 떠날 것을 기쁨으로 바랍니다. 그러므로 '저로 하여금 의인의 죽음을 죽게 하시고 나의 종말이 그분의 목적과 같게' (민 23:10) 하소서. 결코 다함이 없는 저 영광으로 옮기는 것까지도. 그러므로 주님의 천사 호위대가 의로운 자의 완전해진 영들 가운데 떠나는 나의 영혼을 두게 하시고, 제가 앞서 그리스도 안에서 죽은 귀한 친구들을 따르게 하소서. 그리고 슬퍼하는 제 친구들이 제 무덤을 두고 눈물을 흘리고 있지만 제 영이 안식 가운데 주님과 함께 쉬게 하소서. 그리고 제 몸이 먼지 속에서 썩으며 누워 있게 될 동안, 제 영이 '빛 가운데서 성도의 기업'(골 1:12)을 갖게 하소서. 제 머리카락도 세시는 주님, 제 육신이 먼지 속에 누워 있는 모든 날을 세소서. 그리고 '주님의 책에 제 모든 지체를 기록하시는' 주님, 흩어진 제 뼈를 장부에 쓰소서. 내 구주여, 돌아오실 날을 재촉하소서. 주님의 천사를 보내소서. 그리고 두렵고 즐거운 나팔 소리를 울리소서. 산 자가 소망을 포기하지 않도록, 땅이 지옥같이 되지 않도록, 그리고 주님의 교회가 분열되어 티끌로 부서지지 않도록 지체하지 마소서. 주님의 원수가 주님의 양 떼를 이용하지 않도록, 그리고 교만과 위선과 육욕과 불신이 저 소수의 남은 자를 이기지 않도록, 악인들이 주님의 모든 유업을 누리지 않고, 주님이 오실 때 땅에서 믿음을 보지 못하지 않도록 지체하지 마소서. 무덤이 승리를 자랑하고, 자기 손님의 거역을 배워 주께 마땅히 드려야 할 것을 올리지 않으려고 거부하지 않도록 지체하지 마소서."

"오, 큰 부활의 날을 재촉하소서. 그때는 주님의 명령이 나오면 아무도 거역하지 않을 것입니다. 그때는 '바다와 땅이 그 잡은 것을 낼 것이며 무덤에서 잠자는 모든 자가 깰 것이며 그리스도 안에서 잠자는 자가 먼저 일어날 것입니다.' 주님이 뿌리신 씨가 썩어서 썩지 아니할 것을 내며, 부패와 먼지를 받아들였던 무덤이 주께 영광스러운 별과 해들을 되돌려 드릴 것입니다.

그러므로 저는 티끌에 제 육신을 누입니다. 제 육신을 무덤에 의탁하지 않고 주께 의탁합니다. 그러므로 제 육신은 소망 가운데 쉬되, 주님이 영원한 안식을 소유하게 하실 때까지 쉴 것입니다. '오 주님, 돌아오소서. 언제까지니이까? 오, 주님의 나라여 임하소서.' 주님의 처량한 신부가 오라고 말합니다. 왜냐하면 주님의 영이 신부 안에서 오라고 말하며, 신부더러 '말할 수 없는 탄식으로 기도하라'고 가르치며, '모든 피조물도 썩어짐의 종 노릇 한 데서 해방되어 하나님의 자녀들의 영광의 자유에 이르기를 바라며'(롬 8:21) 오라고 말합니다. 주님은 이렇게 말씀하셨습니다. '내가 진실로 속히 오리라.' '아멘 주 예수여 오시옵소서'"(계 22:20).

결론

그러므로 독자여, 나는 천상적 대화를 유지하는 나의 가장 좋은 충고를 그대에게 주었습니다. 만일 그대가 그처럼 질서정연하고 충분하게 묵상할 수 없다면, 할 수 있는 대로라도 하십시오. 오직 그 일을 진지하게 그리고 자주 하고 있는지 확인하십시오. 이 천상적 활동에 익숙하십시오. 그러면 상당히 하나님과 친숙해질 것입니다. 그대의 기쁨은 그 복된 대상의 본성에 따라 영적이고 우세하고 오래 지속될 것입니다. 그대는 살든지 죽든지 위로를 얻을 것입니다. 그대가 부(富)나 건강이나 이 세상의 쾌락을 갖지 않을 때도 위로를 얻을 것입니다. 친구나 친구의 도움이 없더라도, 사역자가 없더라도, 책이 없더라도, 모든 수단이 없거나 빼앗길 때에도 그대는 강력하고 참된 위로를 얻을 것입니다. 그대의 덕은 강해지고 활동적이고 승리하게 될 것입니다. 그래서 하늘로부터 오는 매일의 기쁨은 그대의 힘이 될 것입니다.

그대는 아주 높은 산꼭대기에 서 있는 사람과 같을 것입니다. 그 사람은 마치 세상이 아주 아래 있다는 듯 세상을 굽어보며, 들과 숲과 도성과 마을이 그에게는 하나의 점에 불과해 보일 것입니다. 그러므로 그대는 여기 아래 있는 것들을 하찮게 볼 것입니다. 가장 큰 군주들이 메뚜기에 불과해 보일 것이며, 바쁘고 다투기를 좋아하고 탐욕스러운 세상 사람은 개미 떼에 불과해 보일 것입니다. 사람들의 위협은 그대에게 두려움이 되지 못할 것이며, 이 세상의 존귀는 그다지 강한 유인이 되지 않을 것이며, 시험은 힘을 잃었으므로 그다지 해롭지 않을 것입니다. 고난은 그 쏘는 것을 잃었으므로 덜 쓰릴 것이며, 하나님의 모든 은혜는 더 잘 알려지고 더 잘 향유될 것입니다. 이제 하나님의 다스림을 받아 그대 스스로 이 복된 생활을 할 것인지 말 것인지, 그리고 내가 수고한 모든 일이 그대를 번영하게 할 것인지 길을 잃게 할 것인지 판단할 것입니다.

오 사람이여, 그대는 하나님과 천국 말고 무엇을 생각해야 합니까? 그대는 이 세상에서 이미 거의 벗어나 있지 않습니까? 그대는 매일 이런저런 질병이 그대의 영혼을 침노하는 것을 보지 않습니까? 무덤이 그대의 집이 되려고 기다리고, 벌레가 그대의 얼굴과 심장을 먹으려고 기다리고 있지 않습니까? 그대의 맥박이 몇 번 더 뛰지 않으면 어떻게 되겠습니까? 그대가 마지막으로 호흡할 시간이 조금밖에 남아 있지 않으면 어떻게 되겠습니까? 먼지에 눕기 전 잠들 날이 몇 밤 남지 않으면 어떻게 되겠습니까? 애석하게도 이런 일이 일어났을 때 어떻게 될 것입니까? 그리고 이 일은 이미 일어나지 않았습니까?

얼마 있지 않아 그대는 거울이 닳아버리는 것을 보고 스스로에게 이렇게 말할 것입니다. "내 생은 끝났다. 내 때는 지나갔다. 이제 과거의 회상이다. 이제 내 앞에는 천국 아니면 지옥밖에 없다." 그러면 그대의 마음은 이제 천국 말고 어디에 있어야 합니까? 그대는 사람이 죽을 때 천국을 의심하는 것이 얼마나 두려운 일인지 안다면 그 인식으로 고양될 것입니다. 그리고 전에 결코 천국을 진지하게 생각하지 않은 사람은 의심 말고 할 수 있는 일이 무엇이 있겠습니까?

이렇게 말하는 사람이 있을 것입니다. "위에 있는 기쁨이 얼마나 큰지 생각하기 위하여 그렇게 많은 시간을 들이고 수고하는 것은 가치 없다. 우리가 만일 위의 기쁨이 자신의 것임을 확신할 수 있다면 그것이 크다는 것을 안다." 그러나 이 사람들이 "하늘에 시민권을 갖고 위의 것을 생각하라"고 하는 하나님의 명령을 순종하지 않는 것처럼, 그들은 고의로 하나님이 그들 앞에 두신 기쁨을 거부함으로써 자신의 삶을 비참하게 만듭니다. 그리고 이것이 전부라면 이는 사소한 일입니다.

그러나 이 천상적 기쁨을 무시하는 태도에 다른 불행이 얼마나 엄청나게 따르는지 보십시오. 그들은 이 일을 무시하므로 하나님에 대한 사랑이 사라지지 않더라도 말라 버리게 될 것입니다. 하나님에 관하여 생각하고 말하는 것을, 혹은 하나님 섬기는 일에 참여하는 것을 즐겁게 생각하지 않을 것입니다. 하나님의 길과 규례에 관하여 판단이 그릇되는 경향이 있게 됩니다. 또 관능적이고 편안히 놀고 즐기는 일에 빠지게 됩니다. 또 온갖 고난과 시험의 세력에 휩싸일 것이며 이는 전적인 배도를 향한 준비입니다.

또한 그들은 이 일을 무시하므로 두려워하여 죽지 않으려 할 것입니다. 왜냐하면 자신이 달가워하지 않는 하나님이나 장소로 가려는 사람은 없을 것이기 때문입니다. 만일 더 좋은 곳이 없다면 누가 이곳에 있는 쾌락을 버리겠습니까? 내가 우울과 두려움과 슬픔의 길을 제시하기만 했다면, 여러분은 당연히 반대했을 것입니다. 그러나 여러분은 천상적 기쁨을 가진 것이 틀림없거나 그렇지 않으면 영원한 것을 전혀 갖지 않았을 것입니다. 하나님은 여러분이 매일 자신과 동행하고 영원한 샘에서 위로를 길어 올리기를 바라십니다. 만일 여러분이 그 일을 하지 않으려 하고 해를 입으려 하는 여러분이 죽어갈 때, 여러분은 위로를 얻을 수 있는 곳에서 위로를 구하고 육신의 기쁨이 여러분과 머무는지 머물지 않는지 살펴보십시오. 그러면 양심은 여러분이 어떻게 하든 상관없이 한때 좀 더 탁월한 쾌락, 즉 죽음을 통하여 당신에게 있고 영원까지 계속될 쾌락을 위한 길에 대하여 권고를 받았던 사실을 기억나게 할 것입니다.

하나님이 이곳 아래 있는 모든 것을 단념하게 만드신 여러분에 관해서 말하면, 나는 여러분이 이 천상적 생활을 귀하게 보고 새 예루살렘에서 매일 한 번 정도 산책하기를 바랍니다. 하나님은 여러분의 사랑이며 소원이십니다. 여러분은 여러분의 구주를 좀 더 친숙하게 알게 될 것입니다. 그리고 나는 여러분의 마음이 하나님께 더욱 가까이 가지 아니하고 하나님을 좀 더 실감 있게 사랑하고 하나님을 더 기뻐하지 않으므로 슬퍼하는 것을 압니다. 여러분의 천상적 안식에 관하여 이와 같은 묵상의 생활을 실천해 보십시오. 여기 여러분 영혼의 흔들거리는 방주가 쉴 산이 있습니다. 세상이 여러분의 천상적 생활을 통하여 종교가 의견이나 논쟁보다 혹은 외적인 의무보다 훨씬 더 나은 것임을 보게 하십시오. 그리스도인이 진실하고 자신의 원칙과 신앙고백에 일치된다면, 그때 바로 그가 이 의무를 가장 진지하고 활기 있게 행할 때입니다.

모세가 죽기 전에 느보 산에 올라가 가나안 땅을 훑어보았던 것처럼, 그리스도인은 묵상의 산에 올라 믿음으로 자신의 안식을 훑어봅니다. 그는 영광스러운 집을 보고 이렇게 말합니다. "하나님의 성이여 너를 가리켜 영광스럽다 말하는도다"(시 87:3). 말하자면 그 사람은 천상 찬양대의 선율을 듣고 이렇게 말합니다. "이러한 백성은 복이 있나니 여호와를 자기 하나님으로 삼는 백성은 복이 있도다"(시 144:15). 그는 영화롭게 된 거주민을 보고 이렇게 말합니다. "이스라엘이여 너는 행복한 사람이로다. 여호와의 구원을 너같이 얻은 백성이 누구냐? 그는 너를 돕는 방패시요 네 영광의 칼이시로다"(신 33:29). 그는 그들의 영광이신 주님을 뵐 때 안식을 얻어 바로, "엎드려 세세토록 살아 계시는 이에게 경배하고 이르기를 거룩하다 거룩하다 거룩하다 주 하나님 곧 전능하신 이여, 전에도 계셨고 이제도 계시고 장차 오실 이시라 하고 주 하나님이여 영광과 존귀와 권능을 받으시는 것이 합당하오니"(계 4:10, 8, 11)라고 말할 것입니다.

영화롭게 되신 구주를 뵐 때는 "보좌에 앉으신 이와 어린양에게 영원토록 드리는 새 노래와, 찬송과 존귀와 영광과 능력"에 아멘 하니, 이는 그가 "일찍이 죽임을 당하사 각 족속과 방언과 백성과 나라 가운데에서 사람들을 피로 사서 하나님께 드리시고 그들로 우리 하나님 앞에서 나라와 제사장을 삼으셨으니 그들이 땅에서 왕 노릇"(계 5:9-10) 할 것이기 때문입니다. 그는 이 세상의 광야를 되돌아볼 때는 믿고 인내하고 멸시당한 성도를 찬양합니다. 그리고 무지하고 완고하고 비참한 세상을 긍휼히 여깁니다.

그리고 자신에게 대해서 베드로처럼 "여기 있는 것이 좋사오니"라고 말하고, 아삽처럼 "하나님께 가까이 함이 내게 복이라. 무릇 주를 멀리하는 자는 망하리니"(시 73:28, 27)라고 말합니다. 그래서 포로시절 다니엘이, 보지 못할 정도로 먼 곳 예루살렘을 향하여 창을 열고 기도로 하나님께 나아갔던 것처럼, 믿는 영혼은 이처럼 육신에 사로잡혀 있을 때에도 '위에 있는 예루살렘'을 향하여 봅니다. 그리고 바울이 골로새 교인을 대했던 것처럼 신자는 영화된 영으로 대할 것입니다. "육신으로는 떠나 있으나 심령으로는 그들과 함께 있어 그들의 천상적 상태를 기쁘게 봄이라"(골 2:5). 그리고 종다리가 높이 떠다닐 때 아름답게 노래하고 땅에 떨어질 때 갑자기 침묵하듯이, 영혼의 상태는 천상적 묵상으로 하나님을 보고 있을 동안 가장 즐겁고 거룩합니다. 애석하게도 우리는 거기 아주 잠깐 있다가 다시 떨어진 다음 음악을 그칩니다.

그러나 "자비로우신 영들의 아버지, 사랑을 끄시는 힘, 기쁨의 바다시여, 이 부스러기 같은 마음들을 주께로 이끄시고, 그 마음들이 신령하고 아름답게 될 때까지 붙드소서. 그리고 주님의 종들의 연약한 활동을 도우시고 이 글을 읽는 자들을 설득하여 이 기쁜 천상적 활동을 실천하게 하소서. 오 주님의 가장 자격 없는 종의 영혼이 다른 사람에게 설명하는 이 기쁨에 낯선 자가 되지 않게 하소서. 그러나 제가 땅에 있는 동안 매일 주님을 향하여 헐떡이며 확신하면서 주님과 사랑스럽게 걷게 하소서. 그리고 주님이 오실 때 제가 여전히 제 육신을 섬기거나 잠들거나 등에 기름이 없는 자로 발견되지 않게 하시고, 내 주님의 재림을 기다리고 바라는 자로 발견되게 하소서. 이 천상으로 향하는 방법을 읽는 사람들이 제 연구의 열매만 읽지 않고 저의 적극적인 소망과 사랑의 숨결도 헤아리게 하소서. 만일 제 마음을 그들이 본다면 그들이 하나님의 아들의 얼굴에서 나오는 빛으로 가장 깊이 새겨진 글을 읽을 것입니다. 그리고 생명의 말씀이 밖에 나타날 때 안에서 허영이나 탐욕이나 교만을 발견하지 않게 하소서. 그래서 이 말씀이 저를 반대하여 증거하지 않게 하소서. 저자의 마음에서 나오는 글은 주님의 은혜로 독자의 마음에 효과를 얻고 저자에게나 독자에게 생명의 맛이 되게 하소서. 아멘."

"지극히 높은 곳에서는 하나님께 영광이요 땅에서는 하나님이 기뻐하신 사람들 중에 평화로다"(눅 2:14).

● 독자 여러분들께 알립니다!

'CH북스'는 기존 '크리스천다이제스트'의 영문명 앞 2글자와
도서를 의미하는 '북스'를 결합한 출판사의 새로운 이름입니다.

세계기독교고전 37

성도의 영원한 안식

3판 1쇄 발행 2019년 3월 8일
3판 2쇄 발행 2023년 1월 16일

발행인 박명곤   **CEO** 박지성   **CFO** 김영은
기획편집 채대광, 김준원, 박일귀, 이승미, 이은빈, 이지은, 성도원
디자인 구경표, 임지선
마케팅 임우열, 김은지, 이호, 최고은
펴낸곳 CH북스
출판등록 제406-1999-000038호
전화 070-4917-2074   **팩스** 0303-3444-2136
주소 서울시 강서구 마곡중앙6로 40, 장흥빌딩 10층
홈페이지 www.hdjisung.com   **이메일** main@hdjisung.com
제작처 영신사

"크리스천의 영적 성장을 돕는 고전"
세계기독교고전 목록

1	데이비드 브레이너드 생애와 일기 조나단 에드워즈 편집	32	실낙원 | 존 밀턴
2	그리스도를 본받아 | 토마스 아 켐피스	33	기독교 교양 | 성 아우구스티누스
3	존 웨슬리의 일기 | 존 웨슬리	34	삼위일체론 | 성 아우구스티누스
4	존 뉴턴 서한집 - 영적 도움을 위하여 | 존 뉴턴	35	루터 선집 | 마르틴 루터
5	성 프란체스코의 작은 꽃들	36	성령, 위로부터 오는 능력 | 앨버트 심프슨
6	경건한 삶을 위한 부르심 | 윌리엄 로	37	성도의 영원한 안식 | 리처드 백스터
7	기도의 삶 | 성 테레사	38	웨스트민스터 소요리문답 해설 | 토머스 왓슨
8	고백록 | 성 아우구스티누스	39	신학총론(최종판) | 필립 멜란히톤
9	하나님의 사랑 | 성 버나드	40	믿음의 확신 | 헤르만 바빙크
10	회개하지 않은 자에게 보내는 경고 조셉 얼라인	41	루터의 로마서 주석 | 마르틴 루터
11	하이델베르크 요리문답 해설 | 우르시누스	42	놀라운 회심의 이야기 | 조나단 에드워즈
12	죄인의 괴수에게 넘치는 은혜 | 존 번연	43	새뮤얼 러더퍼드의 편지 | 새뮤얼 러더퍼드
13	하나님께 가까이 | 아브라함 카이퍼	44-46	기독교 강요(최종판) 상·중·하 | 존 칼빈
14	기독교 강요(초판) | 존 칼빈	47	인간의 영혼 안에 있는 하나님의 생명 헨리 스쿠걸
15	천로역정 | 존 번연	48	완전의 계단 | 월터 힐턴
16	거룩한 전쟁 | 존 번연	49	루터의 탁상담화 | 마르틴 루터
17	하나님의 임재 연습 | 로렌스 형제	50-51	그리스도인의 전신갑주 I, II | 윌리엄 거널
18	악인 씨의 삶과 죽음 | 존 번연	52	섭리의 신비 | 존 플라벨
19	참된 목자(참 목자상) | 리처드 백스터	53	회심으로의 초대 | 리처드 백스터
20	예수님이라면 어떻게 하실까 | 찰스 쉘던	54	무릎으로 사는 그리스도인 | 무명의 그리스도인
21	거룩한 죽음 | 제레미 테일러	55	할레스비의 기도 | 오 할레스비
22	웨스트민스터 소교리문답 강해 알렉산더 화이트	56	스펄전의 전도 | 찰스 H. 스펄전
23	그리스도인의 완전 | 프랑소아 페넬롱	57	개혁교의학 개요(하나님의 큰 일) 헤르만 바빙크
24	경건한 열망 | 필립 슈페너	58	순종의 학교 | 앤드류 머레이
25	그리스도인의 행복한 삶의 비결 | 한나 스미스	59	완전한 순종 | 앤드류 머레이
26	하나님의 도성(신국론) | 성 아우구스티누스	60	그리스도의 기도학교 | 앤드류 머레이
27	겸손 | 앤드류 머레이	61	기도의 능력 | E. M. 바운즈
28	예수님처럼 | 앤드류 머레이	62	스펄전 구약설교노트 | 찰스 스펄전
29	예수의 보혈의 능력 | 앤드류 머레이	63	스펄전 신약설교노트 | 찰스 스펄전
30	그리스도의 영 | 앤드류 머레이	64	죄 죽이기 | 존 오웬
31	신학의 정수 | 윌리엄 에임스		